杨昌济评传

王兴国　著

湖南省社会科学院（湖南省人民政府发展研究中心）
哲学社会科学创新工程资助项目

CNS 湖南人民出版社·长沙

图书在版编目（CIP）数据

杨昌济评传 / 王兴国著. -- 长沙 : 湖南人民出版社, 2025.2. -- ISBN 978-7-5561-3767-1

Ⅰ. K825.46

中国国家版本馆CIP数据核字第2024MU5369号

YANG CHANGJI PINGZHUAN

杨昌济评传

著　　者　王兴国
出版统筹　黎晓慧
责任编辑　傅钦伟
责任校对　张命乔
设计总监　青空·阿鬼

出版发行　湖南人民出版社［http://www.hnppp.com］
地　　址　长沙市营盘东路3号
电　　话　0731-82683346

印　　刷　长沙超峰印刷有限公司
版　　次　2025年2月第1版
印　　次　2025年2月第1次印刷
开　　本　710 mm × 1000 mm　1/16
印　　张　37
字　　数　450千字
书　　号　ISBN 978-7-5561-3767-1
定　　价　88.00 元

营销电话：0731-82683348　（如发现印装质量问题请与出版社调换）

前言　重新认识杨昌济

——我为什么要写《杨昌济评传》？

本人从1979年起从事杨昌济研究，至今已44年。先后编过三种杨昌济的著作集：《杨昌济文集》（湖南教育出版社1981年版），《杨昌济集》（一、二，“湖湘文库本”，湖南教育出版社2008年版），《杨昌济辑》（民主与建设出版社2016年版）；两本杨昌济传记：《杨昌济的生平及思想》（湖南人民出版社1981年版），《板仓杨·杨昌济》（湖南人民出版社2014年版）。在《杨昌济的生平及思想》一书中我提出杨昌济是新民学会精神导师的命题，这一说法已经为学术界所接受。但是这一论断只突出了杨昌济作为毛泽东等人老师的身份，而没有凸显其作为著名学者的一面。正如有的学者所指出的：“杨昌济是以毛泽东的老师知名于世的，他作为一名学者的身份则因此被忽视了。他在哲学、伦理学和教育学上有很深的造诣，这些方面的成就足以使他在中国近代学术史上占有一席之地。特别是他的伦理学在当时影响极大，对在其门下求学的毛泽东、蔡和森等产生了深远的影响。他本人因此成为当时人们公认的伦理学家。”[1]

2021年是杨昌济诞辰150周年，我先后参加了三次纪念活

① 周年洋:《融合中西伦理思想的一次尝试——试述杨昌济“有公共心之个人主义”伦理观》，《道德与文明》1994年第4期。

动，很受启发。第一次是2021年4月25日长沙县开慧镇镇政府与汉硕板仓书院等单位联合举办的“第二届板仓教育文化节暨纪念杨昌济先生诞辰150周年”活动。汉硕板仓书院为了纪念杨昌济诞辰150周年，编了一本《一代宗师——全面解读杨昌济先生》，辑录了杨氏逝世以来论述他的人品和思想的几十篇文章。有的文章对杨昌济的评价很高，富有启发性。例如文武儿的《民国第一人：毛泽东的老师杨昌济》中说：“杨昌济是一个在中国近代史上被严重忽视的人物！杨昌济对于中国近代史影响至深！杨昌济是毛泽东的启蒙先师，毛泽东等重要的湖南早期党史人物，无不深受杨昌济的思想影响。”第二次是2021年11月12日“诺贝尔摇篮教育集团纪念杨昌济先生诞辰150周年故事大赛暨杨昌济先生教育思想研讨会”，这个会的主题词是：“欲栽大木柱长天：没有杨昌济，就没有（青年）毛泽东。”20世纪80年代，岳麓书院正在恢复建设之中，笔者因为研究杨昌济，与书院发生了比较密切的联系。当时书院在恢复建设各种设施的同时，布置了一个岳麓书院历史展览馆。为了表彰历史上那些著名山长和学生对书院发展的贡献，主持者选择他们中最著名的几位雕塑了他们的胸像，并置于显著位置展出，其中就包括杨昌济。可是这一措施却遭到湖南大学个别老师的反对：“杨昌济不就是毛泽东的老师吗？没有毛泽东的名声，哪有他的地位？”事后，这位主持者将这位老师的话转告给我。我当即庄重地回答说：“不是杨昌济沾了毛泽东的光，恰恰相反，而是青年毛泽东受惠于杨昌济。根据当年的实际情况，可以说：没有杨昌济，就没有青年毛泽东。”诺贝尔摇篮教育集团将我这句话作为主题词，表明我的这一说法得到了他们的支持。第三次是2021年12月31日在岳麓书院举办的第三届“湘学与现代中国论坛”。来自清华大学、北京大学、中国社会科学院、武汉大学、中山大学、华中科技大学、湖南大学、湖南省文史研究馆的二十余位知名学者，采用线下线上相结合的方式，围绕“杨昌济思想的历史意义和时代价值”这一核心议题展开热烈讨论。大家一致认为，杨昌济先生沟通了古代书院教育与现代大学教育，沟通了中国传统伦理学与西方伦理学，沟通了古代湖湘文化与近现代湖湘文化，是中国近代史上的重要思想家；对杨昌济思想的研究与评价有待进一步深化和提升，对他的历史贡献有必要重新认识。

通过参加这些纪念活动，我重新思考关于杨昌济的评价问题。我认为，“新民学会精神导师”这个定位并没有错，但是如果将杨昌济仅仅当作一个普通老师，则是不够的。韩愈说：“师者，所以传道授业解惑也。”老师所传之道，不一定是自己发明的道；所授之业，也不一定是自己所创造的业。我们要知道为什么“没有杨昌济，就没有青年毛泽东”，就必须认识到杨昌济不是一般的教书匠，而是一位卓越的思想家，一位能够与时俱进的思想家。对于这一点，我们只要认真研究一下新文化运动开始之前，湖南的思想舆论环境和杨昌济的主要思想观点就可以看得十分清楚。

众所周知，1915 年 9 月 15 日陈独秀创办的《青年杂志》出版，是新文化运动开始的标志。此时的湖南，发生了什么与此相关的事件呢？刘泱泱主编的《湖南通史·近代卷》说：“当时湖南有一批人，如刘人熙、贝允昕、张秋尘、龙兼公、李抱一、张平子等，于《新青年》创刊的同年同月，创办湖南《大公报》。”该报创刊宣言称：本报“唯知以维护共和，巩固国家为职志”。《大公报》是湖南新文化运动的主要阵地。该书又说：湖南人士反对封建主义文化思想的活动，在《新青年》创刊前即已在进行。1914 年初，黎锦熙、杨昌济、徐特立、方维夏、曾运乾、陈天倪等在长沙创办宏文图书社，社内成立编译部，主要任务是编辑“共和国中小学各科教科书”和“翻译东西著述”。“同年10月，该社又创办《公言》杂志，声言将‘选译东西洋报章杂志’，包括‘欧美日本最近之种种思潮’，以求实现‘刷新社会’这一‘救亡至计’。”[①] 杨昌济是宏文图书社的核心人物。《公言》第一期有《公言小引》一篇，文字比较晦涩。黎锦熙在第三期发表的《瑟僩斋论学》一文将这篇小引的内容概括为四点：“一曰倡学，二曰善群，三曰多述而寡作，四曰要终于至公。”黎氏在谈到“此种社会当如何对付之”时说：“余友杨怀中先生日记中，载英人之恒言，谓‘社会必较善于个人’[②]。盖社会者个人之积，个人未必皆善，亦未必皆不善。有时小人道长，君子道消，则社会晦盲否塞之象成。……以今日风雨飘摇之时势，非善群断不能救国。群之所以不善者，小人道长，君子道消也。群之所以能卒善者，社会终较善于个人也。不善之个人多，故社会日即于昏暗。社会固未尝不善也，有君子起而董陶同化之，则善良之个人多，风会所趋，社会之昏暗者终有光明之日。”[③]《公言》杂志还将杨昌济1914年的多条日记摘录作为杂志的补白。例如，在第一卷第三期中就曾载杨氏日记中这样一段话：“近闻人言，今日民国唯有一我，除我外别无他物。盖言今日唯有自私自利之可言，他可不必顾也。此诚代表社会心理之言，可哀可惧！人惟自私自利而无爱社会爱国家之心，则率兽食人，人将相食。此种议论，生心害政，真有烈于洪水猛兽者。”[④] 这些情况表明，《公言》杂志是十分推崇杨昌济的。

---

① 刘泱泱主编《湖南通史·近代卷》，湖南出版社，1994，第797—798页。
② 杨昌济在1914年5月23日日记中记：“余在沨北淀大学听道德哲学得一语云：社会必较善于个人。”（《杨昌济集》（一），第495页）
③ 《公言》第一卷第三期。
④ 《杨昌济集》（一），湖南教育出版社，2008，第490页。

杨昌济在《公言》杂志上发表过两篇文章：《劝学篇》《余改良社会之意见》。《劝学篇》发表在《公言》杂志第一卷第一期，而且是第一篇。只要我们认真研究一下就可以发现，这篇文章实际是《公言》杂志的创刊宣言，是新文化运动中一篇罕见的文章，它集中论述了杨昌济的新文化观，不仅预见了新文化运动的必然出现，而且系统地、科学地指出了新文化运动应该遵循的一系列基本原则和方法。往下，我们以《劝学篇》为中心，结合杨氏在此前后在其他场合表述的一些观点，分析一下他的新文化观。

其一，较早论述了新文化运动产生的必然性和必要性。在《劝学篇》中，杨昌济分析了我国向西方学习的几个逐步深入的历史阶段。他说："吾国输入西洋之文明，有其进步之次第焉。其始也以为吾宜师其铁船、巨炮，但取敌之而已，他非所宜用也；既乃学其制造，谓工业可以致富也；终乃师其政治、法律。吾则谓吾人不可不研究其精神之科学也。……个人必有主义，国家必有时代精神。哲学者，社会进化之原动力也。一时代有一时代之哲学思想，欲改造现在之时代为较为进步之时代，必先改造其哲学思想。"[①] 杨昌济所说的"师其铁船、巨炮"和"学其制造"，是从物质层面向西方学习，即洋务运动的阶段；而所谓"师其政治、法律"，则是从制度层面向西方学习，即戊戌变法和辛亥革命阶段。杨氏认为，辛亥革命表面"虽甚为急激"，但是并未触及国民之根本思想。所以，他呼唤来一个学习西方精神科学的思想启蒙运动，也就是新文化运动。这就不仅从历史发展的逻辑，而且从认识自身的逻辑，即认识是不断深化的一个过程，论证了新文化运动的必要性和必然性。这种论证，

① 《杨昌济集》（一），第 74 页。

实际上也是在呼唤新文化运动的到来。[①] 笔者在 2008 年出版的《杨昌济集·前言》中曾经指出："杨昌济的这一认识，是有先见之明的。这不仅是因为他对我国近代向西方学习历史阶段的科学划分，是最早的（陈独秀后来也有类似的划分，但已经是在 1916 年 2 月发表的《吾人最后之觉悟》中的事了 [②]）；而且在他的这篇文章发表后不到一年，即 1915 年 9 月，以陈独秀主编的《青年杂志》（后改为《新青年》）出版为标志的五四新文化运动就发起了。"[③]

---

① 美籍学者周策纵在其 1960 年出版的名著《五四运动：现代中国的思想革命》中的第一章"导言"第三节"论五四运动的历史意义"中说："自从 1840—1842 年的鸦片战争显示了西方不可抗拒的威力后，中国知识分子的领导人物开始意识到，中国必须学习西方的科学技术，虽然他们仍认为，中国传统的制度和传统的思想优于西方而无需改革。中国对西方文明反应的第一个阶段到 1894—1895 年甲午战争，中国被日本战败时便结束了。自那以后，中国年轻的知识分子有感于日本明治维新取得的成就，认为除了学习科学技术以外，中国还应在法律和政治制度方面学习西方。但他们仍然坚持认为，那些在他们看来比法律和制度更根本更实质的中国的哲学、伦理和社会基本准则，不应改变。……民国成立之后，军阀统治再度出现，而两次复辟帝制的企图说明，没有其他变革的伴随，只是移植法律和政治体制，是不能奏效的。这样便到了第三个阶段——五四运动时代。这个运动中的新知识分子声称，不但要引进西方的科学技术、法律和政治制度，对中国的哲学、伦理、自然科学、社会理论和制度也要彻底重新审查、模仿西方同类的东西。所提倡的不是半新半旧的改革或部分地革新，而是一个大规模的激烈的企图，要彻底推翻陈腐的旧传统，代之以全新的新文化。"（《五四运动：现代中国的思想革命》，江苏人民出版社，1999 年，第 14 页）周策纵先生对中国向西方学习三个阶段的划分方法与杨昌济的完全一样，但杨昌济这一分法比周先生的要早 46 年。

② 梁漱溟在 1921 年出版的《东西文化及其哲学》的"绪论"中谈到中国近代的西方化的三阶段时说："咸同年间，因西方化的输入，大家看见西洋火炮、铁甲、声、光、化、电的奇妙，因为此种是中国所不会的，我们不可不采取它的长处，将此种学来。……及至甲午之役，海军全体覆没，于是大家始晓得火炮、铁甲、声、光、化、电，不是如此可以拿过来的，这些东西后面还有根本的东西。……大家又逐渐着意到政治制度上面，以为西方化之所以为西方化，不单在办实业、兴学校，而在西洋的立宪制度、代议制度。……虽然革命有十年之久，而因为中国人不会运用，所以这种政治制度始终没有安设在中国。于是大家乃有更进一步的觉悟，以为政治的改革仍是枝叶，还有更根本的问题在后头。……而最根本的就是伦理思想——人生哲学——所以陈（独秀）先生在他所作的《吾人最后之觉悟》一文中以为种种改革通用不着，现在觉得最根本的在伦理思想。对此种根本所在不能改革，则所有改革皆无效用。……我们也不能不叹服陈先生头脑的明利。"（《东西文化及其哲学》，上海世纪出版集团上海人民出版社，2006 年，第 13—14 页）如果梁先生当时能够看到杨昌济的《劝学篇》，他虽然不可能只提杨昌济，但至少应当将它与陈独秀的《吾人最后之觉悟》相提并论。

③ 《杨昌济集》（一），"前言"第 14 页。

其二，较早揭示了新文化运动的主题，即改造国民性。在上述关于学习西方的三阶段的论述中，杨昌济认为："吾国近来之变革虽甚为急激，而为国民之根本思想者，其实尚未有何等之变化。正如海面波涛汹涌，而海中之水依然平静。欲唤起国民之自觉，不得不有待于哲学之昌明。"[①] 在致章士钊的一封信中，他更是具体地描述了当时国内的乱象："近日国内诸事，日益退步，士人多主张私塾，而以学校为可废；缠足之风，止而复行；禁烟之事，将成而败；司法之伪（？）独立，亦成泡影；选民立法，更无论矣。二十年来仁人志士艰难辛苦所造成之舆论，浸将不复留于多数国民之脑海。譬之饮麻醉之药，浸淫昏迷，难于唤醒。此真中国莫大之忧也。"[②] 这段话更加突显了改造国民性的必要性。许屹山、向加吾在《杨昌济改造"国民之根本思想"探赜》一文中说："杨昌济的这一崭新见解发表于 1914 年 10 月，当时正值孙中山、黄兴发动的'二次革命'失败之后，袁世凯的复辟倒退势力气焰万丈之时，杨昌济清醒地看到，近十多年来，中国的社会变革从表面上看虽然'甚为急激'，由君主专制而改良变法，由改良变法而暴力革命，由暴力革命而实现民主共和，确如'海面波涛汹涌'，但'海中之水依然平静'，即广大'国民之根本思想'并没有多大变化，特别是统治中国几千年的封建旧思想、旧礼教、旧道德、旧风俗依然根深蒂固地束缚着人们的思想，封建专制的幽灵始终在中国大地上徘徊，不肯退出历史舞台，中国正面临着封建专制复辟的巨大危险。杨昌济在这时明确地提出'国民之根本思想'的改造问题，虽然影响仅局限于湖南一地，在当时可以说是独具卓见、空谷足音，仅仅从新文化运动发展的历史演进来看，这比陈独秀在《新青年》

① 《杨昌济集》（一），第 74 页。

② 《甲寅》杂志第一卷第八号，1915 年 8 月 10 日。

发表的同类见解要早一年之多。据笔者考证，1916 年初，陈独秀在《新青年》杂志上发表了《一九一六年》《吾人最后之觉悟》两篇文章，才最初提出‘国民根本之进步’问题，发出了‘吾人最后之觉悟’的战斗口号。陈独秀认为，要实现‘国民根本之进步’，就必须彻底打破那种企望救世主从上面施给阳光雨露，如‘奴隶之希冀主恩，小民之希冀圣君贤相施行仁政’的传统观念，大胆输入西方‘自由平等独立’之学说，根本改造国民的道德伦理观念，以唤醒全国人民‘最后之觉悟’。在此基础之上，他一语破的地指出：‘儒者三纲之说，为吾伦理政治之大原，近世西洋之道德政治，乃以自由、平等、独立之说为大原……此东西文明之一大分水岭也。’并大声疾呼道：‘此而不能觉悟，则前此之所谓觉悟者，非彻底之觉悟，盖犹在恍惚迷离之境，吾敢断言：伦理之觉悟，为吾人最后觉悟之最后觉悟。’此后，正是以《新青年》发表的这些充满激情的战斗檄文为标志，一场声势大、荡涤乾坤的新文化运动在中国大地上狂飙奋起，这场新文化运动的‘总司令’无疑是陈独秀，早期最有影响的风云人物有胡适、李大钊以及鲁迅、吴虞、易白沙、钱玄同等人。殊不知，早在一年多前，杨昌济就已经响亮提出了改造‘国民之根本思想’这一口号，此时的他，在湖南长沙也以课堂作阵地，以笔、舌作武器，同样为中国这场具有划时代意义的新文化运动鼓气呐喊，冲锋陷阵。他以其渊博的学识、敏锐的思想，甚至一系列独创性的见解，给予以毛泽东、蔡和森为代表的一大批湖南进步青年以巨大的启迪与力量，为中国的新文化运动与接踵而来的中国新民主主义革命作出了独特的贡献……更难能可贵的是，杨昌济所提出的改造‘国民之根本思想’，不仅是用民主与科学的一般原则来对广大人民进行普及性的教育，使广大人民群众都具有民主、科学的新观念，更是指对一个国家或民族的最高指导思想、精神支柱——哲学思想进行根本的改造，这是触及一个国家与民族的文化的深层结构与思想核心的问题，即思维模式现代化的问题。他高度强调哲学思想的最高指导意义，强调意识形态、道德情操、精神意志的能动作用，即对人类社会进步的巨大反作用，同样具有重要意义。”[①] 许屹山、向加吾的这个观点我是完全赞同的。不过要补充的是，杨昌济早在 1903 年发表于《游学译编》上之《教育泛论》就明确提出改造国民性问题：“人而无独立之精神，是之谓奴隶。任教育者，而不能养成国民独立之精神，是之谓奴隶教育。”[②] 此文中还明确提出“贵我”的个性解放思想。中共中央党校教授阮青在《中国个性解放之路》一书中，将此文作为辛亥革命时期个性解放思想的一篇代表性文章加以引用，认为文中提出的“一人有一人之性质”已具有现代意义的“个性”含义；关于“贵我”的分析则是对国民教育所培养学生人格品质的一个根本性的界定。[③]

其三，高举起了科学与民主这两面新文化运动的旗帜。杨氏在《劝学篇》中说：“近世科学发达，欧美各国因致富强，日本师之，突然进步。欲跻中国于富强之列，非奖励科学不为功也。或谓中国人苟以前日治八股之聪明才力专用之于科学，则其进步殆不可限量。余亦谓吾国人苟以近代汉学家治经之精力用之于治科学，必有无数之新发明，岂遂让白人称雄于世界耶？乃吾观东西各国留学诸君，大都浅尝辄止，鲜有于归国之

① 许屹山，向加吾：《杨昌济改造“国民之根本思想”探赜》，《内蒙古农业大学学报（社会科学版）》，2015 年第 3 期。

② 《杨昌济辑》，民主与建设出版社，2016，第 150 页。

③ 阮青：《中国个性解放之路——20 世纪个性解放思潮研究》，华东师范大学出版社，2004，第 166—172 页。

后再为继续之研究者。夫科学为白人所发明，彼既着我先鞭，吾辈自不得不师其长技。”[①] 此文发表于 1914 年 10 月，在同月 15 日杨氏又在其日记中写道：“为生徒说《达化斋日记》‘天地之大德曰生’一段，因言戊戌岁曾在南学会发一问，谭复生（嗣同）答云：‘于圣贤微言大义晦盲否塞之秋，独能发如此奇伟精深之问，此岂秦汉以下之学者胸中所能有哉？兹事体大，余亦何敢论断。总之以民为主，如何可以救民，即以如何为是，则头头是道，众说皆通矣。’以民为主，乃余记此段之主旨。”[②] 杨昌济在南学会所提的问题是什么呢？用现代的语言来概括就是：“西方和中国的历史都表明，民主是个好东西（愚观《泰西新史揽要》[③]，专发明民主之益。即湘省士林中亦多有言民主为五大洲公共之理，至当不易，牢不可破者），但是仍有人对民主表示怀疑：如有的人说变君主为民主，将置我君于何地；有人说有的君主国的强盛，为许多民主之国、君民共主之国所不及；有人说实现民主要一个很长的过程；有人说倡言民主之义，只是为了保君权。请问如何解答这些问题？”杨昌济提出的这些问题，在当时是非常敏感的。所以，谭嗣同的回答也很策略。他没有直接回答杨昌济的问题，只抽象地说“以民为主”。但是这个故事却说明，民主思想在戊戌变法时期就已经在杨昌济思想上扎下了根。

其四，鲜明地主张学习西方要从本国国情出发，以我为主，反对全盘西化。杨氏在《劝学篇》中说：“夫一国有一国之民族

---

① 《杨昌济集》（一），第 72—73 页。

② 《杨昌济集》（一），第 566 页。

③ 《泰西新史揽要》，是英国传教士李提摩太和中国的蔡尔康合作翻译的一部西方史著。原名《十九世纪史》，出版于 1880 年，作者为英国历史学家麦肯齐。中文译本最初以《泰西近百年来大事记》为名连载于 1894 年 3 月至 1895 年 5 月间的《万国公报》。1895 年广学会正式出版单行本，改题为《泰西新史揽要》，凡二十四卷。

精神，犹一人有一人之个性也。一国之文明，不能全体移植于他国。国家为一有机体，犹人身之为一有机体也，非如机械然，可以拆卸之而更装置之也，拆卸之则死矣。善治病者，必察病人身体之状态；善治国者，必审国家特异之情形。吾人求学海外，欲归国而致之于用，不可不就吾国之情形深加研究，何者当因，何者当革，何者宜取，何者宜舍，了然于心，确有把握，而后可以适合本国之情形，而善应宇宙之大势。故吾愿留学生之归国者，于继续其专门研究之外，更能于国内之事情有所考察。"① 杨氏在《余改良社会之意见》中又说："余对于社会之改革，固取渐进主义，非盲从欧化者。"② 尽管杨昌济的"国家为一有机体"的说法是受了孔德和斯宾塞的"社会有机体论"的影响，但是只要我们通观杨氏的全文，就可以知道他的目的并不是宣传这种社会有机体论，而只不过是借助"有机体"这一概念说明民族精神之重要。而这种民族精神实际上是一个民族的自我意识，它包括民族的自尊心、自信心和爱国心等内容。当一个民族丧失了自尊心，完全被另一个民族征服和同化之后，这个民族的民族精神也就不复存在，也就等于丧失了自我。杨昌济在谈到国学、国文学习对培养这种精神的重要性时，说过这样一段话："余观槟榔屿（马来西亚西北部的一个小岛，这里实际上是用它指代南洋华侨——引者）华侨幼童之在英国泖北淀受英国学校教育者，匪特不识中国之文字，并不通中国之言语，将来学成归国，乃全然一外国人，将不能有中国人完全之资格。国文、国学关系之重要有如此者。深于本国之文学，则知本国有固有之文明，起自尊之心，强爱国之念，且对于国内之风俗习惯均能知其起源、悉其意义，对于祖国既不至发生厌薄之感情，

---

① 《杨昌济集》（一），第 73 页。
② 《杨昌济集》（一），第 78 页。

对于国俗亦不至主张激急之变革，此真国家存立之基础，不可不善为培养者也。”[①] 可是，在新文化运动的一些领袖人物的言论中，不同程度有“全盘西化”的倾向。如陈独秀就说过：“若是决计革新，一切都应该采用西洋的新法子，不必拿什么国粹，什么国情的鬼话来捣乱。”[②] 新文化派认为：“西方文化是唯一的一条路，西方文化已大部分取得世界文化的地位，中国、印度落后了，只有急起直追，也走这条路。”[③] 有人把中国的传统文化贬得一钱不值，竟然说中华民族“从前没有什么重要的事业，对于世界的文明，没有重大的贡献；所以我们的历史亦就不见得有什么重要”。[④] 甚至有人提出“唯有将中国书籍一概束之高阁一法”，才能避免“中毒”，甚至要“剿灭”中国文化，“废灭汉文”，采用世界语等。[⑤] 与这些全盘西化的言论相比，杨昌济在中国刚开始从思想层面向西方学习时，就强调要从国情出发的观点，显得更加平实和合理，也更加有预见性。

其五，杨昌济既反对全盘西化，也反对文化保守主义。他认为中国旧文化与西方新文化相比，落后了整整一个时代。他在1914年9月17日的日记中说：“余尝谓东西各新兴之国，皆新自野蛮进于文明，故有朝气；中国文化深而腐败甚，反末由力自振拔，正如老世家之子弟气象衰微，反不如拔起孤寒者精神百倍也。呜呼，此可以观世变矣。”[⑥] 因此他建议那些深通中学之人，联袂西游。他在《劝学篇》中说：“吾国非无好学深思之士，于本国之学问，素有研究，惜其无世界之知识，其所

---

① 《杨昌济集》(一)，第55—56页。
② 陈独秀：《今日中国之政治问题》，《新青年》1918年5月第1期。
③ 陈崧：《五四前后东西文化问题论战文选》，中国社会科学出版社，1985，第26页。
④ 毛子水：《国故和科学的精神》，《新潮》1919年1月第5期。
⑤ 钱玄同：《中国今后的文字问题》，《新青年》1918年4月第4期。
⑥ 《杨昌济集》(一)，第554页。

学尚不足应当世之急需。如此之人，若能驰域外之观，则其所得较新学小生必更有深且切者。此诚吾所祷祀以求者也。大凡游历外国，非通其语言之难，而通其学问之难，仅熟于西人之语言文字，非必可语于西人之学。同一居留外国也，学有素养者，其所视察必有独到之处，其所考究必非敷浅之事。观国之识，在于夙储。吾愿深通中学之人，联袂西游，以宏远识。”[①]就是说，那些“深通中学之人”不要固步自封，搞文化保守主义，相反，要掌握“世界之知识”，“以宏远识”。早在1902年，杨度在《支那教育问题》中记录他与嘉纳治五郎讨论时，就曾提出“若有贤人哲士，取欧化与国粹保存两主义参酌而融贯之，以定教育之旨，是其上也”[②]的观点。杨昌济在当时就读过杨度的《支那教育问题》，并且十分推崇，所以他实际上也是主张将“欧化与国粹保存两主义参酌而融贯之”的。

其六，他认为学问独立是一个国家、民族独立的重要条件。他在《劝学篇》中说：“日本法学博士浮田和民之言曰：‘国家之独立，以学问之独立为一大要素，如英、德二国者，可谓学问独立者也。英国有英国之文学、哲学、科学；德国有德国之文学、哲学、科学。世界各国重要之书籍，在英、德二国莫不有其本国文之译本。生于其国者，可以不出户而知天下，此之谓学问独立，如日本今日则尚未得云学问独立也。’余则谓日本虽不得云学问独立，而经此四五十年之进步，其所吸收所储蓄亦大有可观。西洋之名著，译成日本文者亦复不少。吾辈纵不能读西文所著之书，但能通晓东文，即不患无研钻之资料，所患者无求学之志耳。中国人士游学日本，通晓和文者甚多，谓宜利用其所长，间接求之东邻，以为发达文明之助。夫囿于东

① 《杨昌济集》(一)，第73页。
② 《杨度集》(一)，湖南人民出版社，2008，第57页。

洋之思想，固不免有狭隘之讥，然并此而弃之，则学问将毫无进益，岂不重可惜哉！”[①] 这就是说，要以我为主，在充分学习外国的先进文化基础之上，建立自己国家和民族独立的学术思想体系。

其七，杨氏认为，学习西方先进文化的途径是多样的，既可以出国留学，也可以在国内读译本。他在《劝学篇》中说：“吴君稚晖之初往英国也，贻书国内友人，谓‘苟无普通科学与外国语言之预备，则不必急急西游，苟求学之志坚，则虽在国内，凡西洋之学问，皆可曲折而求得之’。此诚扼要之言也。余尝闻人言：‘在内地无师无友，不得其门而入。’心窃怪之。凡豪杰之士，皆无师无友，挺然独立而能自有所发明，诿于无师友，倘亦不能自立之咎欤！余尝见有人留学日本，因资斧不继不得已而归国者，自叹失求学之机会，余亦心非之。盖诚能有志，即在国内未尝不可为学也。余曾留学日本，又曾留学西洋，受益孔多，良堪自幸。然以余自知之明，余即不往西洋，专在日本，亦可以为学；且即令不往日本，专在本国，亦未尝不可为学。诿于无出洋留学之机会而自画者，只足见其无志而已矣。吾国出版界寂寥已极，微特比之欧美各国不免汗颜，即较之东邻亦大有逊色，然吾览商务印书馆之图书目录，见其中新译印行者非无可以观览之书。犹记余未出洋之时，读制造局与广学会之译本，亦复多有所得。今试问吾国之能读书者，果已悉所有译本而尽读之乎，抑犹未也？有译成之书而不能读，而徒叹国内之无书，诬亦甚矣！吾愿有志于学者，悉取现在所有之译本而披阅之。将来学问之途大开，译著之书踵出，则源源购读，新机且日引而日深，岂非人生之乐事乎！”[②] 这是说向西方学习

① 《杨昌济集》(一)，第 74—75 页。
② 《杨昌济集》(一)，第 75—76 页。

的途径是多样的，不一定拘泥于留学一途。

其八，杨昌济还提出了如何对待中西方文化和不同学派的方法，即要尊重学术自由，平等竞争。他在《劝学篇》中说："今欲研究国学，其中亦有多数之派别，不得不就之一言。儒术为国学之正宗，与之对立者，战国之时有杨墨，西汉之时有黄老。及佛法东来，思潮乃益为壮阔。儒术之所传为六经，因解释之异同，而有宋学、汉学之分。宋学派之经说，荟萃于《通志堂经解》汉学则以唐代所定之《十三经注疏》为主，而荟萃其说于《学海堂经解》与《皇清经解续编》。而宋学派之中，又有程朱派与陆王派之分；汉学派之中，又有古文学派与今文学派之分。各树一帜，互相非毁。今将合东西两洋之文明一炉而冶之，此等门户之争，早已不成为问题矣。余本服膺孔子之道，然既不欲为专宗孔子、罢黜百家之愚，复不欲为攘斥佛老、驳击耶回之隘。余本自宋学入门，而亦认汉学家考据之功；余本自程朱入门，而亦认陆王卓绝之识。此则吾对于各派所取之态度，可为海内人士正告者。子思曰：'万物并育而不相害，道并行而不相悖。'庄子曰：'鱼相忘于江湖，人相忘于道术。'陆象山曰：'各尊所闻，各行所知。'穆勒·约翰曰：'言论自由，真理乃出。'吾愿承学之士各抒心得，以破思想界之沉寂，期于万派争流，终归大海。"[①] 在《余改良社会之意见》中，杨氏又说："人不可不尊重自己之言论自由，又不可不尊重他人之言论自由。'万物并育而不相害，道并行而不相悖'，此天地之所以为大也。"[②]"真理以辩论而明，学术由竞争而进"，这是湘籍学者易白沙在五四时期提出的著名口号。杨昌济上述论断与易氏是完全相通的，而时间更早。

---

① 《杨昌济集》(一)，第 76—77 页。
② 《杨昌济集》(一)，第 79 页。

其九，主张“合东西两洋之文明一炉而冶之”，创造一种新文化。杨氏在《劝学篇》中说：“且夫学问非必悉求之于他国也。吾国有固有之文明，经、史、子、集义蕴闳深，正如遍地宝藏，万年采掘而曾无尽时，前此之所以未能大放光明者，尚未谙取之之法耳。今以新时代之眼光，研究吾国之旧学，其所发明，盖有非前代之人所能梦见者。吾人处此万国交通之时代，亲睹东西洋两大文明之接触，将来浑融化合，其产生之结果，盖非吾人今日所能预知。吾人处此千载难逢之机会，对于世界人类之前途，当努力为一大贡献。王君静安（国维）尝论国学，谓战国之时，诸子并起，是为能动之发达；六朝隋唐之间，佛学大昌，是为受动之发达；宋儒受佛学之影响，反而求之六经，道学大明，是为受动而兼能动之发达。今吾国第二之佛教来矣，西学是也。乃环观国人，不特未尝能动，而且未尝受动，言之有余慨焉。吾之所望者，在吾国人能输入西洋之文明以自益，后输出吾国之文明以益天下，既广求世界之智识，复继承吾国先民自古遗传之学说，发挥而光大之。此诚莫大之事业，非合多数人之聪明才力累世为之，莫能竟其功也。”[①]1915年杨昌济曾对黎锦熙说：“有宋道学其能别开生面，为我国学术界辟一新纪元者，实缘讲合印度哲学之故。今欧学东渐，谁则能如宋贤融铸之，而确立一新学派者？”[②]这段话表明，杨昌济根据宋明理学融汇印度佛学而创造出一种新形态的儒学这一历史经验，认定随着欧学东渐，经过一定的熔铸和汇合，中国学术也一定会产生一种新形态，问题在于谁能承担这一熔铸者的历史责任。这表明杨昌济已经有了一种创造新学派的历史自觉。

毛泽东在《反对党八股》一文中曾经指出：“五四运动的

① 《杨昌济集》（一），第76页。

② 《杨昌济集》（一），第1199页。

发展，分成了两个潮流。一部分人继承了五四运动的科学和民主的精神，并在马克思主义的基础上加以改造，这就是共产党人和若干党外马克思主义者所做的工作。另一部分人则走到资产阶级的道路上去，是形式主义向右的发展。但在共产党内也不是一致的，其中也有一部分人发生偏向，马克思主义没有拿得稳，犯了形式主义的错误，这就是主观主义、宗派主义和党八股，这是形式主义向‘左’的发展。”[①] 毛泽东在这里所说的“左”的形式主义在新文化运动期间的一个突出表现，就是反对从国情出发学习西方，而是主张“全盘西化”否定中国传统文化的“洋八股”和“洋教条”。通过以上分析，我们可以清楚地看出，杨昌济的文化观没有（或很少有）这种形式主义的东西，他提出的有关新文化运动的原则和方法，是全面的、深刻的和系统的。因此，我们有充分的理由说，杨昌济不愧为新文化运动的理论家。他的这些主张当时虽然没有在全国发生影响，但他却用这些思想在长沙培养出以毛泽东、蔡和森为代表的新民学会的一大批英才，并且以他们为中介，对后世产生了长远而深刻的影响。这些学生受他的影响，文化观中也都比较平实稳健，较少有形式主义的东西。例如，陈昌 1914 年 4 月 5 日在第一师范学校读书期间撰写的日记中就说：“今日一班盲目之士，以为孔子之道，几无用于中华民邦，弃之而悉从西法，何异家有纹骑，而宝人之弊驷也。若舍孔道而不闻，虽日诵西书，诚信西教，必无益于中土耳。”[②] 张昆弟在 1917 年 7 月 23 日日记中记他与蔡和森谈话：“近来西欧文化东来，与吾旧有之文化，每扞格难容。而倡新文化者，弃旧书不读。余与蔡君主张多读新书，而旧书亦必研究。中国文化及一切制度，不必尽然，而西欧文

① 《毛泽东选集》第 3 卷，人民出版社，1991，第 832 页。

② 《陈昌烈士未刊日记书信选》，载《长沙文史》第 14 辑，1994，第 204 页。

化制度，用之于我，不必尽是。斟酌国情，古制之善者存之，其不善者改之；西制之可采者取之，其不可采者去之。折中至当，两无所偏。此吾辈读新书、读旧书者所应知之事也。”① 陈昌、张昆弟、蔡和森等人的这种认识，显然与杨昌济的影响分不开。而青年毛泽东1920年在新民学会中很多成员赴法国勤工俭学时，却决定“暂时在国内研究研究各种学问的纲要”，并认为这样做有几种好处：“1. 看译本较原本快迅得多，可于较短的时间求到较多的知识。2. 世界文明分东西两流，东方文明在世界文明内，要占个半壁的地位。然东方文明可以说就是中国文明。吾人似应先研究过吾国古今学说制度的大要，再到西洋留学才有可资比较的东西。3. 吾人如果要在现今的世界稍为尽一点力，当然脱不开‘中国’这个地盘。关于这地盘内的情形，似不可不加以实地的调查，及研究。”② 习近平同志在庆祝中国共产党成立100周年大会上的讲话中说，要“坚持把马克思主义基本原理同中国具体实际相结合、同中华优秀传统文化相结合”③。回顾毛泽东之所以能够成长为一个伟大的马克思主义者，成为马克思主义中国化的最早、最杰出代表，一个很重要的原因，就是他发扬了杨昌济文化观的精华，即重视对国情的研究，重视对中华优秀传统文化的研究，从而能够较早将马克思主义的基本原理同中国具体实际相结合、同中华优秀传统文化相结合。

正是基于这样一种认识，我觉得再写一本《杨昌济评传》，进一步揭示杨昌济先进学术思想形成的原因和过程，揭示他的政治思想和学术思想，揭示他对近代中国学术的重要贡献，是完全必要的。

---

① 《张昆弟年谱》，湖南人民出版社，2015，第205页。
② 《毛泽东早期文稿》，湖南人民出版社，2008，第428页。
③ 《在庆祝中国共产党成立100周年大会上的讲话》，人民出版社，2021，第13页。

在确立了这一选题之后，我便着手整理和搜集资料。经过一段时间的努力，对近年资料的整理和对新资料的发掘，发现还是有一些新材料的。这些材料可以分为两类：

一类是关于杨氏生平的资料。如杨开慧的《先父事略》，原来发表在 1921 年 6 月出版的长沙福湘女校校刊《福湘杂志》上，此杂志国内早已不存。旅美华裔学者李忠泽先生在美国耶鲁大学神学院图书馆发现，此文经过整理发表于 2015 年第 3 期《船山学刊》。此文提供了有关杨昌济生平的一些新资料：其一是有关杨氏幼年时代的资料，其二是有关杨氏兄弟之情的新资料，其三是明确说明杨昌济留学归国的时间，其四是比较细致地说明了杨昌济生病及逝世的具体原因。关于杨昌济在国外留学及其学校的情况也找到了一些新材料。本人从旧书网上购得日本《宏文学院章程要览》《东京高等师范学校要览》和《东京高等师范学校沿革》。《宏文学院章程要览》收入了弘文学院章程，其中包括学院宗旨、肄业年限、学年学期的规定、教科课目及授业时数、考试及卒业、进学退学及赏罚、应纳学费等内容。《东京高等师范学校要览》是 1911 年出版，有东京高等师范学校规程、文部省直辖学校外国人特别入学规程、高等师范学校预科本科及研究科学生学费补贴规定、东京高等师范学校规则（1903 年 4 月制定，包括目的、学科及修读年限、学年、学期及假期、学科标准及课程）、外国学生主任规程等。此外，还有教职员名册、在校学生名册和在校外国学生名单；还有毕业生名册，但没有外国毕业留学生名册，可能是因为日本的毕业生都留下了工作单位通信地址，而外国学生可能因缺乏这方面的资料，故没有收录。这些资料为了解杨昌济在日本留学所学课程及学校生活细节提供了比较具体的材料。关于杨昌济留学英国苏格兰阿伯丁大学，也收集了一些新资料。例如，张明女士博士论文《东西方之旅：杨昌济（1871—1920）及其思想》一文提供了杨昌济在阿伯丁大学学习的功课及相关老师的情况。大连海洋大学海洋科学技术与环境学院的刘新山教授对杨昌济十分推崇，他利用到英国开会的机会，专程到阿伯丁大学图书馆查阅了杨昌济的有关资料，其中包括三年留学所学的课程，每门功课的原始成绩单照片（英国当时记分的方法比较特别，刘先生专门写了文字解说），《杨昌济的哲学老师》（近 1500 字的简介，刘先生也全文翻译），以及其他一些有关资料。刘先生还曾利用到湖南开会的机会，专程去板仓杨氏的故居参观。其对杨氏的崇拜之情，是令人感动的。这些材料有助于还原杨昌济在国外的留学生活。

另一类，是关于杨昌济的著作，也发现了一些新材料。如《修身讲义》是杨氏在湖南省第一师范所编的教材，过去只见其名，而未见其书。在湖南省图书馆的有关领导和古籍部工作人员的支持下，笔者将它整理出来。它是毛泽东等人在一师读书时的重要教材。全书分成九个部分（篇）：圣贤豪杰之特质、卫生、规则的生活、戒骄、张子《正蒙》、吕新吾《呻吟语》、达化斋日记、论语类钞、录蔡振（元培）《中学修身教科书》修己论。它充分反映了杨氏欲将学生培养成圣贤豪杰的崇高愿望。杨氏最亲密的弟子之一萧子昇在评论此书时说："此实先生最高智慧、最优修养之作品。……此正先生自修自立之大经大法。"[①]此外，近年还发现了杨昌济的一些信件，包括致吴稚晖、章士钊、胡适的信。致吴稚晖信主要是为杨毓麟蹈海自杀的善后及对辛亥革命成功的欢呼。致章士钊信则是讨论学术问题及告知个人翻

① 原载台湾《艺文月刊》第 70 期，后为台湾《湖南文献》季刊第 3 卷第 4 期转载。

译计划。致胡适信则是请胡适及杜威提供关于西方伦理学和伦理学史书目。

以上漏编及新发现的杨昌济著作（包括编纂）近 5 万字，拟辑成《杨昌济集外文》，置于《杨昌济评传》之后，以便学界同人和读者研究。

自从本人前述所编的三种杨昌济著作集出版之后，学术界对杨昌济的研究已经形成一定气氛。据不完全统计，有博士论文一篇，硕士论文十多篇，单篇论文三百篇以上，其中有一些研究比较深入。这些研究成果有助于我们更加准确地评价杨氏的学术思想和学术贡献，在本书有关章节将适当地予以介绍。

杨昌济的著作和日记中有许多精彩的格言，网上早已流传一种“杨昌济粹语”，本人在研究过程中将这些粹语分别编成哲学、修身和教育三个部分，附于评传之后，供读者参考和研究。

《杨昌济的生平及思想》一书中原来附有“杨昌济年谱”，这次在写作评传的过程中又有所充实，仍附于评传之后。

鉴于笔者已经写有《杨昌济的生平及思想》和《板仓杨·杨昌济》，本书为了避免过多的重复，在叙述杨氏生平时，在细节上有所简省；对于那些在前两书中作过详细分析和介绍的思想，也只简要地介绍其要点。

本书从 2021 年 4 月初立意写作，至 2022 年 4 月初写出初稿，其间整整一年。现在如果要问：既然是要重新认识杨昌济，那么书中有些什么新的认识呢？笔者认为，首先，最主要的“新”是通过前言对《劝学篇》的分析，指出它在新文化运动中的确是一篇指导性的文章，因而奠定了杨昌济作为新文化运动理论家的地位。全书都是围绕这个主题展开的。其次，本书的各章，从不同的角度或方面，探讨了杨昌济的成长环境和过程，他的主要事功、主要思想成就和主要学术贡献。第一、二章介绍了清末理学复兴的时代背景，分析了杨氏从蒲塘迁板仓后人文环境的变化，初步探讨了向曾贤的学术思想；分析了杨氏读制造局与广学会之译本，特别是《泰西新史揽要》，形成变法思想和民主思想。第三、四、五章比较具体、细致地呈现了杨氏在日本、英国留学的情况，分析了他的国民性改造思想的形成和特点，揭示了他对日本学校军国主义教育倾向的警惕，介绍了他在阿伯丁大学的学习情况及他是如何支持辛亥革命的。第六、七章揭示了杨氏之所以能成为新民学会的精神导师，除了有先进的文化观之外，还在于他有高明的教育手段；他如何始终走在新文化运动的前列，如何为学生赴法勤工俭学而操劳致死。第八、九、十章论证了杨昌济是现代新儒家理论的奠基者、王船山思想的忠实践行者、注重改良社会物质生活的经世思想家。第十一章全面介绍了新发现的《修身讲义》的内容和特点。第十二、十三、十四章根据准确的资料，详细论证了杨氏在传播西方伦理学、西方哲学、西方教育学和西方心理学等方面的贡献。第十五章从哲学、伦理学和教育学三个方面全面具体分析了杨氏对青年毛泽东的深刻影响。当然，这些分析是否符合历史实际，评价是否恰当，尚希学界同人和广大读者批评指正。

本书在出版过程中，得到湖南省社会科学院（湖南省人民政府发展研究中心）领导和科研处亲切的关照和大力资助，得到湖南人民出版社领导的关照和支持；责任编辑傅钦伟同志为出版付出了辛勤劳动；萧力女士对全书进行了校对，纠正了一些文字差错。对此，本人表示崇高的敬意和感谢！

王兴国 2022 年 5 月初稿

2023 年 3 月定稿

目录

第一章

两世联姻，理学传家

杨昌济，派名宏菜，学名昌济，字华生，号怀中，清同治十年（1871）夏历四月十九日[①]出生于长沙县清泰乡板仓冲（今开慧镇开慧村）。

---

① 此出生月日据20世纪20年代所编《蒲塘杨氏族谱》。

第一节
理学经世派的胜利

杨昌济诞生于太平天国首都天京（南京）陷落（1864）之后的第七年。天京陷落这一事件，标志着以唐鉴（1778—1861）为领袖的近代理学经世派在政治上的胜利，也标志着理学在近代中国的复兴。

唐鉴，字栗生，号镜海，湖南善化（今长沙）人。父唐仲冕（1753—1827），乾隆五十八年（1793）进士，官至陕西布政使。唐鉴嘉庆十二年（1807）举于乡，十四年（1809）进士，钦点翰林院庶吉士。嘉庆十九年（1814）充会试同考官，在北京供职，日与戚人镜、贺长龄、陈鸿、贺熙龄等以理学相切磋，以经济相劝勉。谓畿辅水利久废不举，国家生财之道莫此为善，因采择古书，并查访直隶河流湖泊，著成《畿辅水利》。嘉庆二十三年（1818），授浙江道监察御史。道光元年（1821），道光帝即位，诏中外大臣各举所知，诸城刘镮之推荐唐鉴出任广西平乐府知府，设五原学舍教瑶民读书。道光十三年（1833），升任安徽宁池太广德道兵备道。十四年（1834），调任江宁十府粮储道。十八年（1838）奉旨补授浙江布政使。途次，调补江宁布政使。总督陶澍寝疾，代行院事。

道光二十年（1840）四月，内转太常寺卿，入都供职。太常寺卿虽位于九卿之列，实为闲曹冷职，但唐氏兢兢于职守。二十三年（1843）开始著《国朝学案小识》，二十五年（1845）书成。全书十五卷，仿黄宗羲《明儒学案》《宋元学案》之例，将清代讲学诸儒分立《传道学案》《翼道学案》《守道学案》《经学学案》《心宗学案》等五个学案。全书大旨扶持程朱理学，谓宗朱子为正学，不宗朱子即非正学。对墨守程朱理学的陆陇其（稼书）等人推崇备至，辨王阳明心学“阳儒阴释”之非。

曾国藩说：“唐镜海先生德望为京城第一。”[①] 尽管唐鉴在北京居住简朴，官位也不是很显赫，但他身边却聚集着一批热衷理学的士大夫。对此曾氏有描述：“唐先生之内召为太常卿也，以道光庚子僦屋于内城之西南，分听（厅）事四之一为读书之室，袤得周尺之步，广半步耳。自国藩之修候，或月一至，或再三至，未尝不见先生手一编，危坐其中。它人见者亦然。”[②] 时倭仁、曾国藩、吴廷栋、窦垿、何桂珍、吕贤基、邵懿辰、陈源兖等皆从唐鉴考问学业，陋室危坐，精思力践。陈康祺在《郎潜纪闻初笔二笔三笔》中，比较准确地评价了唐氏在晚清理学史上的地位：“乾嘉以来，朝士崇尚汉学，承学之士，翕然从风，几若百川之朝东瀛，三军之随大纛。公独潜研性道，被服洛闽，力践精思，与世殊轨，亦豪杰之士矣。”[③] 往下，简要介绍这个理学集团成员的情况：

乌齐格里·倭仁（1804—1871），字艮峰，号艮斋。蒙古正红旗人，河南开封驻防。道光九年（1829）进士。他早年官京师时主要的社交圈子是河南同乡，如李棠阶、王轸、吴佩

① 《曾国藩全集·家书》（一），岳麓书社，1985，第 32 页。

② 《曾国藩全集·诗文》，岳麓书社，1986，第 183 页。

③ 陈康祺：《郎潜纪闻初笔二笔三笔》，中华书局，1984，第 128 页。

斋、王检心、王涤心等。道光十三年（1833），成立“正学会”，究心王（阳明）学，定期会课，将每天的言行以及所思所想写成“日录”，然后互相批阅，互相规劝。他们的修养心身的功夫主要从体验内心着手，追求一种神秘主义的精神境界。道光二十年（1840）唐鉴再官京城，倭仁与同年好友窦垿拜访了唐鉴这位学界前辈。倭仁将其“日录”送给唐氏批阅，并请教为学之道，唐鉴明确地告诉他：“学以居敬穷理为宗，此外皆邪径也。”[①]“居敬穷理”是中国宋代程朱学派所倡导的一种修养方法。“居敬”语出《论语·雍也》“居敬而行简”；“穷理”语见《周易·说卦》“穷理尽性以至于命”。程朱理学家认为所谓“居敬”，就是“心”的“主一”“专一”“自作主宰”，不为外物所牵累；所谓“穷理”，就是“欲知事物之所以然与其所当然者而已”，亦即致知明理。这样，就要求学者认真读书，而不要耽于内心体验。此后，倭仁笃守程朱的“主敬”修养方法，以“居敬涵养其本源”，然后通过格物穷究事物之理，并且将“居敬存心”“穷理致知”列入其所辑的专讲为学之方的《为学大指》中。曾国藩在日记中曾记述唐鉴对倭仁的评价：“用功最笃实，每日自朝至寝，一言一动，坐作饮食，皆有札记。或心有私欲不克，外有不及检者皆记出。”[②]通过与唐鉴的问学切磋，同时还与其他理学道友如吴廷栋等的交往，倭仁在程朱与陆王之间进行比较，最终转向程朱理学，成为晚清著名的理学家和权臣。例如，他在1862年一年三迁，从工部尚书、协办大学士至文渊阁大学士，并当上幼帝同治的师傅，掌管翰林院，一跃而成为清王朝的最高理论权威。杨昌济很重视倭仁对曾国藩的影响。他在1915年3月3日的日记中写道：今日从周印昆

① 《倭仁集注》，内蒙古人民出版社，1992，第190页。
② 《曾国藩全集·日记一》，岳麓书社，1987，第92页。

处借来曾文正手书日记，共四十本。“观文正之所以自克者，如多言、好名、忿怒等，余幸无之。……观倭艮峰（仁）所批，可见其用功笃实，过于文正，宜其为文正所敬惮也。文正日记有一节纯用楷书，盖慕效艮峰之所为也。”[①]

曾国藩第一次见到唐鉴是在道光二十一年（1841）。道光帝接见唐鉴时，曾国藩作为随侍在旁。道光帝奖谕唐鉴治程朱之学有成就，并躬身实践，是个笃实诚敬的君子。曾国藩在旁察言观色，心想：自己常在皇上身边，至今也未见皇上表扬过，皇上称赞唐鉴，看重的是唐鉴对德行的修养，对义理之学的研究。之后，曾国藩经常以弟子之礼拜谒唐鉴。时唐鉴已年过花甲，见这位同乡后辈勤奋实在，如此谦卑，自投门下，便很高兴地收下这个新门生。道光二十一年（1841）七月十四日，曾国藩问唐鉴检身之要，读书之法。唐氏回答：当以《朱子全书》为宗。此书最宜熟读，即以为课程，身体力行，不宜视为浏览之书。又言：治经宜专一经，一经果能通，则诸经可旁及。若遽求兼精，则万不能通一经。先生自言生平最喜读《易》。又言为学只有三门：曰义理，曰考核，曰文章。考核之学，多求粗而遗精，管窥而蠡测；文章之学，非精于义理者不能至。经济之学，即在义理内。又问：经济宜何如审端致力？答曰：经济不外看史。古人已然之迹，法戒昭然；历代典章，不外乎此。又言检摄于外，只有“整齐严肃”四字；持守于内，只有“主一无适”四字。又言：诗、文、词、曲，皆可不必用功，诚能用力于义理之学，彼小技亦非所难。又言：第一要戒欺，万不可掩著，云云。[②]经唐鉴逐一指点，曾国藩于学问之道和修身之法似乎全明朗了。唐鉴还告诉他，督促自己修身的最好办法就是记日记。曾国藩

---

① 《杨昌济集》（一），湖南教育出版社，2008，第628页。

② 《曾国藩全集·日记一》，第92页。

自从听了唐鉴的教导，开始对自己的一言一行严加修饰，并立下日课，分为主敬、静坐、早起、读书不二、读史、谨言、养气、保身、日知其所无、月无忘其所能、作字、夜不出门等十二条。又作《立志箴》《居敬箴》《主敬箴》《谨言箴》《有恒箴》各一首，高悬于书房。

何桂珍（1817—1855），字丹畦，别号丹溪，云南师宗人。乡试出自倭仁门下，道光十八年（1838）进士，与曾国藩同年。唐鉴入京之时，何桂珍为翰林院编修。通过倭仁和曾国藩的介绍，何桂珍得识唐鉴，并追随其讲道问业。唐鉴为何桂珍平生最为服膺之人，也是对其学术思想的影响最大之人。唐鉴以续录清初窦克勤《理学正宗》托付何桂珍，希望其能将窦克勤所辑的宋、元、明正宗的理学家传作“续录”。《儒学正宗》共十五卷，上起宋儒周子、二程，下迄明代薛瑄，以明洛学之宗，而以朱子之学为归，是一部专门为“道统正宗”修史立传的学术史著作。何桂珍按照唐鉴之意作《续理学正宗》，为胡居仁、罗钦顺、陆陇其、张履祥四人作传。这样，自宋至清就有了一个完整的“正学”体系。另外，唐鉴早年曾撰有一部名为《幼学口语》的启蒙教材，何受其启发，于道光二十四年（1844）编写了概述儒家道统、理学源流的《训蒙千字文》。

吴廷栋（1793—1873），字彦甫，号竹如，安徽霍山人。道光五年（1825）拔贡，官至刑部侍郎。吴廷栋早年师从家乡许玉峰先生，其为学笃守程朱。道光二十年（1840）唐鉴再官京城，吴从倭仁和窦垿处听说唐鉴的道德学问，一心向往之。后来与倭仁等一起亲自向唐鉴请教问学，唐鉴告之曰：“颜子亦祇从惩忿窒欲、迁善改过做起，惟进而不止，遂造至不迁怒、不贰过地位。一有近名之心，其志遂隐为毁誉所夺，虽日从事于道义，皆徇外为人矣。”[①] 经过唐鉴的点拨，吴廷栋终生以“惩忿窒欲、迁善改过”为功夫，并以之传授家人与好友。如《乙巳与君帆弟书》曰：“虽然所谓学者，固非语言文字之谓也，亦非玄妙高深之谓也，惟以伦常为本，而致功于性情之地，始于惩忿窒欲、迁善改过而终于明善诚身耳。”[②] 可见唐鉴对其影响之深。当然，吴氏对唐鉴反复强调的主敬功夫也是很重视的。据倭仁日记载：“吴竹如曰：‘主静必以敬为工夫，敬则自静也。故朱子特于《太极图说》注中补出敬字，其虑深矣。若说以静为工夫，恐易堕于一偏。’”[③] 吴廷栋曾官至大理寺卿、刑部侍郎等职。

窦垿（1804—1862），字兰泉，云南罗平人。道光九年（1829）进士，与倭仁为同年，是何桂珍的姐夫。1840 年唐鉴甫至，窦垿便与倭仁前往拜访问学，对唐鉴的道德学问深为叹服。窦氏曾回忆，父亲的至交贺长龄“勉垿力学，多读宋儒之书。方伯唐镜海先生鉴，亦中宪公（窦父）同官，二公皆理学名臣。以中宪公故，望垿嗣家声者”。窦氏感“耦耕（贺长龄）、镜海两先生言，奋志读书”。“先用力于汉学，看《十三经注疏》及诸儒论经疑义”[④]，结交了吴廷栋和倭仁以后，学必以朱子为宗。

吕贤基（1803—1853），字羲音，号鹤田，安徽旌德人。道光十五年（1835）进士，历任编修、监察御史等职。咸丰元年（1851），为工部左侍郎。次年，兼署刑部左侍郎。以太平天国声势日张，清朝统治动摇，疏请下诏求言。三年春，赴安徽督办团练，以抗拒太平军。后太平军克舒城，他投水而死。

邵懿辰（1810—1861），字位西，仁和（今杭州）人。道

---

① 吴廷栋：《拙修集》卷二，同治十年六安求我斋刊本。

② 吴廷栋：《拙修集》卷十，同治十年六安求我斋刊本。

③ 《倭仁集注》，第 221 页。

④ 窦垿：《示儿录》，转引自《窦垿评传》，云南大学出版社，2009，第 17 页。

光十一年（1831）举人，授内阁中书，后升刑部员外郎。论学宗朱熹，经学宗李光地，文学宗方苞，唯不喜汉学。道光二十年（1840），邵懿辰入京应试，曾国藩也于同年由乡回京为官，此后，二人同为京官，相交二十余年，于道光年间交往甚繁，就诗文、理学、政治、军事等问题互相切磋。他们也曾一道向唐鉴问学。曾国藩在《仁和邵君墓志铭》中说："位西之学，初以安溪李文贞公（光地）、桐城方侍郎（苞）为则，摈斥近世汉学家言。为文章，务先义理，不事缛色繁声，旁征杂引以追时好。"[①] 咸丰四年（1854）坐济宁府以治河无功被撤职。咸丰九年（1859）由安庆引疾归，家居养亲。十一年（1861）太平军围攻杭州，他助浙江巡抚王有龄对抗太平军，在战乱中身亡。

陈源兖（1815—1853），字岱云，湖南茶陵人，官至安徽池州知府。道光十八年（1838），与曾国藩同年举进士，和曾是至交好友，且还是儿女亲家。陈源兖曾批评曾国藩有"怠慢之气"，待朋友"相持过深"，"太刻薄"。曾氏认为"此三言皆药石"[②]。1853 年 12 月，太平军攻庐州时，他战败自杀。

《曾文正公年谱》卷一记载：在唐鉴指导下，曾国藩"益致力程朱之学，同时蒙古倭仁公、六安吴公廷栋、昆明何公桂珍、窦公垿、仁和邵公懿辰及陈公源兖等，往复讨论，以实学相砥砺"。[③] 曾氏的这一段经历，不仅大大提高了他的理学思想境界，而且有力地提高了他在全国理学思想界的地位。

还必须看到，以曾国藩为首的湘军集团，其骨干成员实际上也是一群理学家。据朱东安统计，湘军集团骨干成员约 475 人，有生员以上功名者 208 人，已确切查明其学历者 142 名，其中

---

① 《曾国藩全集·诗文》，第 282 页。
② 《曾国藩全集·日记一》，第 113—114 页。
③ 《湖南人物年谱》（二），湖南人民出版社，2013，第 638 页。

翰林 24 名，进士 24 名，举人 33 名，秀才 23 名，文童 8 名，贡生 17 名，监生 11 名，孝廉方正 1 名，留美学生 1 名。其中治汉学、公羊学者少，宗奉理学者多。“他们在思想上尊崇程朱理学、注重经世致用，实际上是将儒学中的哲学与政治学结合起来，形成一个独特的学科，后人称它为‘义理经世之学’，而把这派人物称为理学经世派。”[①] 所以说战胜太平天国是理学经世派的胜利，是符合事实的。正是这一思想的和历史的背景，影响了杨昌济往后的治学方向乃至其学术性格。所以杨氏逝世之后，有人给他写挽联说：“气质似吕东莱（祖谦），论中原文献之传，声名特重，温恭比唐镜海（鉴），于教育伦理之学，讨论尤精。”[②]

---

① 朱东安：《曾国藩集团与晚清政局》，华文出版社，2003，第 83—85 页。

② 《杨昌济集》（二）“附录”，第 1241 页。

第二节
迁居板仓得新感化

杨昌济说过："聚族而居，自为风气，难于进化，此又中国家族主义之短处也。此事可以余族之事实证之：余家来自蒲塘，现在族人仍以聚居蒲塘者为最多，然彼处之人务农者多，读书者少。余族人之能读书明理者，多为迁徙异地离隔本宗之人，此则由于与异姓接触，得新感化，又与同宗隔离，脱旧思想之故。"①

蒲塘现在是长沙县金井镇的一个村。2016 年 1 月 29 日《长沙晚报》曾发表过一篇题为《长沙县金井镇蒲塘村"第一书记"回村侧记》的文章，其中介绍了蒲塘村 2014 年以前的情况："蒲塘村，是长沙县北部最偏远的山村，东与浏阳市相接，北面和岳阳市平江县仅一山之隔，这里是杨开慧祖籍所在地，村上 90% 以上人家都为杨姓。村里山多地少，大多数村民靠天吃饭，村里产业基础薄弱，村民过着'望山兴叹'的苦日子，是长沙县出了名的落后村、垫底村，2014 年被确定为省级贫困村。村里没有像样的学校，留守儿童们要到五里之外的平江县上小学；村里的卫生室设在村支两委办公楼里，条件太简陋，药物种类少，

① 《杨昌济集》(一)，第 535 页。

配套不齐全，好多药还得跑到县里买；村民没有技术，村里没有产业，年轻人外出打工，老人留在家里种田，想要腰包鼓起来，难。”如果说，在21世纪初年的蒲塘村还是这样落后，那么在一百多年前杨昌济生活的年代，其落后状态就更难以想象了。

杨昌济的祖辈大约在清代乾隆年间迁居至清泰乡，即现今的开慧镇，并且开始重视子弟读书。我们现在无法追溯杨氏刚开始迁至清泰乡的人文环境，但是可以追溯杨昌济年轻时家乡的人文环境，即当时当地的读书人比较多。往下我们介绍几位当地当时的读书人。

缪芸可（1869—1938），号兆珩，世居缪家洞枫树湾。此地距杨昌济之家板仓不到五公里。其父缪建侯（1851—1923）粗通文墨，在1893年利用缪氏宗祠开办私塾，培养缪氏子孙和当地村民子弟。1897年缪芸可考中秀才，1898年就读岳麓书院，与杨昌济同学。1900年缪芸可接管父亲缪建侯在缪氏宗祠创办的私塾，创立了宗华学校。1903年，缪芸可赴日本考察教育半年，他发现日本职业教育发达，特别是女子职业教育比较成功。回国后，便发动族人在缪氏宗祠创办新派宗华高小，广泛吸纳贫寒子弟入学，并亲授国文、历史和宣讲政治时事。缪芸可以开拓职业技术教育为己任，动员当地开明士绅筹资在长沙县清泰乡（今开慧镇）竹山铺胡家屋开办职业技术女子学堂（后与隐储女子职校合并），设有缝纫、湘绣和珠算财务等专业课程。缪芸可还与黄国厚等人，在长沙市北门外创办了衡萃、自治两所女子职校。缪芸可曾与杨昌济、黎锦熙合作编辑过一本书《初等小学国文读本》（第一册），1914年由长沙宏文图书社出版。他在杨昌济逝世时送挽联：“麓山同志半云亡，独留七尺残躯，无限神州沧海憾；石室遗书端不朽，拼却毕生精力，新刊大学纪元词。”[①] 所谓“麓山同志”，指当年他与杨昌济同学于岳麓书院；所谓“新刊大学纪元词”，指杨氏撰《论湖南创设大学之必要》。

缪芸可的长女缪伯英（1899—1929）是中国共产党的第一个女党员。1919 年 7 月，缪伯英以长沙地区第一名的成绩考入北京女子高等师范学校（北京师范大学前身）。缪伯英进入女高师不久，在北京大学组织的同乡会上，结识了何孟雄、邓中夏等一批热血男儿。1920 年 3 月，缪伯英加入了李大钊倡导的北京大学马克思主义学说研究会。同年，成为北京社会主义青年团首批团员。这年 11 月，加入刚刚成立的北京共产主义小组，不仅成为中共北方区第一名女党员，而且是中共“一大”前全国 53 名党员中最早入党的女党员。1925 年 1 月担任中共湖南省委第一任妇委会书记、省妇女运动委员会主任。1927 年 8 月缪伯英前往上海开展地下工作，由于斗争环境险恶，积劳成疾，于 1929 年 10 月病逝。

黄萱祐（1862—1953），字念慈，女，长沙县清泰都清泰村（今属開慧镇）人。父黄镜清，候补知县。她幼承家训，习诗文，18 岁与善化候补知县许方吕结婚，不久寡居。光绪年间，陈宝箴抚湘，倡新政，兴学堂。她受戚族谭嗣同、龙绂瑞、黄镆等人的影响，积极参与兴办女子教育及妇女解放运动，参加了不缠足会、延年会；出资翻刻《新千字文》分赠城乡妇女，并资助时务学堂及《湘报》。光绪二十九年（1903）她与堂兄黄镆、堂妹黄琼输财，在长沙清泰乡（现福临镇）影珠山西冲樟树脚下创影珠学堂，为湖南省私办女校之首倡。同年六月，湘绅龙绂瑞、俞蕃同等创办湖南民立第一女子学堂，她被聘任该校副

① 《杨昌济集》（二）“附录”，第 1244 页。

监督。光绪三十一年（1905），湖南选送第一批官费留日女生 20 人，她任管理员，率队东渡入东京青山实践女校附属师范班学习。因得与范源濂、章士钊、杨昌济、熊希龄、胡元倓、徐特立等人相交往，教育救国之志益坚。光绪三十三年（1907），清廷准许设民办女校。她回国后将影珠女校扩展，设男子中学、女子师范并附属高等小学，延聘陈作新、荆嗣佑等任教习，培养了张铭西、余才劲、黄国厚、黄经慎等湖南教育界的中坚。辛亥革命后，她应熊希龄之聘，在常德开办女子师范学堂。后再次变卖田产，与胞妹黄国芝在竹杉铺购屋作影珠学校永久校址，同时停办男中，改名为隐储女子师范学校。杨开慧曾在该校附属小学读书。自光绪末年至新中国成立初期，她毁家兴学，为国育才，担任隐储校长、董事长先后 40 余年。

黄国厚（1883—1967），字振堑，女，长沙县清泰乡竹山铺人，郭崑焘的外孙女，父黄为琸。竹山铺现属开慧镇，距板仓约 4 公里。1904 年，她进入隐储女学堂（原名影珠女学堂）读书。1905 年，作为官方选派的第一批湖南女留学生，黄国厚与妹妹黄国巽（1888—1971）在堂姊黄萱祐的带领下赴日留学，就读于日本东京青山实践女校。黄国厚攻读师范科的美术专业。1907 年回国后，先后在隐储女校、周南女校任教，又与童澹村、周鼎芳等人创办明耻小学堂。由于当时清泰乡有 7 所小学，1909 年明耻小学堂改为衡粹女校，设在尚无女学的尊阳乡，黄国厚担任衡粹女校校长。辛亥革命后，湖南省立第一女子师范学校和长沙县立第一女子学校相继成立。1912 年，黄国厚将衡粹女校的学生送考湖南省立第一女子师范学校后，将衡粹女校迁到省城长沙，租用苏家巷民房，开办衡粹女子职业学校。除应用学科专业外，添设了图画、造花、编物、缝纫四个专业，这是近代长沙女子职业教育的开端。1912年，谭延闿任湖南都督，将位于兴汉门的第二法政学校校址拨给衡粹办学。还没来得及移交，1914年湖南都督换成了汤芗铭，又给收了回去。直到1916年，傅良佐担任湖南都督时，才真正将第二法政学校交付衡粹办学。但校舍已破敝不堪，幸而得到了时任中华教育总长的湘阴人范源濂及范秉钧等人的支持，争取到财政部补助3000元，从曾纪芬处借钱1000元、李宾士处借500元，黄国厚将房契抵押1000元，加上衡粹出售产品的钱，总共筹措8000元，建校舍两栋。学校还租用附近的民房，开设了刺绣工厂，收学徒20人。为摆脱学校困境，黄国厚曾亲自绘制图案画册，托商务印书馆发行出售，并将学生刺绣成品在南京、上海、杭州一带举行展览义卖，筹措经费。1916年著名画家陈师曾（衡恪）与其第三任妻子黄国巽（黄国厚妹妹）在北京结婚，媒人就是杨昌济。[①]1920年杨昌济逝世时，黄国厚在挽联中说："与舍妹留东就学，曾共及门，巾帼溯师承，难忘伯起传经日；叹京邸寝疾垂危，犹蒙问讯，尺书方卒读，正是康成易箦时。"[②]长沙各界为杨昌济举行的追悼会也是在衡粹女校召开的。1927年，黄国厚因操劳过度，身体虚弱，辞去校长职务，将学校交给老教员罗正璧接办，罗办学一年后，交给王季范接办。黄国厚辞去校长职务后，仍任校董事会董事长，筹措经费，不遗余力。新中国成立后，她寓居北京。1953年被聘为北京市文史馆馆员。

郭之奇（1888—1980），名家伟，住长沙县清泰乡（今开慧镇）巷子山，距板仓约2.5公里。1896年杨昌济授徒于巷子山陈家，郭之奇从此与杨氏相识。郭氏1900年入胡子靖所办的经正学堂，1904年由学堂保送日本留学，先后在弘文、正则两校学习日语、

---

① 徐文治：《陈师曾艺术年表》，《新美域》2007年第2辑。

② 《杨昌济集》（二），第1241页。

英语。1906 年由黄兴介绍参加同盟会。1907 年入日本东京商船学校轮机科。当时杨昌济在东京高师读书，郭氏常晋谒求教。时有梁启超《明儒学案》印本便于携带，郭氏逐章细阅，圈点其精到之处，就正于杨氏。杨氏谓：“所圈之句皆精要之语。我不知道你到底懂不懂。”此后，杨氏每以王船山之《读通鉴论》等书，择其立论博大精深，而条理可循者，令郭氏熟读默记。所以郭氏说：我之得益于吾国学问之指归者，全赖先生启发教诲也。郭之奇在东京商船学校未毕业即赴英国阿伯丁大学学习政治和哲学，并曾任该校中国学生会华文书记员。又曾在德国柏林棒棒堂为旁听生。郭氏回国后在《甲寅》杂志和长沙市工作。1954 年出任湖南省文史研究馆馆员。

上述情况表明，杨氏迁居板仓之后，其人文环境的确是大异于蒲塘村的。

第三节
向曾贤的君子之泽

向曾贤是杨昌济的高外祖父。杨氏在《黄宜人传》中说过："鲁斋公固理学名儒，继之者守寒素之风，尚诗礼之教。""吾考吾母之世系，上溯至鲁斋公，又以见君子之泽，源远而流长也。"①

向曾贤（1753—1801），号鲁斋。1784年于岳麓书院读书。时罗典任山长，同学有陶必铨、严如熤等。陶必铨（1755—1805），字士升，号萸江。清代诗人，学者。湖南安化人，陶澍的父亲。陶必铨在岳麓书院读书时，"最佩服者为鲁斋先生，每举先生之行谊为同侪勖。澍时方在髫龄，已窃慕先生之名。见先生书院课艺，辄再四诵之不已，尝以不得亲炙为恨"。嘉庆辛酉（1801）陶澍应礼部试，曾赴官舍谒向曾贤，"先生静默寡言，而谦冲浑穆之气盎然溢于面颜，非学纯养粹不及此"。② 严如熤（1759—1826），字乐园，湖南溆浦人，嘉庆五年（1800），以孝廉方正科参加廷试。研究舆图、兵法、星卜之书，尤留心兵事。向曾贤还和赵慎畛一起受知于学政钱沣，于乾隆五十四年

① 《杨昌济集》（一），第101—103页。
② 陶澍：《爱古堂文稿序》，载同治《平江县志》，岳麓书社，2011，第661页。

（1789）选充贡士。钱沣（1740—1795），字东注，一字约甫，号南园，云南昆明人，乾隆三十六年（1771）进士，授检讨，官至御史。向曾贤于乾隆六十年（1795）中进士，赵慎畛于嘉庆元年（1796）中进士。后来两人同在京师做官，成为关系十分密切的朋友。

赵慎畛在《向鲁斋文稿序》中说："鲁斋之学钩贯经子百氏，而其鞭心植行，独在不朽。居常研味宋五子之书，蕲以躬行实践，肩斯道于勿堕者，雅不欲以制艺鸣世。而其治制艺也迈往精微，必求合于圣贤立言之旨，以自发抒其平日读书砥行之有得者，故其辞旨，洁而有则，温而有伦，虽古作者不多让也。"[①] 向曾贤的制艺很好，也就是八股文做得好。所以后来当他在国子监做官时，很多参加科举考试的士子，都拿自己的制艺请他指正，向氏应接不暇。但他认为，制艺之类的东西是末节，圣贤之思想才是根本。所以他作制艺时力求符合圣贤立言之旨。这与他对圣贤的思想的研究比较深入分不开。向曾贤写过一篇题为《书太极图通书后》的文章，对周敦颐的学问作了高度评价。他说，周敦颐之道浑然大备，其《太极图》和《通书》的语言，气象简易和粹，将其与三代以后一些名贤的著作相比，就可以看出，其道德纯固出自本心，与那些玩弄文字游戏的作者有天壤之别。朱熹表彰周子的功劳最大。但是时间久了之后，人们又忽视了，有的人甚至攻击"无极"之说。其实这个问题朱子早就辨析清楚了。在朱子之后极力表彰周子之学者，在明朝末年有河北人孙奇逢先生。孙氏在《理学宗传》中引顾宪成的话说："'纯公未尽元公之蕴，正公未尽纯公之蕴。'此亦有衡量之言，非悬空臆断也。"纯公是程颢的谥号，元公是周敦颐的谥号，正公是程

---

① 同治《平江县志》，岳麓书社，2011，第660页。

颐的谥号。这里讲的“尽”字，指尽知，即真正理解。顾宪成说二程兄弟没有真正理解周敦颐，其具体内容是指什么呢？我们查一下顾氏的《小心斋劄记》就可以知道。此书卷三说：“程伯子（颢）曰：‘昔受学于周茂叔，每令寻仲尼颜子乐处所乐何事。’又曰：‘自再见周茂叔后，吟风弄月以归，有吾与点也之意。’又有诗曰：‘云淡风轻近午天，傍花随柳过前川。时人不识余心乐，将谓偷闲学少年。’此以知伯子之未能尽元公也。”[①] 显然，在这里程颢是将周敦颐看作一位人生哲学家。但顾宪成认为，周子乃是一位宇宙论哲学家。他说：“卓哉，其元公乎！吾始以为元公也，而今乃知其宛然一孔子也。《太极图说》推明天地万物之原，直与《河图》《洛书》相表里；《通书》四十章，又与《太极图说》相表里。其说约，其指远，其辞文，其为道易简而精微，博大而亲切。是故可以点化上士，可以锻炼中士，可以防闲下士。未尝为吾儒标门户，而为吾儒者咸相与进，而奉之为斯文之主盟，莫得而越焉；未尝与二氏辩异同，而为二氏者咸相与退，而各守其宗，莫得而混焉。至矣尽矣！诚足以考前圣而不谬，俟后圣而不惑矣。”[②] 顾宪成的这些分析表明，他认为二程兄弟没有准确把握周敦颐在哲学上的贡献，即从宇宙论的高度，探讨了世界的起源和演化，为中国哲学，特别是宋明理学奠定了宇宙论的理论体系。向曾贤注意到明清之际学者们对周敦颐的新的评价，表明他的理学研究是与时俱进的。所以此文在最后写道：“周子之道，天下万世之道。有开既先，讵容任其汩没。所赖生其后者，躬体验而修明之，斯源远而流益长矣。”[③]

向曾贤十分推崇屈原的忠臣义士之心。他写过一篇《屈原

① 顾宪成：《小心斋劄记》，中国社会科学出版社，2020，第 30 页。
② 顾宪成：《小心斋劄记》，第 32—33 页。
③ 向曾贤：《爱古堂文稿》卷一，道光刻本。

论》，说：“屈子之穷厄以死，千古所谓奇愤也。故至今吊屈原者，每岁必于其死之日而哀之。而吾以谓不足以穷厄屈子，且以为千古幸。何者？屈子穷不极，厄不极，则《离骚》不作，《离骚》不作，则千古风雅之脉断焉。故天生屈子，非以为楚也，所以传忠臣义士之心，而继三百篇者也。”在往下的论述中，向氏指出，在战国时期，“祸变极矣，晦盲否塞，各以其术相倾危。若孙膑、卫鞅、范雎之徒，去以资敌国用，为害尤烈。屈子生于其间，遭时不幸，主听不聪，而嫉之者又众也，以彼其才，何适不可，而独以其忠厚恻怛之词，寄其憔悴专一之意，以维持于君臣上下之大，天地不失，日月不改，则此志不移也。是心也，即龙逢、比干之心。是书也，即大雅、凡伯、家父诸君子之什。三百篇之所留遗，而人心之所由以不死也。然则《离骚》之作不亦重乎！”假如屈原“无靳尚之惭，无郑袖之惑，无张仪之攻击，无令尹子兰之排挤”，能够“遭时得志，功建名立，纵使赫奕不暇著作，纵使著作亦混于梼杌之书，参杂于战国诸篇之内，亦必不传。千载后亦安知屈子之义愤有如此者？吾故曰：‘天生屈子，所以使传忠臣义士之心，而继三百篇者也，则诚幸也。’”[①]

向曾贤中进士后，曾任国子监学录。国子监简称“国学”或“太学”，是古代的中央教育机构。这是一个十分清苦的地方，学录原秩从九品，乾隆初升为正八品。薪俸很低，一般人是不堪忍受的，而向曾贤却甘于淡泊，在此职位上干了几年也不计较。他曾对赵慎畛说：“有的读书人每得一官，必先计算哪个职位好，哪个职位不好，哪个地方钱粮有多少，哪个地方租税有多少，可是对于自己是否能够胜任这个职务，却从来没有考虑，这与鄙夫有何区别？”[②] 这说明在封建时代，当官的人最关注

① 向曾贤：《爱古堂文稿》卷一，道光刻本。
② 赵慎畛：《鲁斋公传》，载《杨昌济集》（二），第 1167 页。

的往往是自己职位含金量的多少，至于自己是否称职则很少考虑。对此，向曾贤很不以为然。正是基于这种认识，他十分赞赏原平江县令戴高，并为之作传。戴高（？—1790），号小芝，江苏江宁府江浦县人。中乾隆庚子科（1780）北闱乡举。乾隆五十二年（1787），由湖南宝庆府新化知县，调岳州府平江知县。时台湾发生林爽文起义，上司指令平江县办米二千余石，不然则要县官自己充当运米官。戴高愀然曰："吾初至，何可遽劳吾民，亦何忍劳吾民以自买逸。"遂慨然承命运米至福建，往返越两寒暑。因舟敝所运米多腐烂，则尽典其服物以偿，不足则称贷于僚友。邑人闻讯，咸愿助之，公推辞不许。在其任期中，凡有将功归德于他者，他一切逊谢之。由此，向曾贤感慨说："呜呼！天下借公以图私者比比矣，矧能遇公事而毅然以身任哉？天下无功而自诩者比比矣，矧实有功而毫不受民德哉如公者，真足令人思也。"戴高为政仁而简，御胥隶以严。有亢暴者，厉色戒之，不使虐乡民，亦不使乘舆入乡民室。对那些冗员，则逐渐淘汰使之归。其曰："此辈坐朘民膏，诡取强夺，罪固有所归也。且人非生而不善者，何一履此地，面目便可憎？"平江僻处山隅，过去县令因公下乡，往往肩舆徒从至百人，少亦有数十人，供给者苦之。戴公下乡，舆从不过十一二人。一日行部田间，遇民春作，栅藩篱以护秧，舆不得逾。从者群议撤去，公不许，竟褰衣徒步而过之。公莅任凡三年，真正处理县政的时间，仅有数月。其间因公往闽，有褚令者，奉檄权理。及公没，褚复奉檄，星夜驰至。邑人通过对两人为政作风的比较，愈益思公至于沉痛不置。戴公于乾隆五十五年（1790）婴疾，卒于伍公市行署，邑人哀之如丧私亲。

赵慎畛说，向曾贤尤笃于门内行。别老父六年，屡欲弃官归养，以牵索不如愿，遂膺（婴）疾。及闻父亲之讣，匍匐归。疾愈剧，未一月而卒。卒年方四十九。著作有《爱古堂文稿》《爱古堂制艺》《续高士传》《经义待参》等。赵慎畛在《鲁斋公传》末尾说："人咸以未竟其学为恨云。顾吾谓公殁几卅年矣，而慕公者每啧啧称道不置。而公之后嗣皆能读父书，以继芳躅，则谓公为未尝死也可。"[①]

向曾贤之弟闵贤，字孝甫，号月塘。恩贡生。《平江县志》说他性刚直，博学工书，笃孝友。道光初知府聘他主岳阳书院，著有《月塘诗集》。[②]道光癸巳（1833）刊刻《爱古堂文稿》时，向闵贤在序中曾回忆其父亲"负性旷达，自少弃科举学，专心于诗，常（尝）建一楼一亭于屋左，楼曰'拥翠'，亭曰'淡如'。远揖湖湘诸胜，与诸名流游咏其中，岁无虚日"。开始时，向曾贤也与其兄弟们一道参与唱酬。可是其父亲为了不妨碍他的举子业，不让他习诗。向曾贤既成进士之后，其力有专注，未尝以诗自鸣，但是他对于诗还是很有体会，尝言："淡处涵深味，清中得太音。""自弹希世曲，懒得费工夫。"由此可以知其所尚。[③]

向曾贤有 4 个儿子，分别为贵铨、贵镇、贵铎、贵镜。其第 3 个儿子向贵铎（1788—1860），字觉思，就是杨昌济的曾外祖父。他于嘉庆二十四年（1819）中举人，曾任永州府训导和沅州府教授。在永州期间，向贵铎将其父亲向曾贤的《爱古堂文稿》刊刻付印。向贵镜参与校字，并率向曾贤的孙辈和重孙辈联名写了一篇跋，跋称：其父"自少发愤读书，志在不朽。平日著述甚富"。向贵镜曾将其父之著作呈请陶澍鉴定，陶氏"尤爱其古文，因为序之。且谓其品学纯粹，为楚湘人士之望，致

① 赵慎畛：《鲁斋公传》，载《杨昌济集》（二），第 1167—1168 页。
② 同治《平江县志》，第 432 页。
③ 《爱古堂文稿》"序"。

书岳郡刘恬山太守，谓宜请入祀乡贤，以符舆论”。由此，向贵镜感慨说：“此足见大贤好善之雅衷，亦先儒林郎敦品力学有不可泯没之真。故虽芳躅数十年，而吾乡伟人硕彦犹景慕于勿忘也。”①

向贵铎有5个儿子，其长子向国源（1810—1836），字肇昆，就是杨昌济的外祖父。他天资颖敏，苦读诗书，会写文章。原娶方氏，早死；继娶黄氏，即杨昌济的外祖母。杨昌济外祖母与祖母是亲姊妹，其父黄开运，名渌为，字澹斋，又字蓉坡，长沙人。清嘉庆中诸生，长于算学。著作有《希古堂杂著》《希古堂文稿》《浑天仪象考》《算学正宗》《律吕洞源》等。道光十六年（1836）四月初七，杨昌济的母亲（1836—1879）出生。这年九月，向国源和两个弟弟一起乘船赴岳州（今岳阳市）应科举考试。当船过洞庭湖时，突遇狂风，波涛汹涌，国源见前面有多艘船只沉溺，吓得大哭，引发了心脏病，昏迷不醒，抬回家没几天便逝世了。此时，杨昌济的外祖母还在永州学署侍奉其公公向贵铎，数月之后得知丈夫的死讯，她痛不欲生。由于公公婆婆耐心劝说，她又顾恋其幼女，才节哀。她从永州回平江后，过了一段时间，将丈夫弟弟国鸿的次子泰椿立为继子。杨昌济的外祖母是一位十分节俭的妇女。她的勤劳，使家庭积累的财产不断增加：当年她继承遗产时每年地租收入只有数十担，数十年后增加到三百多担。所以杨昌济的母亲出嫁时，陪嫁物资相当丰厚。国源嗣子泰椿（1844—1925），字淑进，号寿吾，生有四女四子。四女均为原配夫人郑氏所生，二女振熙，嫁杨昌济。所以我们说杨向两家二世联姻。

杨昌济的高祖父杨世纶（1748—1805）为“太学生”，曾

① 《爱古堂文稿》“跋”。

祖父杨延泰（1781—1812）为“太学生”，祖父杨万田（1810—1861）为“邑庠生”，父亲杨象洛捐过一名“例贡生”。这些不同的名称，属于最起码的“功名”。清朝时太学即国子监的俗称，在国子监就读的学生即被称作“太学生”。《清代科举制度研究》一书指出：“陈澧在清季要说：‘今之国子监生遍天下，皆由纳粟而入，发名成业，固有终身未至者。’所以对于绝大部分的国子监生，太学殆有名无实。”[①]杨昌济的祖辈住蒲塘时，可能连“太学生”这个名字都不知道，搬到板仓初期，就其学识水平来说还无法参加科举考试，以求得一个货真价实的功名，但是由于他们开始重视读书了，所以要花钱去买这样一个空名，以为后人作榜样。到了迁板仓的第三代杨万田时，便考了一个“邑庠生”。邑庠生就是秀才、生员，它是非通过科举考试不能得到的。因为秀才、生员是国家承认的功名，取得以后就可以享受种种优惠。《清代科举制度研究》说：“在明、清科举制度之下，士子一朝进学为生员，国家便复其身，免差徭，地方官以礼相待，非黜革，不受刑责。禀生并得食禀；贫寒者给学租养赡。生员经出贡或中举，即可以正途入仕。如再会试中式，成进士，入翰林，则梯步青云，尤为士子的荣显之阶。所以科举制度自始便旨在以读书、应试，在社会造成一以入仕为专业的特权阶级，以供政府之用。反之，娼、优、隶、卒等户则被目为贱民，不得应试。而士子一经进学，也不得再充隶役。”[②]这就是为什么当时有那么多的士子，争相进行科举考试的原因。

杨昌济的父亲杨象洛（1835—1884），字书翔，号麓庵，又号书樵。他读了不少书，但没有参加过科举考试；为人清白正直，待人温和厚道。后来虽然捐了个功名，却没有做过官，

① 王德昭：《清代科举制度研究》，中华书局，1984，第33页。

② 王德昭：《清代科举制度研究》，第127页。

而是在家乡以教书授徒为业。象洛生有 4 子 1 女。长子宏槿，未成年而死；次子宏棠，学名昌运，字荣生；三子宏棻，即昌济；四子宏桀，学名昌恺，字瑞生，出继象洛之弟象汶；女儿嫁金井郑氏。

第四节
青年杨昌济的苦学

杨昌济 7 岁起随父亲读书。其父亲杨象洛长期担任私塾老师，所以对教授启蒙儿童是很有经验的。虽然他长期患肺病，身体不好，但是对儿子的学习却一点也不放松。他不仅要求儿子熟读儒家经典，还要他学习中国历史，学会作诗和作文（特别是作八股文）。可是当杨昌济读书刚开始走上轨道，9 岁时其母亲却以“痰厥”病逝。14 岁时其父亲也逝世了。幸好，他还有一个比他大 9 岁的哥哥，可以勉强维持家庭的运转，也可以使杨昌济正常生活和坚持自学，19 岁时考上“邑庠生”（秀才）并且与向振熙结婚。1898 年生子杨开智（1898—1982），1901 年生女杨开慧（1901—1930）。

杨开慧 1921 年 6 月在长沙出版的《福湘杂志》发表过三篇短文，其中一篇为《先父事略》，谈到其父亲青少年时代的一些故事：“先父幼甚颖慧，七八岁时，以善属对有名。长老见者，无不敬礼。尝闻之于吾父，曾有先祖之友远道来访，命对曰：‘远方来好友。’吾父即答曰：‘天下有神童。’”笔者在 20 世纪 80 年代初撰写《杨昌济的生平及思想》一书时，最感缺乏的就是传主少年时代的资料。开慧说她父亲少年时代即善属对，证以杨氏 1896 年日记中所记 1892 年和 1893 年所写的诗歌，说明这一说法是符合实际的：

有客会文酒，翩翩名士年。融融有真乐，落落欲空群。
箕踞长松下，孤高野鹤身。翻思板仓屋，有个卧游人。

呼童取纸笔，重续去年诗。昔者辞家日，今为返岳时。
秋心诗有骨，夜□酒相宜。耿耿孤灯伴，谁人与唱随。

阵阵香风散，飘飘翠袖浮。鸳鸯清碧落，珠玉落朱楼。
转盼三江水，低徊一树榴。春光明镜里，此景至今留。

杨氏成年之后，偏重治理学。理学家讲存天理灭人欲，是不重视人的感情生活的，其诗也往往多说教；但杨昌济受王夫之“理欲合一”思想的影响，很重视感情生活，所以有暇时也写一些诗。其诗保留下来的不多，但其情趣和立意却很高远。例如，在《泥伯淀郊行偶作——寄陈师曾》写道：

昔人美蓬莱，缅邈不可即。
今我处西海，且复在西极。
超逾出世表，浩浩殊自得。
良辰步芳郊，广路修且直。
乔林蔼葱蒨，绿野净如拭。
珍珑白石城，一望无边色。
空明惬心赏，孤吟破幽默。
达人览物观，万古同一息。

真乐方在兹，毋为叹殊域。[①]

李肖聃说："易寅村（培基）言接京友讯，怀中病时神识湛然，疾革犹抗声歌诗而没。"[②] 可见，杨氏一生都与诗歌为伴。

杨开慧接着说：其父"又富于情爱，极孝父母，爱兄弟。有兄一、姊一、弟一。兄亦聪颖过人，惟意志薄弱，随波逐流。吾父十四五岁时，鸦片盛行，吾伯父乃极嗜此物，以此志气益渐消沉，惟知快乐，浪掷金钱，不事生产。家本贫寒，以此益困。邻人亲友为吾父忧之，劝分居。吾父不听，曰：'吾不离吾兄也，可不为吾忧，吾将来且须赚钱以供其用。'故吾伯父有须于吾父者，吾父无不应之，从未一拂吾伯父之意。吾伯父尝头痛，吾父百觅良方，以止其痛，为之按摩至手胀力疲而不已。于是孝友之声又传之四乡，虽远至百里，言及华生先生，无不知之"。[③] 杨昌济的哥哥杨昌运（1862—1905），生于清同治元年（1862），长昌济 9 岁。父母早亡，"长兄如父"，少年时代的杨昌济从其兄嫂处得到了如父如母般的关爱，所以他对哥嫂的尊重是一贯的。他在 1896 年九月初四日的日记中写道："近世兄弟之伦甚薄，予自十五岁时即断然不听诸前辈戚族之言，誓不析居，今十二年矣。家兄困于烟癖，长卧家中，而余岁岁课徒，时奉束修以济其乏。此亦极平常事，而或侈为美谈，盖世风之不古已久矣。予近以课读之艰为兄言之，颇有莫非王事我独贤劳之意，此甚不可也。须知幼承兄教嫂育，岂可忘其自来？况兄嫂任家事之艰，亦与余之课读相等，岂可听信迂言，存此世俗之意见于胸中乎？"[④] 杨昌济的这段日记与杨开慧上述回忆的内容完

① 《杨昌济辑》，第 329 页。

② 《杨昌济集》（二），第 1271 页。

③ 李忠泽：《新发现的杨开慧三篇短文浅析》，《船山学刊》2015 年第 3 期。

④ 《杨昌济集》（一），第 463 页。

全一致。它清楚地说明了杨昌济不与其兄分居的原因，就是“幼承兄教嫂育，岂可忘其自来？”。哥哥逝世后，他事嫂以礼，就是留学海外，也必寄珍稀物品以使其高兴。回长沙教书时，将嫂嫂接来与他家住在一起；每次搬家时，家人都是步行，唯独安排嫂嫂坐轿。

杨开慧在谈到其父亲教私塾的情况时说：“十九考试入学，遂与吾母结婚。是年馆于家，有弟子十数人，教法百出，循循善诱，人多知为良师。尝闻之于吾父，有一次考试，有人出金四百请代笔，吾父不许。”[①] 所谓考试，应该是指科举考试。杨昌济尝言：“余自弱冠，即有志于教育。”[②]“弱冠”指20岁。他19岁考上秀才，20岁即开始教私塾，这一方面固然与其爱好教育有关，另一方面则可能与其家庭经济负担重分不开。20世纪80年代初，笔者为了写作《杨昌济的生平及思想》，曾往板仓调查，当时的一些老农告诉我，解放前，杨开智家每年的田租收入，大约60石谷。当然这是杨昌济逝世近30年后的情况，但因杨家在此期间并无人长期在农村生活，所以不可能增加其固定的土地资产。这一点收入在杨昌济哥哥生存的年代只能供全家食用。除此之外，他家没有其他可创造收入的固定资产，所以要维持家庭其他开支，就只能靠教书的收入了。何况杨昌济的哥哥还要吸鸦片。吸鸦片是一件十分烧钱的事，可知杨昌济在当时的经济负担是很沉重的。所以自从杨昌济考中秀才之后，他除了应付乡试考举人，曾短时间到岳麓书院或城南书院进修之外，其余时间都是教私塾。至于教书的地方，除了在家设私塾外，也到外地教书。例如，在1892年的日记中，就曾有这样的《杂感》：

别家抱微疾，无语卧思兄。百里劳车马，三旬意不平。

---

① 李忠泽：《新发现的杨开慧三篇短文浅析》，《船山学刊》2015年第3期。
② 《杨昌济集》（一），第50页。

生徒当儿侄，书籍伴秋灯。诗句忘翻韵，何妨信手成？[①]

这表明他在离家比较远的地方教书。又如郭之奇在其回忆录中说：“怀中先生于一八九六年（清光绪二十二年丙申）授徒于巷子山陈家，陈氏子侄数人，从之受业。先生在陈家教书时，夏日夜间在外乘凉，常迎风弄笛，以自娱乐。此乃寻常塾师所不敢为，而禁制于弟子者也。先生馆于陈宅似仅一年，其最赏识之弟子为陈光孚，号同季。《达化斋日记》中有：‘看陈同季之文，憬然有悟。信乎文字乃宇宙灵气，可以通天下之志。’同季后来为梁启超门生，与蔡松坡为同辈人。据闻梁启超批同季文章：‘有如此才，中国不亡矣。’其为良师所叹赏如此。”[②]

杨昌济在教私塾时，还抓紧时间认真读书。这一方面是由于要准备科举考试的课业，另一方面也是为了提高自己的理学修养水平。为了科举考试，就不得不练习作时文（八股文）。过去，人们多谓八股文空疏无用，但《清代科举制度研究》曾引用鄂尔泰的话说：“时艺所论，皆孔孟之绪言，精微之奥旨，参之经、史、子、集以发其光华，范其规矩准绳以密其法律，虽曰小技，而文武干济、英伟特达之才，未尝不出乎其中。”并指出：“此即是说，时文纵有其弊，然不失为取士之一道，至于庸烂抄袭，则乃其末流之失，非作法的本意。”[③]可见，时文在其通行的年代，是有其存在的合理性的，也是当时培养人才的一种手段。杨昌济通过对时文的学习，知道要“代圣贤立言”，就必须尽量准确完整地理解圣人的思想。所以其学生萧子昇在《湘中理学大儒杨怀中先生》一文中，曾记述过杨昌济对割裂经义做法的批评：“先生自少受书，即不喜为割裂经义考试之

① 《杨昌济集》（一），第 461 页。
② 《杨昌济集》（二），第 1298 页。
③ 王德昭：《清代科举制度研究》，第 41 页。

文。谓圣贤之言，所以修身，断章取义，失去圣贤立言之旨，乃圣贤之罪人。考师以截搭题试士，往往想入非非，以巧难士，了无意义。……因举业为当日文人进身之阶，杨先生遇童子试，虽亦照例入考，但遇题目太无意义，即交白卷，扬长而出，自以为如此方未得罪圣人。”①

杨昌济在研究理学的过程中，以倭仁和曾国藩为榜样，坚持写日记，反省自己平日的言行。曾国藩尝言：“倭艮峰先生则诚意工夫极严，每日有日课册，一日之中一念之差、一事之失、一言一默皆笔之于书。”② 杨氏现存日记是从 1891 年开始，在日记中也多检讨自己的缺点。例如说：“生平议论多而成功少，思虑多而行事少，虚悟多而实证少，创始多而善终少，皆不勇不毅之故也。宜脚踏实地，坚忍刻苦。”又说：“自省气质，近于刚暴，故心中无宽和之气，面目无温和之象，言则激辩，事则迫切，待弟子则责数多于引诱，动思虑则悔恨多于愉怡，行行鄙夫志，强者死之徒，此薄福相也。变化气质，以矜平躁释为要。”③ 又说：“人之患在好为人师。余生平有托大之病，其贻人暗笑者，不知几何矣？昨酒席上与人争论，此亦面折人过使人难堪之事，不可不检点克去之，〔恐遭祸害也〕。又在书院时，曾有不讥议之戒，乃近来对人，虽无微词讥诮惹人恨怨之事，而颇议论人长短，其惹人暗恨者，不知几何也。昨闻友人称人好处，首在语言谨密，不言人短，始憬然觉悟。今后当戒此三事，收拾干干净净，与人无忤，与世无争，易简以消天下之险阻，何乐如之。”④ 读圣贤书，常自反省，是理论联系实

---

① 萧瑜：《湘中理学大儒杨怀中先生》，台湾《艺文月刊》第 70 期，台湾《湖南文献》季刊第 3 卷第 4 期转载。

② 《曾国藩全书 · 家书》，岳麓书社，1985，第 40 页。

③ 《杨昌济集》（一），第 7 页。

④ 《杨昌济集》（一），第 12 页。

际的最切近之处，也是使自己不断进步的最好方法。

杨昌济青年时代由于读书太用功，曾得过一次大病。他在《修身讲义·卫生》中说过："癸巳、甲午之间，去今二十年前，余曾以用功过度，忧郁致疾，彼时甚为恐惧，深虑从此成疾，不永其生也，遂加意摄养。自誓三年以内不看过于用心之书，后果转弱为强。在东西洋留学十年，毫无病患，盖注意卫生之效也。"[①] 癸巳、甲午之间，指 1893 年至 1894 年之间。正是由于他在苦读之时注意摄养，所以在此后的教私塾和出洋留学期间，能够"毫无病患"。

① 杨昌济：《修身讲义》，民国初年铅印本。

第二章 南学会的积极会友

南学会成立于1898年2月21日。“当时正德人侵夺胶州之时，列国分割中国之论大起，故湖南志士人人作亡后之图，思保湖南之独立。而独立之举，非可空言，必其人民习于政术，能有自治之实际然后可。故先为此会以讲习之，以为他日之基，且将因此而推诸于南部各省，则他日虽遇分割，而南支那犹可以不亡，此会之所以名为南学会也。”[①] 可见，南学会是由一些

① 梁启超：《戊戌政变记》，上海古籍出版社，2014，第131页。

进步官绅和知识分子组织的一个爱国救亡团体。学会由巡抚选派地方绅士 10 人为总会会长，由总会会长在每州发展会友 3 至 10 人。会友分议事会友、讲论会友、通讯会友三种。“议事会友”由学会创办者谭嗣同、熊希龄、唐才常等充任，凡会中事务章程均由其议定，是为学会的决策人。“讲论会友”即担任南学会讲学的人员，定期开讲，随时答疑问难。推皮锡瑞主讲学术，黄遵宪主讲政教，谭嗣同主讲天文，邹代钧主讲舆地。“通讯会友”是各州县士绅向南学会函询新政、新学，南学会负责“随时酬答”联系的会友。南学会的成员，包括官绅士庶，虽然社会地位不同，但规定入会后，俱作会友，一切平等，无贵贱之分。杨昌济作为一名“通讯会友”，积极参加了南学会的各种活动。

第一节
变法思想的形成

杨昌济变法思想形成的直接原因，是甲午战争中国的失败。对此，笔者在《杨昌济的生平及思想》和《板仓杨·杨昌济》两书中都曾进行过分析。“朝鲜方坐失，海国尚多机。边岛烽烟急，中原羽檄飞。内州防窃发，朝议或从违。体弱难支局，遥空祷帝扉。”[①]这首诗写于1894年农历十一月，它真实地反映了甲午战争的进程，也真实地反映了杨昌济的爱国主义思想。对于这方面的原因，不拟再重复分析。

杨昌济变法思想的形成，与当时社会舆论环境的影响也是分不开的。杨氏在《劝学篇》中谈到向西方学习时曾说过，出洋留学固然是一个好机会，但即使没有机会出洋，在国内读译本也是一个重要途径。“犹记余未出洋之时，读制造局与广学会之译本，亦复多有所得。”[②]

制造局全称“江南机器制造总局”，亦称“上海机器局”，或简称“沪局”，为晚清自强运动中第一家大型近代军工企业，由曾国藩、李鸿章等创建于1865年。1868年该局附设翻译馆，

---

① 《杨昌济集》(一)，第463页。
② 《杨昌济集》(一)，第75—76页。

延聘中西人士，采用口译与笔述相配合的译书方法（后期亦有由国人独立译述者），翻译西洋科学、技术等书籍。同时，又设印书处，自 1871 年起出版译书。至 1912 年，前后翻译出版译书一百数十种。在晚清自强运动期间，沪局翻译馆实为我国唯一的专门译书机关，其译书之系统完整，质量之高与影响之大，均为一时仅见。制造局出版的书多为科技类，社会科学方面的书比较少，大概只占其出版总数的五分之一。但其中也有一些著作对当时思想界有很大影响。例如《佐治刍言》是英国人钱伯斯兄弟所编教育丛书的一种，书名直译应为《政治经济学》，傅兰雅译，应祖锡述，1885 年出版，共 3 卷 31 章 418 节。全书以自由、平等思想为出发点，分别从家室、文教、名位、交涉、国政、法律、劳动、通商等方面，论述立身处世之道，认为人人有天赋的自主之权，国家应以民为本，政治应以得民心合民意为宗旨。这是戊戌变法以前介绍西方社会政治思想最为系统、篇幅最大的一本书，出版后多次重印，对中国思想界影响很大，康有为、梁启超、章太炎都认真读过。晚清思想界对它评价极高。梁启超在《读西学书法》中说："《佐治刍言》言立国之理及人所当为之事，凡国与国相处、人与人相处之道悉备焉。皆用几何公论，探本穷源，论政治最通之书。其上半部论国与国相处，多公法家言；下半部论人与人相处，多商学家言。""《佐治刍言》，居家宜谙家务，居国宜谙国俗，我辈忝生地球，而于人世一切交涉，未能了了，愧何如之！此书探本穷源，亲切有味，译笔亦驯雅可喜。"章太炎读此书，如醉如痴，大为叹服，自称"魂精泄横，慹然似非人"[①]。杨昌济说他读过制造局的译本，应该包括此书。

① 熊月之：《西学东渐与晚清社会》（增订本），中国人民大学出版社，2011，第 408 页。

广学会初名同文书会，1887 年 11 月 1 日由英、美基督教新教传教士、外交人员和外商在上海联合创立，时任中国海关总税务司司长的英国人 R·赫德担任第一任董事长，韦廉臣、李提摩太等先后任督办（总干事）。该会是清末至民国时期基督新教最大的一家在华出版机构，也是西方传教士在中国建立的一个规模宏大的文化教育团体。韦廉臣负责工作期间，以中国的知识分子及其中国家庭中的妇女儿童作为主要宣传对象，这一时期广学会的主要工作以出版宗教书刊和宗教宣传品为主。1891 年 10 月李提摩太接任督办之后，广学会的工作重心和策略发生极大改变，即以“争取中国士大夫中有势力的集团，开启皇帝和政治家们的思想”为原则，以中国中上层人士及知识分子为读者对象，向中国介绍西学，着重出版世俗性书籍成为其工作定位。1894 年同文书会的中文名称正式改为“广学会”，意为“以西国之新学广中国之旧学”。在半个多世纪的中国舞台上，广学会通过出版书籍、创办报刊、组织学会等诸多形式，传播西方社会的政治、经济、军事、科学、文化、风土人情知识，不仅成为中外文化交流的媒介和桥梁，而且对中国近代的社会思潮与政治变革起到了有力的推动作用。

据有关资料，从 1871 年至 1900 年，广学会出版书籍约 176 种，至 1911 年，共出版 461 种。在 1900 年以前，最著名的是《中东战纪本末》和《泰西新史揽要》。《中东战纪本末》由美国传教士林乐知和中国人蔡尔康合作编辑而成，1896 年 4 月由广学会出版，1897 年又出版续编，1900 年出版三编，再加上作为附录的《文学兴国策》，形成了一部百余万字的鸿篇巨制。这是一部以报道和评论甲午中日战争为主要内容的书。它通过大量选录、选译中外报刊，对甲午中日战争的过程进行了极为详细的报道。它从军事、政治、宗教等方面对中国战败的原因进行了深刻分析，刺激着中国人深刻自省、因耻思变。它提出的改革建议涉及政治、经济、教育、风俗、外交等诸多方面，也多有可取之处。《中东战纪本末》对当时的中国人全面认识这场战争、深刻反省战败的原因，提供了有益的素材，对变法思潮的兴起也起到了积极的推动作用。从本节开始所引杨昌济关于甲午战争的诗歌来看，他当时对这次战争的进展是十分关心的，因此他对此书也一定认真阅读过。

《泰西新史揽要》原书名《十九世纪史》，作者是英国新闻记者、学者兼商人罗伯特·麦肯齐，首次出版于 1880 年，当时西方史学界对它的评价不高，英国著名史学家柯林武德甚至将其贬为“三流历史著作中最令人乏味的残余”[①]。1890 年，李提摩太出任同文书会总干事后，在蔡尔康的协助下，将《十九世纪史》由英文译为汉文，1894 年 3 月以《泰西近百年来大事记》为书名，开始在《万国公报》上公开连载发表。连载半年的《泰西近百年来大事记》引起读者兴趣，社会反映良好。李提摩太受到鼓舞，于是将其结集成《泰西新史揽要》一书，交广学会于 1895 年出版。汉译本《泰西新史揽要》共 24 卷，分装 8 册，约 36 万字。第一卷概述 19 世纪以前的欧洲历史（旁及美国独立等），第二、三卷集中讲述法国近代名人拿破仑“行状”（事迹），第四至第十三卷讲述英国及其殖民地的历史，第十四、十五卷讲述法国大革命历史，第十六至第二十卷略讲德国、奥地利、意大利、俄罗斯、土耳其等国历史，第二十一卷讲美国史，第二十二卷专述教皇的历史，第二十三、二十四卷概述欧洲 19 世纪安民政策、会党、新政和教育等。《泰西新史揽要》出版后，

---

① 柯林武德：《历史的观念》，何兆武、张文杰译，商务印书馆，1997，第 165 页。

成为各类新式学堂普遍使用的世界史教材，也成为一些“趋新”少年儿童的课外读物，而且对传统学校和旧式读书人也产生了很大的影响。湖南学政徐仁铸主持郴州桂东特科考试时，竟以《〈泰西新史揽要〉书后》为考题，湖南报纸公开报道了这一消息。受此影响，三湘士人便将广学会所出《泰西新史揽要》等西学书作为科举考试的重要参考书，乃至视之为“枕中鸿宝”。[①]《湘报》第一百五十六号就刊登过一篇张伯良所写的《〈泰西新史揽要〉书后》的文章。杨昌济在南学会的提问中，也曾提到此书，说明他是读过这本书的。

“五洲大会合，此语信奇哉！世岂无斯局，天终产异才。战机方未已，元运暂难回。待到千年后，洪荒一再开。”这首诗是继本节前面所引那首诗之后所作。笔者在《板仓杨·杨昌济》一书中曾指出：“这里讲的‘五洲’是指5大洲，即亚洲、非洲、美洲、欧洲和大洋洲，这是一个近代地理概念，中国古代儒家经典中是没有的。”[②]古代中国传统的世界观念是九州学说，它是以中国为世界地理中心为基础的。明末清初，西方的传教士将西方的五大洲说传入中国，但很快遭到封建士大夫的反对与指责。直到鸦片战争以后，中国人才逐渐接受了五大洲说。较早有代表性地介绍五大洲说的是徐继畬和魏源。徐继畬在《瀛环志略》中详细记载了各国地理知识，并介绍了五大洲说：“大地之土，环北冰海而生，披离下垂如肺叶，凹凸参差不一，其形泰西人分为四土：曰亚细亚，曰欧罗巴，曰阿非利加，此三土相连，在地球之东半；别一土曰亚墨利加，在地球之西半。”[③]同一时代的魏源却运用佛教的中心四洲之说对西方的五大洲说

① 冯一下：《〈泰西新史揽要〉：一部晚清历史教材传奇》，《教育与教学研究》2015年第29卷第9期。

② 《板仓杨·杨昌济》，湖南人民出版社，2014，第15页。

③ 徐继畬：《瀛寰志略》，上海书店出版社，2001，第4页。

进行了批评，他认为亚、欧、非三洲合在一起相当于佛典中的南赡部洲，南北美洲应该相当于西牛贺洲。他同时断言北具卢洲因中间隔着北冰洋，所以没有船能够绕过北冰洋而归，而东胜神洲因阻于南北洋，所以西方船只虽然能够到达南极，目睹其地，但却不能通其人。魏源的这种说法在当时得到广泛传播并被接受。[①]江南制造局和广学会出版的著作，在传播五大洲的知识方面也是有贡献的。例如，江南制造局1878年出版的《列国岁计政要》，首卷就是介绍世界五洲各国的人民、土地、交通、旁门左道状况。广学会出版的西方地理学著作有《五洲各国统属图》（1892年版）、《天下五洲各大国考》（1892年版）等。

杨昌济的大同思想可能受了美国小说家爱德华·贝拉米所著《百年一觉》（今译作《回顾2000—1887》）一书的影响。这部小说是19世纪美国小说家爱德华·贝拉米所著，以虚构的手法描写1887年5月30日晚，一位长期患有失眠症的青年人被医生用催眠术送入梦乡。在他处于昏睡状态时，房子被火烧光，这位沉睡的年轻人被埋在地下，直到2000年挖渠道时才被发现。故事就从这里开始，讲述了这位年轻人对2000年奇异世界的一系列反应。他发现自己沉睡的113年间，美国变成了一个合作式联邦，生产资料的私有制已被消灭，一切按劳分配，私人企业荡然无存。个人富裕取代了社会贫困，所有男女都由国家免费教养到21岁，然后每个人都有指定的职业，尽可能按个人选择和才能分配。虽然身份不同，但从国家货仓接受的报酬是同等的。这个合作体系的巨大优越性还在于，让每个在45岁退休的人都尽享余年。社会无等级，一切不平等现象全都消除，男

① 魏源：《海国图志》卷七十四《国地总论上·释五大洲》，载《魏源全集》第七册，岳麓书社，2005年，第1819—1824页；赵立伟：《中国近代世界观念的形成》，《中国近现代史》2006年。

女地位平等，但家庭仍是社会的基本单位。犯罪闻所未闻，处处歌舞升平，没有军队，社会舆论决定一切。书中还描述，在各大洲实现上述经济政治改革后，建立全球性的自由联邦同盟，最后逐步过渡为一个全世界单一的国家。这就是所谓“五洲大会合”。笔者在《板仓杨·杨昌济》一书中认为，杨昌济的“五洲大会合”的观点，很可能就是来自此书。“他刚从西方著作中接受这种新鲜观点，的确感到很新奇（‘此语信奇哉’）。他认为世界只要出现奇才，这种世界大同的局面一定会实现（‘世岂无斯局，天终产异才’）。虽然在目前条件下，由于战机不已，天命一时还难以改变（‘战机方未已，元运暂难回’），但是在过了相当长的历史之后，远古那种大同状态一定会重现人间（‘待到千年后，洪荒一再开’）。”[①] 现在，我觉得还可以补充两点：

其一，是受了时代思潮的影响。在第二次鸦片战争之后，即 19 世纪七八十年代，随着洋务运动的发展，中国民族资产阶级的产生，反映早期资产阶级利益和要求的早期维新思想也应声而起，与这一思想相伴而生的维新派在政治上的理想——大同思想也萌发新芽。早期维新思想家王韬在 1867—1870 年漫游欧洲时，曾在牛津大学讲演。大学生问他：中国“孔子之道”与西方“所传天道”是什么关系？他说：二者是“同而异，异而同”。“天道无私，终归乎一”，“其道大同”。康有为在 1884 年中法战争爆发时，“感国难，哀民生”，始“悟大小齐同之理”。1885 年又“手定大同之制”。1892 年著《孔子改制考》，将所谓“公羊之学”“改制之义”“三世之说”“太平之治”“大同之乐”诸观点融为一体，奠定了大同思想的基础。世称“浙

① 《板仓杨·杨昌济》，第 17 页。

东三杰”的宋恕、陈虬、陈黻宸等人，也发出了大同的呼声。[①]

其二，李提摩太在翻译《百年一觉》时，遵循“以儒释耶”的翻译策略，将美国乌托邦小说《回顾2000—1887》描绘的美国未来表述为“大同之世”。《百年一觉》对原著多有改写，如为了方便当时中国读者理解，将“银行”翻译成“汇兑庄、银钱庄”。译文里最引人注意的是伟斯德把未来美国描绘为清末的士大夫念兹在兹的“大同之世”。李提摩太借用“大同”这个很容易让士大夫产生亲切感和认同感的词来形容《百年一觉》中的乌托邦，这对清末士大夫阶层产生了极大的吸引力，启发孙宝瑄、康有为、梁启超等人将小说中的乌托邦与“大同”思想结合起来。[②]孙宝瑄在一个雨后初霁的午后读到此书，不禁“为之舞蹈，为之神移”[③]。康有为认为贝拉米的小说和自己的大同理想相契合，称“美国人所著《百年一觉》书是大同的影子，春秋大小远近若一是大同极功”[④]，并受此启发创作了《大同书》。谭嗣同在《仁学》中也采用了类似表述：“君主废，则贵贱平，公理明，则贫富均。千里万里，一家一人。视其家，逆旅也，视其人，同胞也。父无所用其慈，子无所用其孝，兄弟忘其友恭，夫妇忘其倡随。若西书中《百年一觉》者，殆仿佛《礼运》大同之象焉。”[⑤]梁启超在《读西学书法》中介绍说：“广学会近译有《百年一觉》，初印于《万国公报》中，名《回头看纪略》，亦小说家言。悬揣地球百年以后之情形，中颇有与《礼运》大同之义相合者，可谓奇文矣。闻原书卷帙甚繁，译出者

---

① 吴雁南等主编《中国近代社会思潮（1840—1949）》第1卷，湖南教育出版社，1998，第474—475页。

② 张冰：《继承、误读与改写：清末士大夫对〈百年一觉〉“大同”的接受》，《浙江外国语学院学报》2017年第6期。

③ 孙宝瑄：《忘山庐日记》，上海古籍出版社，1983，第97页。

④ 康有为：《万木草堂口说·礼运》，楼宇烈整理，中华书局，1988，第133页。

⑤ 《谭嗣同全集》，中华书局，1981，第367页。

不过五十分之一二云。”[1]

通过上述分析，不难理解杨昌济“五洲大会合”的世界大同思想的形成，是有其渊源的。

① 《〈饮冰室合集〉集外文》（下册），北京大学出版社，2005，第1169页。

第二节
与谭嗣同的对话

1898 年 3 月 20 日，在南学会第五次讲演会上，谭嗣同发表《论学者不当骄人》的演讲，会上杨昌济就民主问题向谭氏提问。为了全面准确地理解杨昌济与谭嗣同的对话，我们将刊于 1898 年 4 月 7 日出版之《湘报》第二十八号问答全文引述如下：

长沙杨鳌问：愚观《泰西新史揽要》专发明民主之益，即湘省士林中亦多有言民主为五大洲公共之理，至当不易，牢不可破者。及观梁君卓如《论君政民政递嬗之理》，则曰：多君为政者，据乱世之政也；一君为政者，升平世之政也；民为政者，太平世之政也。多君为政，其别亦有二：一曰酋长之世，一曰封建及世卿之世。一君为政，其别有二：一曰一君为政之世，一曰君民共主之世。民为政，其别亦有二：一曰有总统之世，一曰无总统之世。且引“见群龙无首，吉”之语，以证之无总统之说。然则今美国之政，尚有变迁矣。此理愚颇信之。即以保甲而言：愚家居长沙清泰都，向例只有都总一人，渐分为三人。光绪甲午岁，因地方盗贼甚横，于是都中人士聚议者二十二人，订立合约，公举都总五人，事以大行，岂非一人力孤而多人势盛之故耶？又我境一都，分十甲三十六团。愚之本团，团总不得力，将辞之而无人接办，于是有议不要团总，每事集众公议者。抑岂非以责在一人，人人皆不管事，不如权在众人，人人皆肯任事之故耶？此盖无总统之小象矣。然而有疑民主之说者，其一曰：或谓西国民主之制，可行于中国，此非本朝士子所忍言也。某意西学之不可少者，农政、工政、商政，与凡有益于三政者而已。盖四万万之众，非广其生计，必散漫溃裂而不可止，势不得不采用西法。若夫世变之大，则有天焉，吾不敢知，吾知吾君之不可弃而已。变君主为民主，将置我君于何地乎？此一说也。又有谓西国公法，民主与君主交涉仪节之间，皆让君主以先。且俄，君主之国也，然其强也，亦为诸民主之国、君民共主之国所不及。日本以扶立王政而猝致盛强，是君主之国不可变也明矣。故《时务报》中有论中国宜尊君权者。且各省会匪其所以号召党与，亦持西人民主之义。民主之说，其可倡乎？此又一说也。又有梁君所论，谓由多君之世而变为一君之世，由一君之世而变为民主之世，此天道之自然，一定之次第。按照其说，今日中国宜效英国君民共主之制。此又一说也。又有谓倡民主之义者，非必欲变为民主也。但以减轻君主之压力，以伸民气而御外侮，于是而君主安若泰山。是倡言民主之义者，正所以保君权也。此又一说也。此大事，愚不能明，请高明诲之。

答曰：于圣贤微言大义晦盲否塞之秋，独能发此奇伟精深之问，此岂秦以后之学者胸中所能有哉？勉之乎，公羊氏之非常异义，其必有所得矣，斯事愚亦何敢论断。总之，眼光注定民身上，如何可以救民，即以如何为是，则头头是道，众说皆通矣。

“杨鳌”应该是杨昌济的化名。据杨氏在 1914 年 10 月 15 日日记“为生徒说《达化斋日记》‘天地之大德曰生’一段，因言戊戌岁在南学会发一问，谭复生答云”[①]。对照杨氏所记谭嗣同答词，可以知道提问者就是杨昌济，提问中所说“愚家居长沙清泰都”也正是杨昌济的家乡。

“《泰西新史揽要》，专发明民主之益。”这是杨昌济对《泰西新史揽要》的理解，应该说这一理解是比较准确的。

首先，我们看看《十九世纪史》出版后，著名历史学家柯林武德是如何评论此书的：“把那个世纪描绘成一个进步的时代，一个从一种几乎无法再加以夸张的野蛮、无知和兽性的状态进步到科学、启蒙和民主统治的时代。大革命以前的法国是一个自由完全熄灭了的国家，国王是人类之中最庸俗、最卑鄙的一个人，贵族有无限压迫的权力并无情地在运用他们的权力。不列颠除了那种野蛮的刑法以及残暴的工业状况起着较大的作用而外，也呈现出一幅以同一色彩所绘出的画面。随着议会选举改革法案的通过，一道阳光就悄悄射到了舞台上，这是英国历史上最仁慈的事件，它迎来了一个新时代，这时立法的目的就不全是自私的，而是一律针对着废除不公正的优待权了。当所有的错误都尽可能快地得到纠正时，一个光辉的时代就随之而到来了；每个人都很快地变得越来越幸福，直到在克里米亚战争的光彩夺目的胜利中达到了欢乐的顶点。”[②]

“议会选举改革法案的通过”，指 1832 年议会改革，它是 19 世纪英国议会选举制度改革的第一步，是英国新兴工业资产阶级进行的争取同土地贵族重新分配政治统治权及扩大选举权的改良运动。克里米亚战争是 1853 年至 1856 年间在欧洲爆发的一场战争，是俄罗斯与英国、法国为争夺小亚细亚地区权利而开战，战场在黑海沿岸的克里米亚半岛。一开始它被称为“第

---

① 《杨昌济集》(一)，第 566 页。

② 柯林武德:《历史的观念》，中国社会科学出版社，1986，第 165 页。

九次俄土战争”，但因为其最长和最重要的战役在克里米亚半岛上爆发，后来被称为“克里米亚战争”。克里米亚战争是世界史中的第一次现代化战争，是近代科技战争的开端，是兵力兵器、军事学术发展史上一个重要的阶段，它对火炮枪械和水雷武器的进一步发展起了推动作用。许多新的战争手段登上历史舞台，技术成为决定战争胜负的重要因素。克里米亚战争的结果也促使俄罗斯认识到农奴制需要改革。柯林武德对《十九世纪史》的评价，实际上是肯定随着资产阶级民主制度的产生和发展，社会是不断进步的，人民也由此获得政治上、经济上和文化上的益处。

《泰西新史揽要》中，不少内容也反复强调民主的益处。如第一卷“欧洲百年前情形”第二十节“议论法事”在谈到1789年大革命后法国的情形时说：“法之人民亦交相庆贺且云：‘我国昔年分官民贫富为两等，今改而视为一体，才德之士人思自效，决不致再受困苦，何其幸也。’英国某官则曰：‘亘古来民主之国，未有如法国此次新改典章之公正者也。’”①

在第二卷“法皇拿破仑行状”的第三十节“拿破仑关系时局”中说：“拿破仑在位时，深知‘民为邦本，本固邦宁’之训，因念昔日之民大半受困于上，遂欲使各国悉改旧章，皆变为民主之国……总而言之，法皇拿破仑之生平尽心于立国养民之道，可谓欧洲自古以来罕有之英主，而其害民之甚亦为自古以来所罕有之暴主。昔者他国多归君主，自拿破仑改为民主，列国遂知顺从民心之为善，即如意大利国数百年前国政之不善者甚多，而终日如在梦中，谓上天只保护在上之人，民间甘苦全不闻问，惟视在上者之言以为从违，迨闻拿破仑以民为主，凡事力求便

---

① 《泰西新史揽要》，上海书店出版社，2002，第12—13页。

民，即日恍然醒悟，翻然改变，适与百年前所行相反，今则日臻隆盛矣。日耳曼境本诸小国之所分据，初亦以为由天所定，不敢更张，迨闻拿破仑之言，因议以小国众多，政令不齐，即人心不一，势分力弱，不可为国，莫如合为一大国，则事权有主，必臻强盛。此后五十年间，日耳曼尽变章程，合而为一大联邦，今在欧洲亦俨然称为强国。美洲之华盛顿改立民主，迨华盛顿薨，拿破仑即命其将帅，凡师行所至，必称颂华盛顿改立民主之善，使他国之民皆学美国之法，即借此以收各处之民心。”①

在第六卷上“英除积弊一”第一节“改制度后情形”中说：“夫天下治国之法有二，其一则一人为政，或一族为政，发号施令，专便身图，上古类然，不以为怪。其一则西人所谓民主之国也，其创议之初，英、德、美诸国之人居其大半，皆谓民为邦本，未有民不安而邦以永宁者。英国制度既改，而后舍其旧而新是谋，英民各有公举官长之权，不特皆知自重，且共孜孜向学，其关系之重如此。反是以观，人苟无议论国事之权，自觉与禽兽无异，安知自重且亦何必通学问哉。……一千八百三十二年（道光十二年）既改制度，凡昔之所定律法，专利于一业及一门一家者悉予删除，而以平等视众人，不论为富为贫、为主为友（即谚所谓东家伙计也），酌定新律，无畸轻畸重之病，所谓分利于众人也。”②

凡此种种，不一而足，它们都充分说明杨昌济“《泰西新史揽要》专发明民主之益”的论断是有充分根据的。

梁启超的《论君政民政相嬗之理》发表于光绪二十三年九月十一日（1897 年 10 月 6 日）出版的《时务报》第 41 册上。此文一开始就用康有为的“大同三世说”分析中国古代的各种

① 《泰西新史揽要》，第 43—44 页。
② 《泰西新史揽要》，第 80—81 页。

政体："博矣哉！《春秋》张三世之义也。治天下者有三世：一曰多君为政之世，二曰一君为政之世，三曰民为政之世。多君世之别又有二：一曰酋长之世，二曰封建及世卿之世。一君世之别又有二：一曰君主之世，二曰君民共主之世。民政世之别亦有二：一曰有总统之世，二曰无总统之世。多君者，据乱世之政也；一君者，升平世之政也；民者，太平世之政也。此三世六别者，与地球始有人类以来之年限有相关之理。未及其世，不能躐之；既及其世，不能阏之。"与梁氏原文相比可知，杨昌济对其三世六别思想的概括是很准确的。在梁文的最后，谈到了世界的前途："问今日之美国、法国，可为太平矣乎？曰恶，恶可！今日之天下，自美、法等国言之，则可谓为民政之世；自中、俄、英、日等国言之，则可谓为一君之世；然合全局以言之，则仍为多君之世而已。各私其国，各私其种，各私其土，各私其物，各私其工，各私其商，各私其财。度支之额，半充养兵，举国之民，悉隶行伍。眈眈相视，龂龁相仇，龙蛇起陆，杀机方长，螳雀互寻，冤亲谁问？呜呼！五洲万国，直一大酋长之世界焉耳！《春秋》曰：'末不亦乐乎，尧舜之知君子也。'《易》曰：'见群龙无首，吉。'其殆为千百年以后之天下言之哉？"[①]这是说，即使像美国、法国这些实行总统制的国家，也算不了太平世，它们还是多君之世，因为它们仍在"各私其国，各私其种，各私其土"。真正的太平世应该是无总统、无国家、无战争、无私产的"天下为公"的大同世界。所以梁启超用《易·乾卦》"用九，见群龙无首，吉"来预测他的未来世界。

杨昌济说其家乡选都总和团总的故事，"此盖无总统之小象矣"的说法，与康有为的说法很相似。1888 年 12 月 3 日，

① 梁启超：《饮冰室文集之二》，载《饮水室合集》，中华书局，1989，第 7—11 页。

康有为写信给曾纪泽，请教西方的政制："今泰西之言治道，可谓盛矣。其美处在下情能达。……不知其乡邑之制如何？……仆观于吾乡团练之局，推举各绅督董乡事，甚类泰西议院之制。"[1]

通过以上叙述，最后杨昌济提出了他的问题。虽然西方和中国的历史都表明，民主是个好东西，但是仍有人对民主表示怀疑，这种怀疑主要表现在以下几个方面：其一，说西方国家的民主制可行于中国，这不是本朝士子所忍言的。西方的农政、工政、商政之学能够广中国的生计，是可以学的；但是要变君主为民主，将置我君于何地？其二，西方在礼仪上皆让君主以先。而且俄国这个君主之国的强盛，亦为许多民主之国、君民共主之国所不及；日本以扶立王政而猝至盛强，这表明君主之国是不可变的。所以《时务报》上发表了麦梦华的题为《论中国宜尊君权抑民权》的文章；而且各省会匪也有打着西方民主旗号进行非法活动的。面对这种情况，民主之说还能够提倡吗？其三，按照梁启超的"三世说"，谓由多君之世而变为一君之世，由一君之世而变为民主之世，这是天道之自然，一定之次第。按照他的说法，今日中国是否应该学习英国实行君民共主之制？其四，又有人说，提倡民主之义者，并不是一定要变为民主，不过是为了减轻君主之压力，以伸民气而御外侮，于是而君主安若泰山。难道倡言民主之义，只是为了保卫君权？

杨昌济提出的这些问题，在当时是非常敏感的。所以，谭嗣同的回答也很策略。他说：在圣贤微言大义晦盲否塞的时代，您独能发表这种奇伟精深之问题，这不是秦以后那些迂腐的学者胸中所能有的。努力吧！你所钻研的是公羊氏之非常异义，一定会有所得的。您提出的这些问题，我也不敢轻易论断，不

① 《康有为全集》(1)，上海古籍出版社，1987，第348页。

好具体回答。总而言之，我觉得应该把眼光注定在人民身上，如何可以救民，即以如何为是，则头头是道，众说皆通矣。有的论者认为，康有为、梁启超所持“大同三世说”中的民主，与西方近代民主思想的差异在于，后者包含卢梭《社会契约论》（民约论）中阐释的“人民主权说”（主权在民）的内容，康、梁“三世说”则缺乏这个内容。[①] 谭嗣同特别强调把“眼光注定民身上”，表明当时他已经超过康、梁，接触到了西方的“主权在民”的思想。

南学会成立的戊戌年（1898），杨昌济正在岳麓书院读书。此时书院山长为王先谦。过去，人们都说王是戊戌变法的反对派。其实，王并不是那么反对，他与郭嵩焘的关系十分密切，受其思想影响颇深。他是最早在湖南开办近代工厂的带头人。1897年1月他以岳麓书院山长名义领衔正式呈报立案创办时务学堂。戊戌时期，他在岳麓书院也采取了一些改革措施。例如，他发布的《月课改章手谕》称：“近日，湘中人士见闻日辟，靡不鼓舞振兴，尤当迎厥新机，导之先路。兹拟定经、史、掌故、算、译各学列为五门，以舆地并归史学（舆地本史志一端，至环球舆图，论测绘须先通算学，论翻译须先通译学，故无庸分别）。经、史、掌故由院长自行督课，算学别立斋长，译学延请教习。”[②] 并且专门制定了《岳麓书院新定译学会课程》。李肖聃说：“怀中学英文，始居岳麓时。”[③] 当时岳麓书院的学生也比较关心时事。杨昌济在南学会的另一次向陈宝箴提问时，就曾介绍了他和一位50多岁的湘军老兵，也是书院的学生李永樾讨论关于加强湘江两岸防务的一些设想。李氏认为，湘江自岳阳以上，有

---

① 茅海建：《论戊戌时期梁启超的民主思想》，《学术月刊》2017年第4期。

② 《湘学报》（一），湖南师范大学出版社，2010，第276页。

③ 《杨昌济集》（二），第1269页。

许多形势险要的地方，现在没有一个守兵，没有一座炮台，这是很危险的。有人说，兵战不如商战，商战不如学战。可是在帝国主义企图瓜分中国的情况下，如果毫无武备，没有任何自卫能力，难道敌人会让我们和平地兴商，让我们安静地读书讲学吗？现在乾州、凤凰、永绥三个直隶厅有兵1万人左右，完全置于无用之地，可以调一半去守省城下游，只要激以忠义，晓以不议裁撤之恩，可以不必发双饷。陈宝箴在回答第一个问题时说："岳州居长江内地，为湖南洞庭出口之险要，敌若据我海口，长江万无能守之理；长江一失，岳州亦万无能守之理。"陈宝箴在回答第二个问题时说，绿营的待遇很低，平日"自供之火食尚且不足，安能枵腹以从公耶？"。[①] 这说明，李永樾虽然在湘军30年，可能多半是充当幕僚，对实际情况的了解并不深入，所以答问者说他的问题有些"迂"，但是杨昌济等人关心国事的爱国热情还是应该肯定的。

① 《湘报》"第四十二号"，中华书局，2006，第337页。

第三节
南学会命题作文

杨昌济按南学会出的题目，写过一篇题为《论湖南遵旨设立商务局宜先振兴农工之学》的文章，被评为南学会课卷中第三名，并发表在光绪二十四年七月二十八日（1898年9月13日）出版的《湘报》第一百五十三号。往下，我们拟对清末商务局创建的历史背景及杨氏文章中涉及的一些问题作出分析。

设立商务局，是戊戌新政之一。我们知道，在中国历史上，一直是重农轻商，主张农本商末。到了近代，这种观念在西方影响下，开始改变。郑观应在1894年出版的《盛世危言》的"户政·商务一"中说："今朝廷欲振兴商务，各督抚大臣果能上体宸衷，下体商情，莫若奏请朝廷增设商部，以熟识商务、曾环游地球、兼通中西言语文字之大臣总司其事，并准各直省创设商务总局。总局设于省会，分局即令各处行商择地自设。"[①] 甲午战争的惨败，使清朝统治集团颇受震动，清廷颁发的上谕，提出要艰苦一心，痛除积弊，亟筹兴革。于是，一些官员纷纷奏陈各项振兴工商措施。商务局的设立，也被列为其中一项重要具体内容，并很快受到清廷重视。光绪二十一年（1895）闰

① 郑观应：《盛世危言》，华夏出版社，2002，第305页。

五月，张之洞上《吁请修备储才折》，奏请设立商务局、工政局，阐明“护商之要，不外合众商之力以厚其本，合国与民之力以济其穷。今宜于各省设商务局，令就各项商务悉举董事，随时会议，专取便商利民之举，酌济轻重，官为疏导之”。[①] 同年十二月，总理衙门奏请朝廷饬下各督抚，于省会设立商务局，“由各商公举一殷实稳练素有声望之绅商，派充局董，驻局办事”。各府州县于水陆通衢之处设立通商公所，“各举分董，以联指臂”[②]。总理衙门此折上奏之后，得旨如所议行，饬下各督抚遵照办理。但多数省份的官员当时并未即刻引起重视，也未采取实际行动。光绪二十四年（1898）四月，侍郎荣惠奏请特设商务大臣，奉旨著总理衙门议奏。总理衙门认为，前已奏准于各省设立商务局，毋庸另设大员督办。同时请求朝廷饬下各督抚，查照奏案实力遵行创办商务局。清廷遂又颁发上谕，再次强调：“商务为富强要图，自应及时举办。”“著各督抚率员绅认真讲求，妥速筹办，总期联络商情，上下一气，毋得虚应故事，并将办理情形迅速具奏。”[③] 尽管如此，仍有一些省份的官员持观望塞责态度。康有为于同年6月1日上条陈商务折指出：设立商务局早已奉谕施行，“惟各省督抚多未通时变，久习因循”，难以奏效。“顷虽再下明诏，疆臣亦惟置若罔闻”[④]。此折上奏数日之后，清廷再次就设立商务局颁发上谕，命两江总督刘坤一、湖广总督张之洞选派通达商务明白公正之员绅，“试办商务局事宜”。[⑤] 南学会课题就是在上述背景下产生的。1898年6月26日《湘报》第九十五号“本日南学会课题”中就有《论

---

① 《张文襄公全集》卷37，“奏议37”。

② 《光绪朝东华录》（四），中华书局，1958，总第3723页。

③ 《光绪朝东华录》（四），总第4096页。

④ 中国史学会编《戊戌变法》第2册，神州国光社，1953，第249页。

⑤ 朱英：《论晚清的商务局、农工商局》，《近代史研究》1994年第4期。

湖南遵旨设立商务局宜先振兴农工之学》一题。杨昌济论文所谓“东事既平之后，中国积弱之情形晓然大著于天下，于是上自九重，下迄韦布，皆务为变法自强之计。二三年来，内而京师，外而直省，新政新学纷纷见告矣。……西人之立国也以商，其困我也亦以商，我而不大兴商学以与之力争，将何以自立于强大之间乎？”也正好反映了朝野对振兴商学重视的这一过程。

往下，杨昌济分析了商业的发展与工农业发展的关系：“近者，上谕各省设立商务局，此振兴商务之机也。然愚以为振兴商务，固为今日之要图，而商务之本源，尤在于农工之学，其必先振兴夫二者，而后商务可得而言也。今中国之患在贫矣。余尝穆然深思，而叹吾中国之贫有由然也。农以生物者也，工以成物者也，商则转而运之，而群天下之人，则皆食而用之者也。”杨氏在这里所说的实际上涉及生产、流通、消费三个方面的问题。商业是管流通的，但它的前提是要有工农业的产品才可能流通。这就是杨氏所说的“商务之本源，尤在于农工之学，其必先振兴夫二者，而后商务可得而言也”。要使商品流通顺畅又离不开消费者的消费能力，即“群天下之人，则皆食而用之者也”。接着，杨昌济分析了当时中国工农业产品（商品）少，影响商业发展的原因：“今试取生物成物之人数与食物用物之人数比而较之，其多寡悬殊，不待悉数而知之矣。”这里讲的“生物成物”是指简单再生产，简单再生产是指在原有规模上重复进行的生产过程。在简单再生产条件下，剩余产品或剩余价值全部用于非生产性消费；产品的多少是与投入直接生产的人数成正比例的，投入直接生产的人数多则生产的产品多，反之，则产品少。在简单再生产条件下，消费的人数没有减少，相反还有增加，那就会出现杨昌济所说的“生物成物之数少，而食物用物之数多，宜乎天下嗷嗷，常苦不足也”。这里讲的“生物成物之数”

指直接从事生产的人，“食物用物之数”指消费的人数。“又况东西各国之食货精美而新奇，而吾之民皆争售之，则食之用之之数益多。吾地之农工销售滞而价值微，折阅而销磨，则生之成之之数益少。”这是说在外国商品倾销的情况下，追求物美价廉洋货的人越来越多，而生产本国工农业产品的人则越来越少。在简单再生产条件下生产力水平低下，加之外国商品倾销，势必导致国内自然资源的浪费和弃置：“夫然则地上之物有弃而不用者矣，有用而不尽者矣。用之不尽，则生之亦不尽，夫然则失其地上之富。地上之富犹且失之，更何论乎地中之富也。”工农之学不能发展的政治原因，则是“由政治之学未明，士大夫惟务防弊而不务兴利，听农工之自为之，而不稍加之意也。夫听其自为而不加之意，彼蚩蚩之民，其不浸荒浸废而愈趋愈下者几何哉？”杨昌济对工农之学不能发展的原因的分析，是比较全面的。

杨昌济指出：“振兴农工之法，约有三端，一曰学堂，一曰学会，一曰学报。而三者之中，又以学会为最先。”杨氏对学会特别重视，是有原因的。梁启超在1896年11月5日的《时务报》上发表过一篇题为《论学会》的文章，说：“彼西人之为学也，有一学即有一会，故有农学会，有矿学会，有商学会，有工学会……其入会之人，上自后妃王公，下及一命布衣。会众有集至数百万人者，会资有集至数百万金者。会中有书以便翻阅，有器以便试验，有报以便布知新艺，有师友以便讲求疑义。故学无不成，术无不精，新法日出，以前民用，人才日众，以为国干，用能富强甲于五洲，文治轶于三古。”梁氏还从18个方面论述如何建立和发展学会，如“胪陈学会利益，专折上闻，以定众心”；“贻书中外达官，令咸捐输，以厚物力”；“函招海内同志，咸令入会，以博异才”；“照会各国学会，常通音问，以广声气”；“尽购已翻西书，收庋会中，以便借读”；“大陈各种仪器，开博物院，以助试验”；“严定会友功课，各执专门，以励实学”；“保选聪颖子弟，开立学堂，以育人才”；[①]等等。杨昌济显然从中找到了自己的灵感。

杨昌济在谈到学会的具体工作时指出：“而会友所以振兴夫农工之学者，其致力之处约有数端，一曰考察，一曰联络，一曰化导。”[②]在读这部分的内容时，我们不禁为杨氏分析的细致，内容之详尽、具体而佩服。这固然与杨氏长期居住农村并且重视农事分不开，但是也要看到，他吸收了不少近现代农业知识。当时上海已经创立农学会，并且出版了《农学报》。光绪二十二年（1896）罗振玉至上海与维新人士结识。同年与友人蒋伯斧、朱祖荣、徐树兰等人创办上海农学会，购求日本欧美农学书籍，翻译印行，次年创刊《农学报》，“延聘通习外国文字者，专译各国农业学术之书籍杂志”。《农学报》创刊于1897年四月，初为半月刊，1898年起改为旬刊。《农学报》开始的内容分为三大栏：第一大栏是各省农政，即国内各级地方官员关于农业方面的奏折、公牍和官厅拟订的有关农业的章程规划，第二大栏是各地农事消息和务农会办事情形，第三大栏是自东西洋农业报刊上翻译的文章，这是《农学报》的主体。《农学报》以传播西方农学知识为主，涉及农作物、园艺、植物保护、土壤肥料、畜牧兽医、蚕蜂茶药、气象、农具、制造、林业、渔业、各地物产、农业经济管理等多种类别。这些内容对杨昌济增强对现代农业的理解是有帮助的。

杨昌济还曾向南学会捐款，据1898年7月8日《湘报》第一百〇六号“南学会捐资续题名”载：“杨昌济，字华生，长

① 梁启超：《饮冰室文集之一》，第33—34页。
② 《论湖南遵旨设立商务局宜先振兴农工之学》，载《杨昌济集》（一），第23—24页。

沙县人，捐钱一千文。”

* * *

在戊戌变法期间，杨昌济在湖南还参加过不缠足会和延年会。1880 年最早创立的厦门不缠足会是西方传教士在信徒中组织的；1882 年康有为在其家乡创办过不缠足会。戊戌变法时期的学会中，规模最大、数量最多的就是不缠足会。由梁启超、汪康年和谭嗣同等人组织的上海不缠足总会，全国入会者达 30 万人。湖南的不缠足会十分普遍，甚至边一些小山村都组织了不缠足会。[①] 据 1898 年 5 月 13 日《湘报》“不缠足会续题名”载：“杨昌济，字华生，长沙人。”延年会针对国人无谓耗费时间的陋俗，提倡注重时效，崇尚质简，规定会员一定节时守时，有事商谈，要事先约定时间，过时不候。1897 年，熊希龄、谭嗣同在长沙创立延年会，当时此会在全国是唯一的，对改变当时官场的烦琐应酬虚掷光阴浪费时间的腐朽现象，起了开风气的作用。

① 龚书铎总主编《中国社会通史·晚清卷》，山西教育出版社，1996，第 264—269 页。

第三章 宏文学院的留学生活

戊戌变法失败后，杨昌济经过一段时间的反思，认识到“非有世界之智识，不足以任指导社会之责”，于是决定出洋求学。杨开慧在《先父事略》中记载了其决定的过程：“三十二岁时决计出洋留学，有人出重金请为教其子弟，吾父谢之。伯父不乐，力阻其行，集亲友群相劝说，吾父乃厉声曰：‘此次如不能成行，则吾精神生活已告灭绝，实等于死。吾不能行，惟有死耳！’吾伯父以其坚决如是，无法阻止，乃听之。

吾父心又大不忍，以拂吾伯父之意也，闭门大哭。”杨昌济为了出国留学与其兄闹的这场矛盾，一方面说明杨氏向西方学习的坚定决心，另一方面则生动地说明了杨氏对其兄嫂的深厚情谊。对此，杨开慧的文章也有说明：杨昌济“又富于情爱，极孝父母，爱兄弟”。[①]从第一章我们引用杨开慧在《先父事略》中对其父与其伯父关系的叙述可以看出，杨昌济的哥哥之所以反对弟弟出洋留学，一方面固然是因为兄弟感情亲密，另一方面则是因为他长期吸鸦片，身体十分亏虚，杨昌济一走，家庭既缺乏主持，收入也将锐减，他自己恐怕难以永年。果然，杨昌济赴日留学两年之后，其哥哥于 1905 年不幸逝世。

1903 年春节过后不久，杨昌济一行便于 3 月 3 日告别家乡，踏上了赴日本的留学之路。在即将告别祖国的时候，他将其字从“华生”改为“怀中”，表示自己虽然暂时离开了祖国，但心中却总是怀念中土。

① 李忠泽：《新发现的杨开慧三篇短文浅析》，《船山学刊》2015 年第 3 期。

第一节
初识嘉纳治五

杨昌济一行赴日本是坐船，所以时间比较长，旅行途中这些未来的留学生们一路畅谈学问或阅读有关日本的书籍。据朱德裳《癸卯日记》记载，有一天他阅读《支那教育问题》，并注明："此杨度与嘉纳问答之词，至为透辟，怀中先生推许甚至。"①这表明，杨昌济在此以前已经读过此书。这是不奇怪的，因为杨氏到日本留学，首先要进入的宏文学院就是嘉纳创办的。

嘉纳治五郎（1860—1938），日本兵库县神户市人，其家族是关西重要财阀嘉纳财阀，代表产业有菊正宗酒造株式会社、滩中学等。他是日本明治到昭和时期的柔道家、教育家。嘉纳自幼学习四书五经，十八岁起进入汉学塾二松学舍（现二松学舍大学）深造，同时还在东京大学专攻哲学。其夫人须磨子之父是汉学家竹添进一郎。竹添曾跟随文部大臣森有礼访问清朝，并在游历中国之后，写下《栈云峡雨日记》，之后曾出任天津总领事等职务。嘉纳原本在学校执教，后被文部大臣井上毅看中，于1893年被委任为日本最早的公立教育机构——东京高等师范学校校长。他以"乐于教育天职"为座右铭，在此位置上奉公

① 《杨昌济集》(二)，第1173页。

二十五年之久。1902 年 7 月 21 日到 10 月 16 日，嘉纳治五郎接受日本外务大臣小村寿太郎的劝说，受张之洞之邀到中国实地考察教育现状。嘉纳一行航海经由朝鲜到中国，历时近 3 个月，经过烟台、塘沽、北京、天津、上海、杭州、苏州、南京、长沙、武汉等城市，参观了数十所学校，形成了对中国新式学堂的初步认识。特别是在湖北与湖广总督张之洞的多次会面，对宏文学院的发展起了关键性的作用，同时还扩大了宏文学院招生的渠道。在《嘉纳治五郎大系》第九卷中，收录了他的考察纪实《清国巡游所感》。

杨度（1875—1931），湖南湘潭人。1902 年 10 月，湖南省派遣的速成师范生十人，加上江苏、四川、广东、浙江的几个自费生，经过六个多月的学习，即将从宏文学院毕业。杨度以“士大夫游于日本者”的旁听生身份在学院听了几个月的课。在学院结业、学生即将归国之际，嘉纳发表演讲。在嘉纳演讲过程中，杨度提出问题并陈述意见，嘉纳给予解答。此后，两人又陆续进行了三次辩论，嘉纳甚至把杨度请到自己家里讨论，可见他对杨度意见的重视。《支那教育问题》就是嘉纳演讲及与杨度辩论过程的内容记录，其要点有三：

首先，准确地记录了嘉纳关于德、智、体三育统一的思想。嘉纳在谈到普通教育的目的时指出，要使学生从德、智、体三个方面受到教育。

道德教育包括三个方面的内容：一是道德知识，即懂得如何养成一种善美性质的道理；二是道德感情，即使受教育者行为善则心情愉快，不善则心情惭愧；三是道德习惯，即通过渐渍浸润，使受教育者习惯于为善而不以为难，不待勉强而能自然。国民有此德育之根基，则虽无专门之学，亦必不至为公众之累、国家之害。不然，则虽学问专精，亦只知为一身谋私利，而不知为一国谋公益。故普通教育之有德育，如船之有舵丁。

智识教育也包括三个方面的内容：一是生活上必需之知识，即国民中那些不能求高等学问的人，得到这些知识就足以用之自谋生活。二是高等教育的基础，如无论治何种专门之学，不能不知算数；又无论治何种专门之学，不能不通他国之语言，读他国之书。三是一个国家有少数高等知识之人必有多数普通知识之人。国民知识程度高，则国家之知识程度亦高。贵国四万万人，而不能人人得其用，故国力日衰。若他日人人皆有智育，使其程度日高，则人数之十倍于法国者，其国力亦必十倍于法国。

体育之目的是要使身体强健。所以使国民习惯劳苦，健壮轻捷，皆能肩艰任巨，以谋国事，勿使其因身体疲弱之故，而精神疏慢，气力颟顸，以阻国事之进步。国民有此体育者，则国无懈政，人无懦气，不战而能武，行步而有强国之容。今日世界，方以种族竞争，此亦强种之一要事也。

在全面论述了德、智、体三育的内容之后，嘉纳氏联系中国实际，谈了他对中国如何贯彻三育的看法。他说，德育仍宜用孔子之道，而必得学人取其精理，以作为教科书，由浅入深，由粗入精，以教幼儿及于成童。惟宜审度世界大势，以养成国民适宜之性质，不可徒为迂远之论，乃为有用。至经籍繁多，必不可令儿童背诵，以伤脑力，惟宜列为专门之学，以待学人之研究。智育之于专门基础，尤为切要，欲不蹈于空理，而能切于实用，非此不能。贵国于此项学问，知者极少。若教育而仅重德育，以此为本，则国民徒有团结之精神，而无扶持之艺术，工商等事犹须待人而理，仍无自立之具也。体育于重文轻武之国较他国为尤重。以其能挽积弱之弊而使之复强也。贵国人士，凡学问稍优者，其身体必羸瘠枯槁，已无精力担任国家之事，国家何贵有此无用之学人乎？国民如此，必不能以其壮往之精神，促国力而使之健进。故今日之弱，亦其所也。今亟宜使文者习武，武者习文，互参其短长；使文明其脑筋，而野蛮其体力，反重文轻武之风，而行全国皆兵之制。以尚武之精神，而济之以学问，国乌得而不强。[①]

1895年，严复在《原强》中提出，一个国家的强弱存亡决定于三个基本条件："一曰血气体力之强，二曰聪明智慧之强，三曰德性义仁之强。"[②] 杨度将嘉纳对德智体三育统一的思想介绍于国人，进一步加深了人们对三育统一的理解。对于这一观点，杨昌济是接受了的。他在《教育学讲义》中说过："自来论教育者，往往分为智育、德育、体育之三部。"[③] 顺便指出，毛泽东1917年在《新青年》上发表的《体育之研究》中的一句名言，"文明其精神，野蛮其体魄"[④]，其原始出处应该就是嘉纳这次演说中所说的"文明其脑筋，而野蛮其体力"。

其次，记录了杨度与嘉纳关于爱国主义问题的讨论。嘉纳说：凡事必合群力而后能成。贵国之实业不兴，由于国力之不结，其根源在于爱国心之浅薄，此教育者所最宜注意者也。教育其爱国之道，先不可使其有一种骄傲心，亦不可使其有一种卑屈心。发扬与压抑，皆不可有所过。如谓己国皆是，他国皆非，则生其骄傲心；如谓他国皆长，己国皆短，则生其卑屈心，皆于爱国心大有妨碍者也。惟各举其有无、长短，以相比较，徐言其当改革者，则人人皆有自保以求胜人之意，爱国之心，油然日生，和蔼亲洽，不抗不屈，而国力自然能结，国事自然能举矣。[⑤]

---

① 《杨度集》(一)，第41—44页。

② 《原强》修订稿，载《严复集》第2册，中华书局，1986，第27—28页。

③ 《杨昌济集》(一)，第369页。

④ 《毛泽东早期文稿》，第60页。

⑤ 《杨度集》(一)，第50—51页。

围绕这个爱国主题，杨度与嘉纳讨论了两个方面的问题：第一个方面的问题，是嘉纳认为，在中国的守旧主义与锐进主义的冲突过程中，锐进者要“和平谨慎，以求事之能济”；杨度则问，“欲以诚心感之，而无心可感”，怎么办呢？[①] 嘉纳说要讲究策略，不宜过激，如果以“其一身之声名恶劣，如贪贿赂等事去之，则无不可也”。[②] 第二个方面的问题，是关于欧化与国粹保存主义如何融贯的问题。嘉纳说：“凡国固不可不求进步，然有和平的进步主义，骚动的进步主义。如以欧化为主，则为骚动的进步主义。贵国今日之情势，若更加骚然不靖，实非国家之福，予殊为之深虑也。”杨度则认为：“不言教育则已，不言教育之精神则已，苟其言之，则未有不经骚动而能入于和平者。此事理之无可逃，予亦未尝以此为福而望之也。夫一国有一国之国粹，若有贤人哲士，取欧化与国粹保存两主义参酌而融贯之，以定教育之旨，是其上也。若不能然，则惟以两派分掌教育之精神，一持欧化主义，一持国粹保存主义，在贵国之后先相继者，在敝国而同时并重，以相反之理为相救之法，或可稍免骚动之患耳。至欲使之全归于和平主义，恐非势之所能。”[③] 这就是说，既要向西方学习，又要结合自己的国情，保存真正的国粹。杨昌济对杨度所说的“取欧化与国粹保存两主义参酌而融贯之”的主张实际上也是持肯定态度的。他后来说马来西亚的华侨儿童之在英国阿伯丁接受英国学校教育者，不但不识中国之文字，也不通中国之言语，学成之后，“乃全然一外国人，将不能有中国人完全之资格。国文、国学关系之重要有如此者。深于本国之文学，则知本国有固有之文明，起自尊之心，强爱国之念，

① 《杨度集》（一），第 47 页。
② 《杨度集》（一），第 51 页。
③ 《杨度集》（一），第 57 页。

且对于国内之风俗习惯均能知其起源、悉其意义，对于祖国既不至发生厌薄之感情，对于国俗亦不至主张激急之变革，此真国家存立之基础，不可不善为培养者也”。应该说，这些华侨子弟是欧化得比较彻底的了。可是在杨昌济看来却并非如此，根据他亲自观察得出的结论是，这些人“虽其在学之成绩可以比于西人，然因不谙国文之故，毫无精神上之修养；又因其为华人之故，复不能深受西洋各国精神之感化，虽有科学技术，而其思想仍不免于浅陋”。[①] 可见在杨昌济看来，全盘西化是根本行不通的，只有将欧化与国粹保存（即本国固有之文明）有机地结合起来，才能有完全中国人的资格。

第三，讨论了中国国民性改造的问题。在十一月五日晚上的讨论中，嘉纳说：“英人之言曰：满洲、支那二人种优劣之比较，可于其今日之现局定之。满洲人种，特有其居上临下之气概，笼络一切之魄力，而支那人种则尚文守雄，善于服从，故定二人种之位置，则握一国之政权者，必以满洲人种为宜，而支那人种必应为之臣役，供其指挥。此人种优劣之别也。”杨度说：“先生知英人此言之意乎？……先生以服从满洲教支那人，而不知今日可以服从满洲者，明日即可以服从英人也；先生又以爱满洲并爱日本教支那人，而不知今日可以爱满洲者爱日本，明日即可以爱日本者爱英人也。何也？以支那人种固号为善于服从者，则无人不可以为之主，无人不可以奴隶之，正不必有所择也。且先生以善于服从之根性为美根性乎？恶根性乎？”这样，问题就涉及民族性了。所以杨度接着说：“吾今有一言正告先生可乎？吾以为日本、满洲、支那皆为黄种，皆为同胞，而必相爱相护相提相携相联络，以各成其独立，使同列于平等

---

① 《杨昌济集》（一），第 55—56 页。

之地，而后可与白人相抗者也。非可以伸彼而抑此，主彼而奴此，而能相保者也。……先生如其真为敝国兴教育乎，则敝国之今日，为两人种之合立，教育之道，亦宜并施。于满洲人，则务去其善于压制之恶根性；于支那人，则务去其善于服从之恶根性，而又教之以平等同胞之爱，使各自立而不相侵，是即伯兄所以教其叔季之道也。若徒以服从教支那者，岂亦将以压制教满洲乎？”

在往下的讨论中，嘉纳指出：“凡教育之要旨，在养成国民之公德，故虽不可服从于强力，而不可不服从于公理。能服从公理而不服从强力者，其教育必为无弊。公理云者，求一群中利害之所在，而皆能以公德举之者也。……故无公德者，不能入于人群之中，则亦不得谓之有人格也。”杨度说：“予于先生所论公德，固为敬佩。然于服从公理不服从强力一语，尤为倾服。以为此言也，诚可以医其病根，而为敝国今日教育之最大方针也。予敢不遵先生之明教，竭诚尽智，以振起吾国国民之精神。”嘉纳说：“予论公德之教育，其言甚泛，而足下能于其中摘出服从公理，不服从强力之最要一语，以为贵国教育之最大方针、最大主义，诚为眼孔极高，予殊为佩服。”①

《支那教育问题》关于国民性改造的讨论，当时曾影响到鲁迅和杨昌济的思想。许寿裳在《回忆鲁迅》中说过：“1902年我和鲁迅同在东京弘（宏）文学院预备日语……有一天，谈到历史上中国人的生命太不值钱，尤其是做异族奴隶的时候，我们相对凄然。从此以后，我们就更加接近，见面时每每谈中国民族性的缺点。因为身在异国，刺激多端，……我们又常常谈着三个相联的问题：（一）怎样才是理想的人性？（二）中

---

① 《杨度集》（一），第63—68页。

国民族中最缺乏的是什么？（三）它的病根何在？”日本学者北冈正子认为，“像这样的鲁迅与许寿裳的所谓国民性的讨论，应该看作是受加纳与杨度讨论的直接的波动”。[①]

杨昌济1903年在《游学译编》上所发表的《教育泛论》一文强调“贵我”：宣称“我有耳目，我物我格，我有心思，我理我穷，我之所见为是者，则断然以为是，虽一国非之，所不顾也；我之所见为非者，则断然以为非，虽一国是之，所不顾也。无所顾望，无所恐怖，为天下之所不敢为，言天下之所不敢言，夫然后足以当大任，支危局，立于剧激烈竞争之世界，而卓然有以自立。人而无独立之精神，是之谓奴隶。任教育者，而不能养成国民独立之精神，是之谓奴隶教育。以教育为己任者，安可不知此意也！”[②]这一思想与杨度在《支那教育问题》中所说的“日本、满洲、支那皆为黄种……以各成其独立，使同列于平等之地，而后可与白人相抗者也。非可以伸彼而抑此，主彼而奴此，而能相保者也”是一致的，它充分地体现了杨昌济的个性解放思想。

纵观《支那教育问题》一文，我们发现嘉纳治五郎对中国是十分友好的，他“代谋中国教育”的心是真诚的。这一点也是学术界的共识。例如，潘世圣在《嘉纳治五郎中国认识的现代考察》中就指出：在中日关系上，嘉纳敬重中国悠久的历史文化，对中国的古老文明怀有感恩之念。同时，他也洞察到近代中国衰败的现状和原因，他对中国与世界、特别是与列强国家的关系处理的批评透露了智者的清醒，至今仍令人感受到其历史的回音。嘉纳对建立良好的中日关系的忠告，特别是面向

---

① 北冈正子：《鲁迅改造国民性思想的由来——加纳治五郎给第一批毕业生讲话的波澜》，《鲁迅研究月刊》2002年第3期。

② 《杨昌济辑》，第150页。

日本人的忠告，他所提出的具体建议，都内在地贯彻着他“国际”“国家”理念。他强调日本（人）与中国（人）相处时，要尊重对方，要用光明正大的方式通过平等互惠获得利益，要以诚意取得理解信任。嘉纳的理念体现了他作为文化人和教育家的柔性立场，释放了一个世界主义者的善意和诚意，这些都与 20 世纪初期包括日本在内所盛行的帝国暴力弱肉强食的强权政治逻辑根本不同。他所创立的柔道宗旨——“精力善用，自他共荣”确乎也与前者出自同一发想。[①] 这些评断是客观的、公正的。

① 潘世圣:《嘉纳治五郎中国认识的现代考察》,《外国问题研究》2013 年第 1 期。

第二节
宏文学院的规制和学潮

甲午战争中国的失败，极大地刺激了中国人，使其懂得了落后就要挨打的道理。于是许多开眼看世界的士人纷纷拟走出国门，向西方学习。日本向西方学习是迅速取得了成果的，所以人们的眼光首先投向了日本。1896 年，中国驻日公使裕庚与日本外相西园寺公望交涉，希望日本接收中国官费派遣的留日学生。但是这些学生在中国所受的是科举教育，所读的学校是私塾、书院或府州县学，所学的内容是四书五经之类的儒家经典。到日本之后，不仅语言不通，而且缺乏现代学校所传授的基础科学知识。当时积极响应西园寺外相的是其老朋友，时任东京高等师范学院校长的嘉纳治五郎，他深知中国学生的这种情况。于是他决定先从办补习学校入手，一方面帮助中国学生学习日语，另一方面则帮助他们补习系统的相当于现代中学课程的基础课，以使他们的语言能力和基础知识能够与日本的高等学校的入学程度相衔接。所以 1903 年 10 月出版的《浙江潮》第七期上有如下介绍："吾国学师范者，必先入弘（宏）文学院，即预备中学校之资格也。"

1896 年 6 月 9 日，《朝日新闻》报道了清国首批赴日"官费留学生”的消息。报道说，驻横滨领事吕贤笙将率领选自苏州、宁波的13位留学生抵达日本。对此，嘉纳治五郎在神田区三崎町租借民房，供留学生起居，并安排本田增次郎教授负责管理照顾，利用东京高等师范学校的教室进行教学。1899年，嘉纳治五郎在留学生的住处挂起了“亦乐书院”的招牌。“亦乐”取自《论语》“有朋自远方来，不亦乐乎”。而后，更多留学生来到这里读书，嘉纳治五郎也逐渐做好准备，将书院转型为正规教育机构。1902年5月书院改为正式教育机构的申请获准，更名为宏文学院（初名“弘文学院”，1906年为避讳中国乾隆皇帝弘历之名，改名为“宏文学院”）。当时有住宿生二十余名，其姓名如下：俞诰庆、龙纪官、仇毅、胡元倓、俞蕃同、颜可铸、朱杞、刘佐揖、陈润霖、李致桢（以上湖南），胡尔霖、张邦华、徐广铸、周树人（鲁迅）、刘乃弼、顾琅、伍崇学、陈崇功、曾泽霖、张升祐、苏维翰、汪都良。上述10名由湖南省派遣之特别自愿留学生及旁听生，于1902年4月入学，以六个月通晓教学大意、教育制度、学校管理法、教学法及实地教学之一斑为目的。宏文学院后来搬迁到牛込区西五轩町的校舍更加壮观，越发成为人所重望的培养中国留学生的教育基地。1906年，宏文学院在校生达1615人，规模居日本首位。其教学形式包括两个方面：一方面是应中国的急需，主要进行“速成教育”，专业也以解决燃眉之急的师范教育为主；另一方面，则是“普通教育”，即以教授日语和传授现代中学的基础课为主。杨昌济在宏文学院进的就是普通科。要了解杨昌济在宏文学院读书的情况，最好读读宏文学院的章程和有关制度，它们可以为我们比较准确地还原宏文学院的教学情况和学习生活。

弘（宏）文学院章程

第一章　本学院主意

第一条　弘（宏）文学院本为清国学生教授日语及普通教育而设，以期培养成材。

本学院日后亦有添设课程，或为清国学生教授专门学科，或为日本学生教授清国语言，至其章程届时再行酌定。

第二条　本学院务使学生在院内学寮居住，悉照本学院教育宗旨严行监督熏陶。惟经本学院允许者方能通学。

第三条　本学院学生及通学生细则自应另行酌定。

第二章　肄业年限学年学期休日（即放学日期）

第四条　凡肄业年限定为三年，如日后添设课程或教专门学科或教清国语言，自应届时酌定年限。

第五条　本学院学年自九月十一日起至第二年七月三十一日止。

第六条　一学年分为三学期。自九月十一日起至十二月二十四日止，为第一学期；自第二年一月初八日起至三月三十一日止，为第二学期；自四月初八日起至七月三十一日止，为第三学期。

第七条　授业日数。一学年约计四十三礼拜，授业时数每一礼拜约计三十三点钟为准。

第八条　本学院例定之休日如下：

一、每逢礼拜日。

二、日清两国例定国祭日。

三、本学院创立纪念日。

四、冬期休业自十二月二十五日起至第二年一月初七日止。

五、春期休业自四月初一日起至四月初七日止。

六、夏期休业自八月初一日起至九月初十日止。

第三章　教科目及授业时分

第九条　本学院所定教科目及授业时数列下

弘（宏）文学院所授教科及授业时数

第一学年　每一礼拜授业时分三十三点钟，次学年以下相同

学科／学期	第一学期	第二学期	第三学期
	每个礼拜时数	同左	同左
修身	一	一	一
日语	二七	一七	一二
舆地历史		五	五
算学		五	五
理科示教			五
体操	五	五	五
共计	三三	三三	三三

第二学年

学科／学期	第一学期	第二学期	第三学期
	每个礼拜时数	同左	同左
修身	一	一	一

续表

学科 / 学期	第一学期	第二学期	第三学期
日语	一二	一二	一二
舆地历史	五		
理科示教	五		
算学	五	五	
几何学			五
代数学		五	五
理化学		四	四
图画		一	一
体操	五	五	五
共计	三三	三三	三三
选修英语	六	六	六

第三学年 第一部

学科 / 学期	第一学期	第二学期	第三学期
	每个礼拜时数	同左	同左
修身	一	一	一
日语	九	九	一〇
三角术			五
历史及世界大势	三	四	五
动物学	三	三	
植物学	二	二	
英语	一〇	九	七
体操	五	五	五
共计	三三	三三	三三

第三学年 第二部

学科 / 学期	第一学期	第二学期	第三学期
	每个礼拜时数	同左	同左
修身	一	一	一
日语	六	六	六

续表

学科 / 学期	第一学期	第二学期	第三学期
几何学	三	三	四
代数学	三	三	
三角术			五
理化学	三	四	五
动物学	三	三	
植物学	二	二	
图画	一	一	一
英语	六	六	六
体操	五	五	五
共计	三三	三四	三三

学生如有未谙中国文学者，本院所定正科之外，自应补教中国文学以资造就。

第四章　考试及卒业

第十条　本学院为检定学生学业进步之程度举行考试。

第十一条　考试分为二种，一曰定期考试，一曰临时考试。定期考试每届一学年终举行，以考一学年内学业之成绩；临时考试每于学期内不预定期随时举行，以考一学期内学业之成绩。

第十二条　凡核定学业优劣，即以甲乙丙丁戊字号评语示之，以甲字为最优等，以戊字为最劣等。

第十三条　各学科均得丙字以上评语者，悉为升级或卒业。

第十四条　考试成绩每逢学期终及学年终，应由该管教习报明学院长以备鉴定。

第十五条　学生志操品行若何之处，每逢学期终及学年终应由学生监报明学院长，以备鉴定。

第十六条　履修本学院教科历考及第者，由本学院给予卒业文凭。

第五章　进学退学及赏罚等

第十七条　本学院定于每年九月初一日起至十五日间允准进学肄业，惟由学院长允准者亦可随时进学。

第十八条　凡愿进本学院肄业者，必须身体强健，品行端正，略通中国学问，方准入学。

第十九条　凡愿进本学院者，须照下开文式，出具愿书及履历书，并须一保人署名钤印而申之于学院长。（入学愿书略）

第二十条　保人须在东京市或横滨市居住，或由清国公使馆，或由本学院以为确实可靠者，方准作保。

第二十一条　凡学生如有合下开各情之一者，自应斥退或停止肄业。

一、疾病淹缠或不堪在院或不堪肄业者。

二、不修品行并无改悔者。

三、学业并不长进者。

四、应纳学费并不交纳者。

第二十二条　凡学生如有品行学业俱优者，自应按照另章榜示表扬，以昭鼓励。

第二十三条　学生设有不得已事故或冀退学者，或冀停学者，应由保人署名钤印申告于本学院，经学院长允许后方可准行。

第六章　应纳学费

第二十四条　学生应纳学费，即系学寮费、教育费、书籍费、膳费、衣服费、柴炭灯油费、日常零用银等项，一年共计叁百圆正。此等各费须将一年分一并先付。惟如有事故，或将一月分或将数月分分期交纳者，须申请于本学院，经允许后方可准行。

本学院允许退学者，如有已纳学费，自应照章按日算还。

第二十五条　学生遇有疾病，应由学生监令本学院所请医生诊治，由本学院给发药费，俾得调养，视其病状应交与保人收管，以后费用归其自办。

第七章　本学院职员

第二十六条　本学院所设职员开列如下：

一、学院长　统辖学院一切事宜严行督率。

二、学生监　承学院长之命掌管监督学生而董陶之。

三、教授　承学院长之命掌管授业。

四、助教　帮助教授之任。

五、讲师　掌管临时讲解授业。

六、干事　承学院长之命掌管一切庶务及教务。

七、会计主任　承学院长之命掌管会计一切事宜。

八、书 记　承学院长干事及会计主任等员之命，掌管庶务及会计事宜。

弘（宏）文学院长 嘉纳治五郎

东京牛込区西五轩町三十四番地[①]

宏文学院的学年、课程及学级编制，在原则上分为普通科和速成科，学级编制以留学生的出生地为基础，地名即班名，由各省委派监督集中送来许多留学生，如南京普通班、湖南普通班、湖北普通班、四川速成师范科班、北京警务科班等。

---

① 《弘（宏）文学院章程要览》。

学生管理规则

第一条　学监奉院长之命监督指导学生。

第二条　学生应服从以下条款：

一　理解本学院诸规则之宗旨，努力学习，端正品行。

二　遵守学生本分，禁止与政治问题发生关系。

三　遵奉院长、学监、教师之命令、教戒。

四　不论学院内外，不仅对院长、学监、教师、其他与本院有关之长辈应遵守礼节，在学生相互之间也应遵守礼节。

五　尊重自己国家和本院之体面，决不可表现粗暴卑猥之言行。

六　出现品行不端或怠惰放逸现象时应互相劝告，仍不悔改时应报告学监。

第三条　将学生分为数部，各部设部长一人。

第四条　部长服从学监指挥，负责管理部内，兼管传达命令，收发供应品。

第五条　学生朝夕寝起前后应在一定场所向院长敬礼，学督代表院长接受敬礼。

第六条　学生无学监之许可不得擅自缺课。

第七条　学生不得于上课时间中途退席，若因不得已之事故而退席时，应有教师许可。

第八条　学生不得擅自在本院正课之外学习学术技艺。

第九条　学生在上课和外出时应穿制服，其他场合可穿便服。

第十条　学生不得于规定时间外出，但经学监许可者不在此限。

第十一条　需外宿时，应说明事由和时日，向学监申请，得其许可。

第十二条　自习室和寝室每室设值日生，每日早晨清扫卫生，每月举行大扫除一次。

第十三条　全部物品应整齐放在规定场所，不使其杂乱。

第十四条　卧具应于每日早晨起床后立即整理。

第十五条　禁止在预先指定场所之外饮食。

第十六条　学生不得吸烟，但因历来习惯不得已者，应预先得到许可，在一定场所吸烟。

第十七条　学生不得饮酒，但在节日等经特别许可不在此限。

第十八条　患病时应立即报告学监，接受医生治疗。

第十九条　在室内应肃静，不可妨碍他人学习。

第二十条　外人必须在会客室见面，不应引入他室。

第二十一条　起床、自习、默读、吃饭、外出等时间及其他细则随时公布。①

宏文学院的作息时间定为：上午 6 时起床，6 时半行礼，7 时早餐，8 时至 12 时自习，正午午餐，下午 1 时至 5 时上课，5 时半至 9 时沐浴，9 时半行礼，10 时熄灯。据过去留学日本的人说：这两次“行礼”即早晚两次点名，其中，早上的一次可能还包括升旗、向皇宫遥拜之类，晚上则单纯是点名。整个上午都安排给自习，这可能是由于这学校是补习学校，便于学生复习日语课程；下午才进行授课，可见并不把课堂教学放在主要地位，也可能是当时的主要教师都是从外校请来兼课的。最特别的是晚上的时间，除大约半小时晚餐时间外（作息表中

① 北冈正子：《鲁迅留日时期关联史料探索（五）》，何乃英译，《鲁迅研究月刊》1990 年第 4 期。

未见安排），全安排给洗澡，除了可能因为人多澡堂小之外，实在也太讲究卫生了。洗澡的时间特别多，或者和嘉纳先生注意学生的体格健全不无关系。

嘉纳在他的学校中也是推行尊孔的。在《弘（宏）文学院管理学生章程》中，就有以“中国德育以孔孟之教为根本，而在日本德育里，孔孟之教亦占绝大部分”为由，强调这是维护清朝国体的一大便利，弘（宏）文学院从这种立场出发，决定采取“凡逢孔圣诞辰，晚餐予以敬酒”的做法。有一天学监大久保（高明）先生集合起大家来说：因为你们都是孔子之徒，今天到御茶之水（电车站名，古时将军们在此饮水，故名）的孔庙（即汤岛圣堂，江户幕府时建）去行礼罢。①

杨昌济在宏文学院读书时，遭遇了两次较大的学潮。

第一次是 1903 年夏天，由于沙皇俄国进兵我国东三省，并向清廷提出了七项新的无理要求，留日学生激于义愤，掀起了一场拒俄运动。4 月 29 日，驻东京的中国留学生 500 多人在锦辉馆召开大会，讨论如何拒俄的问题。大会发言者慷慨陈词，有的甚至声泪俱下。大会一致决定组织拒俄义勇队，并以自愿签名方式征集队员。杨昌济参加了锦辉馆的拒俄大会，但表示不参加拒俄义勇队。他的理由是：“吾自度非破坏才，且志在学问，不能从军也。”②

1905 年 11 月 2 日，日本文部省公布了《关于允许清国人入学的公私立学校规程》(省令 19 号),即所谓“留学生管理规则”。这个规程共 15 条，侵犯自由权利，犹如对待保护国一般，因而遭到留学生的猛烈反对。其第九条规定，受选定之公立或私立学校，令清国学生宿泊的寄宿舍或由学校监管的旅馆、下宿等

---

① 锡金:《关于弘（宏）文学院二三事》,《吉林师范大学学报》1978 年第 4 期。
② 《杨昌济集》(二)“附录”,第 1269 页。

处，均须施行校外管理（留日学生的住宿方式主要分为寄宿舍、下宿两种。前者由学校直接监管，后者即常年租住客栈，不受学校管理，一切均由旅店主人招呼）。第十条受选定之公立或私立学校，不得招收因性行不良而被他校饬令退学的学生。反对运动从要求取消这两条开始，不久发展为取消全文，联合停课相继出现。在这次运动中，弘（宏）文学院的学生是最积极的。据弘（宏）文学院学生、湖南人黄遵三 11 月 30 日日记载：“上午上课，下午接西路同乡会函云：星期日开大会，商议日政府取缔留学生事云。三钟，宏文同学亦开会讨论。群以日本政府专与留学生为难，不尊重吾辈人格。如不取消取缔规则，宁全体退学。言时非常愤激。”[①]

根据有关文献，可以看出弘（宏）文学院的学生在整个潮流之中的活动情况：

4 日（12 月） 弘（宏）文学院发出致各校留学生信，呼吁联合停课，决定罢课。

5 日 自下午起罢课。学院学生 100 名为了反对而会合于牛込清风亭。

6 日 学院学生 250 名为了反对运动而进行协商。弘（宏）文学院赴公使馆访杨公使，协商后策。

7 日 选举纠察员。《东京朝日新闻》报道：（留学生的反对运动）“出自清国人所特有的放纵卑劣意志”。

8 日 陈天华为使同胞将去掉“放纵卑劣”事铭记在心，留下绝命书，在大森海岸自杀（陈天华 1903 年 4 月入弘〔宏〕文学院）。学院学生 200 名会合于富士见楼。

11 日 学院学生 27 名办理退学手续，10 名自新桥归国。

---

① 转引自《中国人留学日本史》，北京大学出版社，2012，第 324—325 页。

为此，嘉纳校长召集学生骨干 80 名，无人响应。冯树猷等三名发起组织敢死会，发表檄文。

12 日　早稻田、明治、经纬、成城、弘（宏）文各校拟召集学生说明省令宗旨，但没有一人到校。纠察员继续警戒。经纬、振武、明治、早稻田、东斌、弘（宏）文各校召开校长会，商谈组织独立的私立学校团事宜。弘（宏）文学院归国者 17 名（共 36 名）。

14 日　由于陈（天华）自杀，湖南同乡会决定退学归国。弘（宏）文、成城、早稻田、经纬的校长、讲师 17 人集会。200 人乘上海梅尔·安非号归国。

16 日　“归国者达总数的四分之一乃至三分之一”，“因主动纷扰者之强迫，不得已休学者暂时避难于僻静处所”，“有人秘密前往附近各县旅行”等报道发表（《东京日日新闻》）。东京都新闻记者会见嘉纳等各校职员，嘉纳答记者问时说：“作为个人意见，认为（文部省令）没有必要。”

17 日　220 人乘法国商船曼昆度别库号归国。关于秀锦女（秋瑾）的报道：“据传此女不仅姿色动人，而且善于辞令，令须眉男子赧然。此次纷扰一起，便以首领身份东奔西走，游说于同学间，故顷刻集于其下者七八百人。她指挥这些学生，激励学生意气。”（《国民新闻》）

18 日　留学生代表会见记者。全体纠察会于清风亭，出席者 120 至 130 人。弘（宏）文学院学生白天在校内“为纠察员所刺，鲜血淋漓，勉强得救”（《二六新闻》）。

21 日　弘（宏）文学院残留者 12 名。

24 日　留学界维持同志会（约 500 名）在牛込设事务所（书记中有许寿裳之名）。

30日　公使告谕：自1月11日起到校。

31日　复课派决议自新学期起复课。这时归国派约50至60名。

1日（1月）　省令19号生效。在东京留学生集会，决定自13日起复课。

6日　对各学校开学（11日）后的复课者，决定“以特别宽典允许复课”。

12日　东京同文书院及其他十一所学校向文部省提出呈文：关于省令19号实施以前由清国公使馆介绍保证的学生，申请退学转学时，允许在申请书上不必附加清国公使馆的许可书。

13日　文部省送各校通知，同意呈文意见。各省纠察员代表集会（40名），以多数决定复课。

15日　弘（宏）文学院到校者380名。

28日　“以谋求日清两国学生亲睦，促进相互德才为目的”而组成的日华学会举行成立会（于本乡座）。嘉纳治五郎等以来宾身份列席。

上述情况表明，在这次运动中，弘（宏）文学院处于反对运动的主流。[①]杨昌济也参加了这场运动。李肖聃说：“取缔规则起，日人青柳笃恒骂留学生为放纵卑劣，天华发愤投大森海死，怀中哭之甚哀。”[②]但是他没有退学回国。

---

① 北冈正子：《鲁迅留日时期关联史料探索（四）》，何乃英译，《鲁迅研究月刊》1990年第3期。

② 《杨昌济集》（二），第1269页。

第三节 《游学译编》的刊文

《游学译编》是在日本留学的湖南籍学生于光绪二十八年十月十五日（1902 年11 月16 日）在日本东京创办的月刊，以“输入文明，增益民智”为宗旨。熊野萃主编，长沙矿务总局发行。杨度、周家树、陈润霖、周宏业、曾鲲化、黄兴、张孝准等编译。杨昌济在此刊发表过两篇文章：一篇发表在1903 年5 月出版的《游学译编》第八册，名为《达化斋日记》[①]；一篇发表在1903 年6 月出版的《游学译编》第九册，名为《教育泛论》[②]。

笔者在《杨昌济的生平及思想》中对《达化斋日记》中的哲学思想和政治思想作过比较详细的分析。如指出他当时虽然还没有摆脱“尊君之大纲”的思想束缚，但在君民关系上，已经认识到君主应为民众办事，应从属于民。如君权太重，影响了民权，影响到国家民族的危亡，就要变法，适当地削弱君权。又如，他通过总结戊戌变法失败的惨痛教训，认识到依靠少数统治者实行自上而下的变革，弊端很大。因此，他主张依靠下

① 《杨昌济集》（一），第 15—22 页。
② 《杨昌济辑》，第 149—152 页。

层“小民”，着力于改变人们的思想。这里要特别指出的是，这篇日记表明，杨氏在戊戌变法前后，不仅阅读过一些翻译的国外社会科学著作，而且阅读过一些翻译的国外自然科学著作，特别是有关经典力学（重学）的著作。经典力学传入中国大致可分为两个时期：明末清初的100年和晚清，即第一、二次西学东渐时期。前期与力学相关的有《远西奇器图说录最》（简称《奇器图说》）和《新制灵台仪象志》（简称《灵台仪象志》），当时传入的主要是古典静力学。近代力学知识的译介与传播是在鸦片战争后。1859年牛顿经典力学较为全面深刻地传入中国，《谈天》《重学》《代微积拾级》3部著作包含了牛顿力学的主要内容和数学方法。《谈天》涉及万有引力定律、五星运动、开普勒三定律、行星质量的测定等；《代微积拾级》介绍了微积分的概念和算法，初次引进力学的数学方法；《重学》包括了当时西方近代力学的大部分知识，中译本《重学》分为静重学、动重学和流质重学3部分[①]。据王冰《明清时期（1610—1910）物理学译著书目考》，从19世纪50年代至清代末年，西方传入中国的物理学著作有95部，其中有不少关于力学的著作。[②]1897年，长沙胡兆鸾辑《西学通考》36卷，并在长沙刊刻。湖南学政江标为其作序。其中收录西书338种，分为28类，其卷三为《重学考》，节录了《重学》、《格物入门》、《力学须知》、《重学须知》（《重学》卷首）和《重学汇编》中的部分内容，然后按丛书的体系重新编排。[③]现在我们无法确指杨昌济当时读

① 聂馥玲：《晚清科学译著〈重学〉传入的经典力学知识及其特征》，《内蒙古师范大学学报》（自然科学汉文版），2009年7月。

② 王冰：《明清时期（1610—1910）物理学译著书目考》，《中国科技史料》1986年第5期。

③ 聂馥玲：《晚清经典力学的传入——以〈重学〉为中心的比较研究》，山东教育出版社，2012，第152—153页。

过哪一本西方传入的力学书籍，但是他日记中涉及的力学知识，还是可以从当年出版的力学著作中找到相应的文字说明。例如他说："轻物运重，施力速而呈效缓 重物移轻，施力缓而呈效速。"这是杠杆原理。《奇器图说》等书关于杠杆原理是这样说的："有两系重是准等者，其大重与小重之比例就为等梁长节与短节之比例，又互相为比例。"杠杆分为3种："揭杠"（支点在中点）、"挑杠"、"提杠"（支点各在一侧）。《西学通考》也说："杆分三种，以力倚重三点之方位别之。"滑轮和滑轮组："用一轮之滑车，而力之半能起重之全……若用二轮之滑车，则以力之四分之一而能当全重……三四等轮之比例，皆仿此。"齿轮（轮轴）："用大小轮法……所谓轻便者，在大小轮相连一定比例，盖大轮之径比小轮之径尺寸有若干，则即省转动之力有若干。"[①] 例如，人们要用杠杆撬起千斤巨石，在杠杆的这头用力一百斤，往下压一尺的距离，而巨石往上移一寸，人们往下压一尺的力和巨石的压力是相等的，这就是"轻物运重"。又如用万斤重的水轮，带动一座五百斤的磨盘，当轮转一周，磨盘便转动二十周，这两个力也是相等的，这就是"重物移轻"。

杨昌济说："木之浮于水面，地心吸力使之也；水重而木轻，水趋就下而迫木使上浮也。"这是讲的浮力定律。《奇器图说》等书关于浮力定律是这样说的："有定体本轻于水，其全体之重与本体在水之内者所容水同重。""有干板薄而宽大，或是金，或是铅，但平平徐置水面，则亦不沉，何也？薄而宽大则板上之气与板体相合，气与水面相逼。故虽金铅本重而不致沉也，但有小隙上水则必沉也。"[②]

① 转引自聂馥玲《晚清科学译著〈重学〉传入的经典力学知识及其特征》，《内蒙古师范大学学报》（自然科学汉文版）2009年7月。

② 《奇器图说》，重庆出版社，2010，第45—46页。

《教育泛论》在中国近代教育学发展中的重要地位，在于它比较早地在中国使用“社会教育”这一概念。“社会教育”一语最早来自日本。在日本教育学界，一般把明治 20 年代后半期至 30 年代前半期（1885—1995）看作是日本“社会教育”的用语及其观念产生的时期，把山明次郎的《社会教育论》（1862 年）和佐藤善治郎的《最近社会教育法》（1899 年）两书看作是其显著的标志。佐藤善治郎的《最近社会教育法》于 1902 年 8 月在中国近代最早的教育专业刊物《教育世界》第 31 号上，作了较为详细的译介，其主要内容有：1. 社会教育的含义。“所谓社会教育者，对学校教育而言之，目的在提高社会之智识、道德而已。”2. 社会之性质与目的。论述社会的性质，以明社会教育存在的依据。“社会者何也，有秩序者人民之集合体也。”3. 社会教育与学校教育之关系。实现教育目的的机关有两类：一是学校教育；二是社会教育。社会教育可补学校教育之不足，社会教育对社会有救济作用。4. 论社会的阶级基础。社会由上流社会、中流社会和贫民社会所组成。5. 社会问题及对策。职工问题，强调要重视职工教育；罪人问题，论防治犯罪的社会对策，提出了感化教育。6. 社会教育的机构与作用。提出了社会教育的机关有：（1）神社；（2）宗教；（3）公园；（4）博物馆；（5）图书馆；（6）歌谣及音乐；（7）兴行物（娱乐的东西）；（8）小说；（9）谈话演说会；（10）团体。7. 结论。论教育家的责任。“教育者不当专为学校之教育者，而当为社会之教育者。”教育的事业不应只在教室，所到之处都应为事业场。《教育世界》所介绍的日本佐藤善治郎的《社会教育法》，是近代中国最早的翻译国外社会教育的专著。1903 年 6 月 10 日在留日学生创办的杂志《游学译编》第八册中，载日本中岛半次郎教育学讲义《论学校对家庭与社会之关系》，译者在序中写道：

"吾尝闻东西诸教育学者论教育曰：教育之事，析分三段。幼年受教于父母，曰家庭教育。稍长就业于师傅，曰学校教育。处世、接物、立身、行事，曰社会教育。"1903年9月6日《游学译编》第十册，载文《民族主义之教育》（佚名），文章是"根据日本高材世雄所论而增益之"。文中作者开始把社会教育与社会革命相连，从社会革命的需要出发来论述社会教育。[①] 杨昌济的《教育泛论》发表在1903年6月出版的《游学译编》第九册，其对社会教育的宣传应该说在中国也是最早的。文中不仅明确提出了"社会教育"的概念，而且论述了家庭教育、学校教育和社会教育的关系："有家庭之教育，有学校之教育，有社会之教育。家庭教育之范围狭，而学校教育与社会教育之范围广；家庭教育之势力小，而学校教育与社会教育之势力大。人徒知以家庭教育为重，而不知学校教育与社会教育之为重，亦惑矣。人之生也，立于家庭之中，即有家庭之关系；立于国家之中，即有国家之关系；立于社会之中，即有社会之关系。而无数之关系，悉萃于一时，无时无家庭之关系，无时无国家之关系，无时无社会之关系，相生相养，相维相制。人施而我报，此感而彼应，通功而易事，通力而合作，虽一物之微，苟细推之，未有不合千万人之力，经千万人之手而始成者。无社会，无国家，则无家庭，无个人。欲个人之成立，不可不通世界之大势，不可不练政治之能力，不可不尽公众之义务，彰彰明矣。"[②]

还应该指出，《游学译编》上发表的杨昌济的两篇文章的共同点，就是都宣传了个性解放的思想。他在《达化斋日记》中说："体魄界之中心点，吾身是也；灵魂界之中心点，吾心之

---

① 王雷：《日本社会教育思想在近代中国的传播与影响》，《教育史研究辑刊》2002年第4期。

② 《杨昌济辑》，第149页。

灵是也。总之，天地万物，以吾为主。君吾之君，父吾之父，师吾之师，民物吾之民物，天地吾之天地。孔子曰：‘古之学者为己。’孟子曰：‘万物皆备于我矣。’曰为己，又曰无我，何也？宇宙内事，皆吾性分内事，为己者为此也。”[①] 在《教育泛论》中，他说：“知贵我，则知通今矣。于天地之间而有我，天下皆宾而我则主也，天下皆轻而我则重也，天下之人皆不可恃而我则可恃，天下之理皆不可信而吾心之理则必可信。吾尽吾之力而已矣，吾行吾所是而已矣，事变万端，美名百途，岂能一身而兼任哉？道并行不悖，言各有所当，岂能一一而求合哉？独断独行，独往独来，我动而天下不得不动，我静而天下不得不静，天下皆动而我独静，天下皆静而我独动，有泰山乔岳之气象，有旋乾转坤之手段。佛说：‘恒河沙界，惟我独尊。’此自由独立之真谛，建诸天地而不悖者也。”[②] 中共中央学校教授阮青在《中国个性解放之路》中，将《教育泛论》作为辛亥革命时期个性解放思想的一篇重要文章加以引用，认为文中提出的“一人有一人之性质”已具有现代意义的“个性”含义；关于“贵我”的分析则是对国民教育所培养学生人格品质的一个根本性的界定。[③]

在《教育泛论》中还明确提出了国民性改造的问题：“人而无独立之精神，是之谓奴隶。任教育者，而不能养成国民独立之精神，是之谓奴隶教育。”[④] 周建超在《论辛亥革命前的改造国民性社会思潮》一文中说：“透过20世纪初中国资产阶级注重培养国民独立自主人格的表象，我们可以发现，在改造国民性中，他们更重要的是极力强调国民应具有公德心、责任心、爱国心，提倡国民关心国事，增强参与意识，将小我投入到大

① 《达化斋日记》，载《杨昌济集》（一），第18页。

② 《杨昌济辑》，第151页。

③ 阮青：《中国个性解放之路》，华东师范大学出版社，2004，第168—172页。

④ 《杨昌济辑》，第150页。

我的事业中去。而这一切都表达同一个意思，就是要树立‘国’在‘民’心目中的重要地位。因此，国家思想的凸现是这一社会思潮的显著特征之一。正如孙中山当时指出：‘在今天，自由这个名词究竟要怎样应用呢？如果用到个人，就成一片散沙。万不可再用到个人上去，要用到国家上去。个人不可太自由，国家要得完全自由。到了国家能够行动自由，中国便是强盛的国家。要这样做去，便要大家牺牲自由。’（《孙中山全集》第9卷中华书局版第282页）这就是说，只有首先使国家自由，摆脱列强压迫，个人才能真正自由。所以，以国家思想至上为特色、为前提，中国资产阶级在处理群体与个体、国权与民权的关系上，更重视群体的利益、国家的利益，要求国民尽关心国事之义务，发达其爱国力，把国家合成‘一个大坚固团体’，从侵略者手中夺回民族的完整权利。”[①] 而上述杨昌济对“贵我”的分析表明，他当时是将改造国民性思想与个性解放紧密结合在一起的。

1906年，宏文学院编写了一套教材。据“东亚公司发兑新书目录”记载，这套讲义的全称是《宏文学院师范普通科、师范科讲义录》（宏文学院院长嘉纳治五郎先生监辑，清人王廷幹先生外七家译）。讲义目录如下：本讲义录系日本专门大家二十余家所讲说，诸家分科专门将其所讲授之稿本精益求精再三订酌以成是书，一翻是书则诸家之音容仿佛现在于纸上，有躬亲在讲堂听渊博之讲说之思矣，加学界多书良好是书则所未有也。本讲义录所载科目开：《伦理学》《日语日文科》《世界历史》《地理学》《地文学》《动物学》《植物学》《生理及卫生学》《矿物学及地质学》《物理学》《化学》《法制》《经济学》《算术》

① 周建超：《论辛亥革命前的改造国民性社会思潮》，《社会科学研究》1997年第5期。

《代数学》《几何学》《心理学》《论理学》《教育学》《各科教授法》《学校管理法》《日本教育制度》《杂录》《科外讲义》。这套讲义初版于明治三十九年（1906），是由原来宏文学院各科的讲义翻译成汉语的，前有当时中国驻日本大臣杨枢、曾做过日本首相的大隈重信和日本知名政治家长冈护美的序言各一篇，宏文学院院长嘉纳治五郎也专门写了一篇《刊行讲义录要旨》，专门介绍出版讲义的意图。[①]

杨昌济和一些同学翻译了此套教材中的《地文学》。地文学，据日本《广辞苑》解释："是研究地球与其他天体的关系、包围地球的大气圈、水圈及地球上所发生的各种现象等的学问。现在不太用了。与天文学相对应。"有人认为它与"地貌学"一词是同义词，也有人笼统地认为是自然地理学一词的同义语。参与本书翻译及补译者中国人有：章毓兰、王廷干、黄际遇、戴翰香、徐寿田、杨昌济、钱应清、陈衡恪、张楚材等。陈衡恪（1876—1923），字师曾，号槐堂，又号朽道人，江西义宁（今修水）人。陈三立长子，陈寅恪之兄。近代著名画家，杨昌济的好友。

---

① 谢泳：《靠不住的历史——杂书过眼录二集》，广西师范大学出版社，2009，第12—13页。

第四章 留学东京高等师范学校

1906年上半年杨昌济在宏文学院卒业之后，便升入东京高等师范学校。在此校读书三年，再赴英国苏格兰阿伯丁大学留学。

第一节
免试入学还是考试入学？

在《弘（宏）文学院章程要览》正文的首页，有一段文字叫作“本学院与各学校之联络”，全文如下：“本学院务使卒业学生简捷就学，从速成材，是以在本学院毕业后，如愿再进东京、京都两帝国大学，以及文部省直管各高等专门学校者，由本学院咨送即可，无庸考试入学。就中如京都帝国大学、东京高等师范学校、女子高等师范学校、札幌农学校、第五高等学校工学部、千叶医学专门学校、仙台医学专门学校、冈山医学专门学校、金泽医学专门学校、长崎医学专门学校、东京外国语学校、东京美术学校、大阪高等工业学校等各学校，已由本学院咨明商妥，按据明治三十四年（1901）十一月十一日文部省令第十五号明文，勿庸考试，准其入学矣。”此文之后附有文部省令第十五号：“钦命文部大臣男爵理学博士菊池出示晓谕事：凡外国人如有愿入文部省直管各学校者，应即变通准其入学。兹本大臣酌定该章程列后，仰告中外人等一体知悉，为此特谕，须各凛遵。”在《东京高等师范学校要览》中，也收录了文部省第十五号令，其标题为《文部省直辖学校外国人特别入学规程》，其内容如下：

第一条 在文部省直辖学校，外国人想要修读一般学则规程规定的学科外的一门或数门学科的情况，仅限对经过外务省在外使馆或本国内所在的外国使馆介绍者予以特别批准。

第二条 依据前一条获得批准修读的外国人需要经过前一条的介绍之外，还必须向帝国大学的校长或中小学校长提出申请。

第三条 帝国大学的校长或中小学校长只有在判断前一条申请者具有相应的学力前提下，才给予批准。但是因学校设备问题的情况除外。

第四条 依据本令之规定入学的外国人希望获得学科修完的证明者，必须经过考试。

第五条 对于依据本令之规定入学的外国人，学校可以收取入学考试费、入学费、课程费。

第六条 帝国大学的校长及中小学校长在获得文部大臣的批准下，可以制定本令相关的必要细则。

附则

第七条 本令施行之际，不依照文部省直辖学校的一般学则规定而在学的外国人应当视作依照此令入学。

第八条 1905 年文部省令第十一号文部省直辖学校外国委托生相关规程因本令的施行而废止。[①]

可是，杨昌济在《修身讲义》的第三章“规律的生活”中说：“余留学日本之时，先在弘（宏）文学院习普通科学，毕业后乃考入东京高等师范学校，试验之前仅作二月余预备功夫。余用分段致功之法，温习算术一星期、代数一星期、几何二星期，其他如地理、历史、物理、化学、生理、动物、植物各一星期。一星期中又分作六日，星期日无课。如历史教科书百八十叶，

---

① 《东京高等师范学校要览》，东京高等师范学校，明治四十四年（1911），第 27—28 页。

则每日温三十叶，每日又分作四点钟，看书五十分钟后仍休息十分钟，均于午前为之。午后则休息或往公园游览，以恢复其脑力。余用此法得于不久时期之内，遍习各种科学，试验之时，成绩尚好，盖能守规则之效也。”[①]

应该说，宏文学院上述“联络”词，具有招揽学生的广告宣传性质。因为按照当时日本教育发展的状况，真正的大学很少，而要升入高等学校的人数很多，面对这种僧多粥少的局面，不经考试要升入高等学校是不可能的。对此，潘世圣在《关于鲁迅与仙台医学专门学校》一文中作了比较具体的分析。鲁迅进入宏文学院的时间只比杨昌济早半年，而毕业进入仙台医学专门学校的时间早两年。所以他们两人在宏文毕业后，所面临的升学情况是基本相同的，具有可比性。

日本在明治五年至六年（1872—1873），颁发了以学制为核心内容的第一个统一的基本法令，初步建立了以学制为中心的教育制度的框架，即以学区制来确定教育行政区域，将全国划分为8个大学区、256个中学区、53760个小学区，每区各建一所学校。学校制度以小学·中学·大学三阶梯为基本，此外还有相当于中学程度的各种实业学校、高等程度的专门学校及培养教师的师范学校。不过，这一时期的学制因处于草创阶段，不仅整体上比较混乱，许多设想也根本没有得到实现。比如学制中规定的大学实际上并没有建立起来。明治十九年（1886）创立学校教育体制中的“高等中学校”（两年制），就是我们每每遇到的“高等学校”（准确地说叫“旧制高等学校”或“旧制高校”）的源头。是年，政府分别在东京、仙台、京都、金泽和熊本创立了高等中学校，依次称为第× 高等中学校。它

① 杨昌济:《修身讲义》，民国初年铅印本。

们处于寻常中学校和帝国大学之间，学生毕业后，可以立刻走向社会；但实际上学生几乎都要升入上一级学校——帝国大学，说穿了它们就是帝国大学的预备教育机关。从世界教育史的角度来看，旧制高等学校是日本独有的。它以保证帝国大学的中心地位为目的，为进入帝国大学的精英们提供特殊的教养教育。

鲁迅结束在宏文学院学习的 1904 年，全日本还只有东京帝国大学和京都帝国大学这两所高等学府，在校学生总数 5256 人，也就是说，两校合计每年招收约千余人。帝国大学的“通行证”——高等学校方面，计有八所学校，在校学生 4946 人。而中学总数则高达 254 所，在校学生达 101196 人。由中学学生人数与高等学校及大学学生人数的悬殊，可以清楚地看到，即使是日本学生，在当时要进入帝国大学，也必须经过倍率较高的竞争。比如，1910 年（明治四十三年），报考高等学校的学生有四千多人，而被录取的还未超过一千人，据说在 20 世纪的第一个十年里，始终都维持在这样一种程度。也就是说，在当时，中学毕业后要进入高等学校是相当难的。鉴于这样的情况，从日本文部省到高等学校自身，对中国留学生进入高等学校都持慎重的态度。直到 1905 年（明治三十八年）8 月，在文部省专门学务局给东京第一高等学校的“通牒”中，还提出这个问题：“近来希望进入贵校的清国人颇多，但目前两帝国大学（指东京、京都两所帝国大学）连收容现有的高等学校在校学生都感困难。关于清国人进入贵校学习以及将来进入帝国大学之事，文部省目前正就收容方法进行研究。故此，贵校如欲批准外国人入学之际，请事先报请本局批准。”可见，从当时鲁迅留学的周边环境来看，如有意进大学深造，须先进高等学校学习三年，而实际上进入高等学校时，一要参加考试，二要有中国驻日公使的推荐信。而且即使考上了，到大学毕业也要整整七年的时间。因而高于中学、略低于大学的各类专门学校，毋宁说是比较现实的选择。[①] 所以当年鲁迅进入了仙台医学专门学校，杨昌济则通过考试进了东京高等师范学校。

---

① 潘世圣:《关于鲁迅与仙台医学专门学校——“日本留学期鲁迅之实证研究”之一》,《鲁迅研究月刊》2001年第7期。又，光绪三十三年（1907）十一月三十日学部奏定日本官立高等学堂收容中国学生名额折说：“……比年以来，臣等详查在日本留学人数虽已逾万，而习速成者居百分之六十，习普通者居百分之三十，中途退学辗转无成者居百分之五六，入高等及高等专门者居百分之三四，入大学者仅百分之一。”(转引自舒新城《近代中国留学史》上海书店出版社2011年版第35页注）这也从一个方面反映出当时在日本升大学之难。

第二节
对军国主义倾向的警惕

东京高等师范学校沿革：初名东京师范学校，创立于1872年9月，是日本当时各类高等学校中最早创办的学校之一。1902年3月更名为东京高等师范学校，后发展为东京文理大学，第二次世界大战后实行新学制而改名为东京教育大学。当时设有文学、理学、教育学、农学、体育5个学部和光学研究所。1961年日本政府提出建立筑波科学城的设想，此设想于1970年被内阁会议通过。1971年6月，东京教育大学确定“有关筑波新大学的基本计划方案”，1971年7月筑波新大学创设预备调查委员会向文部大臣汇报“筑波新大学构想”。1971年10月在文部省设立筑波新大学创设预备委员会。1972年5月日本内阁决定了筑波新大学（暂定名）等42所机构作为迁往筑波研究学园都市的研究教育机构。1973年，通过了建立筑波大学的法案，同年10月进行了日本有史以来最为彻底的大学改革，并以“开放性大学”“教育研究的新计划”“新型大学自治”为办学特色，创立了综合性的大学——筑波大学。

东京高等师范学校规程：高等师范学校的学科分为预科、本科、研究科。预科修读年限为一年，想要进入本科者，必须经过预科。

本科分为国语汉文部、英语部、地理历史部、数学物理化学部及博物学部。

杨昌济在东京高等师范学校是进的文科英语部。①

东京高师预科科目分为伦理、国语、汉文、英语、数学、逻辑学、图画、音乐、体操。

本科英语部的课程的学科标准如下：

修身	实践伦理、伦理学、我国（日本）道德的特质
心理学及教育学	心理学、教育学、教育史、教授法、学校卫生、教育法令、教授练习
国语及汉文	讲读
英语	讲读、文法、作文、会话、英文学史
历史	西洋史
哲学	哲学概论
言语学	言语学、声音学
体操	普通体操及游戏、兵式训练
随意（选修）科目	德语及法语 音乐

这些科目每周时数，一般都是二时至三时，唯有英语第一学年和第二学年每周都是十五时，第三学年每周十三时。②杨昌济在日本东京高等师范学校读的是英语部，这他后来到英国阿伯丁大学读书，打下了良好的英语基础。

修读年限为预科一年、本科三年、研究科一至两年。

---

① 李肖聃在《杨怀中先生逝世再志》（湖南《大公报》1920年1月20日）说杨氏“至宏文学院卒业，入东京高等师范学校教育科”；而杨昌济在《余归国后对于教育之所感》中说“余前在日本东京高等师范学校之时，入其文科英语部”。（《杨昌济集》（一），第56页）关于杨氏在东京高等师范学校所入科，应该以杨氏自己所说为准。

② 《东京高等师范学校要览》，第40—41页。

三年级学生在附属学校进行实地教学。

一个学年为当年4月1日开始至翌年3月31日为止。

一个学年分为三个学期，第一学期为4月16日至7月10日，第二学期为9月11日至12月24日，第三学期为1月8日至3月31日。

春假为4月1日至4月15日，暑假为7月11日至9月10日，寒假为12月25日至次年1月7日。假日、节日及周日休息。

学校为预科、本科、研究科学生提供的学费补贴分为甲种（每月7~10日元）和乙种（每月4~6日元）两种。但是，对于品学兼优，能作为其他学生表率的学生，或多年从事教职工作的教师的子女，以及有特殊情况的学生，最高每月给予15日元的补贴。专业科的学生，每月的学费补贴为15日元以下。前项学费补贴的方法及人员必须经过文部大臣的批准，由学校校长制定。

学生在学期间因受到惩罚而被勒令退学者及因个人原因主动退学者，应当偿还发放的学费补贴及课程费。

学生在学期间因罹患疾病或学业无望或品行修为不端，被认定为无法完成学业者，学校校长应当命其退学。

杨昌济是1906年进入东京高等师范学校，按预科一年、本科三年的修学年限，应该读四年，但是他于1909年离开东京高等师范学校赴英国留学，未能毕业。所以李肖聃在《本校故教授杨怀中先生事迹》中说他“居东六年，垂卒业，而欧洲学生监督蒯光典遗书召之，怀中往英国”[①]。“垂”者，将要之谓也，意即即将毕业而未毕业。1911年出版的《东京高等师范学校要览》第五章“生徒”，前半部为在校生徒的名单，但只有日本学

① 《杨昌济集》(二)，第1265页。

生是按预科、本科及学部编排的，外国学生则只有一个大名单而没有分部。对于毕业生，按年代和学部编排，但只收录了日本学生，而没有外国留学生的名单。对于日本学生记载了毕业后的工作单位，对于外国学生可能没有这方面的资料，所以没有记录。

杨昌济在1914年6月24日的日记中，在肯定王船山的民族主义思想时写道："余前在日本东京高等师范学校听其西洋历史讲义，谓中国人与罗马人同，惟宝爱其文化，虽外人入主其国，苟不伤其文化，即亦安之。私心揣测，谓日人不怀好意，颇有继满洲人入主中国之思想，此吾国人所当深念也。"①

杨昌济这段话，反映了日本自明治维新以后，举国上下所形成的军国主义思想所带来的恶果。明治维新之后，首先，以"和魂"重新铸就日本人的民族信仰，突出世界上独一无二、万世一系的天皇体制，突出强调对天皇尽"忠"就是最大的"孝"，强调国民要坚守"忠孝一体"②。其次，将"血缘团体"概念植入民众头脑之中，形成日本是世界上独一无二的人种、血统单一民族国家的意识，使民众确信"日本人是世代永远维系祖先系谱的、扩大了的家族、亲族的成员"。再次，是借助近代武士道文化，利用日本人相信人死后不仅有灵魂，而且这种灵魂还随时可能被活人召唤出来的神秘主义的宗教信仰，1869年明治政府设置了东京招魂社以祭祀（戊辰战争是日本历史上在王政复古中成立的明治新政府击败江户幕府势力的一次内战，始于庆应四年〔戊辰，1868〕，终于明治二年〔己巳，1869〕）战殁者，1879年改称靖国神社。日本军国主义就是

---

① 《杨昌济集》（一），第512页。

② 杨正高：《"和魂洋身"的日本现代化》，《贵州大学学报》（社会科学版）2005年第4期。

通过这些教育手段有计划、有目的地培养出来的。“极端崇尚武力，将扩充军备和对外侵略扩张作为国家的最高目的，而使国家生活中政治、经济、文化教育等一切领域的政策都服从于这一最高目的，这种治国的思想和体制就是军国主义。”[①]1878年设立直属天皇而不受政府管辖的参谋本部，其决定直接交陆军大臣执行，这样军方就凌驾于政府之上，为军国主义的产生开辟了道路。

杨昌济说：“日本东京高等师范学校之教兵式体操者，为日俄战争躬亲战阵之军官，实施军事上之训练，其势实有可畏者。”[②]这种军事训练，也应该视为军国主义教育的内容之一。在明治十一年（1878）体操传习所设立之前，日本的学校教育中“不分男女都练习剧烈的兵式体操”。从1880年开始，聘请陆军军官对学生进行步兵操练，并让学生练习实弹射击。1885年11月，文部省要求体操传习所从下年起招收退役或现役陆军步兵下士，培养成兵式及普通体操教师派往学校。在文部大臣森有礼的大力提倡下，作为军事预备教育的兵式体操进入学校，并且和普通体操一起成为体操课的两项主要内容，体操也在各级学校成为必修课。兵式体操内容除去执枪跳跃、突击、佯突、小队教练、中队教练（队列队形）外，还包括枪的操法、刺刀的装卸、装填弹药、抽出弹药，伏射、膝射和立射三种射击方式。[③]

军国主义的目的就是要向外扩张。所以日本一些著名思想家都曾积极鼓吹侵略朝鲜和中国。如明治维新的精神领袖及理论奠基者吉田松阴在《幽囚录》中说：“现在要加紧进行军备，

---

① 沈予：《日本大陆政策史（1868—1945）》，社会科学文献出版社，2005，第24页。
② 《杨昌济集》（一），第371页。
③ 刘春燕、谭华：《明治时期日本学校体育的军国主义倾向》，《武汉体育学院学报》2014年第4期。

一旦军舰大炮稍微充实，便可开拓虾夷（今北海道），封立诸侯，乘隙夺取堪察加、鄂霍次克海。晓谕琉球……责难朝鲜，使之纳币进贡，一如古时候强盛之时。北则割据中国东北的领土，南则掠取中国台湾以及菲律宾群岛，然后'爱民养士'。"[①] 福泽谕吉 1885 年 3 月所写的《脱亚论》，则无异于一篇向亚洲开战的檄文。他宣称："当今之策，我国不应犹豫，与其坐等邻国的开明，共同振兴亚洲，不如脱离其行列，而与西洋文明国共进退。对待支那、朝鲜的方法，也不必因其为邻国而特别予以同情，只要模仿西洋人对他们的态度方式对付即可。与坏朋友亲近的人也难免近墨者黑，我们要从内心谢绝亚细亚东方的坏朋友。"[②] 明治政府的第一要务是富国强兵。1872 年日本即正式着手建立常备军，"皇军"军制到 1878 年设置参谋本部时已经基本确立。而 1881 年建立的宪兵制度和 1882 年颁布的《军人敕谕》，则有力地强化了军国主义国策，夯实了战争机器的基石。1894 年 8 月 1 日，明治天皇发表《宣战诏书》，说对清国开战是"朕意"，要求士兵为"帝国光荣而战"。

甲午战争的胜利，让日本国民看到了"皇国棱威"，知道了"上下一致"的好处，尽情欢呼者不在少数。1922 年，一个名为七理紫水的人，在分析自己为什么会歧视中国人时说："日本人所以轻视中国人，想起这个原因，都是我们在小学校时代，从那轻忍滑稽的教师，学习日本历史所得的结果。当时教日本历史的，讲到中国，只是一味地嘲笑轻蔑，用滑稽的口吻，博一时兴趣，那知道就此得了现在的结果呢。像那元寇之乱，中日之役，中国军队，望风披靡，大炮一响，早已不知跑到何处，想起这样

① 井上清：《日本的军国主义》第二册，商务印书馆，1985，第 7 页。

② 福泽谕吉：《脱亚论》，载《福泽谕吉全集》第 10 卷，东京岩波书店，1960，第 239 页。

的情形，诚属可笑。”[①]

甲午战争之后，日本国民对中国态度的转变还表现在日常用语上，最突出的例子是“支那”一词的语意变化。日本人原来对中国最多的称谓是唐、宋、汉或中国、中华、中土、华夏，偶尔也用支那。明治初年以后，由于提出蔑视中国的主张，舆论多用支那、清国称谓中国。郁达夫即在其代表作《沉沦》中写道：“日本人都叫中国人作‘支那人’。这‘支那人’三字，在日本，比我们骂人的‘贱贼’还更难听。”在另一部小说《雪之夜》中，郁达夫又写道：“支那或支那人的这一个名词，在东邻的日本民族，尤其是妙年少女的口里被说出的时候，听取者的脑里心里，会起怎么样的一种被侮辱、绝望、悲愤、隐痛的混合作用，是没有到过日本的中国同胞，绝对地想象不出来的。”王拱璧 1920 年在北京出版的《东游挥汗录》说：日人在甲午年后称中国为“支那”，并以此为国民教育，“每逢形容不正当之行为，则必曰‘支那式’，借以取笑，此种教育早已灌输其国民之脑海。迫至今日，虽三尺童子，一见华人，亦出其一种丑态，曰：‘支那人’‘支那人’。恍若支那二字，代表华人之万恶也者”。[②]

甲午战争后，教师是受益者之一，他们的待遇提高了。1896 年 3 月 24 日，在舆论的支持下，日本政府加速实现了“市町村小学教员年功加俸国库补助法”。据此，教员工作五年者，加薪俸 15%，以后每 5 年加额 10%，最高目标可以达到 35%。这一做法的目的在于提高义务教育教员的俸遇，刺激教员的积极性，并在“皇恩浩荡”或“政府恩惠”的情感支配下，

① 转引自杨晓：《近代日本从民族启蒙到军国主义的教育转轨》，《教育科学》2017 年第 5 期。

② 金满楼：《民国年后，日本人嘴里的“支那”一词为何令国人极其痛恨？》，新浪 新闻中心。

更加努力地为“论功行赏”而教书，致使一股赞美战争的思潮在社会上强劲流行。1899 年成立的“教育基金特别会计法”，从中国的战争赔款中拿出 1000 万日元，主要用于振兴义务教育。政府希望能够从战争利益的角度，唤起国民支持政府进一步的军国主义政策。[①]

① 赵亚夫:《甲午战争爆发前后的日本军国主义教育》,《中学历史教学参考》2005 年第 7 期。

第三节
关注学校和教育方式多样性

杨昌济在东京高等师范学校读书的过程中发现，此校老师中虽然有些人受军国主义思想影响，政治表现不好，但大多数老师热心教育，认真研究教育学中种种问题，既写有大部头的学术著作，还通过对国内外情况的考察，发表了不少有关各种不同类型学校及教育方式多样性的文章。这些多为中国人见所未见，闻所未闻，于是他将这些文章收集并加以翻译，后来收入他所编的《教育学讲义》的附录。舒新城在《杨怀中先生遗著》一文中说："先生昔在岳麓高等师范学校教授心理学、教育学等，于讲义之外，并本个人研究之心得，及摘译东西之名著，另著《心理学附录》《教育学附录》，二者言理之精，较讲义犹为过之。"①

首先，让我们看看这些附录有关学校多样性的介绍。

乙竹岩造在《林间学校》中说：林间学校近年盛行于德国、英国，在德国特为急速之发达。霞洛顿堡、妙儿好、曾拍林等处有此项学校之设。于都会地方之教育上，为大可注意之一问题。乙竹氏说，教育与医术互参考其见地，协力以谋儿童之教育，此教育上最近之趋势也。从来之教育偏于学艺，虽身体虚弱，

---

① 《杨昌济集》(二)"附录"，第 1273 页。

殆置之不顾，有以学艺而害身体者。至今日则医学上与教育上互参酌其见解，互相协力，以图儿童健全之发达。医疗上亦会教育上之见地，教育上亦斟酌医术上之见解。例如治儿童之病，不惟用医药而已，又谋变儿童之境遇，是皆有教育之意味者。依境遇之变化，得与儿童之心身以多大之影响。教育上亦然，于儿童气力薄弱之时，不专注入智识，强之复习，而留意于增儿童之健康。此最近之新倾向也。从来都会之发达，与多大之影响于人民之生活。大都会之勃兴，于住民之健康有非常之关系。在都会之中央者，其儿童之健康状态，较住于田圃与近郊者遥劣，此统计之所明示也。故在都会之地，子女之教育于此点不可不大为注意。成长之人，平日鞅掌职务，夏期则游山川秀丽之地以养英气，此近时欧洲所盛行也。况心身软弱发达尚不足之儿童，其为必要更不待言。儿童之中有难言疾病，而此平常之儿童精神能力劣弱者。使此等儿童与心身健全之儿童共学，是犹驱驽骀使与骐骥竞走，其不合理不已甚乎！故教育上对于此事，不可不加相当之注意也。自以上所述之理由，而有林间学校之设。

乙竹氏着重介绍了霞洛顿堡之林间学校的情况。此学校设于森林之中，其建筑坚固，其设备完全，教室之窗甚大，以便采光。又有开窗之室，唱歌、游戏、体操等之授业，皆于松风飒飒之林间行之。庖厨之材料多用牛乳，庖厨之事务与疾病之看护，乃德意志爱国妇人会看护妇之所担当。生徒之入学，于霞洛顿堡之各小学校，由其学校之校医选定之，林间学校之校医更诊察之，决其果有入林间学校之必要与否，然后使入学。盖全市之学校生徒中，有肺病、心脏病、癫痫、腺病质（少年儿童因分泌紊乱而引起的体质虚弱，易患结核、淋巴结肿大）等之倾向，而尚非须入病院之重病者，难于在教室与普通之儿童共学，于是收容此等儿童于此处，而以别之教育。林间学校之儿童，清晨七时四十五分到校。因通学路远之故，利用电车特别减价。儿童到校即与以汤一杯，与擦牛乳油之面包。授业二十五分则与以五分时之休息，经过二小时则与以十分时之休息。每日正规之授业，以不过二小时为原则。至午前十时，再与以一杯或二杯之牛乳与黑面包。于是使自朝受学之儿童，出外为体操游戏，而他组入内习学科。至零半时（十二时半），天气好时，于前述之屋外食桌吃午餐。其食物为肉、马铃薯、野菜、果实等。食后二时间休息。至午后四时，全体之生徒再就食桌，给牛乳与面包。而其面包，一日擦牛乳油，一日涂果酱，交迭与之。六时四十五分为晚食之时，复与汤及面包。晚食完后，乃各就归家之路。据各种之统计报告，此林间学校得甚良好之结果。儿童来此经一二星期，其效即现，食欲增进，血色良好，举动活泼。林间学校最显著之成绩，为其体量之增加，儿童因居林间学校，增身体各部机关之抵抗力，罹风寒者甚少。自教育上观之，亦得有良好之成绩。儿童得秩序、清洁、规律之良习惯，又因少学外界恶影响之故，儿童乱暴之行为亦大减其度。①

沟渊进马的《休日殖民》所说，与林间学校有相似之处。瑞士之邱利希市比倭痕博士是一个教会牧师，1873 年来其地。他常访问贫民之家庭，见其中贫民儿童之有病者，于暑假之时常游戏于空气不流通、光线不足且多湿气之屋内，或不洁之街巷。贫民之儿童于暑假之时，为如此不健康之生活，故暑假不仅于彼等无所利益，反为有害。于是比倭痕氏筹思为彼等达健康之方法。比氏之子身体羸弱，曾以夏日避暑于山中，其结果甚为良好。从来不健康沉郁之儿童，避暑后转为极健康快活之儿童。比氏追想此事，以为欲使贫民儿童之有病者达暑中休假之目的，

① 《杨昌济集》(二)，第 707—711 页。

而恢复其健康，莫如使避暑于空气清洁之山中。1876 年，比氏募捐得 2340 佛郎之金，集 64 个有病之贫儿，附添数名教师，使避暑于山中。此休日殖民之起源。避暑地之设备极简单质素，食物惟与以富于滋养分者，而不与以通于奢侈之品。盖避暑之儿童乃贫家之子弟，若在避暑之地为奢侈之生活，则彼等避暑后将感家庭生活之苦痛，生甚大之弊害。瑞士盛于牧业，牛乳甚多，避暑地主要之饮食物，为面包与牛乳。又于避暑地定起卧饮食之时间，使儿童为极有规则之生活。休日殖民初行之时，借旅馆使儿童起卧饮食于其内。休日殖民会所属之家屋建成之后，从前惟于暑假时使儿童转地，其后于暑假以外之时，亦使有病之儿童移而居之。休日殖民会所属之房屋，使小学教师与其家族居之，于暑假以外之时授业于转地之儿童。故于今日，虽在学校有课之时，而转地者于疗养之余，又可得无荒其学业。休日殖民始于瑞士，及其效果显著，邱利希以外之瑞士市，瑞士以外各国，遂至经营休日殖民。今日欧罗巴之文明国，皆有休日殖民。而瑞士与德意志二国为最盛。①

沟渊进马在《孤儿院》一文中说，冈山孤儿院在日本之冈山市。明治二十年（1887）四月二十日，为现院长石井十次氏设立，以救济无告之孤儿，代其父母教养之为目的。收容 12 岁以下之孤儿，迨 16 岁乃至 20 岁，卒业于同院之附属小学校，可以独立之时，乃使退院。创立以来，至明治四十年（1907）一月二十五日，所收容儿童之数 1791 人。同日，现在儿童之数 1297 人。冈山孤儿院分养育部及日向农林部之二部。孤儿院之组织一如家庭，分养育部为男子部 31 户，女子部 20 户。一家庭有主妇 1 人，儿童约 20 人，与之同居。日向农林部所住儿童

① 《杨昌济集》（二），第 704—706 页。

之数 70 人，分为 4 家庭。主妇以有信仰、有教育、身体强壮而未结婚之妇人充之。主妇如在通常家庭之时，司炊爨之事。儿童自家庭走学于小学校，或走学于实业部。在家庭之时，则助主妇治理家事。冈山孤儿院收容儿童于养育部及日向农林部之外，其年幼者及虚弱者，又分寄之于邻近郡村之人家，其数有 150 名。养育部之教育，分为精神教育、学校教育、实业教育之三。每朝集全院儿童训诲 30 分钟，院长为年长者为圣经之讲义。此为精神教育。孤儿院内有寻常高等并置之小学校同校，现在学级数 17，生徒数 913 名。此外又为专门实业之青年设夜学校，每夜施二点钟之教授。此为学校教育。又寻常科三四学年之生徒，使以半日与农业科教师共为农业之实习。高等科男生，使以半日在活版部劳作，或使以半日从事于西洋洗濯。又寻常三年以上之女生，则以半日习裁缝、编物、洗濯及简易之染物。此为实业教育。沟渊进马在此文中还说，瑞士在欧洲中为孤儿教育甚发达之国。他在 1902 年秋天游历瑞士，参观孤儿院三四处。孤儿院大小不同，大者收容 200 余之儿童，小者仅收容十五六名。孤儿院之大者，附设小学校，儿童达学龄之时，则使入之。俊秀之儿童，于小学校卒业之后，使入孤儿院所在地之高等小学校。当此之时，儿童之智育托之学校，而孤儿院则司其体育、德育。瑞士孤儿之院长，乃结婚之人，与其家族同居于院内。孤儿呼院长为父，呼其妻为母。院长夫妻视孤儿如子，院儿亦视院长夫妻如父母。当余参观曲利希孤儿院之时，见青年男女数人，在应接室弹琴唱歌。据院长所言，彼等皆在孤儿院中成长，当时在曲利希市各营独立之生活。彼等每于星期日来孤儿院，访院长夫妇，以与彼等共乐一日为无上之愉快。当此文在《湖南教育杂志》发表时，杨昌济在文后加了一段按语："学校以外，尚有种种教育机关，为吾国所未有者。孤儿院其一也。吾国亦有育婴堂、保节堂之设，但其中内容，未能完善。求如沟渊氏所述日本之冈山孤儿院及瑞士之孤儿院，未之有也。吾国教育不发达，非孤儿者尚不能受完全之教育，遑论孤儿？余译述此事，亦以见吾国教育家可活动之余地甚多也。冈山孤儿院之组织，以孤儿二十人、主妇一人为一家庭，正如余前所云寄宿舍改良之意见相合。盖现在之寄宿舍，为兵营之生活，而无家庭之意味，于道德教育甚难收效也。”[1]杨氏此段按语表明，他翻译这些文章，正是“以见吾国教育家可活动之余地甚多也”。

沟渊进马在《特别教育》一文中说，日本一般之教育近年虽为急速之进步，至对于不具者（即下文所说“机能不完全”）与白痴之特别教育，则尚在甚微之状态。据文部省第三十一年之报，明治三十六年（1903）度，学龄儿童中盲哑者之总数为11316人，其中受学校教育者仅467人。盲哑教育之状态如斯，其他之特别教育，如对于白痴之教育，对于比通常之儿童能力不完全之儿童之教育，对于不良儿童之教育等，皆处于实在可悯之状态。此等特别之儿童，乃教育者宜特表同情者也。普通之儿童假令不施教育，及其生长而入社会，犹可讲自治之道。至机能不完全之特别儿童，若全不施教育，成长之后欲其以力立社会，支持一身乃甚为困难之事。故对于此等儿童，宜特表同情，为其将来之计虑。德国德列斯墩小学教员之中，有斯托耶尔者，主张精神能力薄弱之儿童，不可不与普通儿童隔离特别教育。1867年，于自己奉职之小学校，集能力薄弱之儿童16人，编成特别之级，施特别之教育。此德国补助级之始也。其补助级渐渐发达，遂至于小学校以外，特设可收容教育此等儿童之学校，即补助学校也。然因补助级及补助学校之成绩良好，

---

① 《杨昌济集》（二），第713—715页。

遂于1879年于德国爱尔巴毁尔特之都会设立一补助学校。当时普鲁士之文部大臣哥疵斯拉亦认补助级及补助学校成绩之良好，发人口2万以上之都会宜设置补助学校奖励之训令。以此奖励为原因，补助学校逐渐增加，至19世纪之终，遂至有30所补助学校。补助学校教科目大抵与小学校者相同。其程度极低应用直观教授，采使儿童直接观察一切教材之方法，置重于儿童感觉机关练习。此外补助学校又置重于手工教授，与以他日立于社会之时，以自力可得生活之基础，又勉补其德性之缺陷。①

其次，再看看关于教育方式多样性的介绍。

黑田定治的《单级学校》指出，编制全校儿童为一学级之学校，谓之单级小学校。即集一学区内学龄儿童之全数为一团，配置本科正教员一人，使教授之小学校。单级学校主要之形式有二：其第一为全校儿童同时在校者，其第二则全校儿童同时受教授之时间多，但于某时间专教上级生，或于某时间专教下级生。单级学校有家庭之性质，在同一之教室于同一之教员之下，长幼同时被教育，故儿童互相亲密。年长者怜年少者而助之，年少者从年长者之命令，举全校为同胞之状态，因之于各儿童之教授上、训练上相互与善良之影响。又单级学校常在狭小之部落，其教员与儿童之父兄多相接之机会，因而其间生亲密之关系。教师可使父兄协力于学校之事业，或助学校教授之结果之复习。且欲改良儿童在家庭时教育之状态，亦不甚难。而单级学校长处之最大者，在于学校事业之能归统一。因但有教师一人之故，命令规则之外，无束缚其自由者。学校内之事业，可如其意而统一之。欲去不便而施改良之时，则可即时断行之。教科有不进步者，则可增其时间，使与他教科保其平衡。又可

① 《杨昌济集》（二），第716—720页。

使有天才之儿童，发展其天才。对于迟钝之儿童，又可得辅助其进步。又以长接同一儿童之故，可得观察其个性，其善者进之，其恶者抑之。[①]

黑田定治《二部教授及半日学校》一文中说，分小学校儿童之全部或一部，为前后二部，以正教员一人教授之，谓之二部教授。即二学级之儿童前后相交代，受一教员之教授之编制也。二部教授其缺点有七：一、教授时间太少，知识之收得不足。二、午后之部之儿童，消费午前旺盛之活力于游戏与他事，不能以新鲜之精力学习课业。三、在学校之时间太短，受学校之感化少，受社会之恶影响多。四、分长幼为二部之时，在通学区域较远之地方，失长幼相携通学之便。五、学校用具有日日携带来校归家之不便。六、教师担当多数之时间，疲劳之度较大。七、所担任儿童之数过多，不能应儿童之个性而施教授训练。其长处亦有五：一、可得二倍利用校舍。二、可得广使用运动场。三、可增加教员之俸给，以聘用优良之教员。四、得使儿女为家业之补助。五、可使一学级之儿童，不至过多。盖其不利之点，多自教育上立论；其长处则多由经费上立论。时间之少，非必为大缺点。若以补助家业为长处，则或反劳家人之监视。要之，二部教授乃经济上、教授上不得已之时所用之编制法。创行半日学校者为德国，即现今施行半日学校之制，亦唯德国。[②]

棚桥源太郎在《学校园》一文中指出，学校园主要是指学校的植物园，其教育上之价值甚多：为实物材料之供给，所以学校园为必要；为观察实物之场所，亦以学校园为必要；为理科、农业科实验之场所，学校园亦不可缺。学校园之作业，又适于意志之陶冶；学校园之作业半类游戏，最为儿童之所喜；学校

① 《杨昌济集》(二)，第721—723页。
② 《杨昌济集》(二)，第730—731页。

园之作业又可养独立自助之精神；学校园之作业又可养勤勉、秩序、著实等良习惯；学校园之作业又适于个性之观察；学校园又可增进儿童之健康，无论身体如何之部分，若适当使用之，则可促其部分之组织新陈代谢之作用，盛其发育而进全身之健康；学校园又可媒介适于土地之果树作物等新种类之输入；学校园又可促蔬菜、果树等栽培法之改良。①

万福直清的《修学旅行》指出，修学旅行者，因研究学术而旅行，乃大规模之远足与校外教授也。其目的在广生活于狭小区域内生徒之见闻，扩张其经验界，丰富其观念界之内容，乃甚为必要之事也。使生徒耐艰难穷乏，厚师弟之情谊，温学友之交情，使起同情，增相互扶助之念，促自治精神之发达。愉快艰难交迭而至，于训练其意志、感情大为有益，于教授上、训练上其价值皆甚大。校外教授使为实地之观察，于收得知识极为必要。远足则可以锻炼身体，修学旅行乃并有校外教授与远足之长处者也。且今后之国民，宜富于进取之气象，不可恋恋故乡，当为营业海外之计画。故宜早使旅行，以感发其进取远大之思想，此又现代时势之所要求也。②

相岛亀三郎的《学艺会》说，以每学期之末，择适当之时日，而与行之为善。在初、高两等并置之学校，或男女分级之学校，则以异日行之为便利。演艺之种类，为唱歌、谈话、作文及读本之朗读，英文对话等演艺之组数，殆在四十以上。出演者之数，无论何学级，皆不过其几部分。然若各级共为全体之唱歌，则各儿童皆有事可为。其时间宜三小时为限，过长则儿童易生厌倦，故不可无先时完整之豫备，与临时敏捷之进行。③

① 《杨昌济集》(二)，第 733—736 页。
② 《杨昌济集》(二)，第 743—744 页。
③ 《杨昌济集》(二)，第 745 页。

相岛龟三郎的《父兄恳谈会》说，此召集父兄于学校园，图家庭教育与学校教育之联络之方法也。此二者之宜联络，其理由有三：一则得相助之便利也，二则避意见之冲突也，三则有互相鼓励之效也。其方法或召集全校之父兄，或分初等、高等，仅召集其一部分，或仅召集一学级之父兄，均属可行之事。每一学年宜分春、秋二次，召集全校儿童之父兄。而各学级则宜于每学期召集其儿童之父兄一次。当举行学校全体父兄会之时，可行之事项：一、为校长演讲，对于全体父兄之希望，并教育之方针。二、为父兄有志者，陈述对于学校之希望并教育之意见。三、为各学级主任教员与父兄之恳谈，并成绩之展览。又或为一、二点钟之实地授业，使父兄参观之，或开儿童之学艺会。[①]

相岛龟三郎的《学校仪式》认为，学校仪式最有力之价值，在于陶冶生徒之感情。欲陶冶生徒之感情，不可不备三要件：第一，感情之陶冶。不在教育者口舌之繁多，与被教育者见闻之广博，而有赖于无意识的感化。第二，在于乘适当之机会。第三，机会又不可过于频繁。若学校仪式之种类与方法选择得其宜，则可谓适于此要件。今试举学校仪式所养之感情如次：一儿童天性好多人之聚会，学校仪式会全校之职员、儿童于一堂，时复有来宾与父兄，可具体的实现学校全体之共同生活，且使悟学校与社会之关系，可养成对于社会温厚之感情。学校仪式又可为养共同之精神之好机会。儿童惯于各自之学级生活，对于其级虽有温情，对于他级则同情颇少。举行仪式之时，集合一堂，共庆共吊，生活于共通感情之下，故可养生徒之同情。延而为对于教员之爱敬，为共同团结之念，为爱校心，为爱国心。此仪式于感情陶冶上之价值也。仪式乃多数人之集合，礼堂最

① 《杨昌济集》(二)，第747—748页。

宜静肃，较平日在教室时尤甚，从而有制己意、禁骚扰、克己省之必要，故又可以炼磨意志。当举行仪式之时，生徒可自校长、主事之训谕，来宾之谈话、祝辞等，得许多之智识。若演说者于国民纪念式能立适当之方案，则可使生徒得比平素教室内更为确实之智识。[①]

杨昌济介绍的国外各种学校和教育方式，现在虽然成为人们比较熟识的东西，但在一百多年前的中国，却是非常新鲜的事物，所以舒新城特别肯定其开国人眼界的意义。

① 《杨昌济集》（二），第749—750页。

第五章 留学英国阿伯丁大学

1908 年 4 月，杨昌济的好友杨毓麟当了清政府派驻欧洲留学生监督蒯光典的秘书。蒯光典（1857—1911），安徽合肥人。光绪九年（1883）进士。其治学由汉而宋而明，更折入西学，在晚清士大夫中，可说是一个学兼新旧、志在经世的人物。杨毓麟到英国后，和蒯氏的幕僚长沙人章士钊一道，向蒯光典极力称赞杨昌济的道德学问，蒯于是调杨到英国继续深造。1909 年农历 3 月底[①]，杨昌济来到英国进入苏格兰阿

① 杨毓麟于1909年农历五月初三日（公历6月20日）致夫人信中说："三月底，怀中叔祖到英。"《湖南文史》1991 年第 43 辑，第 200 页。这年农历有闰二月，三月底相当于公历 5 月中旬。

伯丁大学文科（相当于现在的社会科学学院）留学。这年冬天蒯光典因故去职，杨毓麟辞去秘书的职务和章士钊一道也进入阿伯丁大学留学。

杨昌济赴英国之前，曾经回湖南一次。其在湘的留学日本的老同学还曾为他举行欢送宴会。对此，其当日留日留学生监督梁焕奎有诗相赠，题曰《廖笏堂吴子昂陈子美黄宇澄招饮荫园为癸卯同舟会并饯杨华生李倜君欧洲之行予以病不克往赋诗见意》。廖笏堂即廖名缙，李倜君即李傥，他们和吴子昂、陈子美、黄宇澄都是1903年同赴日本留学的同学。杨昌济是赴英国，李傥是赴德国。诗中有“六年才一瞬”之句，《梁焕奎辑》的编者说“此诗当作于1908年”，其实应该是1909年初，因为杨氏一行赴日本留学是1903年初。[①]

杨昌济到英国时，蒯光典已经辞去欧洲留学生监督一职，在进入阿伯丁大学时还曾经过入学考试，且有的课未“完场”（未考试）。对此，章士钊在致杨毓麟的信中曾论及：“怀公之不完场，兄谓为懒，是乃过言。比时书记已谓为无须更试，倘吾等既得免试证书，而又鳃鳃以与试为幸，则彼将笑吾等无意识。怀公所未试者，仅日、华两文，此不试而彼已深谅吾等能优为之，一试或反有丢丑之处，诚不如已。怀公算草不如意，且深恨爱亭时大学来文之迟滞，致有此不圆满之结果。至算学程度不高，而吾等且做不好，不如囫囵过去。日文若以汉文夹假名书之，绝无难处。而出以罗马字，亦颇易致误。华公之不试日文，弟深以为得诀也。但此意万不可使老刁诸人知之。弟揣弟与怀公算学当难及第，看英文如何？俟出案后，再想报告之法。此间大学书记无报告监督处之义务，以此商之，或遭齿冷。若有监督处来书，询成绩于该书记，则弟方可与彼交涉，记（嘱）其好好作答。弟算学无论及格与否，必可设法充正班生，得大学之证明。然内容亦请勿告之人。怀公免试，亦正正堂堂旗鼓，弟当往抄试验长证明书寄来。至大学证明为正班生，恐当俟至开学。迩日颇忙，明日将迁往新室 。怀公有意同居。开学后，拟同学英文、伦理两门，

① 《梁焕奎辑》，民主与建设出版社，2019，第47页。

学部已接刁电否？结局何似？暇示一二。”[①]“老刁”指刁作谦，字成章，号斐立，出生于广东梅州市兴宁西河背。少年时随父赴美国檀香山艾欧兰尼中学读书，时任清国驻英国代办。

① 《湖南文史》，1991年第43辑，第223页。

第一节
三年读书的成绩单

阿伯丁大学位于风景怡人的苏格兰东海岸第三大城市阿伯丁市，此市又名花岗石城，以华美的方菱形花岗石建筑物著称，是苏格兰第三大城市。20 世纪 70 年代起，阿伯丁迅速发展成为开发英国北海油田的最大基地，负责开采的许多大型石油公司都是以阿伯丁作为转运母港与总部所在地，因此该城又有“欧洲的石油首都”之称。学校拥有 5 名诺贝尔奖得主，产生过电磁学理论、胰岛素、同位素、核磁共振等重大发明。当然，这是后话。阿伯丁大学有 500 年历史的古建筑群仍在使用当中，也早已成为苏格兰的风景名胜。

1495 年 2 月，当时的阿伯丁主教威廉·艾尔芬斯通受苏格兰国王詹姆士四世差遣，到罗马求见教皇亚历山大六世，希望教皇御许于阿伯丁老城区成立一所大学，这所大学称“国王学院”。1593 年，第五代马修伯爵乔治·基斯在南面阿伯丁的新城区中心地区创立了阿伯丁的第二所大学马修学院。1860 年，两所学院根据英国议会通过的“1858 年苏格兰大学法案”合并，正式称为阿伯丁大学。法案还同时规定大学的校龄从国王学院起算，因而是苏格兰第三和英国第五老的大学。之前的四所大学按建校时间先后顺序分别是牛津大学、剑桥大学、圣安德鲁斯大学和格拉斯哥大学。合并后的国王学院校址主要教授人文艺术和神学，而马修学院所在地主要教授医学和法律。1892 年，新的科学院在马修学院内建立。1894 年，大学第一批女学生入学。作为一所公立的综合大学，阿伯丁大学的理学、工程、医学、法学、管理学等都享有良好的声誉。法学院是英国最好的法学院之一；医学院则是英国第一所医学院；商学院拥有着国际性的声誉，其他如海洋工程、通信、电子、教育等专业也有着非常强的实力。

在 19 世纪最后 20 年，苏格兰的高等教育经历了一场变革，1889 年大学委员会报告是苏格兰教育史上分割过去与现在的一个分水岭。在此以前，苏格兰人仍执着于在教育方面保持独立性的旧理想。而 1889 年之后，经过慎重的考虑，接受了英格兰模式。自此，苏格兰人投身到把现代生活所需要的专业化教育纳入大学的活动中。各大学实行一种相当独特的课程安排方式：能力强、有抱负的学生上大学伊始就接受英格兰模式的专业教育，而不用接受任何形式的哲学学习，而这种学习正是英格兰的“博雅”教育（古希腊倡导博雅教育〔LiberalEducation〕，旨在培养具有广博知识和优雅气质的人，让学生摆脱庸俗、唤醒卓异。其所成就的，不是没有灵魂的专门家，而是成为一个有文化的人）的重要内容。[①] 这种变革的成果大部分保留至今。一系列关于教学方法、课程、考试以及体系结构的新实践得以实施。当杨昌济上学时，讨论课和启发式教学，在 1902 年替代了有 260 年历史的老的苏格兰式的做报告记笔记的教学方式。这在当时还是新事物。在 1889 年一项规定下，具有多重选项的

① 张薇：《苏格兰大学发展研究》，内蒙古大学出版社，2011，第 149—150 页。

初级考试和课程在1892年得以实施。在1908年，一项新的为文科硕士学位设置的艺术课程方案得以采用，它源于教学法和其他苏格兰的学校不同的阿伯丁大学。

杨昌济在第一年选择了英语和逻辑学；第二年选伦理学、教育学，暑假前学期选了公共国际法；最后一年，选了宪法与历史、政治经济学和法学。在这新的艺术课程编制中至少一门古典语言（拉丁或希腊文）是必修课。杨昌济和其他中国同学是例外，他们被要求通过“初级考试”，但可以免掉一门古典语言课。[①]

刘新山先生曾亲自到阿伯丁大学图书馆将杨昌济当年的学习成绩抄录如下：

1909年10月	English III-135 英语
	Logic III-58 逻辑学
1910—1911年	Moral Philosophy S 伦理学
	Education III-13 教育学
1911年	Public International Law S 公共国际法
1911—1912年	Constitutional law and history S 宪法与历史
	Political economy II 政治经济学
	Jurisprudence S 法学

对于100多年前苏格兰大学学生之学习成绩评定方法问题，刘先生请教了阿伯丁大学图书馆的老师以及他本人在英国留学时的老师。据说，有两种评定方式：一种是区分等级的通过或者未通过，一种是不区分等级的通过或者未通过。

杨昌济的学习成绩，就是上表中各门课程名称之后的罗马

① 张明：《东西方之旅：杨昌济（1871—1920）及其思想》，载《杨昌济集》（二）“附录”，第1186页。

字母+阿拉伯数字，或者字母S。S是英文satisfactory的首字母，可翻译为“通过或者良好”。如果没有通过，则记录为N-S，即notsatisfactory的缩写，大概需要重修或者补考。

III-135，III-58，III-13，分别表示的是：三等135名，三等58名，三等13名。阿拉伯数字表示的是选修本门课程人数的排名情况。那个时候的学生成绩，共分五等：

I=Prizemen 优秀获奖者

II=Honourable mention or subsequent Order 荣誉记载或者次优奖

III=Passed respectably 体面通过

IV= Just passed 刚好通过

R= Rejected 不及格

通过上表可见，杨昌济学习了8门课程，3门是“体面通过”，政治经济学最好，是二等“荣誉记载”或翻译为“次优奖”，4门是“通过”（不区分等级，只区分是否通过的考核方式）。对于一名40岁的外国留学生，这已经是非常优秀的成绩了！

另外，杨昌济一共选修了8门课程，其中3门为法学课程，但是国内所有的杨昌济生平介绍都仅提及其“攻读”哲学、伦理学、教育学，而没有提及法学、经济学，这是不符合事实的。这大概是一些人利用其回国后主要从事教育事业的事实进行反向推论而得出的结果，但此逻辑是不成立的。[①]

---

① 这份成绩单及其解说，是大连海洋科技与环境学院教授刘新山先生提供的。刘先生在苏格兰邓迪大学留学两年，又利用开会的机会，亲自到阿伯丁大学收集有关杨昌济当年读书的资料。笔者在此表示衷心感谢。

第二节
名师出高徒

杨昌济在阿伯丁大学读书时的教师，有些是英国著名学者。例如，伦理学教授詹姆斯·布莱克·贝里（后来的詹姆斯爵士）“拥有三个身份，皆成绩卓著——一名学者，一名企业裁判官，以及一所与众不同、具有悠久历史、正在成长的英国大学的领导者。1902 年，在爱丁堡大学和剑桥大学取得了令人瞩目的职业成就之后，29 岁的贝里作为钦定的伦理学教授来到了阿伯丁大学。之后不久，他和赫勒福德郡的詹姆斯勋爵的侄女、女继承人结婚，并在诺伍德市定居下来，生活在相当大的崇拜基督的环境中。在信奉基督教的国家，他肯定是为数不多的几个哲学家之一，乘坐由私人司机驾驶的劳斯莱斯汽车来上课；许多学生将会回忆起在诺伍德大厅入口处，被男管家脱下衣服时的恐慌。但是，所有这些都是一个男子汉必不可少的一部分。他的世界不属于阿伯丁大学；并且，从来也不是。也许正因为这一点，他似乎在阿伯丁大学从未获得可以与其在外部世界的地位相媲美的敬重。例如，他和剑桥大学的麦克塔加特（McTaggart[①]）共享着那个时期黑格尔学说最重要解释者的殊荣。他的《黑格尔的逻辑》（1901）、《黑格尔精神现象学》（1910）和《经验的理想建构》（1906）是其学术研究的主要著作，而且——尽管哲学研究的氛围已经发生了彻底改变——一直是黑格尔哲学思想研究著作中的里程碑。但是，这些著作在阿伯丁大学是否被广泛地阅读也许是令人怀疑的。然而，丝毫不用怀疑他在课堂上的成功。许多学生因为老师而选择上他的课，就像选择上亚瑟汤姆逊（J.Arthur Thomson[②]）的课一样。风度翩翩的气质，调节得抑扬顿挫的声音，以及他吐字、措辞的清晰和善解人意让倾听成为很自然的事。他拥有将复杂问题分解为简单的基础要素的能力，并且利用丰富的人类经验阐明其观点。对一代一代的学生而言——不仅是那些富有哲学思维的学生，他肯定已经开启了他们的洞察力，并释放之，这是学生们无法通过其他方式获得的。许多人会说，他们将其智力成熟的第一步归功于他。但即使如此，他获得的也远少于他应得的。他们也欠缺了他在第一步知识的成熟度。他被误解的对宗教信仰的态度是其受到冒犯的原因。正如他的遗作《关于生命和宗教的思考》（1952）详尽说明的，悲剧在于宗教信仰是其个人生活始终不渝的利益。但是，哲学的目的在于改变所有的东西，并且在此特定的环境下替换那些有关信仰沉思的笃信，这些信仰仅仅是因为习惯和

---

① 约翰·麦克塔加特·埃利斯·麦克塔加特（John McTaggart Ellis McTaggart，1866—1925），是英国理想主义的形而上学主义者。麦克塔加特一生的大部分时间都是剑桥大学三一学院的哲学研究员和讲师。他是黑格尔哲学的代表，也是英国最著名的理想主义者之一。麦克塔加特以“时间的不真实”而闻名，他认为时间是不真实的。这项工作在20世纪和21世纪一直被广泛讨论。

② 汤姆逊（J. Arthur Thomson，1861—1933），苏格兰自然科学史家。曾于1893年至1899年在英国皇家兽医学院、1899年至1930年在阿伯丁大学任教，并获爵士封号。他认为“生命无处不在”，主张整体性生物学，强调自然界共生和合作的重要。著有《科学与宗教》《现代科学》《科学大纲》《生物学史》等作品。

不断重复保留的。贝里，确保自己的理念和敏锐的分析，做出充分的努力来缓和他的辩证法欠成熟。人们通常认为，而且他自己也相信，他在 1919 年未能成功地接替 Pringle Pattison 是由于教会的利益方的介入。教会认为他是堕落青年的代表。苏格拉底曾经因为相同的理由被认为不合格，这并没有使他得到安慰。但是，那时他正从纯粹的哲学中走出来，成长为一名可供选用的处理实际事务的人才。这些事务是其在一战期间在白厅工作中发现的。他最后的学术著作《人性研究》，于 1921 年出版；并且，他在 1924 年被任命为利兹大学副校长。他为利兹大学的扩张和发展做出了卓越的贡献，同时还多次服务于政府委员会主席、特别法庭、调查委员会”。①

张明则在她的博士论文中指出，詹姆斯·布莱克·贝里的主要作品《黑格尔的逻辑》《黑格尔精神现象学》以及《经验的理想建构》，代表他欧战前的思想的后两本书，对于提高英国的黑格尔研究有重要意义。他赞扬了黑格尔的《精神现象学》，并真诚地拥护黑格尔关于人类经验的精神发展的观点。他更进一步引发了人们对黑格尔辩证法的重视。这个主题通常在英国的黑格尔主义研究中被忽略。张明列举了被贝里引用到讲座中的 10 多位英国近代伦理学家的书，被规定为必读参考书：J·德维和 J·H·塔夫茨所著的《伦理学》，毕肖甫·约瑟夫·巴特勒（1692—1752）所著的《人性三篇》，J·S·密尔（1806—1873）的《自由和实用主义》，I·肯特所著的《伦理的形而上学基础》，H·斯宾塞（1820—1903）的《伦理学原理》，维姆·马克斯·伍德（1832—1920）的《伦理学》，亨利·塞得维克（1838—1900）的《伦理学史大纲及伦理学方法》，T·H·格林（1836—

① 此材料系刘新山教授根据阿伯丁大学图书馆提供的一份资料翻译而成。

1882）的《伦理学入门》（特别是第三部），伯纳德·波山魁特（1848—1923）的《道德本质的心理学》以及《国家的哲学理论》，塞缪尔·麦历山大（1859—1938）的《道德的秩序与历程》，约翰·斯脱特·马肯滋（1860—1935）的《伦理学手册》，列奥纳多·确罗尼·霍勃豪斯（1864—1929）的《道德的演化：比较伦理学的研究》，柏拉图的《共和论》（第一、四卷），约翰·亨利·莫黑（1855—1940）的《伦理学要素》。[①]这些学者中有的在近代世界伦理学发展史上都占有一定的地位，如J·S·密尔、H·斯宾塞、T·H·格林。杨昌济曾经认真阅读过他们的著作，并且做了评述。

J·S·密尔是19世纪英国著名哲学家、伦理学家。旧译穆勒。西方近代自由主义最重要的代表人物之一。早在维多利亚时代，密尔就因其鲜明的自由主义立场以及对自由主义学说的清晰阐释而被称为“自由主义之圣”。密尔在伦理学方面的成就是出版了《功用主义》一书，对功用主义的理论做了建设性的修正。密尔与边沁在什么东西具有价值问题上有意见分歧。边沁坚信快乐的体验以及痛苦的免除是唯一具有价值的东西，密尔则认为只有幸福是唯一应当追求的东西，将边沁的理论做了合理的限制。杨昌济在他译述的《各种伦理主义之略述及概评》中，专门讨论了快乐主义。文中说，此主义以为吾人之目的在于快乐，判断行为之时，当以快乐为究竟之标准。快乐主义在古代希腊为阿利斯替普斯（亚里斯提卜）所倡。至近世而快乐主义乃益发展，其分派益多：有以自己最大之快乐为吾人一切行为之目的者，为英国霍布斯、曼德威尔、德国尼采等所倡；有以一般公众之快乐为道德之理想者，为英国配列、边沁、弥勒父子等所倡。前者谓之个人的快乐主义、利己的快乐主义，又谓

① 《杨昌济集》（二），第1186—1188页。

之利己主义；后者谓之公众的快乐主义、普泛的快乐主义，又谓之功利主义。杨氏在评述此派时指出：求快避苦，乃一般动物之本能，吾人人类亦不能自外其例。若以道德为不可戾于人性，则快乐之伦理的价值决不可否定。虽然，快乐主义亦有其不可避之困难。唱快乐主义者，谓吾人一切行为之目的在于快乐。其实不然，吾人非毕生专欲求快乐者，乃求满足快乐以上之要求者也。吾人行为之目的，常在于行为之遂行（即活动），而不在快乐。一人之快乐，非必为他人之快乐；一人之苦痛，非必为他人之苦痛，故不能以快乐为道德的理想，不能以之为批评行为之标准。且感情之性质动摇不定，以快乐为目的而行动，则反不能得之。欲得快乐，不在于专心求之，而在于营快乐所由而生正当之活动。若此活动进行无滞，则快乐自然随之。若以快乐为目的，时时置之心中，则使人躁急以当事，不能履行一定之程序，遂至得与初所期望反对之结果，欲快乐而不得，反致以苦痛终，如此者谓之快乐主义之逆理。要之，快乐乃心理的事实，非可以为道德的理想也。[①]

H·斯宾塞是英国哲学家、教育家、社会学家和心理学家。他用生物学规律解释社会现象，是个进化论者或社会有机体论者。斯宾塞主张生命决定论的自然主义道德，调和功利主义和直觉主义。他认为，快乐就在于生命获得扩充和延伸，快乐之时就是生命蓬勃之时；痛苦是对生命的向上和衰退的一种感觉或标志。杨昌济曾说，他所欲译之书有斯宾塞尔之《伦理学》《社会学》《综合哲学原理》。[②]他译述的《各种伦理主义之略述及概评》在评论进化论的快乐主义时指出，进化论的快乐主义，以行于生物界进化之原理，说明人类之道德，谓使吾人顺应境

① 《杨昌济集》（一），第141—144页。

② 杨昌济：《致〈甲寅〉杂志记者》，《甲寅》第一卷第八号，1915年8月10日。

遇、增进生命之行为为恒生快乐，反对之之行为恒生苦痛。前者助吾人之进化而为善，后者妨吾人之进化而为恶。进化之思想在西洋其来甚远，至斯宾塞尔，遂以进化之原理说明天地间一切之现象；其关于道德者，谓之进化论的快乐主义。一切万有，自不明确而进于明确，自不定着而进于定着，自同质而移于异质，谓之进化。此在生物界，则为增进生命之长及广之义，即以生命之增进为目的一般生物之进行之谓也。从此原则之生物存续发展，背此原则之生物退步死灭。吾人人类亦生物之一部，不能自外此例。人类皆具有生活之欲，欲满足此欲，势不能避生存竞争。欲获胜于生存竞争者，不可不有一定之抵抗力，或由自己顺应境遇，或使境遇顺应自己，而因身心两者有相互之关系之故，竞争而胜则伴以快乐，竞争而败则伴以苦痛。生快乐之行为，有益于进化而善；生苦痛之行为，不利于进化而恶。行为之道德的性质，由其所生之之快苦而定，人生亦由享受多量之快乐与否而定其价值。人生究竟之目的，乃快乐也，然此乃究竟者，而非直接者。直接之目的，在于生命之增进，而生命之增进恒伴以多大之快乐。杨昌济在评论中指出，功利主义，外观为普泛的，其实为利己的，不过为利己主义之变形。此等主义皆自个人之见地研究道德者也。进化论的快乐主义，则以如此之方法为非科学的而排斥之，谓个人与社会为有机的关系，自普泛的见地研究道德，以破直觉、利己两主义之独断，而矫正功利主义之社会观，是其不可没之功也。利己、功利两主义，虽不主张道德之不动，然亦未敢明言道德之进化，独此主义明言之，谓道德之进化与其余一切之事物毫无所异。自种种之方面研究道德之发展进步，此乃此主义至大之功绩也。然伦理学乃论吾人之道德的理想者，乃将来之情态之研究，当然者之研究也。伦理学虽亦研究过去与现实，然此非斯学本来之目的。斯学本来之目的，即理想之研究也。进化论的快乐主义，转现有之进化为当然之理想，此决非伦理学之所许。进化者，事实也，现实也，现实不得即为理想；进化者，进行之方法也，方法不得自为目的，必关系于某目的，始有一定之意义。所谓进化者，果有意而行之耶？抑无意而行之耶？二者不可不居其一。若果无意行之，则无何等自觉之目的，惟有结果而已。此际无所谓道德，所不待言。若有意行之，则必有一定之目的，然此目的非进化，却以进化为方法，在道德界则谓之理想。此主义毫不思及于此，漫以进化为目的、为理想，亦不思之甚矣。吾人生理上之要求，与道德上之要求非必一致。有于生理上极有害而于道德上有甚大之价值者，如舍生取义、杀身成仁是也。吾人见道德之内，有破坏生命、牺牲一身之行为之存，从标榜生命之增进之主义，则自高洁之动机而发之自己牺牲，不可得而说明之也。[①]

T·H·格林是19世纪英国新黑格尔主义哲学家、教育家和政治理论家，又被称为新康德主义者。格林指出，人有自我意识，因而人高于自然，而不是自然的一部分和产儿，人是独立、自由的。这是伦理学之所以能成立的哲学基础。他认为，人作为一个道德主体，其行动不单凭自然欲望，而是有动机的，动机包含自我意识的主体所力图实现的目标。他还指出，道德行为的理想就是实现共同的善，人只有作为国家的一员，才能实现道德理想。他强调国家的基础是意志，不是暴力，政治制度应体现公众的道德理想，帮助个人发展自己的个性。杨昌济译述的《各种伦理主义之略述及概评》在评论自我实现主义时指出，充实自我具有发达的可能性，谓之实现自我；以实现自我为吾

---

① 《杨昌济集》（一），第150—154页。

人行为之最高目的，谓之自我实现主义。自我实现之思想，夙为希腊古代学者之所怀抱。至格林乃巧融合古今有数之惟心论的伦理学说之长处，大成自我现实主义。人生究竟之目的，在于实现自我于社会的生活之下，以完成人格。然则其所谓自我者，果为如何者耶？自我者，种种欲望之系统之谓也。欲望之目的，不在于快乐，而在于认一定之事物而趋向之，由之以实现自我之理想也。杨氏在评论此主义时说，从来英国之思潮多为经验论、快乐论，此主义独出于惟心论、惟理论之学说，颇为异数，不失为英国思想界之大异彩。自然的伦理主义之研究道德也，视人类与动物为同源。康德所尊重人格之价值遂至失坠。此主义乃自然的伦理主义之反动，以人类为自识的生类，复大高其价值，其所取之方法与康德同，乃先天法也。以永远之精神为世界之本体，吾人自识的生类则为其再现，以尊严吾人之生活，其学相颇峻严，有使人坐闻康德其人之学说之思焉。其称为新康德学派，洵不诬也。从来之伦理主义，其心理学的根据概不坚固。快乐主义以感情为自我，克己主义以理性为自我，皆视吾人自我之一面为其全体。然此主义，以自我为欲望之全系统，感情理性悉包含之，以全自我调和的活动为道德的生活之要件，能脱快乐主义之弊，又不陷于克己主义之弊，较为得其中正。此乃此主义所以得多数学者之同情也。至此主义之短处，则亦有之。此主义以为，世界之本体之自识的大精神，为永远，为完全，为神圣。由是思之，人类之道德，乃此大精神之所以自现。吾人类不过为此大精神之运搬器，小我不过为大我实现自我之机关。大我，目的也；小我，手段也。虽然，此决非吾人之所能堪。世界固为一大实在，吾人类亦俨然之实在也。人类固为世界之一部，有一定之意义，然人类为自主的自定的生类，又有自己特有之价值。世界对于人类虽有多大之力，吾人之努力亦可贡献于世界之发达。由是观之，以人类为世界开展自己、完成自己之手段，不能免偏重世界、轻视人类之讥议也。①

阿伯丁大学教育系的第一任系主任约翰·克拉克，他教授了杨昌济教育学和教学法。在约翰·克拉克的支持和指导下，1910 年冬天杨昌济去阿伯丁市的一个中等规模的小学进行调查。事后，写了《记英国教育之情形》，发表在《湖南教育杂志》1913 年第 14、15 期。又翻译《苏格兰小学规约》，发表在《湖南教育杂志》1914 年第 7 期。

《记英国教育之情形》一文主要介绍英国小学教育情况。杨氏指出，苏格兰义务教育年限凡 9 年，自 5 岁至 14 岁，满 14 岁则无入学之义务。苏格兰小学堂每日不过 5 点钟或 4 点半钟，礼拜六及礼拜日无课，故与儿童以伦理之教训于礼拜五清晨，因儿童将离去学堂 2 日之久。卫生学之大要，与戒酒之义，及贮蓄之益，皆于儿童将满义务教育之时教之。苏格兰工人有好饮之弊，终日勤勤，得少许工资，悉投之于酒店中，不顾其家，不思明日，其弊几与中国人之赌钱、嗜鸦片相等。故苏格兰教育部特发一令于各公立小学堂，令其教训儿童以戒酒之必要。余思吾国当仿其意，于儿童将去学校之时，教以赌钱与吸鸦片之害。苏格兰小学堂，不仅不收学费与奖赏书籍而已，极贫家之子女，更予以衣履、食物。苏格兰小学堂之教科，国语、算术、地理、历史、理科、图画、体操，为男、女公共之学科。其他手工、园艺，则男儿习之；裁缝、洗濯、割烹，则女儿习之。又有簿记法及速记术，乃将卒业之儿童所习也。苏格兰人以法语为普通学科之一。中、上流人家，往往邀一法国女子寓其家中，以便其女儿练习法语。而此法国女子，则同时可以练

① 《杨昌济集》(一)，第 157—161 页。

习英语。欧洲人于暑假中无不旅行者。英国人又常于夏时在乡村中租一田舍，全家迁居其中，约居一月而返。用田家之家具，而自行炊爨，不甚费，而于卫生上有裨益。因常居城市之中，空气不佳，在乡村呼吸新鲜之空气，于身体有益。英国儿童义务教育年限，以满 14 岁为止。然在此时期，儿童尚未能无教育也，故有夜班之设，所以便贫家儿童卒业后出而服役之时，仍有继续其学习之机会也。英国大学亦有夜班。法律班多于晚间开之，因教授与学生皆系有事之人，日间不得暇也。余思吾国今日，不仅当注意于儿童之教育，又当注意于年长者之开通；不当徒为身家殷实之子弟图远大之前程，尤当为家道维艰者之子弟图谋生之良计。欲开通年长者，当多设关于文科、法科之夜班，如伦理、教育、论理、心理、政治、法律、理财诸科，皆宜特设夜班，使年长者入之，可以增长识见，破除误解。现虽改建共和，然大多数之人民，仍囿于专制之惯习，厌恶学校、戕杀调查员、破坏自治局之事时有所闻，固多由官绅办理不善，亦民智未开有以制（致）之。故余以为此等夜班，甚为必要。盖国家之所以立，全在有健全之中等社会。有健全之中等社会，则上可以监督上流社会，使不至过于专横，下可以指导下流社会，使不至趋于暴动。现在读书识字知古今能文章之人尚多，独惜无世界之知识，或以为吾国共和不如专制，或虽知当除专制，而不知共和建设下手之方法。前者固为国民进步之鲠，后者虽知共和之必要，而不知建设下手之方法，束手坐观，而不能参加改进之运动，此真吾国之大忧也。故今日言教育者，不当徒置重于学校教育，亦当注意于社会教育。设文科法科之夜班，乃社会教育之一方法也。[①]

---

① 《杨昌济集》（一），第 30—38 页。

《苏格兰小学规约》是杨昌济翻译的阿伯丁小学校长所作的规约，杨氏在其中加了一些按语。苏格兰之小学校与吾国之两等小学校约相当，而附设幼稚部。此地儿童应受义务教育9年，从满5岁起至满14岁止。苏格兰之小学校、中学校、大学校有与德意志、日本不同者，即星期六、日无课是也。苏格兰小学校副校长即担任最高学级之教员，渠有管理全校儿童之权。儿童在教室外有过失时，副校长得入教室，于主任教员之前呵叱之。苏格兰小学校儿童，皆先在门外敞地排班，由教员率之，以开步走之步法，鱼贯而入。男女学生各有一定之路。大众行时，女教员在廊下或楼上栏杆之侧，弹风琴以为之节。诸教员之在廊下或楼上栏杆之侧照料者，须俟各学级全入教室之后，始得离开。苏格兰小学校于防制教员之怠于教授，颇为周密。如教员改正儿童所作之文章、笔记等，既须经父母之署名，复须收存以备校长之查阅，则教员固无可以偷闲之余地也。苏格兰小学校星期六、日无课，星期五日下午，乃一星期中〔儿童〕在学校之最后时间，儿童必乐于毕事归家，不可以课外讲授苦之也。苏格兰小学用皮条击手掌以为惩罚，余亲见其施行二次。但《规约》规定“惩罚不可过度，虽大过失，鞭打每手不得过三下”。[①]

① 《杨昌济集》（二），第693—699页。

第三节
替辛亥烈士[①]善后，为辛亥革命欢呼

杨昌济在英国留学期末，他的好友辛亥志士杨毓麟蹈海自杀，国内则爆发了辛亥革命。

杨毓麟（1872—1911），后易名守仁，字笃生，号叔壬。湖南长沙人。他在年龄上只比杨昌济小一岁，但在族中却小两辈，所以他称杨昌济为叔祖。辈分虽然不同，但却情同手足。他们曾在长沙城南书院同学，又都参加过戊戌时期湖南的一些变法活动。变法失败，先后赴日本留学。杨毓麟是 1902 年 4 月初抵日本，进入早稻田大学专攻政法。但他“见国势日危，欲奔走呼号以救之，不复能安心求学”[②]。在读书期间即参加许多革命活动，并于 1906 年 6 月加入同盟会，1907 年在上海任《神州日报》总主笔。在日本期间杨昌济虽然也参加过杨毓麟等人组织的拒俄运动，但没有参加拒俄义勇队，一直潜心在日本读书。

可是当他们在英国紧张地进行学习的时候，1911 年 4 月广州起义失败，72 烈士英勇殉难。消息传到英国时，杨昌济和杨

① 1912 年 3 月 6 日《中华民国临时大总统孙文令陆军部准建杨（卓林）郑（子瑜）二烈士专祠并附祀吴（樾）熊（成基）杨（笃生）陈（天华）四烈士文》，载《辛亥革命烈士杨毓麟、杨德麟纪念集》，岳麓书社，2011，第 3—5 页。
② 《杨昌济集》（一），第 28 页。

毓麟都十分悲痛，而杨毓麟尤甚。牺牲者大多是同盟会的骨干、杨毓麟的亲密战友，因此这对他的刺激最大。他本来就有因制造暗杀武器导致炸药爆炸留下的头痛的毛病，这时更是夜不成寐，忧伤过度，精神失常，时哭时歌。后来，他又看到英国报纸公然鼓吹瓜分中国，而清政府对帝国主义的无理要求则步步退让，于是更加愤慨不能自已，准备自杀。他托吴稚晖和石瑛将其历年积蓄 130 英镑中的 100 英镑转交黄兴作为革命经费，30 英镑转寄其老母亲，以报养育之恩。8 月 5 日，从阿伯丁乘车到利物浦投海自杀，遗体为渔夫所获。

杨毓麟自杀时，杨昌济正在德国旅游。当他得知杨毓麟的噩耗时，其遗体已经由吴稚晖主持埋葬在利物浦公共墓园。杨毓麟为何将积蓄交吴稚晖、石瑛处理？吴氏又为什么主持杨毓麟的葬礼呢？这是由他们当时在英国留学生中的地位所决定的。吴稚晖（1865—1953），原名朓，字敬恒，江苏武进人。1903 年 7 月《苏报》案爆发，吴遭通缉，逃往英国伦敦，过起了半工半读的留英生活。他乐善好施，在中国留英学生中声望颇高。1905 年春，吴在伦敦与孙中山结识，同年冬加入中国同盟会，成为孙中山的忠实信徒。1907 年 6 月他在法国巴黎创办《新世纪》，成为革命党的一大喉舌，与在日本东京出版的《民报》东西呼应，因而声名大作。1910 年 5 月《新世纪》停刊之后，吴稚晖住在伦敦，负责同盟会欧洲支部的工作。杨毓麟自杀后，吴氏是以同志身份主持其丧事的。石瑛（1878—1943），字蘅青，湖北通山县人。1904 年留学欧洲，学习海军专业。次年，结识孙中山。1905 年，与吴稚晖等接受孙中山指示，在英国组成同盟会欧洲支部。所以杨昌济在从德国返英并赴利物浦凭吊杨毓麟墓后，便以宗亲身份于 8 月 14 日给吴稚晖写了一封感谢信："笃生蹈海，诚为极可悲痛之事。无穷希望，一朝顿尽，固国民之公戚，非仅友朋之私痛也。先生高义薄云，为之经营殡葬，表扬烈士之心迹，葬仪隆重，殁有余荣。闻先生三夜不眠，昌济感激至于无地。谨以同宗之故，代表其家属先鸣谢悃。笃生上有高堂，当不令闻此惨耗。其兄在奉天，顷已作书告之矣。笃生夫人甚贤，其儿女皆近长成，有其兄弟扶持，尚可无虑。所遗行李存泥北淀车站，收条现存敝处，但未知其钥匙之下落，容迟当为之取出寄归。笃生临命之时，曾发一书与昌济作永诀，又有书寄其弟，属昌济为之转寄。此信先寄至泥北淀，复由泥北淀转寄德国，昌济得信稍迟。虽星夜遄归，竟未得亲送其葬，中心疚悔莫可名状。昨礼拜六、日至利物浦，同曹君亚伯凭吊其坟，日暮不得归，今日始抵伦敦。先生若有何事物欲寄与其家人，昌济可为转达。容当趋谒恭闻大教。”据吴稚晖《民国前一年日记》（载九州出版社2013年出版之《吴稚晖全集》卷十）。吴氏1911年8月7日，“得笃生遗书，与蘅青（石瑛）同去利物浦。夜，见笃生尸，告警署”。8月8日，“上午，裁判。下午，看坟”。8月9日，“上午，看殓”。8月13日，“往会馆借笃生照”。这就是杨昌济在信中所说的“闻先生三夜不眠”。信中提到的曹亚伯（1878—1937），原名茂瑞，字庆云，因信奉基督教，礼名亚伯。湖北兴国州（今阳新县）人。1905年加入同盟会。1906年，以官费留学英国。过新加坡时，与孙中山晤见畅谈。抵英后，初习海军，后因在英倡言革命，被清廷免去官费待遇，遂习矿冶，并任中国留学生会馆馆长。他陪同杨昌济凭吊杨毓麟墓是很自然的。据吴稚晖上述日记，杨昌济在伦敦期间曾与他见过面：8月16日，“往看杨华生”。8月18日，“华生下午来”。8月22日，“得华生书”。

8月23日，杨昌济收到吴稚晖的信，立即复函：“奉到来示，于笃生先生殉义情形，了如指掌，感何可言。留葬英伦之说，弟二次作书与性恂皆力主之。其家人皆明白人，想不至力持旧说也。墓碑必立，已无疑义。先生若属店主人开钱监之账，往索取之，渠当照付。弟顷作书与之，将笃生先生苦学致疾，感愤时事，蹈海自沉情节告之，并以丧葬之费约五十七八镑，请其由公开销。渠得此，俟可以作报告矣。钱接公使馆转来奉天民政使张来电询问此事，盖性恂已知此消息矣。弟未发电与之，因葬事已妥，无庸过急也。何日立碑，弟当陪往。”信中提到的“性恂”即杨德麟（1870—1913）之字，为杨毓麟之兄。时在奉天办《自治旬报》。信中所谓“旧说”，指按照中国传统观念，死后遗体要归葬故土。而杨氏表明，他两次给杨德麟的信，都是力主“留葬英伦”。据吴稚晖《民国前一年日记》，1911 年 10 月 2 日：“杨华生来。得性恂书。”杨德麟回信表示同意留葬英国，并说：“如中国有重见天日之时，则烈士英灵自当随怒潮东返；不然，则大陆沉沉，猿鹤虫沙，生者且不知死所，归骨又奚为乎？”[①] 杨信中所说的钱监指钱文选（1874—1957），字士青，安徽广德县人。宣统元年（1909）任学部留学生襄校监试官，二年改任驻英留学生监督。钱氏当时嫌杨毓麟的墓碑费用过高拒绝开销，经过杨昌济做工作，还是报销了。所以吴稚晖《民国前一年日记》1911 年 10 月 28 日记：“华生君来言：钱款付出。”“奉天民政使张”，指张元奇（1858—1922），字珍午，侯官县（今福建闽侯县）人，自幼饱读经书，曾赴台教书。光绪十二年（1886）进士。历任翰林院编修、监察御史、湖南岳州知府、奉天锦州知府，以弹劾权臣载振闻名，时任奉天民政使。因为杨德麟在他手下工作，所以他打电报给中国驻英公使馆询问杨毓麟逝世情况。

① 《杨昌济集》(一)，第 642—643 页。

1912 年 3 月 22 日，杨昌济致信已经回国的吴稚晖云：“笃生先生墓碑已成，闻骆君已寄其照片前来，想已收到。现在大局粗定，百事维新，需才正亟。如此品学兼优、热诚爱国之士，正为社会国家所倚赖，乃超然长往，良可痛惜。《诗》云：‘如可赎兮，人百其身。’检阅遗书，不觉陨涕。顷将其诗稿寄至行严兄处，以供先生印行之资。尚乞酌夺。石君衡青处并乞致意。”信中所说的“大局粗定”，指辛亥革命成功。这封信还表明，杨昌济按照吴稚晖等人的愿望，将他所保存的杨毓麟诗稿 8 篇加以整理。他还写了一篇《蹈海烈士杨君守仁事略》，简要而准确地记述了杨毓麟的生平和思想，与诗一起寄章士钊。这些诗和杨氏所写《事略》于 1914 年发表在章士钊主编的《甲寅》杂志第 1 卷第 3、4 号上。

杨毓麟殉国后两个多月，武昌起义成功，杨昌济一方面为杨毓麟未见革命胜利而痛惜，另一方面则为辛亥革命的胜利而热烈欢呼。1911 年 10 月 21 日杨昌济写信致吴稚晖，谈他对革命的感想：“奉来示并读致行、弱两君书，仰见爱国至诚，远谋硕画，欣慰之至。读今日报，知国民军已获胜利。萨镇冰水师战斗不力，想是意存观望。袁氏要求明年开国会，内阁纯用汉人，已经允诺。然已晚矣。弟在此亦无可为计，惟与行兄商议多发几个电报而已，有相知者告以弟之所见，冀可以少助舆论之势力。弟固以先生所论求学百人之一自命者，于政治运动未暇多有所助。先生济时之杰，当此吃紧关头，必能大有所布置。惟贵体恐不宜过劳，尚望为国珍摄自爱，为祷。”“行、弱两君”，行指章士钊（1881—1973），字行严，湖南长沙人。时在英国阿伯丁大学读书。弱指吴弱男（1886—1973），安徽省庐江县人，章士钊妻。“国民军已获胜利”，指 1911 年 10 月 10 日辛亥革命武昌起义成功。据吴稚晖《民国前一年日记》1911 年 10 月

13日，“得革命消息（实昨日晚报已有）”。“萨镇冰水师战斗不力”，萨镇冰（1859—1952），字鼎铭。祖籍山西代县，出生于福建福州。1877年赴英国学习海军。1909年被委为筹备海军大臣和海军提督。武昌起义后，清廷急调当时在上海的萨镇冰率海军主力舰只西进，配合清军反攻。10月17日，萨镇冰在“楚有号”军舰望台上，用望远镜观看革命军与清军在汉口铁路线附近的交战。革命军前仆后继的牺牲精神，附近工人农民在枪林弹雨中，手执劳动工具，帮助革命军追杀逃敌的情景，让萨镇冰大为惊讶。他对身旁的“楚有号”舰长说：“吾辈自服务军界以来，从未见过如此壮烈的场面，足见清廷失去民心久矣。”他统率的军舰基本处于观战状态，并未积极炮击武汉三镇，迫不得已开炮时也故意打偏。所以杨昌济说他“意存观望”。袁氏，指袁世凯。武昌起义后，1911年10月14日，清廷起用已罢黜两年有余的袁世凯为湖广总督，袁世凯提了六项条件：第一明年召开国会，第二组织责任内阁，第三开放党禁，第四宽容革命党，第五授以指挥前方军事的全权，第六保证粮草的充分供给。信中说“弟在此亦无可为计，惟与行兄（章士钊）商议多发几个电报而已”，这段话实际涉及长期被淹没的一个重要的历史事实，即在武昌起义爆发之后，国际舆论议论纷纷，有同情者，有反对者，也有持中立态度者，于是杨昌济便与章士钊商量，选择那些比较倾向同情革命的外国舆论翻译用电报寄至于右任主持的《民立报》刊登。对此事，章士钊后来也有回忆：“武汉起义之明日，英伦新闻界中，异议稍起，莫礼逊于克强（黄兴）尤多微词。愚审外邦舆论之力，可左右吾党之大事也。即择其议之袒己者，通电《民立报》，以安吾军心，主旨即在证明革命不足召瓜分之理。自后一日一电，或一日数电，如是者月余，愚发伦敦之电始休。”[1] 章氏此论，除了没有讲此事的起始是与杨昌济商议的结果之外，其余都是符合事实的。白吉庵在《章士钊传》中曾引多条《民立报》上当时所刊来自英国泥北淀特电[2]。对于此事，当时《民立报》主编于右任抗日战争时期在重庆的一次讲演中也提到："当时《民立报》驻英国的记者就是章行严先生。辛亥革命时，章先生首先打一个电报回来说，英国舆论主张对中国内政不加干涉。当时在国内革命进展上有极大的影响。”[3] 这个功劳是应该记在杨昌济和章士钊两个人身上的。所谓“先生所论求学百人”是说吴稚晖主张要有一批潜心做学问的书呆子，这一主张很符合杨昌济“自度非破坏才，且志在学问”的一贯主张，所以他在欢呼辛亥革命的同时，又为“于政治运动未暇多有所助”而自责。

1911 年 12 月 28 日，吴稚晖从英国回到上海。杨昌济于 1912 年 3 月 22 日给吴氏写信："去岁大驾返国时，曾蒙惠书，因循未复，至以为歉。大局竟已粗定，曷胜欣慰。犹忆晤谈之时，昌济对于国事前途，不过存漠然之希望。乃不至一月，义旗猝建，风卷云驰，全国响应，何快如之。虽有多数志士捐躯殉难，无数同胞惨遭兵燹，并有无数之困难问题横于前路，然船已上岸，固普天同庆之时也。先生归国之后，以泯满汉、睦革宪、和新旧之主义，维持调护于其间，社会实深赖之。昌济屏居海外，于此绝大运动未曾有丝毫之助力，深以为愧。”这封信再一次反映了杨昌济对辛亥革命胜利的热烈欢呼。所谓“泯满汉、睦革宪、

---

① 孤桐：《慨言》，《甲寅》第一卷第十六号第 7 页。

② 白吉庵：《章士钊传》，作家出版社，2004，第 60 页。如 1911 年 10 月 16 日，有标题为《欧洲关于中国变乱之要电》二则。其一云："英国报界大声欢迎武昌革命党宣告共和政体，赞成黄兴为总统。伦敦泰晤士报宣告中立；大意恐外人权利有危险，请其联合革命党，故劝新政府极力保护外人。”（以上为 24 日英国泥北淀电）。

③ 于右任：《我还想做一个新闻记者》，载《于右任先生文集》，台北于右任先生百年诞辰纪念筹备委员会，1978，第 564 页。

和新旧之主义”是杨昌济引用武昌起义后以吴稚晖为代表的《伦敦华侨致全国同胞电》中的“救亡之策，惟泯汉满，和革党，调新旧，速建联邦共和大国”，而文字稍有改变。

* * *

杨昌济1912年7月在阿伯丁大学毕业，获得文学硕士学位，这一点《蒲塘杨氏族谱》的记载是对的。[①]关于这个问题，笔者请教过刘新山先生。他说：Master of Art MA，文科硕士。MA，该翻译为“文科硕士”。杨是Faculty of Arts（文科学院）的学生，类似今天的社会科学学院。他不是立即返回中国，而是到德国进行了考察。在到德国考察之前，他在夏天还曾与老同学陶孟和一道游览法国巴黎。陶孟和（1887—1960），原名履恭，浙江绍兴人。1906—1910年在日本东京高等师范学校学习历史和地理，与杨昌济同学。1910年，赴英国伦敦大学经济政治学院学习社会学和经济学。据陶孟和1917年致陈独秀的一封信所述：“犹忆壬子（1912）之夏，与怀中同游巴黎，遇国人某君，与共辩驳世界语之无用。某君卒无以应，怀中当或忆之。”[②]从章士钊的信中我们知道，杨在到达柏林之前还有一次瑞士旅行，他在德国住了10个月[③]。至于他德国之行的目的，杨氏自己没有留下记载，而后人的记载有两说。一是《蒲塘杨氏族谱》说他在英国阿伯丁大学毕业之后“又游学法、德二国，考察教育”。[④]张明也认为：“杨呆在德国的主要目的是研究德

---

① 《杨昌济集》（二），第1164页。

② 《孟和文存》卷三，朝华出版社，2019，第71页；又见《独秀文存》（四），外文出版社，2013，第127页。

③ 章士钊在1912年8月致杨昌济的一封信中说：“知由瑞士复抵柏林，此行饱看山水，得诗几何，以为念也。”（载《甲寅》1926年3月出版的第一卷第三十三期）又杨昌济在1915年2月22日的日记中说“余亦曾住柏林十月”。（《杨昌济集》（一），第624页）

④ 《杨昌济集》（二），第1165页。

国的学校系统和教育思想，很可能在这一段时间里，杨第一次系统地接触了 19 世纪最有影响的哲学家和教育理论家之一的约翰·弗里德利希·赫尔巴特（1776—1841）的教育哲学。这一点表现在杨把赫尔巴特的教育思想作为他的以思想和实践为主题的西方教育学讲座的重点。”① 这一说法是有道理的。杨氏最早接触赫尔巴特是在日本留学期间。据周谷平《近代西方教育理论在中国的传播》一书介绍，明治二十年至三十年间（1887—1897），是赫尔巴特学派在日本的全盛时期。东京高等师范学校的教育学教授谷本富（1866—1949）就曾经留学德国耶拿大学跟随莱因专门研究赫尔巴特学说。明治二十年间，他是赫尔巴特学说的极度崇拜者，著有《教育学大全》等。又，担任宏文学院教育学教习的是日本赫尔巴特学派的重要人物波多野贞之助和樋口勘次郎，前者是东京高等师范学校的教授，曾在耶拿大学留学②。再依据杨昌济的《教育学讲义》基本上是沿用赫尔巴特的理论体系，可知杨氏赴德国考察教育的说法不虚。还有一种说法，是研究康德。杨昌济最亲密的弟子之一萧子昇在《湘中理学大儒杨怀中先生》一文中说：“先生在英专修哲学时，偏好研究康德之学，遂在英先习德文。”“在离英赴德前，由爱丁堡大学（应为阿伯丁大学）教授介绍一德国研究康德学之权威教授，此一教授亦喜与先生讨论孔孟学说。”③ 此说证之于 1915 年杨昌济致章士钊信中所说，“弟所欲译之书，如……康德之《纯粹理性批判》《实践理性批判》等”④，可知此说亦不虚。通过以上分析，笔者认为两说可以并存。

---

① 《杨昌济集》（二），第 1197 页。

② 周谷平:《近代西方教育理论在中国的传播》,广东教育出版社,1996，第 26—31 页。

③ 此文作于 1971 年，原发表于台湾《艺文月刊》第 70 期，后为台湾《湖南文献》季刊第 3 卷第 4 期转载。

④ 此信刊于 1915 年 8 月 10 日出版的《甲寅》第一卷第八号。

第六章 执教长沙的最大成就

杨开慧在《先父事略》中说：其父归国时，“过上海、北京，友人多劝之留居京师，云：‘君应居首都，湖南乃极苦之地也。’吾父厉声答曰：‘我不入地狱，谁入地狱？吾誓必居长沙五年，教育青年！’归长沙，时为民国二年，受第一师范学校之聘，为修身教授”。[①]民国二年即1913年，杨氏回到湖南应该是这年春末夏初。杨昌济出国留学经费是由湖南省资助的。按照当时的规定，他学成归国后，必须回省服务满五年，才

① 李忠泽：《新发现的杨开慧三篇短文浅析》，《船山学刊》2015年第3期。

能到外省工作[1]。当然，给本省以必要的经济补偿后也可以不再回省。但杨昌济是一位信守诺言的人，所以有“我不入地狱，谁入地狱？吾誓必居长沙五年，教育青年！”的豪言。

从1913年夏天起，杨昌济先后在长沙的湖南省立第一师范学校、湖南高等师范学校[2]、湖南省立第一中学、湖南商业专门学校等校教书，至1918年夏天到北京大学任教。笔者在《杨昌济的生平及思想》“欲栽大木柱长天”一章，曾从两个方面对杨氏在长沙这几年的活动进行了分析：其一，是反对袁世凯的专制主义统治。他曾为营救参加二次革命失败的杨德麟而奔走。杨德麟是杨毓麟的哥哥，“二次革命”前是国民党派到湖南的“演说员”，后又担任谭延闿政府的财政司司长，任事廉洁奉公，反袁态度十分坚决。“二次革命”时，他曾经促使谭延闿宣布湖南独立。“二次革命”失败以后，袁世凯派他的亲信汤芗铭任湖南“查办使”。汤芗铭到长沙后，将反袁的杨德麟等人逮捕入狱。杨昌济非常愤慨，并为营救杨德麟四方奔走，但是没有成功。这年11月14日，杨德麟等人被汤芗铭枪决。对此，杨昌济十分悲痛。“二次革命”失败以后，章士钊因替黄兴起草过“讨袁宣言”，被袁世凯通缉，于是亡命日本，于1914年5月在日本东京创办《甲寅》杂志，并发表《政本论》，认为掌握政权的人要容纳不同党派、不同意见，给人民以言论自由，而不能“好同恶异”，搞少数人独裁。杨昌济完全同意章士钊的观点。他说：“秋桐以好同恶异为社会种种罪恶之原因，大有所见。……今欲伸己之意见而强迫他人使不得发表其意见，不公孰甚？”[3]杨昌济还把自己所写的《宗教论》在《甲寅》杂志上发表。这篇文章是针对一些封建遗

---

① 光绪二十九年（1903）四月慈禧太后令张之洞拟订约束学生章程，张于八月拟订约束学生、鼓励毕业生章程各十条。其《自行酌办章程》第七条称：“凡各省选派官费学生出洋留学，俟毕业回国后，无论得何奖励，均须在本省当差五年，以尽义务。五年期内概不准另就他省差使，他省亦不得遽请调往差委。”（舒新城：《近代中国留学史》，上海书店出版社，2011，第103页。）

② 舒新城在《我和教育》中的“杨怀中先生”一节说：“彼（指杨昌济）返国时，某政府机关欲聘其为外交顾问，俸甚厚，彼坚拒不受，而愿在第一师范做教师，在高师教课亦系兼任。”（《我和教育》，广东人民出版社，2016，第76页。）

③ 《杨昌济集》（一），第496—497页。

老和顽固的改良派分子为袁世凯复辟帝制制造舆论，掀起一股尊孔复古的逆流，成立“孔教会”并鼓吹把“孔教”定为国教载于宪法而作。杨昌济文中明确表示：“余不以定为国教、载于宪法为然耳。”并且从理论上论证“狭义的言之，可云儒术本非教”。[①] 他与黎锦熙等人创办《公言》杂志，针对袁世凯钳制思想言论自由，大搞独裁专制的情况，特别强调自由平等。黎锦熙在一篇回忆中说，在 1915 年 7 月 4 日他的日记上记有：“杨怀中先生也来告诉我说，汤（芗铭）也‘注意《公言》’云。因此《公言》第三期排成部分就决定不再出版。”[②] 其二，热心教育事业。他潜心教育，不愿当官也不愿置身会党。[③] 这些本书不再重复。

① 《杨昌济集》(一)，第 104 页。
② 《杨昌济集》(二)，第 1206 页。
③ 《杨昌济的生平及思想》，湖南人民出版社，1981，第 68—88 页。

第一节
公认的新民学会精神导师

这里，我们要着重指出的是：杨昌济在长沙的五年时间里，所教弟子以千百计，而其最大成就，就是培养了以新民学会为代表的一个人才群体。在新民学会 1918 年 4 月 14 日创立时的 21 位基本会员中，除罗章龙是长郡中学学生外，其余 20 位都是杨昌济在湖南省立第一师范学校所教的学生。到 1921 年学会结束时的 78 位[①]成员中，有 48 位是第一师范的学生或职员。78 位成员中，后来加入共产党的有 37 人，其中：毛泽东曾任中共中央主席；蔡和森曾任中共中央政治局常委，革命烈士；李维汉曾任中共中央政治局常委；向警予曾任中共中央局委员，革命烈士；罗章龙曾任中共中央局委员；郭亮曾任中共中央委员，革命烈士；夏曦曾任中共中央委员，革命烈士；蔡畅曾任中共中央委员；谢觉哉曾任中共中央委员；易礼容曾任中共中央委员；何叔衡曾任中共一大代表、中华苏维埃共和国中央执行委员，革命烈士；刘清扬，旅法中共早期党员、周恩来入党

---

① 宋斐夫所著《新民学会》(湖南人民出版社 1980 年版)，所录会员 72 人。人民出版社 1980 年出版之《新民学会资料》所附《新民学会会员录》所录会员 74 人。湖南人民出版社 2008 年出版之唐振南、赵丛玉所著《风华正茂的岁月——新民学会纪实》所附《新民学会会员简介》所录为 78 人。

介绍人之一；萧三，《国际歌》中文译者、中国作协书记；罗学瓒曾任浙江省委书记，革命烈士；张昆弟曾任候补中央审查委员，革命烈士；李启汉曾任中央职工委员会委员，革命烈士；熊瑾玎曾任《新华日报》社总经理；刘明俨曾任中央宣传部秘书长。此外，还有一批学有所成的专业人才，在实业救国、科学救国、教育救国、文化救国中同样做出了杰出的贡献。如师从居里夫人、攻读放射性物理学的劳君展，著名教育家张怀、周世钊、魏璧、陶毅、周敦祥、杨润余、任培道、吴家瑛、陈书农、匡互生，享誉南洋的华侨教育家张国基，旅美医学家李振翩，中法文化交流先锋人物萧子昇，成就斐然的美术家曾以鲁，文史馆员邹蕴真、李思安，新闻工作者黄醒、唐耀章、罗宗翰等。[①]

笔者在 1981 年出版的《杨昌济的生平及思想》一书中，曾称杨氏是“早期新民学会的精神导师”。这一论断是有充分根据的，也是人们所公认的。

李肖聃在 1920 年 1 月 28 日，即杨氏逝世 11 天之后，在《北京大学日刊》发表的《本校故教授杨怀中先生事迹》中说：杨氏“在长沙五年，弟子著录以千百计，尤心赏毛泽东、蔡林彬（和森）”。[②]

毛泽东在 1920 年冬写的《新民学会会务报告》中，谈到新民学会的缘起时指出，除了求友互助和追求动的生活、团体生活这两个原因之外，“还有一个原因，则诸人大都系杨怀中先生的学生，与闻杨怀中先生的绪论，作成一种奋斗的和向上的人生观，新民学会乃从此产生了”。[③]

萧三在《毛泽东的青少年时代》一书中也说：“杨昌济（号

① 夏远生：《写在新民学会成立一百周年之际》，《湖南日报》2018 年 04 月 10 日。

② 《杨昌济集》（二），第 1265 页。

③ 《杨昌济集》（二），第 1217 页。

怀中）先生对毛泽东同志和许多同学影响很大。杨先生是长沙人，在第一师范教伦理学、论理学、心理学、教育学、哲学。他曾在日本留学六年，又在英国留学四年[①]，但始终不离中国的理学传统，喜讲周、程、朱、张，喜讲康德、斯宾塞尔，和卢梭的《爱弥儿》……杨先生并不善于辞令，也不装腔作势，但他能得听讲者很大的注意和尊敬，大家都佩服他的道德学问。他的讲学精神，使得在他的周围，形成了认真思想、认真求学的学生之一群。——毛泽东同志、蔡和森同志、陈昌同志等。每逢星期日，他们相率到杨先生家里去讲学问道。杨先生是诲人不倦的，也很器重毛、蔡、陈等几个学生。杨先生曾说：'人要有理想'，'没有哲学思想的人便很庸俗'……他对他们讲中国及西洋的哲学，讲青年的前途，人们应有的人生观、世界观或宇宙观。……他的哲学基础是唯心论，那时对毛泽东同志等的影响颇大。泽东同志曾有一次作一篇文章，题目是《心之力》，大得杨先生的称赞，计了一百分。"[②]

萧子昇（瑜）在《我和毛泽东的一段曲折经历》中说："'孔夫子'是第一师范的学生给杨怀中老师取的绰号，因为他的行为白璧无瑕。毛泽东常说杨怀中极大地影响了他。……杨先生学识渊博，严于律己。无论何时何地，他的行动都无可指责。他深谙孔老夫子的学说，以至于他的朋友和学生都认为他简直是孔圣人再世。……杨先生曾说：'我在长沙任教六年（应为五年——引者），数千名学生中男生有三个最突出：萧旭东、蔡和森、毛泽东……'"[③]

周世钊在《湘江的怒吼》一文中谈到毛泽东在一师的学习

① 应为三年。
② 萧三：《毛泽东的青少年时代》，湖南大学出版社，1988，第 45—46 页。
③ 萧瑜：《我和毛泽东的一段曲折经历》，昆仑出版社，1989，第 22—25 页。

情况时也说："在第一师范学校里，有他最敬爱的老师，如杨昌济、徐特立诸先生；也有他最要好的朋友，如蔡和森、陈昌、张昆弟、何叔衡诸同志。他们常常交换改造中国的意见，也常常互相期许、互相勉励：要在天昏地暗的世界里寻找光明，要从层层网罗的包围中展开长翅，要使自己成为当世的栋梁之材，要使中国的政治、文化的面貌根本改变。"①

章士钊在写于1963年的《杨怀中别传》中谈到杨昌济逝世时说："时吾滞留上海，连得君两函，一谓彼已订五十年读书计划，一为吾称述二人学行。二人者，毛泽东与蔡和森也。函称：'吾郑重语君，二子海内人才，前程远大，君不言救国则已，救国必先重二子。'"②

李维汉在发表于1979年的《回忆新民学会》一文中说："杨怀中先生来北大教书前是湖南省立第一师范和高等师范的伦理学教员，思想开明、进步，为人刚正、真诚。新民学会的成立以及我们思想的'向上'，都同他对我们的影响有关。对于留法运动，他也十分赞助，亲自出面联系，帮助筹措费用。"③

除了新民学会的一批人才之外，杨昌济在其他学校也培养出一些著名弟子。如湖南省立第一中学学生周谷城（1898—1996），是著名历史学家、教育家、社会活动家，曾任中华人民共和国全国人大常委会副委员长、中国史学会常务理事兼首任执行主席。湖南高等师范学校英语科学生舒新城（1893—1960），是著名出版家、教育家，1928年主持《辞海》（1936年版）编纂工作，后任中华书局编辑所所长兼图书馆馆长，建国后任中华书局辞海编辑所主任，辞海编委会主任委员。湖南高等师

① 周世钊：《湘江的怒吼》，载《新民学会资料》，人民出版社，1980，第392—393页。
② 《杨昌济集》（二），第1286页。
③ 李维汉：《回忆新民学会》，载《新民学会资料》，人民出版社，1980，第459—460页。

范学校文史科学生邓中夏（1894—1933），曾任中共中央临时政治局候补委员，马克思主义理论家，工人运动的领袖，革命烈士。

杨昌济既然是公认的新民学会导师，那么我们要问：这样一位伟大的老师是采用了哪些高明的教育手段，培养出那么多杰出人才的呢？笔者认为，归纳起来说，是四个结合。

第二节
高明的教育手段（上）

其一，智育、德育、体育三结合。

杨昌济尝言："自来论教育者，往往分为智育、德育、体育之三部。"[①] 他认为，与这三种教育相适应的教学方法，则是教授、训练和养护。

所谓"教授"，就是给学生传授知识，养成发达的智力。这就涉及教育者的教学方法和教学内容。如前所述，杨昌济的学生萧三说过："杨先生并不善于辞令。"曾在湖南省立第一中学听过杨昌济讲课的周谷城先生也曾对笔者说，杨昌济讲课时动作单调，伸直手掌像菜刀一样一上一下不断地挥动，学生称他为"切菜先生"。但是他的讲课为什么又能"得听讲者很大的注意和尊敬"呢？就是因为他的道德学问好。他在湖南高师讲课内容，是他自己翻译的《西洋伦理学史》和《伦理学之根本问题》，而这两本书在国外也出版不久，并且都处于该学科的前沿。他在一师讲课时，编写过一本《修身讲义》、一本《论语类钞》，作为修身课的教材。《修身讲义》开篇即为《圣贤豪杰的特质》，以作圣贤勉励他的学生们。《论语类钞》这本书是用西方思想解

① 《杨昌济集》（一），第369页。

释儒家思想，可以说是现代新儒家的较早著作之一。黎锦熙对此书有过很高的评价，他说：书中的每一句话都是出自作者的心得，所以讲道理十分精深；很多论述都是自己亲身的经验，所以比喻特别贴切；广泛引用西方的理论学说，分析其同异，没有任何牵强之处，所以广博而不穿凿；又将《论语》的内容归纳为几个大类，自成系统，一点也不琐碎，所以简约而不拘泥。它不仅是学校讲授的一本良好的教材，就是社会上那些立志自学的人，用这本书作为研读儒家经典的途径，对于修养自己、待人接物、观察社会、通晓事物变化的道理，大部分都可以解决[①]。《论语类钞》分为立志、宗教思想、性道微言、儒家态度、处事格言、圣门下手功夫、圣门气象七个部分，每部分引用若干《论语》中的语录加以引申发挥，很适合于学生的学习。例如，在“立志”篇的第一条引《论语》：“子使漆雕开仕。对曰：‘吾斯之未能信。’子说。”意思是说：孔子叫漆雕开去做官，漆回答说：“我对这个事还没有信心。”孔子听了很喜欢。杨昌济从这个故事引发出一段议论：我向来的观点是，如果想做政治家，首先就要有政治家的学问。现在从政的人，多半缺乏这种预备功夫，所以一遇到实际事务，总是办不好。这就好比庸医杀人，严重地贻误了国事。他进一步发挥说：某人只重视力行，不重视学问；另一个人则专靠天才与经验，也不重视学问。他们不懂得，如果不讲学问，那么力行不过盲目的行动，行的力度愈大，危害愈大。若专恃天才与经验，所知道的也毕竟有限，终究不如彻底研究的人，善于应付各种事情。漆雕开因为没有自信，所以不愿当官，这是一个真正重视责任的人，我们应该以他为学习的榜样。[②]这样的“教授”，既能增加学生的知识，又能端

---

① 《杨昌济集》(一)，第249页。
② 《杨昌济集》(一)，第250页。

正学生的品行。

所谓“训练”，就是通过教育者的言论和行动，直接感化被教育者，引导学生前往正确的方向，培养学生的优良品性。杨昌济十分重视培养学生树立远大的理想和抱负，鼓励学生做有益于社会的正大光明的人。他认为道德教育的目的即在于此。所以在他编写的《论语类钞》的第一章“立志”中，引用孔子的“三军可夺帅也，匹夫不可夺志也”后解释说，“不可夺之志”，就是确立自己的坚定信仰，不可随便抛弃自己的主义。他巧妙地把儒家的修身学说和近代资产阶级个性解放的理论结合起来，试图用儒家的“小我”与“大我”的理论去防止资产阶级极端个人主义的弊病，这种观点对新民学会许多早期会员影响很深。例如，毛泽东1913年写的《讲堂录》，其中有许多这方面的记录：“理想者，事实之母也。”“高尚其理想（立一理想，此后一言一动皆期合此理想）。”“心之所之谓之志。”“孟子曰：体有贵贱，有小大。养其小者为小人，养其大者为大人。一个之我，小我也；宇宙之我，大我也。一个之我，肉体之我也；宇宙之我，精神之我也。”[①] 面对当时社会上的种种腐败现象，杨昌济始终以端正人心，改良风俗为己任，并且力图用自己的模范行动去感化学生。他的这种苦心孤诣的教育，赢得了学生们的尊敬，并且为他们所仿效。新民学会成立时，提出“以革新学术，砥砺品行，改良人心风俗为宗旨”，说明他的主张得到了学生们的强烈反响和赞成。新民学会还根据杨昌济的一贯主张，把“不虚伪”“不懒惰”“不浪费”“不赌博”“不狎妓”作为学会的纪律。

舒新城在《我和教育》的“杨怀中先生”一节说：“他教

① 《毛泽东早期文稿》，第532页。

我们的伦理学及伦理学史，为时不过一年，但他所给予我的影响很大。在行为上他那虔敬的态度，常常使我自愧疏暴，使我反省到养成‘事无大小，全力以赴’的习惯。数十年来，凡责任上应当亲做的事，绝不假手于人。允许他人一事，必得履行，不能即时履行者，必得记之于册，必俟履行以后，然后勾销。而卖文二十余年，从不请人代笔，服务社会二十余年，从不取不当利得。在思想方面，他从人生哲学上，引导我知道中国性理学以外之西洋哲学学说，扩大了我的人生观，而使我知道个人与社会的关系，体验着人类有无限的自觉的创造性等等。几十年来，我于学虽无成就，但对于学之范围则从书本扩大到直接经验与系统研究，常识因之日富，更以其所得，向实践生活中求证验，致见解日趋恒定，而心境得着安舒。此均他当时所不曾想及的潜移默化之功。”①

所谓“养护”，就是保护学生身体，使之健康成长。杨昌济认为保护学生的身体健康，是学校的一项重要责任，也是家庭最重要的义务。他把养护分成积极的和消极的两种。所谓积极的养护，包括游戏、体操、手工劳动等，这些活动可以运动身体，助其发育。所谓消极的养护，指注意学校卫生，保护身体免受损害。在谈到消极养护时，他认为学校各项设施要注意安全、牢固，要教育学生养成各种卫生习惯，特别要反对课时过多、课程负担过重。在杨昌济的提倡和带动下，新民学会的许多会员都十分重视身体锻炼，注意德智体相结合，甚至仿效他实行静坐和冷水浴。青年毛泽东在《体育之研究》中根据自己的亲身体验说：“人者，动物也，则动尚矣。人者，有理性的动物也，则动必有道。然何贵乎此动邪？何贵乎此有道之动邪？

① 《杨昌济集》(二)，第1275页。

动以营生也，此浅言之也；动以卫国也，此大言之也，皆非本义。动也者，盖养乎吾生，乐乎吾心而已。……愚拙之见，天地盖惟有动而已。动之属于人类而有规则之可言者，曰体育。前既言之，体育之效则强筋骨也。愚昔尝闻，人之官骸肌络及时而定，不复再可改易，大抵二十五岁以后即一成无变，今乃知其不然。人之身盖日日变易者：新陈代谢之作用不绝行于各部组织之间，目不明可以明，耳不聪可以聪，虽六七十之人犹有改易官骸之效，事盖有必至者。又闻弱者难以转而为强，今亦知其非是。盖生而强者滥用其强，不戒于种种嗜欲，以渐戕贼其身，自谓天生好身手，得此已足，尚待锻炼？故至强者或终转为至弱。至于弱者，则恒自悯其身之不全，而惧其生之不永，兢业自持：于消极方面则深戒嗜欲，不敢使有损失；于积极方面则勤自锻炼，增益其所不能。久之遂变而为强矣。故生而强者不必自喜也，生而弱者不必自悲也。吾生而弱乎，或者天之诱我以至于强，未可知也。"①

其二，课堂教育与课余教育相结合。

所谓课余教育，是指在课堂教育之外，老师自愿组织一些学生进行有教育意义的活动。这主要有两种形式：

一是家庭聚会。杨昌济青年时代曾经在长沙城南书院和岳麓书院读过书，对书院中那种亲密的师生感情留下了深刻印象。它不像后来从西方引进的学校，"师生间没有感情。先生抱一个金钱主义，学生抱一个文凭主义，'交易而退，各得其所'，什么施教受教，不过是一种商行行为罢了！"② 所以杨氏在长沙教学时，特别注意与学生加强联系。杨开智在《回忆父亲杨昌济先生》一文中说："由于毛泽东同志和我父有非比寻常的师生情

---

① 《毛泽东早期文稿》，第59—60页。

② 毛泽东：《湖南自修大学创立宣言》，《东方杂志》1923年第20卷第6号。

谊，因此，每逢星期假日，他总要邀几位有志同学来我家探讨学问，各抒己见，竟日不休。经常应邀来我家的，有蔡和森、陈昌、张昆弟、邓中夏、萧子暲、罗学瓒等人。”[①]萧瑜（子昇）在《我和毛泽东的一段曲折经历》中也曾谈到这种聚会：“每个星期天的早晨，我都和熊光楚、陈昌几位同仁一同拜访杨先生。我们讨论各科学习，互相传阅笔记，商讨各种问题。吃过午饭后再返校。杨先生很赞赏我在笔记中写的许多妙语警句，不时把它们摘录下来。”[②]这里除了有意将毛泽东等人略去之外，基本上是准确的。现存陈昌1914年3月8日至4月23日在湖南省立第一师范学校读书时的日记，虽然只有短短的40多天，却多次记录了与杨昌济的交往。其中，在学校课堂听讲、课毕请教五次，到杨家请教三次。如，3月29日日记：“是日为礼拜。午前九时诣杨师就口授。”[③]4月12日日记：“今日礼拜，叩杨师之门而就学，皆为口授，得益不少。大凡学者，当有刚毅之精神，谓希圣、希贤、希天，乃儒者分内事。”往下记杨氏谈话内容500余字，涉及学圣贤、读书方法等方面。[④]4月19日日记：“今日诣杨师处，授吾辈以古诗。……又将二十年前《论语类钞》，说其大略……时子昇问：心在腔子里，何为？先生曰：此问题颇灵妙。心在腔子里，犹主人翁在室，有兄弟之乐，有奴仆之役使，何等舒缓，何等自在，非若流离异域，举目无亲之可望也。此辈不为物之要求，即为人之奴婢。谚云：在家千日好，出外一时难。故心不在腔子内，算不得一个自立之人。”[⑤]张昆

---

① 《杨昌济集》（二），第1291页。
② 《我和毛泽东的一段曲折经历》，第24页。
③ 王建宇整理：《陈昌烈士未刊日记书信选》，《长沙文史》第14辑，1994年12月印，第201页。
④ 《陈昌烈士未刊日记书信选》，第206—207页。
⑤ 《陈昌烈士未刊日记书信选》，第210页。

弟1917年8月22日日记:“晚餐后至板仓杨寓,先生谓读书之要,在反复细读,抄其大要;不在求速求多,反毫无心得也。又谓向吾之理想生活进行,文章誉望,听之后人。又曰,不计较于现在之社会。又曰,势力不灭。又曰,渐蓄其力而乍用之。”9月8日日记载:“去年杨师谓余曰:‘克己之功夫多,存养之功夫太少;须从存养多下功夫,则可免克己之苦矣。’”9月13日又记:“晚饭后至板仓杨寓,杨师为余辈讲‘达化斋读书录’。后又谈及美〔国〕人之做事务实。”① 从这些记述中,可以看出新民学会成立初期的基本会员,与杨昌济的关系都是很密切的,并且从杨氏那里的确获得了不少课堂之外的知识。

二是组织哲学研究小组。这种组织形式,也就是现代所谓的社团。黎锦熙曾回忆说:“1914年,我和杨怀中先生同住在浏阳门正街一个院子里。当时以杨怀中先生为领导组织了一个哲学研究小组,其成员有杨怀中、我、毛主席、陈昌、萧子昇、熊光楚、蔡和森、萧三等人。从1914年冬到1915年9月,每逢星期六或星期日,毛主席都要到杨怀中先生家中来讨论有关读书、哲学问题。每次同来的人只有十个以下。哲学研究小组主要是介绍读物、讨论读书心得。杨怀中先生推荐给小组的读物是西洋哲学、伦理学以及宋元明哲学(理学)。我推荐给小组的读物是英国人著的社会学研究。大家每次碰到一起,就把自己一个星期看的书的心得自由地进行谈论,有时也随手拿起旁边一个人的日记看看。”② 当时,黎锦熙等人办了一个“宏文编译社”,租下长沙市浏阳门正街李氏芋园,作为办公和居住的地方。李氏芋园是曾任两江总督的湘阴人李星沅(1797—1851)的私家园林,其中有假山、花木、楼台亭阁,风景优美,

---

① 《杨昌济集》(二),第1207页。
② 《杨昌济集》(二),第1202页。

环境幽雅。黎锦熙、杨昌济、徐特立、方维夏、曾运乾、陈天倪等宏文社的同事都把家安在里面。黎锦熙的日记中，曾记下哲学研究小组的一些活动情况。如 1915 年 2 月 14 日，下午，怀中处有学生在此讲学焉，遂来吾家，亦略备茶点，稍话。2 月 24 日，下午，怀中处见肖、章各生日记，可谓切实做工夫。[①]4 月 4 日，星期四，上午，毛泽东来，阅其日记，告以读书方法。游园。4 月 11 日，星期日，上午，一师学生萧旭东（子昇）、毛泽东及熊光楚至，讲读书法，久之。4 月 18 日，星期日，上午，毛泽东、李少青及周执钦相继至，共话社事。4 月 25 日，星期日，上午，游园。毛泽东来，讲他自己在学校研究科学之术。5 月 9 日，星期日，上午，毛泽东来，稍话读书事。5 月 30 日，星期日，熊光楚和毛泽东来，长时间谈论改造社会的事。1915 年 7 月 4 日，星期日，上午，毛泽东来，阅《甲寅》杂志第 6 期。[②]黎锦熙摘录的这些日记，虽然只讲了毛泽东等人与他个人的交往，但却从旁证明，杨昌济在一师与一些关系亲密学生的交往是十分频繁的。

黎锦熙在谈到哲学研究小组的活动时间时，为什么只说到 1915 年 9 月呢？因为他在这年 9 月 1 日离开长沙到北京任教育部教科书编纂处主持人。但这并不意味着哲学研究小组就停止了活动。事实证明，小组的活动不但没有停止，而且后来还促使了新民学会的成立。毛泽东所写的《新民学会会务报告》就明确指出，新民学会的发起，在民国六年（1917）的冬天。发起的地点在长沙，发起人都是在长沙学校毕业或肄业的学生。这时候这些人大概有一种共同的感想，就是“个人及全人类的生活向上”，“如何使个人及全人类的生活向上？”就成为一

① 《杨昌济集》（二），第 1198 页。
② 《杨昌济集》（二），第 1204—1205 页。

个迫切需要讨论的问题。这时候尤其感受到的是“个人生活向上”的问题，尤其感受到的是“自己生活向上”的问题。参与讨论这类问题的人，有十五人左右。只要遇到一起必定讨论，只要讨论就必定涉及这类问题。讨论时十分亲密，讨论的次数在一百次以上。如果追溯其源，这类问题的讨论，远在民国四、五年（1915、1916），至民国六年冬天，于是得到一种结论，就是“集合同志，创造新环境，为共同的活动”。于是就有了组织学会的提议，一提议就得到大家的赞同。这时候，几个发起人的意思十分简单，只是觉得自己的品性要改造，学问要进步，因此求友互助之心热切到了十分。这实在是学会发起的第一个根本原因。[①]毛泽东的这段话虽然没有提及哲学研究小组，但是说这种讨论的时间早在1915年和1916年就已经进行。这个时间恰好与哲学研究小组的活动时间相重合。

① 《杨昌济集》(二)，第1216—1217页。

第三节
高明的教育手段（下）

其三，学校教育与社会教育相结合。

在中国，“社会教育”一词最早就是由杨昌济提出的。他在 1903 年出版的《游学译编》第九册发表的《教育泛论》一文中称：有家庭之教育，有学校之教育，有社会之教育。家庭教育之范围狭，而学校教育与社会教育之范围广；家庭教育之势力小，而学校教育与社会教育之势力大。[①] 广义的社会教育，是指通过参与有益于人身心发展的各种社会活动，有意识地培养受教育者紧跟时代的步伐，做到与时俱进。杨昌济本人就是一位能够与时俱进的学者。他曾积极参与戊戌变法，又曾积极支持辛亥革命，到五四新文化运动时期，他不但自己积极参与，还引导其学生参与其中。

《新青年》传到湖南后，社会上反应还比较冷淡，有的学校当局（如湖南高师）甚至还采取一种抵制的态度。但是杨昌济却不同，他不仅自己为该杂志写文章，还自己掏钱订购若干本《新青年》，分赠给他心爱的学生毛泽东等人阅读。毛泽东在一师的同班同学周世钊曾回忆说：以改造中国为目的的《新青

① 《杨昌济辑》，第 149 页。

年》杂志于1915年创刊，毛泽东即刻就成为最热爱它的读者之一。他对李大钊、陈独秀的文章反复阅读，并摘抄某些文章中的精辟段落。在很长一段时间，每天除上课、阅报之外——看书，看《新青年》；谈话，谈《新青年》；思考，也思考《新青年》上所提出的问题。当时的《新青年》，提倡新文化，反对旧礼教；提倡白话文，反对文言文；提倡劳工神圣，反对剥削生活；提倡科学与民主，反对迷信与独裁。他完全同意这些论点。[①] 周世钊的这段回忆，生动地再现了围绕在杨昌济身边的一群青年追求真理、关心政治、关心国家和民族前途命运的真实情况。正是由于杨昌济的引领，以毛泽东和蔡和森为代表的新民学会会员，经过五四新文化运动的洗礼，成为反帝反封建的激进民主主义者。学会还有相当一部分人，经过对马克思列宁主义的学习和革命实践的锻炼，最终从激进民主主义者转变成为共产主义者。

社会教育的机构和方式是多种多样的，如：公园、博物馆、图书馆等是机构；歌谣、音乐、小说、谈话演说会及团体活动、旅游、游学等是方式。杨昌济就十分重视旅游。李肖聃说“怀中用度极简，独好旅行。居东（日本）时，暇日必游览山水”[②]。青年毛泽东在《讲堂录》中曾记游览的好处：“游之为益大矣哉！登祝融之峰，一览众山小；泛黄渤之海，启瞬江湖失；马迁览潇湘，泛西湖，历昆仑，周览名山大川，而其襟怀乃益广。”“游者岂徒观览山水而已哉，当识得其名人巨子贤士大夫，所谓友天下之善士也。”[③] 正是基于这样的认识，所以青年毛泽东在一师读书期间，就曾多次和同学到湖南农村进行游学考察。例如，

① 《新民学会资料》，第392页。
② 《杨昌济集》（二），第1270页。
③ 《毛泽东早期文稿》，第530页。

1917年7月中旬至8月16日，毛泽东与萧子昇步行漫游长沙、宁乡、安化、益阳、沅江五县，历时一个月，行程九百余里。这次长途旅行，未带一文钱，用游学的方法或写些对联送人以解决食宿，所到之处，受到农民友善的欢迎和款待。沿途接触城乡社会各阶层的人，了解一些风土民情，获得许多新鲜知识。[①]又如，1918年春，毛泽东和蔡和森沿洞庭湖南岸和东岸，经湘阴、岳阳、平江、浏阳几县，游历半个多月，了解社会情况，读"无字书"[②]。正是通过社会教育的种种方式，新民学会的会友逐渐融入社会之中，和广大人民群众打成一片。

其四，西化教育与国情教育相结合。

这里讲的"西化教育"，指向西方学习的教育。杨昌济是在清末向西方派遣留学生的高潮中出国的，他在国内对中国传统文化有深入研究，又在国外生活了十年的时间，所以他对西化教育与国情教育如何结合有着独到的见解。

戊戌维新运动的发生，是西学传入中国后在政治方面结出的第一个不成熟的果实。因此尽管它以失败告终，但是在青年学子中却留下了极为深刻的影响，他们认识到，要救国，只有向西方学习。1903年以后，在向日本派遣留学生的高潮中，湖南人非常多，这是与戊戌变法在湖南的影响特别深入这一历史背景分不开的。杨昌济也是在这一背景下去日本的。他后来在回顾自己这一段经历时说："余自弱冠，即有志于教育。值世局大变，万国交通，国内人士，争倡变法自强之议，采用东西洋各国成法，创兴学校，以图教育之普及。余以为处此时势，非有世界之智识，不足以任指导社会之责，于是出洋求学，留于

① 《毛泽东年谱》(1893—1949)上卷，中央文献出版社、人民出版社，1993，第28页。
② 《毛泽东年谱》(1893—1949)上卷，中央文献出版社、人民出版社，1993，第34页。

日本者六年，复至英国留居三年有余，又往德国留居九月。”[①]

由此可见，杨氏之出国留学决非一时兴趣所致的赶潮流，而是以他对西学重要性的认识为基础的，即试图以“世界之知识”，“任指导社会之责”。正因为杨氏对西学有这种自觉，所以他对国人缺乏这种自觉便深表忧虑。1913 年底，当袁世凯的专制主义已初露端倪，而社会上一些人还为之鼓吹之时，杨氏在一篇文章中指出：“现在读书识字知古今能文章之人尚多，独惜无世界之知识，或以为吾国共和不如专制，或虽知当除专制，而不知共和建设下手之方法。前者固为国民进步之鲠，后者虽知共和之必要，而不知建设下手之方法，束手坐观，而不能参加改进之运动，此真吾国之大忧也。”[②]

杨昌济反复强调要有“世界之知识”，这正好抓住了当时国人最缺乏的东西。既然“世界之知识”如此重要，那么向西方学习应着重学习什么呢？杨氏认为，必须物质科学与精神科学并重。在《新青年》上，他发表的《治生篇》就主要是对《大学》中的“生财有大道：生之者众，食之者寡，为之者疾，用之者舒，则财恒足矣”进行发挥，他认为“以程功之敏速而言，吾国较之西洋各国迥不相及，铁路尚未开通，则交通迟滞；机器尚未广用，则制造缓慢；此皆大悖于‘为之者疾’之义者也”。[③] 所以杨氏指出：“欲跻中国于富强之列，非奖励科学不为功也。……夫科学为白人所发明，彼既着我先鞭，吾辈自不得不师其长技。”[④]

但是杨昌济认为，光学习西方物质科学不够，还必须学习其精神科学。他说：“近世人士鉴于中国之贫弱，由于物质科学之不发达，遂发愤而倡物质救国之论。其救时之苦心，固吾人

---

① 《余归国后对于教育之所感》，载《杨昌济集》（一），第 50 页。
② 《记英国教育之情形》，载《杨昌济集》（一），第 38 页。
③ 《治生篇》，载《杨昌济集》（一），第 130 页。
④ 《劝学篇》，载《杨昌济集》（一），第 73 页。

所同感。然若忽视精神之修养，则物质科学亦终无发达之期，故近人又有著《精神救国论》者。此等问题，皆关系国家生存发达之大问题也，畸轻畸重，则社会将受其不良之影响。通天人之际、究古今之变者，固当高瞻远瞩，通盘筹画，未可漫然以意轩轾于其间也。”① 杨氏对精神科学与物质科学关系的看法是完全正确的。

杨昌济虽然十分重视西化教育，主张全面掌握世界之知识。但是他又十分重视对国情的研究，强调要对学生进行国情教育。他认为这两个方面都是不能忽视的。为此，他主张从两个方面做，以实现这种结合。

首先，他认为留学生出国之前，对本国语言文字和本门学科的知识要有较好的基础。他说：我国并非没有好学深思的人，他们对本国学问素有研究，只是没有世界之知识，所以他们的学识还不足以满足当世之急需。这样的人，如果能到国外看看，那么他们所得到的收获比较那些新学小生，必然会更深刻、更切体。一般来说，到外国游历，难的不是通其语言，而是难以通其学问；仅仅熟于西方人的语言文字，并不一定就可以讲西方人的学问。同样是居留外国，学有素养的人的观察，必定有其独到之处，其所考究必非肤浅之事。观国之识，在于平素的积累。② 杨昌济认为，如果一个人对本国文化一窍不通，纵令外国语很熟，能与西人对答如流，“将来学成归国，乃全然一外国人，将不能有中国人完全之资格。国文、国学关系之重要有如此者。深于本国之文学，则知本国有固有之文明，起自尊之心，强爱国之念，且对于国内之风俗习惯均能知其起源、悉其意义，对于祖国既不至发生厌薄之感情，对于国俗亦不至主张激急之

① 《余归国后对于教育之所感》，载《杨昌济集》（一），第 55 页。
② 《杨昌济集》（一），第 73 页。

变革，此真国家存立之基础，不可不善为培养者也。”[①]

其次，他认为，在学到了外国的好东西之后，要运用到中国，还要根据中国的国情，有选择、有批判地运用。他说：国家为一有机体，犹人身之为一有机体也。善治病者，必察病人身体之状态；善治国者，必审国家特异之情形。吾人求学海外，欲归国而致之于用，不可不就吾国之情形深加研究，何者当因，何者当革，何者宜取，何者宜舍，了然于心，确有把握，而后可以适合本国之情形，而善应宇宙之大势。[②]

毛泽东和蔡和森是新民学会中留法勤工俭学的发起者和组织者。可是当蔡和森等一批新民学会会员赴法留学之时，毛泽东却决定暂时留在中国。他说：我们如果要在现在的世界稍微尽一点力气，当然脱离不开中国这个地盘。关于这个地盘内的情形，似乎不能不加以实地的调查和研究。这种调查研究的功夫，如果等到出洋留学回来以后再做，因为人事及生活环境的变化，困难就会很多。如果现在就做，不但可以避免这些困难，而且可以携带些经验到外国去，作为考察时的参考比较。[③]这段话，清楚地反映了杨昌济的国情思想对他的影响。正因为毛泽东在引领中国革命的预备阶段，就有着对研究中国国情重要性的深刻理解，所以他抓住一切机会深入了解中国国情的历史和现状，为往后把马克思主义普遍真理与中国革命的具体实际相结合，创造了非常重要的条件。

* * *

杨昌济在长沙工作期间，对湖南教育事业最大的贡献，就是倡议创办湖南大学。杨氏回国后不久，在公开发表的第一篇

---

① 《杨昌济集》(一)，第 55—56 页。

② 《杨昌济集》(一)，第 73 页。

③ 《毛泽东早期文稿》，第 428 页。

文章《余归国后对于教育之所感》中，就提出了创办湖南大学的设想。1915 年，袁世凯发布《大总统特定教育纲要》，宣布不同意各省设大学，并划全国为六个师范学区，规定只能在北京、南京、武昌、成都、广州等地设立高等师范学校；将湖南、湖北、江西三省划为一个学区，指定 1913 年成立的武昌高师作为该学区的唯一高师学校，撤销湖南高师。对此，杨昌济坚决反对。他特地写信给当时北洋政府教育总长、留日同学范源濂，力争保留高师。后来发现维持湖南高师之事不行，移武昌高师于长沙岳麓之说亦难成为事实，杨昌济便直截了当提出就高师校址改办湖南大学的主张。1917 年 4 月，杨昌济偕高师校长刘宗向、教务长杨树达、教授朱剑凡、教员易培基及明德学校校长胡元倓等联名上书谭延闿，呈请将“岳麓校址改办省立大学，先设预科，以宏教育”。呈文由杨昌济撰写，他在文中指出：“大学为文化之中枢，人材之渊薮，欲开发地方之实力，非如此固不可也。”“湖南之昌，中国之兴，将于此举卜之也矣。”[①]5 月 25 日，谭延闿批准杨昌济等人的呈文，同意将高师旧址改办湖南大学，先办预科，并指示：“未开办大学预科以前，暂借与工业专门学校作为讲授学科地点。”7 月 13 日，杨昌济、刘宗向、易培基等发起人召集省会教育界及省议会人士开筹备会，商议三项办法：“（1）经费精密预算，先开设预科四班（内分文理两科），只年须洋二万元；（2）校址即就旧高等师范划一部分为之，余则借与高等工业；（3）进行方法：开办无论迟速，均拟要求省公署即委筹备员以资进行。”并推举贝允昕、李况松、武绍程等人与发起人一同与政府交涉，以祈湖大从速成立。8 月 4 日，谭延闿批准杨昌济等呈请设立大学筹备处并划定工业

① 《杨昌济集》（一），第 230—233 页。

专校借用地段的报告。8月7日，谭延闿又委派省视学员向玉楷、朱焌会同高师校长刘宗向清查高师校具，划定高师校址及文庙一带，如半学斋、尊经阁等处房屋为校具保管处，委派高师毕业生甘融、刘之定等保管校具。9月22日，谭延闿任命杨昌济、孔昭绶、胡元倓、易培基等四人为湖大筹备处筹备员，他在委任令中赞许杨昌济等人“学识宏通，经验优裕，堪胜筹备大学之任”，勉励他们将“开办大学以前一切应行筹备事宜，妥为规划，随时呈报备核”。张敬尧统治湖南后，政局愈加动荡，肆意克扣挪用教育经费，纵容军队强占学校房舍，湖南教育事业备受摧残，湖大筹备工作也举步维艰。7月，杨昌济于极度失望之中，接受了蔡元培校长之请，受聘北京大学伦理学教授，举家北上。去京前，将前所写关于创办湖南省立大学的呈文改写成论文《论湖南创设省立大学之必要》[①]。

杨昌济在长沙工作期间，编纂的教材有《修身讲义》《论语类钞》《教育学讲义》《心理学讲义》，翻译的著作有《西方伦理学史》《伦理学之根本问题》。他还曾计划翻译斯宾塞的《伦理学》《社会学》《综合哲学原理》，康德之《纯粹理性批判》《实践理性批判》等书，但未及实行。[②] 杨昌济还很重视中小学教材建设。1914年，他与黎锦熙、缪兆珩合编《初等小学国文读本》（第一册），由长沙宏文图书社出版[③]。同年5月，由魏先朴任编辑者、杨昌济任改正者的《论理学教科书》由中华书局代印。此书编者在“编辑大意”中指出：“本书仓卒编就，舛谬良多，

① 张泽麟：《欲栽大木拄长天：杨昌济与湖南大学的故事》，《新湖南客户端》2018年7月22日。

② 杨昌济致章士钊信，刊于1915年8月10日出版的《甲寅》第一卷第八号。

③ 黎泽渝、马啸风、李乐毅编《黎锦熙语文教育论著选》，人民教育出版社，1996，第154—160页。录有“《初等小学国文读本》第一册教授细目第一学年教材分配表”，读者可以参考。

经杨怀中先生详细改正，始敢付梓。”[1] 杨昌济还和黎锦熙一起校订了由黄锡卣、方维夏、徐特立合编的《初等小学国文读本》（三卷），1915 年由长沙宏文图书社出版。

① 《论理学教科书》“编辑大意”，中华书局代印，1914，第 2 页。

第七章 出任北京大学教授

1918 年端午节之后，杨昌济结束在湖南的五年任教，应北京大学校长蔡元培之聘，出任北京大学哲学门（系）伦理学教授。

第一节
始终走在新文化运动的前列

本书《前言》中指出，杨昌济 1914 年 10 月在《公言》杂志上发表的《劝学篇》，不仅预言了新文化运动产生的必然性，而且为这次运动提出了一系列正确的指导原则；此后杨氏公开发表的一系列文章表明，在其逝世之前，他始终走在新文化运动前列。这些文章大体上可以分为两类：一类是直接介绍和宣传西方的新文化的，如《各种伦理主义之略述及概评》《哲学上各种理论之略述》《西洋伦理学史之摘录》《结婚论》等。一类是用西方新文化批评中国的旧文化，如《余改良社会之意见》《宗教论》《改良家族制度札记》《治生篇》等。《告学生》，则是一篇对青年学生具有普遍指导意义的文章。这些文章在本书有关章节均有适当的分析，这里着重分析一下《改良家族制度札记》《结婚论》和《告学生》。

在 1915 年致章士钊的一封信中，杨昌济说："近译 Wester marck 氏《道德观念之起原及发达》中论结婚之一章，以人类学之眼光，比较大地古今各种人结婚之习惯，颇足起人研究之兴味，其中多可与弟之《札记》相发明，当以寄呈。”[①]《札记》指发表于1915年6月10日出版的《甲寅》第一卷第六号之《改良家族制度札记》。《结婚论》发表于《新青年》1919年第5卷第3号。下面，就让我们比较一下两文是如何互相发明的吧。

1. 关于近亲结婚

《结婚论》言：“自其最初言之，则有某范围以内之人不许结婚之例。盖人类几无不恶亲属相奸，其有反此者，不过为少数之例外。惟亲属之不许结婚，其程度亦自有异。父子之间不结婚，乃极普通之事。同父同母之兄弟姊妹结婚，人皆以为大恶。然惟皇室间有之，因其血统太尊，不欲与臣下为偶也。有少数种人，有此不合法之结婚。或因离隔太甚，或因不正之冲动。或谓锡兰之威达种人，以与妹结婚，为正当之配偶。其实此种不合法之配偶，从不为社会所容许。彼等谓同产相奸，其恶甚于杀人。有一流传之故事，谓威达人有因其妹诱奸而立杀其妹者，亦可见其反对此事之烈矣。此因不识威达人之习俗，故致有此误。彼等可与舅父之女或姑母之女结婚，彼等称表妹为妹。假如问威达人曰：‘汝与妹结婚否？’彼将曰：‘然。’若问曰：‘汝与汝亲生之妹结婚乎？’则必盛怒而斥之，以问者为侮辱之也。同姓不婚，乃此种人之习俗，无论若何疏远，决不为之。如此之结婚，乃亲属相奸也，犯者必死。此类之禁制，未开化之民，较已开化之民更为繁重。有禁与全族为婚者，有犯此者，则视为大罪。中国亦痛恶亲族相奸。若女子与堂伯叔或兄弟或侄有奸，则处以死刑。若男子与从母结婚，则处以绞罪。……由以上所言，吾颇信近亲结婚为多少有害于种族。于是人类之厌恶亲属相奸，可以说明之矣。人类非必常觉近亲结

① 此信刊于1915年8月10日出版的《甲寅》第一卷第八号。标题为《甲寅》杂志编者所加。

婚之恶影响，然天择之法则，必有作用行于其间。”①

《改良家族制度札记》说：“近亲不宜结婚，乃人类学之所示。男女同姓，其生不蕃，吾国古代之人，已发明此理矣。中表、姨表兄弟姊妹之不宜结婚，亦根据此原理，但问血族之有无关系，不问其为男系与女系也。据人类学者之所言，谓近亲结婚者，其所生子女多发癫痫之病，与中人所言‘男女同姓，其生不蕃’之说相合。中国人以娶外孙女为孙妇者为骨肉还乡，亦颇以为嫌，谓其不利于生育也。又有甲家嫁女于乙家，而乙家复嫁女于甲家者，在甲家则甲家之女为姑，而乙家之女为嫂；在乙家则乙家女为姑，而甲家之女为嫂，俗谓之对‘圈门亲’，亦有人谓其不利者。大抵结婚以择新为善，可以增阅历而联社交。电学公例同极则互相拒斥，异极则互相吸引，物理有之，人道亦然。”②

杨昌济在《改良家族制度札记》中明确指出，“近亲不宜结婚，乃人类学之所示”，说明他接受了威斯达马克的观点。他批评的“圈门亲”，也是一种近亲结婚，属于家族主义影响的范畴。

2. 关于虏妻

《结婚论》云：“非特择配之标准而已，即结婚之方法，亦遭遇不断之变化。今日世界之一部分，犹存虏妻之习。即文明社会结婚之仪式，犹有虏妻之遗迹可寻。可知太古之时，此事必尤为多见。此事之起源，一则因厌恶与亲近之人结婚，一则未开化之人，非用强力，不易有获妻之机会也。此事当起于已有家族之结合而尚无交易之习惯之时，惟吾人以为无论何时，此必非唯一获妻之方法。谓人类有一时代，家族之间，全不知

---

① 《杨昌济集》(二)，第751—754页。
② 《杨昌济集》(一)，第117页。

商量嫁娶之事，此则吾人所不能信者。”[①]

《改良家族制度札记》实际上也指出了类似虏妻的做法：“中国法令疏阔，一任民间之自治。于是家族会议，实代行政司法之官吏，处置族人相互关系之事，然而弊端亦生于此。近处人家有一嫠妇，年二十余，有子可抚，其母家之族人欲嫁之而得财礼，其夫家之族人持不可。母家之族人，欲以多人乘夜至其夫家劫取而嫁之。会事觉，夫家之族人，则以嫁于他人，得财礼百余串。妇之翁姑与其族人、媒人均分之，而本人殊不愿也。始则被胁迫于母家之族人，继复被胁迫于夫家之族人，涕泣登轿，嫁一年将六十穷而且丑之人，乃日以眼泪洗面，旁观者至代忧其何以了此残生。呜呼惨已！结婚为百年大事，不问本人之愿意与否，而迫使行之，又为人身之买卖，而女子竟不能不忍受之，无法律上之保护，可谓黯无天日！此真吾国野蛮之习，立法行政者所宜加之意也。”[②]

如果说，《结婚论》中所说的“虏妻”是人类社会婚姻制度发展过程中的一种习惯的话，那么杨氏所说的这种“虏妻”则是中国封建家族制度之下的一种特有的怪现象。

3. 关于聘礼

《结婚论》云：“现在许多浅化之人种之中，娶妻之时多备赔偿。其最简单之法，则以己家之一女子，易他家之一女子是也。此事盛行于澳洲土人之中。又有一法则，以人工易之。男子先服役于女父之家，以一定时为限。然最普通之法，则纳一定之财礼于女子之父，或并及伯叔与他近亲。以交易或买卖而结婚，不仅行于程度低下之民族而已，即文化已开之民族，亦尚行之，或曾行之。如中亚美利加与秘鲁、中国、日本、塞

① 《杨昌济集》(二)，第 757 页。
② 《杨昌济集》(一)，第 111—112 页。

米第克种族及古代之亚利安种族，皆可发见此事实。……中国人娶妻，亦有聘礼。此固无异买妻，然彼等决不肯承认聘礼为卖女之价值，是亦以卖女为可耻之事也。”[①]

《改良家族制度札记》谈到的童养媳，就涉及聘礼的问题：某“地贫人娶妇之法，多自幼抚养，谓之女媳妇；及其成人，乃拜见成礼，谓之‘圆房’。凡贫人之家，多以此法得妇。盖长大而娶妇，则须财礼，贫家无力供之也”。[②]由于有聘礼，实行买卖婚姻，所以在中国家族制度统治的时代，在婚姻问题上出现许多不正常的现象：“略有身家之男子，则亦易于得妇。如白痴、残疾，有肺病、有烟癖者，在西洋决无结婚之希望，而在中国往往得美妻。故谚有‘巧妻常伴拙夫眠’之语，又有‘一朵好花插于牛粪之上’之喻，亦社会中一不平之事也。”[③]“西洋新婚之夫妇所以能独立门面者，以不早婚之故。中国新婚之夫妇所以难于独立门面者，以早婚之故。西洋人之结婚，必由于两人之自愿。中国人之结婚，则全听父母之主持。西洋人无祭祀祖先之习，故不甚以无嗣为虑。中国人有祭祀祖先之习，故深以无嗣为忧。不忧无嗣，故西洋之男女其不结婚者颇多，其结婚亦迟。惟恐无嗣，故中国之女子不结婚者绝少，其结婚亦早。”[④]早婚也离不开财礼，实为买卖婚姻。

4. 关于一夫多妻

《结婚论》云：“多数之下等动物，恒以一雄一雌或一雄众雌为其配合之原则。至人类则有种种不同之结婚形式。有一夫而配一妻者，有一夫而配多妻者，有一妻而配多夫者，更有多夫而配多妻者，此则极少之例外而已。……男子之于女色，

① 《杨昌济集》（二），第758—759页。
② 《杨昌济集》（一），第113页。
③ 《杨昌济集》（一），第114页。
④ 《杨昌济集》（一），第115页。

又有厌常喜新之情，亦如人之频食一物而生厌。又人无不欲其子孙之众，财产之殖，权力之强。妻之无子，为另择一妻极普通之理由。古代印度有多妻之俗，实由于其人有乏嗣之忧。即今日在极东，犹以愿望多子之故，有多妻之俗。多妻则子众，子众则势强。在昔日之社会往往惟恃己之眷属为己之援助。若其社会无奴仆之存在，则可为己之奴仆者，妻以外惟子而已。且财产之殖，有赖于多妻者甚重。非徒为其能生育，抑亦为其能工作也。若不有奴仆，又难得雇工，则人之欲多得仆者，惟有多得妻之一法而已。”①

《改良家族制度札记》说：“奉基督教之人民，一夫一妻，不许纳妾。奉回教之人民，一夫多妻，妻皆平等，不同居，并无嫡庶之别。中国人可以纳妾，既非一夫一妻，又非一夫多妻。一夫一妻，自是公平之制度。中国人重祭祀，重男系，有‘不孝有三，无后为大’之说。妻无出者，或虽生女子而未生男子者，则纳妾以冀生子。今欲改制，必先顾虑此一层。此为保持旧制者最强之理由，人谁不欲延其血统，但势有不能，即当安之若命。西人宁无后而不肯破坏其一夫一妻之主义，因此事大有关于人道也。人格平等，社会中不应有奴隶一种人，妾亦奴隶之一种也，妾在社会交际之间，不得与妻匹敌，其人格不完全。社会中尚存纳妾之制，则已剥夺社会中一部分之人权，观俗者所宜深省也。且纳妾则对于妻之爱情不专，其酿家庭之不幸，有不可胜数者。夫妇之道苦，亦制度不良之所致也，故此制宜改。当此制未改之前，吾人亦宜各守道德，无为此违反人道之事，此则区区之微意也。”②

反对封建主义是新文化运动的一个重要内容。在当时，反

---

① 《杨昌济集》（二），第 760—761 页。

② 《杨昌济集》（一），第 119—120 页。

对封建的婚姻制度是反对封建主义的重要方面。其内容包括反对封建贞节观，提倡妇女解放；主张妇女经济地位独立，反对包办买卖婚姻；提倡男女社交公开，恋爱自由，婚姻自主；倡导节制生育，反对嫖娼和纳妾；等等。杨昌济《余改良社会之意见》一文 1915 年发表于全国性刊物《甲寅》杂志，在一定程度上引导了这场运动；而其译文《结婚论》1919 年发表于全国性刊物《新青年》，则从思想上配合了这场运动。

杨昌济生前公开发表的最后一篇文章《告学生》刊于《国民》杂志 1919 年第 1 卷第 1 期。1918 年 10 月 20 日，北京学生救国会组织国民杂志社，在南池子欧美同学会会所召开正式成立大会。社员 80 余人到会。北京大学学生许德珩担任大会主席，报告筹备经过；北京大学校长蔡元培、教授徐宝璜和著名报人邵飘萍等出席并发表演说。会议讨论、修改了章程。北京大学文科学生邓中夏、许德珩、周炳林等人当选为编辑员；谢绍敏为调查股主任，张国焘任总务股干事，段锡朋任评议部议长。《国民》杂志社的宗旨是："增进国民人格，灌输国民常识，研究学术，提倡国货。" 1919 年 1 月 20 日，该社组织出版《国民》杂志，进行反帝爱国宣传。

《告学生》立足于时代高度提出问题："近日中国与万国交通，政治上复经极大之变动，思想界遂生非常之混乱，新旧冲突，青黄不接，群众苦之，青年尤甚。所望贤智之士，学问、思辨共讲斯事。务取关于人生、关于社会种种问题，一一加以新研究、新解释，斟酌古今，权衡中外，审思中华民族在世界之地位，审思自己对于斯世当取如何之态度。在一己则立一贯通一生之理想，在一国则立一百年远大之规画。此乃我辈今日之急务也。"为此，杨氏呼吁，面对国内纷争不知所定的局面，要唤起国民之自觉，树立一种统一全国之中心思想。他说：“古来一种学说，倡之者不过一二人，而辗转流传，卒遍海内，流风余韵，久而益新。盖真理恒得最后之胜利，但患所言之非真理耳。”这表明，他对真理的力量充满了无限信心。在往下的分析中，杨昌济着重论述了学生个人如何掌握自己的命运，这就是所谓“故欲唤国民，先在醒自己，己苟自觉，斯能觉世”。而要做到自觉，就必须做到“贵我”“通今”，吾尝曰：“横尽虚空，山河大地，一无可恃，而可恃惟我；竖尽永劫，前古后今，一无可据，而可据惟目前。”“贵我”“通今”的思想最早是杨氏在1903年发表的《教育泛论》中提出来的，后来在一师的课堂上和讲义中反复宣传，可以说这是贯穿他一生的一根红线。他认为只有做到了贵我又做到通今，才能真正做到自觉。自觉之后，不可不继之以实行。无活动则无自觉，故实行尚焉。“博学、深思、力行，三者不可偏废。博学、深思皆所以指导其力行也，而力行尤要。力行为目的，而博学、深思为方法。博学而不行，何贵于学？深思而不行，何贵于思？能力行，则博学、深思皆为力行之用，不能力行，则博学、深思亦徒劳而已矣。且博学与深思亦力行之一事也。非真能力行者，学必不能博，思必不能深，故学者尤不可不置重于实行也。”杨昌济这段论知行关系的言论，在中国近代哲学史上也是比较精彩的。他又说：“实行尤必继之以坚忍，始能竟实行之功也。世界无尽，我愿无尽，而实行终自有限，要在一息尚存，此志不容稍懈而已。实行虽有限，而加入此实行于人类进化全体之中，遂亦与之俱无限焉。苟知日常之实行有如斯久大之意义，亦可以自慰矣。”[①]这表明，杨氏对人类前途和国家进步，对青年的未来，是充满着乐观主

① 《杨昌济集》（一），第244—247页。

义精神的。他的这篇《告学生》是从世界观的高度，给青年学子指明了行动的方向。而所谓“一息尚存，此志不容稍懈”，正是杨氏的夫子自道，表明了他生生不息的奋斗精神。

第二节 北大第一位专任伦理学教授

韩水法主编的《北京大学哲学学科史》第四章《伦理学学科史》（何怀宏执笔）第一节《奠基期》指出：1918 年 6 月，蔡元培聘请杨昌济为北京大学教授，是第一位专任的伦理学教授。此年所列“伦理学”课程是放在大学哲学门本科的第二学年，每周三课时；“伦理学史”则是放在第三学年，每周两课时。“杨昌济自长沙来京后，在 1918 年下半年至 1919 年上半年这一个学年，在北大讲授了两门课，一是必修课‘伦理学’，一是选修课‘伦理学史’。他讲授‘伦理学’所用的教材是德国人利勃斯（今译利普斯）所著的《伦理学之根本问题》，这本书他是从日文翻译过来的，1918 年 11 月由北京大学出版部出版上卷，1919 年 3 月出版下卷，一共 9 万多字。他讲的‘伦理学史’则是用日本东京高等师范学校教授吉田静致的《西洋伦理学史讲义》，这本书是他在长沙时就开始翻译的。……作为第一位在北京大学专门开设伦理学课程的教授，杨昌济先生可以说是功不可没；而作为影响了中国后来一代主要政治领袖的思想人物，杨昌济也有其特殊地位。”①

① 《北京大学哲学学科史》，商务印书馆，2014，第 286 页。

徐曼在《西方伦理学在中国的传播及影响》一书中指出：北京大学哲学系于1914年建立，起初称“中国哲学门”。初建的中国哲学门设学长一人，主持各项事宜，聘请若干名教授主课。从哲学系的课程表里看出，自1917年始，本科课程便设有“伦理学”课，讲授教师为康心孚。同时，还设有选修课“伦理学史”。康心孚主要是从中国哲学传统重视人的品德修养入手来介绍有关的观点。当时存在的缺失是对西洋伦理学的新成果反映与吸收不够，为补足这一缺陷，蔡元培于1918年春夏之交请来了在湖南教书的杨昌济。杨昌济在北京大学主要负责讲授两门学科，一门是“伦理学”，这是本科的必修课，使用的教材是由杨昌济翻译的德国人利普斯写的《伦理学之根本问题》；一门是“伦理学史”，是选修课，使用的教材是由杨昌济翻译的日本（东京）高等师范学校教授吉田静致的《西洋伦理学史讲义》。这两本书1920年均由北京大学出版部正式出版，产生了很大影响，受到学界好评。此外，他还翻译了〔日〕深井安文的《西洋伦理主义述评》，并于1923年正式出版。在五四运动前后，用近代资产阶级的方法研究伦理学的人很少，能够在大学讲坛上系统地讲授伦理学的人就更少了。杨昌济毕生致力于伦理学的研究，对伦理学的基本理论和中、西伦理学史都有很深的造诣。在北京大学任教期间，杨昌济倾其所学，把他对西方伦理学的认识、研究以及对中西伦理学的汇通通过课堂教学这个途径传授给了学生，用他的学识、用他的人格为北京大学伦理学课程的建设做出了贡献。[①]

《伦理学之根本问题》涉及的伦理学的基本问题和基本关系有：利己主义与利他主义、道德上之根本动机与恶、行为与

① 徐曼:《西方伦理学在中国的传播及影响》,南开大学出版社,2008,第185—186页。

心情（幸福主义与功利主义）、服从与道德之自由（自律与他律）、道德之正（义务与倾向性）、一般之道德律与良心、目的之体系、社会之有机体（家族与国家）、意志之自由与责任等。徐朝旭、杨海秀指出此书的特点，在于它是按照西方近代伦理学的范畴建构而成的体系，涉及西方近代伦理学研究的基本理论问题，它与其他伦理学原理著作在内容上相互补充，形成了比较完整的伦理学基础理论体系。①

下面我们对《伦理学之根本问题》的内容略作分析，来看看此书的特点。在第一章《序论——利己主义与利他主义》中，作者举了一个对立之事例以说明什么是利己主义。我行走于水边，见一小孩将溺于水，我本来是可以救他的，但是害怕危及自己的生命，因此而见死不救，这完全是有可能之事。但更有一种可能，是我跳入水中冒生命之危险以拯救此小孩。我之为此，因欲救此小孩以反诸其亲人。第一例之我，其为利己主义者不容置疑，然第二例之我为何也是利己主义呢？有的道德学者是这样认为的。其说曰：你何故跃入水中？因救小孩之观念较立视孺子溺死之观念尤能使自己满足。引导你之行为者自己之满足也，而于其行为求自己之满足者，即为利己主义者。②这个理论即为康德的假言命令和定言命令：假言命令是有条件的，认为善行是达到偏好和利益的手段。定言命令则是把善行本身看作目的和应该做的，它出自先验的纯粹理性，只体现为善良意志，与任何利益打算无关，因而它是无条件的、绝对的。所以这一理论又称为“绝对命令”说。

利普斯在分析利他主义时，运用了由他创立的“移情说”。“移

① 徐朝旭、杨海秀：《杨昌济与中国现代伦理学学科体系的建构》，《厦门大学学报》（哲学社会科学版）2016 年第 6 期。

② 《杨昌济集》（二），第 1037 页。

情”作为美学术语，首先由德国美学家费肖尔用来表示人可以通过自己的意识活动，将自己的思想和感情加诸对象，使对象具有一定的情感和审美色彩。这种理论后来成为利普斯的心理学美学的核心内容，在20世纪初得以广泛流传，成为各种形式主义艺术流派（如表现主义等）的理论基础。利普斯在其代表作《空间美学和几何学·视觉的错觉》(1879年)和《论移情作用》（1903年）中认为，美感的产生是由于审美时我们把自己的情感投射到审美对象上去，将自身的情感与审美对象融为一体，或者说对审美对象的一种心领神会的“内模仿”，即“由我及物”或“由物及我”。利普斯在分析利他主义时指出：“一切美之受用（美之玩赏）基于美感情移入，一切利他之感情若利他之动机，基于实践之感情移入。”“虽然，对于此事，犹有欲以利己主义说之明者。其说曰：利他之态度之结果，多为自己之利益，此实际生活之所示也。人于此际练习利他之态度，遂于不有自己之利益之时，亦为利他之行为焉。”“盖我等若为利己主义者，则惟得要求一切之人奉事我等而已。然要求他人为利己主义者，则是我等承认彼等有奉事彼等自身之利害之权利也。虽然，我等若为如此之承认，则是我等即为利他主义者矣。”[①] 用利己主义去衡量他人，也就是一种伦理的“移入”。在中国近现代，“移情说”作为一种美学理论，是朱光潜在20世纪30年代引进中国美学界的，但是杨昌济在20世纪初翻译《伦理学之根本问题》时，就已经将“移情说”引入中国。仅此一例，也可以看出此书的学术价值。

必须指出，时代文艺出版社2009年出版之“老北大讲义”丛书中之《西洋伦理学述评·西洋伦理学史》和中国画报出版

---

① 《杨昌济集》(二)，第1043—1050页。

社2010年出版的“民国时期影响国人的大师著作”《杨昌济：西洋伦理学史》均曾收入了《西洋立身篇》，或将其作为杨氏的译著，或将其作为杨氏的著作，这都是值得讨论的。《西洋立身篇》原载中华民国十二年（1923）初版、三十年（1941）再版之“东方文库”第35册，书名为《西洋伦理主义述评》，署名杨昌济译述，其后“附录”此文，标题为《西洋立身篇》，署名善斋译述。《西洋伦理主义述评》原载1916年出版之《东方杂志》第13卷2、3、4号，当时名《各种伦理主义略述及概评》。《西洋立身篇》则未见《东方杂志》发表。《西洋立身篇》既然署名“善斋译述”，本人便猜想其可能译自日文。于是写信向南开大学的日本近代思想史研究专家刘岳兵先生请教，请他替我查查，日本是否有此文。刘教授很快就给我回信：“谢谢寄来杨昌济译文。据查实，该文译自（东京）警醒社书店1896年4月发行的《西洋立身篇》。该书未标明作者，但正文前有松村介石（1859—1939，为近代日本福音派基督教的领袖人物）的《西洋立身篇小引》，说明其原委。其全文试译如下：‘此书曾为友人某氏发表于某杂志者，余当时诵此文，感叹不止。其后恐此文白白淹没于旧杂志中，聚之以收于筐底，余情犹有不堪，乃与某氏谋，欲自书肆再公之于世。其行文流畅、记事有益，盖为近时青年稀有之书也。友人无论如何不愿公诸其名，因附小引以明其上梓之颠末。如余尝得益于此书者甚多，不能不再表谢情。明治二十九年三月松村介石志。’”刘教授还将《西洋立身篇》日文原本的影印件寄给了我。经查，其篇目与此译文完全一致。

1998年红旗出版社出版了凌一鸣编校的《经世文鉴》，将《西洋立身篇》收入该书“‘治学’第四”，题为《杨昌济西洋立身篇》。《经世文鉴》原名《经世文综》，是苏渊雷先生所编。据苏氏所写之“叙目”称，此书是他1941年秋在中央政治学校公务员训练部普通科讲授应用文时所编之参考资料，1947年由南京旦华书局出版。原书共收文151篇，分为“政理”“吏治”“教化”“地政”“国防”“应变”等6个部分，将上述文章按类编入，但无《西洋立身篇》。凌一鸣先生在《经世文鉴》的序中称，因苏书“编年日久，版本繁旧，所引典籍，由于刊印时的衍漏，不无舛错，加之年代的局限，原书中少量选文，难免不合时宜。为便于今人阅读，特在忠实原文的基础上，本着‘去芜添精’的原则，予以重新整理、删补与勘正”。凌书的分类是“为政”“用人”“兴利”“治学”“御敌”“应变”。《杨昌济西洋立身篇》置于“治学”的最后一篇。现在既然查清楚《西洋立身篇》是日本学者所著，就不应当当作杨昌济自己的著作，至于是否为杨氏之译文，也有待进一步查证。因为“东方文库”第35册虽然将《西洋立身篇》置于《西洋伦理主义述评》“附录”，但是并不能肯定“善斋”就是杨昌济的笔名。

第三节 为学生赴法勤工俭学而操劳

毛泽东等学生1918年夏天从第一师范毕业之际，杨昌济亲自为他们赴法勤工俭学牵线，并且给予极大支持，并因劳累而导致不起。对此，杨开慧在其《先父事略》中有着具体的说明："在湖南五年，得高弟十余人，均极寒困，虽有大志，境遇限之，不能上趋，吾父不能不为之谋。适法国招募华工，吾父乃为之筹借预备费、旅费，后又得华法教育会干事之职，乃召学生来京。而湖南学生穷困者多，来者亦伙，款不敷用，吾父为之焦急，又款虽经侨工局局长允诺而久不发给，学生须膳宿费急，纷纷来信，极言其苦。吾父闻学生苦况，较身受犹为难堪，致不成寐，通宵达旦，百思方法，致疾又益增。延至八年（1919）四月，病甚深重，犹日往大学授课。吾辈忧之，劝入医院，不听。其高弟蔡君和森等亦忧甚，劝往西山静养，请蔡校长致函吾父劝之，始听。在西山半年，病时发时愈。九月间自觉其病已愈，因不忘大学职务，乃返京寓，预备授课。[①] 阅伦理学书，稍劳，

① 《北京大学日刊》1919年9月28日、29日的493号、494号连载"本校布告·教务处布告"："哲学系教员杨华生先生因病请假，所任伦理学及伦理学史二科，自本星期暂停讲授。"11月17日和18日的488期、489期，连载"本校布告·教务处布告"："哲学系教授杨昌济先生刻已病愈，自西山回京，定于本星期起来校授课。"

病遂又发。次日有课，吾辈劝勿往，不听，卒往授课，一点钟而归。后实不能胜，吾辈劝入医院，始听。而病已过深，医药无效，卒至不起焉。”①

据《新民学会会务报告》（第一号）记载，1918年6月底，新民学会在第一师范附属小学陈赞周、萧子暲处召开会议，参与会议者包括何叔衡、萧子昇、萧子暲、陈赞周、周世钊、毛泽东、蔡和森、邹彝鼎、张昆弟、李维汉等十余名会员。会议集中讨论了“‘会友向外发展’一点，对于留法运动认为必要，应尽力进行。是日聚餐。自此，留法一事，和森和子昇专负进行之责”。②会后，萧子昇便给杨昌济写信，询问有关留法勤工俭学的问题，萧氏说：“在那次集会的大约一星期之后，我接到杨怀中老夫子的回信。这是一张给我个人的明信片。他很喜欢写明信片，内容简洁扼要。他写道：‘昨天接到你的来信，今天即去拜访蔡孑民（元培）校长。他说他正是华法教育学会会长。留法勤工俭学学生已组成一个学会，你们希望去法国勤工俭学之事可望成功……”③

1918年6月23日，蔡和森从长沙乘轮船到汉口，转乘火车于6月25日晚到北京。抵京后他立即去北大拜晤杨昌济，又通过杨的介绍，与华法教育会取得联系。当时，拟赴法的青年家庭大都不富裕，所以到法国之前，首先要解决的是路费和生活费等问题。到了7月底，蔡和森在致萧子昇的信中说：“弟今天会见李石曾先生，除以前所闻皆得证实外，又知借款机关已组织，我省为熊秉三（希龄）、张（章）秋桐（士钊）二氏担此义务，筹有的款，以辅助绝无自借能力之士。”④蔡和森到京

① 李泽忠：《新发现的杨开慧三篇短文浅析》，《船山学刊》，2015年第3期。
② 《新民学会会务报告》（第一号），载《新民学会资料》，第4—5页。
③ 《我和毛泽东的一段曲折经历》，第139页。
④ 《蔡和森文集》（上），湖南人民出版社，1978，第2页。

以前，李石曾与侨工局联系，取得25人的借款额度，但“付款手续必须湖南在京任事之人经理，侨工局不与学生直接交涉”。李请王子刚经理，王欣然诺之。①

7月底蔡和森在致陈绍休、萧子暲、萧子昇、毛泽东的信中表明，他不仅知道25人的名额，而且通过当天杨昌济给他看的熊希龄的来信，知道“侨工局允各借二百元，请同为保证，又恐来者逾限，祈另组一款，以辅助之云云”。所以蔡和森对筹款一事，比较乐观，于是他“大放其浮词，将青年界全体煽动，空全省之学子以来京，此在旁人视之，必以为不好下台，不知此正是好下台处；在正面言，形势愈大，愈好着手，退一步言，湖南学子竟大多数患了一个勇猛轻率的神经病，此病甚于此回之水灾，而赈济之效亦大于水灾之赈济；则熊氏等自不得不负维护之责，自不得不乐于维持；亦要如此始可以责人维持，始好责人维持也”。惟其如此，方可于“现在能干造出几个大着落”。他还说：“盖此事欲得多人打水，始有饱鱼吃。”至于经费，蔡和森的想法是：“侨局借得二十五分款，就可额外容纳得几个至十个；因我们有最简单之生活，得节省借款几分之几也。”其次，发动少数有钱的学生一同赴法，组织各种财团，以团体名义借款，实行混合分配，也是他促成大形势的一种手段。他设想，“如有三十人来，就要夹三分之一之有钱者及有借贷力者。如有四十人来，就要夹十几个之有钱者及（有）借贷力者”，循此以推，“则来八十人，虽六七个是穷措大不妨也”。② 正是由于蔡和森等人的这种大力宣传和鼓动，湖南青年赴法勤工俭学的积极性不断高涨。

---

① 《留法勤工俭学会湖南会员纪事录》，载《赴法勤工俭学运动史料》（第二册），北京出版社，1980，第50页。

② 《蔡和森文集》（上），第4—10页。

1918年8月15日，毛泽东率领留法学生25人离开长沙，19日抵京。以后，赴京的湖南学生日渐增多。至1919年2月，已来300人。萧子暲（三）在《时事新报》1919年4月19日发表《留法勤工俭学预备学校之近况》一文指出："学生以湖南为最多，自去年秋截至今年二月，已来三百人，而为八班。有全系湖南学生为一班者，有合少数他省学生为一班者。固由该省政象不宁，教育停滞，莘莘学子，无校可入，遂相率外走，组求学之团体，而为教育之运动也。此等预备学校，分为高级、初级两种，蠡县布里村乃初级也，高小毕业生入之；其余均为高级，中等学校以上者入之。"①

杨昌济就是在这种人数急剧增加的形势下，投入到这场运动之中的。据《留法勤工俭学会湖南会员纪事录》记载：华法教育会的负责人李石曾"亟亟以得人经理（向侨工局）借款为谋。先是，李先生闻蔡君林彬与杨怀中先生有师生之谊，欲请杨先生出为经理，遂请蔡孑民先生函商杨先生，杨又函商王少荃、胡子靖两先生，均慨然允诺。七月二十六日，下午集会于华法教育会，除蔡孑民、李石曾、彭志云三先生外，湖南则有胡子靖（元倓）、杨怀中（昌济）、王子刚（毅）、王少荃（文豹）四先生，是日所磋商者学生分校之办法（是时分长辛店、保定、天津三处），借款经理之手续，各先生均出席演说，历三点钟始散，湖南经理借款之干事会遂雏形于此时。……开会后，胡、杨、王、王四干事在熊（希龄）公馆会议，所议决之事，即成立湖南华法教育分会（一在长沙，一驻北京）及学生借款保证之办法。侨工局方面由熊先生接洽后，八月二十九日，李先生又邀集侨工局局长张孤先生与湖南各干事先生，在华法教育会为初

① 萧文原载《时事新报》1919年4月19日，转引自《赴法勤工俭学运动史料》（第一册），北京出版社，1979，第193页。

之接洽，借款额遂扩充至七十余名。”[1] 黎锦熙亦参加了 8 月 29 日的会议，据他当日的日记：“至石附马大街督办河工处赴‘华法教育会湖南分会’之筹备会。晤怀中、振翁、陈蔗青、李倜君、子靖等。议决先起草章程、函件等，为工读学生赴保（定）预备者四五十人筹资三千元，拟向侨工事务局函借也。”11 月 2 日，黎氏日记又记：“至北京大学赴‘湖南留法预备科’学生欢迎会之约。晤子靖、怀中、少潜。先照相。余演说东西哲学文化之关系及国语之重要。”[2]

前引杨开慧文中所说的“又得华法教育会干事之职”，指的应该就是湖南华法教育分会干事。有了这个职务，杨昌济所负的责任就更加沉重了。侨工局的借款虽经过了许多手续，却迟迟不发，后来因为发生意外问题，此项借款竟成为空头支票，使湖南待款赴法学生失望之极，杨昌济就更加着急了。正如杨开慧文中所说“学生须膳宿费急，纷纷来信，极言其苦。吾父闻学生苦况，较身受犹为难堪”。例如，贺果 1918 年在保定育德中学留法高等工艺预备班学习时，于 9 月 20 日的日记中说：“余等来此已二十日，下月膳费尚无着落，各人搜求数枚铜元而不可得，恐难免起绝粮之恐慌也。”[3] 可见，杨昌济所承受的压力有多大。但是杨昌济等人在极度困难的情况下，仍然不断努力。经杨昌济推荐，新民学会总干事萧子昇出任华法教育会秘书，并与李石曾先期赴法；毛泽东到北京大学图书馆工作。在侨工局借款落空的情况下，杨昌济又与熊希龄、范源濂商量，从湖南善后协款中拨出一万六千元，作为湖南学生赴法经费贷款，每人发四百元（包括留法预备费二百元，赴法船位费一百元，

① 《留法勤工俭学会湖南会员纪事录》，载《赴法勤工俭学运动史料》（第二册），第 51—52 页。

② 《留法勤工俭学运动》（一），上海人民出版社，1980，第 160 页。

③ 《贺果日记》，载《赴法勤工俭学运动史料》（第二册），第 33 页。

治装费、杂费一百元），并代办护照、定舱位等，这样第一批共40名学生领用借款赴法。杨昌济还介绍毛泽东到上海找到他当年在英国留学的老同学章士钊，通过募捐筹得二万银圆，解决了50个学生的经费问题。杨昌济等人还发动一切可以发动的力量进行筹款。据贺果在1918年9月12日的日记记载："闻长沙近日有留法协助会之组织，发起人为陈凤芳、孔昭绶、徐特立、彭国钧、王邦模等。原动力本为在京之华法教育湘分会干事杨怀中、胡子靖等之首倡，以补助留法学生为宗旨。闻现正在联络湘中各大资本家，苟能将经费大加扩充，将来改为留学协助会专补助留学界。"[①] 如此等等，可谓费尽心思。杨昌济等人的这些工作，当时就受到留法预备生的感激，罗学瓒于1918年11月19日致其叔祖父信中说："此次为侄孙等筹款出力之人为杨怀中（长沙人，曾留学日本及英、德诸国。为第一师范教员四年，现为北京大学教授。学通今古，精研哲理，且道德称重一时。此次招致湖南学生、筹借款项皆先生之力）、胡子靖、王少荃诸先生，然非李石曾先生之介绍，亦不能有此结果，皆侄孙等所当感激者也。"[②] 还必须指出，1919年下半年，湖南一些县也曾给留法学生一些路费补贴。例如8月份长沙县通过严格审查，发给李富春、罗明俊光洋各一百元。[③]

到了1919年4月，如杨开慧文所说杨昌济"病甚深重"，不得不往北京西山的北京大学疗养院休养。

1919年3月至1921年2月，湖南的学生大批涌入法国，使留法运动进入高潮。湖南赴法勤工俭学的学生为413人（全国留法勤工俭学总人数，一说为1549人，另一说为1594人）[④]。

---

① 《留法勤工俭学运动》（一），第171—172页。
② 《留法勤工俭学运动》（一），第154页。
③ 长沙《大公报》1919年8月28日，载《留法勤工俭学运动》（一），第483页。
④ 谢建明：《湖南留法勤工俭学人员略考》，《湖南师范学院学报》1983年第4期。

杨昌济却因此而耗尽了他的全部精力，于 1920 年 1 月 17 日在北京病逝。我们在谈及留法勤工俭学的成就之时，是不能不感谢杨昌济的贡献的。

杨昌济逝世之后，蔡元培、范源濂、杨度、章士钊、黎锦熙、毛泽东等二十九人，在《北京大学日刊》联名发表《启事》说："敬启者：湖南杨怀中先生以本年一月十七日午前五时病殁于北京德国医院。先生操行纯洁，笃志嗜学，同人等闻其逝世，相与悼惜。"启事在叙述杨昌济留学和在长沙的教学情况之后指出："雍容讲坛，寒暑相继，勤恳不倦，学生景从，如是者七年有余（实为五年整——引者注）。戊午岁，长沙被兵事，师范学校亦驻兵，教育事业将隳弃无可为，先生乃来北京，任国立〔北京〕大学伦理学教授。参稽群籍，口讲之暇复有译述，精神过劳，因遂致病。始为胃病，继以浮肿，养疾西山，逾夏秋两季。入冬以后，病势日剧，居德国医院受诊治。医者谓其脏腑俱有伤损，医疗匪易，而先生之病亦竟以不治。以吾国学术之不发达，绩学之士寥落如晨星，先生固将以嗜学终其身，天不假年，生平所志百未逮一，为教育、为个人，均重可伤也！"《启事》最后说："先生既无意于富贵利达，薪资所储，仅具薄田数亩，平日生计仍恃修俸，殁后遗族尚无以自存。先生服务教育亦近十年，揆诸优待教员及尊重学者之意，同人等拟对其遗族集资以裨生活，积有成数，或为储蓄，或营生产，俾其遗孤子女略有所依恃。伏冀诸君子知交，慨加赙助，此则同人等所感盼者也。"①1 月 25 日，杨昌济在京的友人杨树达、黎锦熙、方叔章、朱剑凡、陈夙芳等数十人在法源寺设祭追悼。2 月中旬，杨昌济的灵柩便在他的家属杨夫人、杨开智、杨开慧和学生毛泽东、陈绍休

① 《杨昌济集》（二）"附录"，第 1224—1125 页。

等人的护送下，从北京启运，返归长沙板仓故里。3 月 22 日，杨昌济在长沙的生前好友在兴汉门衡粹女校举行隆重的追悼仪式，悼念这位为教育事业而献出了毕生精力的辛勤学者。

杨昌济逝世之后，许多友人纷纷写怀念文章、诗歌和挽联纪念他。其中挽联就有 140 余首。这些诗文和挽联，对杨昌济的生平进行了全面的评价。李肖聃在《杨怀中先生遗事》中说他“好学之笃，立志之坚，诲人之勤，克己之苦，求之友辈，遂无此人”。① 这几句话文字虽然十分朴实，但却全面地概括了杨昌济的高尚品格。蔡元培的挽联说：“言有物，行有伦，论人格可谓君子；学不厌，诲不倦，惜本校失此良师。”② 北京大学的挽联说：“念物力艰难，持躬以俭，悯人心陷溺，矫弊以诚，盛德岂阿私，世论犹存公不朽；治东西哲学，独探其微，主南北讲坛，群服其教，宏文发奇彩，士林相见涕频挥。”③ 这些挽联，对杨昌济的人品、治学、教学等各个方面都给予了高度评价。舒新城在回忆文章中还特别举例说明，杨昌济是如何“念物力艰难”的。杨昌济在湖南高等师范学校某次发讲义时，一个同学多取了一部分。杨老师在课后将这个同学叫去，告诉他一个人多取若干页，对于自己并没有用，但他人少了这部分则无处找，势必造成缺页或者要自己补抄，这对他来说损失就大了。物的价值在于能尽最大的效用，现在使它置于无用之地，这不是物的本愿。最后，杨老师叫这个同学退还了这部分多领的讲义。这个同学也十分感动，事后公开承认自己的错误。④

有的诗文和挽联评论杨昌济的学术成就和学术地位：“毕

---

① 《杨昌济集》(二)“附录”，第 1268 页。
② 《杨昌济集》(二)“附录”，第 1231 页。
③ 《杨昌济集》(二)“附录”，第 1233 页。
④ 《杨昌济集》(二)“附录”，第 1275 页。

生事业，愿为康德尼采一流，亟思以哲学精神，激励国民气节。”[①]康德和尼采都是德国著名哲学家。杨昌济曾经说过，近来德国兴盛的原因，有人说不能将功劳都归结于君主和宰相，实际上是由于康德和菲希特等大哲学家，以他们高洁伟大的思想，灌输全国，最终造成的结果。[②]这副挽联比较准确地把握了杨昌济的平生志愿，即像康德和尼采一样，以哲学精神激励国民气节。“楚学重船山，溯玉池立社，蔚庐著书，继起有斯人，六经别自开生面。”[③]楚学即湖湘之学；船山即王夫之，他是明末清初的著名哲学家；玉池即郭嵩焘，他在清末创办思贤讲舍专祀船山牌位；蔚庐即刘人熙，他在民国初年将思贤讲舍改为船山学社。杨昌济对船山思想也特别推崇，他不仅继承了郭嵩焘、刘人熙弘扬船山思想的事业，而且以船山“六经责我开生面”的气概力图开创新的学术生面。“吾乡言理学，有恒斋慎斋，罗山镜海诸公，晚起得先生，道贯古今名益大。”恒斋指李文炤，慎斋指罗典，两人都曾经主教岳麓书院，罗山即罗泽南，镜海即唐鉴，这四人都是湖南著名的理学家。挽联的作者认为，杨昌济的名声超过了他们，因为他“合东土西土，哲学人伦为一，调合泯宗派，人无新旧德争钦”。[④]这是说杨昌济对理学既能身体力行，又能摆脱宗派的束缚，所以能够得到社会的广泛尊敬。

有的诗文和挽联称颂杨昌济在教育方面的成就。李肖聃说他在长沙五年，“弟子著录以千百计，尤心赏毛泽东、蔡林彬（和森）。”[⑤]说明杨昌济慧眼识人才。章士钊则说杨昌济逝世以前，曾致信给他说：“吾郑重语君，二子（指毛泽东和蔡和森）海内

① 《杨昌济集》（二）“附录”，第1250页。
② 《杨昌济集》（一），第235页。
③ 《杨昌济集》（二）“附录”，第1234页。
④ 《杨昌济集》（二）“附录”，第1254页。
⑤ 《杨昌济集》（二）“附录”，第1265页。

人才，前程远大，君不言救国则已，救国必先重二子。”[①] 杨昌济的学生们则在挽联中称颂他诲人不倦的教学态度。柳直荀说：“三载侍师门，待我真同亲子弟；平生无怒色，见公如对古仁贤。”[②] 何叔衡则说：“我曾在长沙，听讲过‘圣贤豪杰之特质’；谁能继先生，合参得中西伦理之大成。”[③] 杨昌济曾引王船山的话：“有豪杰而不圣贤者，未有圣贤而不豪杰者也。”并且解释说，圣贤是道德和功业兼备的人，豪杰则有时在道德方面有所欠缺，但是能立大功获大名。他极力勉励学生以圣贤为学习榜样。

有的诗文和挽联对杨昌济的英年早逝表示极大的遗憾。徐特立说：“海内失人师，岂为私交方一恸；湘中多厄运，应知精魄亦难安！”[④] 有的则说：“好人之当寿者死，彼不当寿者不死，天道无知，此后莫谈仁者寿。”[⑤]《礼记·中庸》曾引孔子说：“故大德……必得其寿。”就是说，充满仁爱心的有德之人，往往长寿。杨昌济是一位伟大的仁者，可是却不得长寿，所以以后不要再说“仁者寿”了。方扩军说：“记我公易箦三呼：努力，努力，齐努力！恨昊天不遗一老，无情，无情，太无情！”[⑥] 湖南《大公报》说，此联“最妙”。妙就妙在它既充分肯定了杨昌济至死不衰的奋斗精神，又生动地表达了人们对他英年早逝的巨大遗憾！

---

① 《杨昌济集》（二）“附录”，第 1286 页。
② 《杨昌济集》（二）“附录”，第 1240 页。
③ 《杨昌济集》（二）“附录”，第 1239 页。
④ 《杨昌济集》（二）“附录”，第 1231 页。
⑤ 《杨昌济集》（二）“附录”，第 1235 页。
⑥ 《杨昌济集》（二）“附录”，第 1229 页。

第八章 现代新儒学的理论奠基者

现代新儒学作为现代中国与马克思主义、自由主义鼎足而立的三大思潮之一，发源于新文化运动，一般将梁漱溟作为其第一位代表。其实，曾与梁漱溟同事的杨昌济，应该视为现代新儒学的理论奠基者。

第一节
始终不离儒家根本

杨昌济逝世后，不论其亲友还是学术界，在谈到他的学术属性时，普遍认为他一生始终未曾离开儒家这个根本。

李肖聃尝言，杨昌济“年十五读程朱之书，即毅然增必成圣人之志”。[①] 在日本留学时，有空时就率其徒友讲论不辍。有一天，杨和李肖聃一道游小石川公园，休息时坐在一块石头上。这时，杨氏慢慢地对李氏说：“你读书喜欢博览，而不读程朱书，终究是不能把握根本。日本人所著《宋学概论》，你读过么？”李肖聃说，他自此之后稍微知道应该读理学书。[②] 即使在国外留学，仍将宋明理学作为做学问的根本，这清楚地表明了杨昌济的学术立场。

李肖聃另一处记载，则将这一故事讲得更为明白具体：“亡友杨君昌济怀中，慕罗山讲学之风，居岳麓时，即教弟子以理学。年三十，游学日本，仍以师道自居，暇则集故弟子授以旧学。余少于君十岁，怀中以弟畜之。尝召我于东京小石川植物园，坐圆石上，从容语以程朱之书，谓子宜先观日人所述《宋学概论》，

① 李肖聃：《杨怀中先生逝世再志》，湖南《大公报》1920 年 1 月 20 日第 5 版。
② 李肖聃：《本校故教授杨怀中先生事迹》，载《杨昌济集》（二），第 1265 页。

知其大要。且曰：‘子于书无所不读，胡第泛涉文史而不从事性命之学乎？’余自是稍知读朱子书，自文集、语类及其年谱。怀中又曰：‘为学之要，在乎躬行。左文襄所谓无实行不为识字也。’”[①] 李肖聃这段话，有三点值得注意：

其一，是杨氏从青年时代起，即“慕罗山讲学之风”。罗山，为罗泽南之号。罗泽南（1808—1856），字仲岳，号罗山，湖南省双峰县人。晚清湘军将领、理学家。他 19 岁时应童子试不第，回到家中授徒讲学，开始了长达 28 年的设馆教书生涯。其教授内容与方法别具一格，不仅应举业，而且授之以“六艺”（礼、乐、射、御、书、数）和经世致用之学，既习文，又习武，因此学子云集。他先后培养了王鑫、李续宾、李续宜、李杏春、蒋益澧、刘腾鸿、杨昌濬、康景晖、朱铁桥、罗信南、谢邦翰、曾国荃、曾国葆等高足。后来这些学生大多成为湘军名将，形成中国历史上“书生领兵”的一大景观。杨昌济“弱冠即有志于教育”，所以他在 27 岁读书岳麓之时，仍不忘教弟子以理学；他“慕罗山讲学之风”，则集中体现在他“欲栽大木柱长天”的宏大志愿上。

其二，杨昌济在国外留学，本来应该以主要精力寻求“世界之知识”，可是他却不忘抓紧时间教授“故弟子”及年纪小于他的年轻学子以“旧学”，即宋明理学，并且强调必须付之实行。他对李肖聃的规劝，就是一个生动的例子。他对其同乡郭之奇的指导，也鲜明地说明了这一点。当郭氏在日本留学时，曾以所读《明儒学案》向杨昌济请教。杨氏指出，郭氏“所圈之句皆精要之语，我不知道你到底懂不懂”。因此，杨氏每以王船山之《读通鉴论》等书，择其立论博大精深，而条理可循者，

① 《李肖聃集》，岳麓书社，2008，第 542 页。

令郭氏熟读默记。郭氏说："我之得益于吾国学问之指归者，全赖先生启发教诲也。"[①] 杨氏所引左宗棠的"无实行不为识字"，出自左氏为家庙所写对联："纵读数千卷奇书，无实行不为识字；要守六百年家法，有善策还是耕田。"[②] 这一对联，鲜明地体现了左宗棠理学经世派的学风。

其三，据刘岳兵教授介绍，《宋学概论》的作者小柳司气太（1870—1940），1894 年毕业于帝国大学文科大学汉学科选科。该书的用意作者在自序中说得很明白："古我先王采禹域之学术以润色国家之教化，尧舜之道、洙泗之统，在日东精华之邦，灿然具备，菅江之两家，以宿儒任献替之职，赫赫功勋长照汗青。当斯时，虽有儒教，未有儒学者也。其后至德川氏以不世出之睿智，知马上不可治天下。于是金革未熄，注心坟藉。林道春受业于藤惺窝，以参帷幄。一代之大典兹定焉，洛闽之学术兹起焉。岂啻我朝之叔孙通而已哉。其后中江氏之于姚江、伊藤氏父子之于古学、物氏之于古文辞，虽醇驳互出，优劣不均，学识超卓，震耀后世。若夫至白石之经济与山阳之文章，亦一代之杰也。三百年之间扶植纲纪，人以勇健、国以富强。当斯时虽有儒学，未有儒教哲学者也。明治中兴，百度更革，规仿欧米（美）法律制度，以至文学宗教滔然杂入，使我国人左顾右视，不暇采摘。其喜新奇好雄诞者，以东洋之学为无可观者，以东洋之教为无可听者。一唱百和，邪说暴行荼毒天下，甚于洪水猛然矣。……儒学非空疏之学也，支那之文明非萎靡凋衰也，儒者之所教非消耗元气者也。……世人之诋讥无忌惮者，犹在门墙之外论宫室之丑美欤。是以今日之有志者，就支那学术之中取类于近世之所谓哲学者，而假其名，盖欲仿泰西学术之分

① 郭之奇：《回忆杨昌济先生》，载《杨昌济集》（二），第 1299 页。
② 《左宗棠全集〈诗文·家书〉》，岳麓书社，1987，第 469 页。

类，以资世人之研究也。于是儒学再变而儒教哲学之名始起焉。然则谓之儒教、谓之儒学、将谓之儒教哲学，唯由其时势之变迁而异其称呼耳。至其所基，依然不出尧舜之道、洙泗之统也。倾日余翻宋代诸儒之书，多会意者，即沿流溯源，叙述其大旨，虽略而未详，庶几使乱麻得正其绪，以知儒教哲学之美于世欤。呜呼，余悲托空名于文笔，徒向世人而说儒教哲学之名也颇切。儒岂好用哲学之称哉？抑亦不得止也。何日得明尧舜之道以复洙泗之统乎。”作者是站在儒学的立场上，力图用近代西方哲学的方法来整理传统的儒学思想遗产，使传统的儒学思想以“儒教哲学”的形式适应新时代发展的需要，以“使乱麻得正其绪”，目的在于“明尧舜之道以复洙泗之统”。因此在他看来，儒教、儒学和儒教哲学的名称虽然随着时代的不同而异，其实质都是一样的，“依然不出尧舜之道、洙泗之统”。《宋学概论》一书出版于甲午战争即将爆发之际，在普遍认为儒学为空疏之学、中国文化已经萎靡衰落之际，作者力排众议，不仅对儒学和中国文化给予了充分的肯定，而且力图在新时代使之焕发出新的活力，这对于中国人，特别是对于“竭力学问、竭力教化”、欲通过“变学术”以“强中国”的杨昌济而言，其所引起的共鸣自不待言。而且，《宋学概论》中对新时代的儒者所应该具备的素质、应该运用什么方法来发展传统思想都提出了具体的意见。书中说道：“我虽然说儒者的本色是政事家而非哲学家，但是今日的儒教已经非昔日的儒教，如果有要求纯然的学术思辨的人来学习的话，也就自然不能不与昔日的儒者有所不同。应该以充分的分解（即分析——引者）力和综合力将其名为空理和称为高远之处加以推论辨明，以此来阐明儒教的发达与组织从而揭示其价值如何。”[①] 从上述介绍中可以看出,《宋学概论》作者所取的方法，与我国现代新儒家有相通之处。这也是杨昌济十分重视此书的原因。

李肖聃在《杨怀中先生遗事》一文中，回忆其在 1916 年 10 月北京《新民报》所作人物评论时，曾评价杨昌济在湖湘理学发展史中的地位：“自明以来，衡湘学者，严于自守。王船山兼采汉宋，而以《正蒙》为宗。及清而李文炤、罗典苦行清修，稍振紫阳(朱熹)之绪。迄于咸、同，则罗泽南、刘蓉皆笃守程朱，而曾(国藩)、左(宗棠)亦颇张其绪论。三四十年来，前辈尽死，士大夫居乡里称老师者，类皆诙诡放荡，自谓通流。而迂曲老生，号称理学者，又皆曩昔时文之士，其文学不足以动众，自是宋学益为后生所轻。怀中于三十以前，既已博究儒先之书，十余年中，又益求英、日学者之说，固有得于时代之精神，而其心光湛然，力抗流俗，〔而〕浩然有以自得于己，则友朋皆莫及也。〔今世〕道之不明也久矣，欲士之有志于为己之学，而不为逢时之术盖亦难矣。然亦视吾所自立者何如耳。怀中寒士也，诚乐乎道，而不以穷饿动其心，此其学之所以日进不已也。乌乎怀中，吾安能测其所至乎？”[②]“为己之学”出自《论语·宪问》：“子曰：古之学者为己，今之学者为人。”意思是说：古代学者学习是为了充实提高自己，现在的学者学习是为了美化自己装给别人看。所谓“为己之学”，是儒学的核心目标，强调一个人的学习，主要是为了提升自己内在的修养水平，成就自己的德行。为自己储备知识，开阔视野，继而改变自己的思维方式和行为方式，而不是学给别人看，也不是用以装饰门面。李肖聃用治“为己之学”称许杨昌济，说明杨氏虽然留学海外十年，但却始终

① 刘岳兵:《近代中日思想文化交涉史研究》, 江苏人民出版社, 2019, 第 68—69 页。
② 《杨昌济集》(二), 第 1271 页。

没有离开儒家这个根本，将自己所掌握之一切中西学术，都当作提升自己内在的修养水平，成就自己德行的手段。

在杨昌济逝世后，众多挽词中也有不少肯定其儒学立场。如：

“我公在欧洲，〈带〉[戴]得托古朵尔（博士）头衔归来，态度依然老学究。”①

“今日数国中贤哲，新知旧学，几人通贯似先生。”②

“楚学重船山，溯玉池（郭嵩焘）立社，蔚庐（刘人熙）著书，继起有斯人，六经别自开生面。”③

“气质似吕东莱（祖谦），论中原文献之传，声名特重；温恭比唐镜海（鉴），于教育伦理之学，讨论尤精。”④

“施教因材，远师胡安定（瑗）；敦厚崇礼，有如张横渠（载）。”⑤

“论学主程（颢、颐）朱（熹），一缕精诚通教育。”⑥

“道契程朱，行砺颜（渊）闵（子骞）。”⑦

“亦人杰，亦名儒，经年渡海还乡，良玉坚金，犹是本来真面目。”⑧

“吾乡言理学，有恒斋（李文炤）慎斋（罗典），罗山（罗泽南）镜海（唐鉴）诸公，晚起得先生，道贯古今名益大。”⑨

“合汉学宋学一以贯之，并融会欧儒哲理。”⑩

---

① 《杨昌济集》（二），第1232页。
② 《杨昌济集》（二），第1233页。
③ 《杨昌济集》（二），第1234页。
④ 《杨昌济集》（二），第1241页。
⑤ 《杨昌济集》（二），第1244页。
⑥ 《杨昌济集》（二），第1245页。
⑦ 《杨昌济集》（二），第1246页。
⑧ 《杨昌济集》（二），第1253页。
⑨ 《杨昌济集》（二），第1254页。
⑩ 《杨昌济集》（二），第1255页。

“诗宗杜（甫）文学欧（阳修），说经则原本程朱。”[①]

王啸苏写于1924年的《前长沙县教育会会长杨怀中先生传》说：“溯自有清末叶，风尚丕变，一时士大夫相率游学海外，有群材辐辏之盛，然如先生之躬躬自将，守道恬淡，盖犹存古昔人师之轨范焉，殉可为今之从事教育者法也。”[②] 曹典球则在《杨昌济先生传》中说：“先生自精研中国经、史、性理诸学数十年之后，又继续在日、英二国苦学九年之久，对于中西学术源流，政治风俗，了如指掌；加以本身之存养省察，事事物物，无不加以详密之分析，而后出之以语言，发之为文章，经师人师，备诸一身，以故来学之士，一受其熏陶，无不顿改旧时之宇宙观，如饮醇醪，受其影响。”[③] 经师、人师的说法，出自袁宏《后汉记·灵帝纪上》：“盖闻经师易遇，人师难遭，故欲以素丝之质，附近朱蓝耳。”所谓经师指研究或传授儒家经典的学者，所谓人师指教人如何做人的师表。所谓“经师易遇”，是说能够原原本本地解释儒家经典并不难，这样的人很多，而要为人师表却很难，而能将经师与人师两者完美地结合在一起就更难了。杨昌济能够做到这一点，所以能使来学之士，“顿改旧时之宇宙观”。

杨昌济在一师教书时的得意弟子之一萧子昇（瑜），在1971年写过一篇题为《湘中理学大儒杨怀中先生》的文章，他说：

“我在标题杨先生大名之上，加写‘湘中理学大儒’一尊称，是经过一下考虑的。因为现在学术界四五十岁以下的人，鲜有闻先生之名者，更鲜有知先生之品高学粹，实我湘中近数百年来第一人也。湘中理学大儒之为显宦者称理学名臣，如曾

---

① 《杨昌济集》(二)，第1257页。
② 《杨昌济集》(二)，第1277页。
③ 《杨昌济集》(二)，第1281页。

国藩，如刘〈容〉〔蓉〕……如贺长龄（号耦庚）……如唐鉴。……此湘中理学名儒、名臣之最著者。然曾、刘、贺、唐诸氏，对于理学之深究，或有如杨先生之精，然无杨先生之专。即以王船山言之，以其生在三数百年前，亦不如杨先生潜究宋明理学之后复留学日本、英伦、德国，通东文及英、德文字。故即王船山即有杨先生之精，亦难言有杨先生之博也。此就吾湘中理学名家言之大较也。”这是在评论杨昌济在湖南理学史上的地位。

又说：“先生自少受书，即不喜为割裂经义考试之文。谓圣贤之言，所以修身；断章取义，失去圣贤立言之旨，乃圣贤之罪人。考师以截搭题试士，往往想入非非，以巧难士，了无意义。如‘不亦说乎，有朋’。又如‘曾子曰，吾日三省吾身，为人’。其最怪者，试题为一圆圈，即《论语》每章‘子曰’之上，有一圆圈，以明章句之开端。有一考生居然作成两句好破题：‘圣人未言之先，而有太极图焉。’考官以为善，同考襄试官则谓不合，因太极图已阴阳分判，今一圆圈，虽位在圣人未言（即‘子曰’）之先，但圈内了无一物，谓之无极则可，谓之太极则大不可，意在‘无极生太极’也。杨先生述此等笑话甚多。谓八股文已极束缚思想，又复如此割裂章句，直为离经叛道。因举业为当日文人进身之阶，杨先生遇童子试，虽亦照例入考，但遇题目太无意义，即交白卷，扬长而出，自以为如此方未得罪圣人。退而取圣贤之言，独自探究，沉潜反复，乃喜其义蕴之深，切己之实。因取孔孟之言，私自记注，即以日常自身思想言动，私相印证，此种躬行实践之亲切为学，自其十二三岁时即已如此，故在当时侪辈中呼之为‘小圣人’，彼闻之不以为忤，因正私以大圣人自期也。”这是说的杨昌济治儒学的正确态度。

又说：“先生自十三四岁起，读孔孟书，即志在圣贤。既私注孔孟之书，又取诸家之注孔孟者，排比而互校之，于是治学之范围亦愈大，所斠之义理亦愈深。始之朱熹，次之二程，又及张载，兼治陆王，不分门户。最后用心尤多者，则为《王船山全书》。在其赴日留学之前，对于研治理学之规模，已灿然大备。其知之深者，谓当日留东学生万人中，对于所治理学之精与躬行之力者，除先生外无第二人也。先生赴日，志在研习东文，尤欲观察日本理学家对于中国理学之了解，欲访问日本理学家及理学著作，结果均感失望。因日本学者往往将理学源流未曾弄清，不知宋儒理学即儒门身心性命之学也。故先生在日力攻东文，并习英文以为留学欧洲之准备。时先生已年近四十，人多笑其迂。然先生坚苦卓绝，每日必背诵一课。三年后，即能取英文哲学书，诵读如流。余曾记先生在其自著《修身讲义》，在'士不可以不弘毅'章自注云：'吾无过人者，惟于坚忍两字颇为着力。'先生言行，无一而非坚忍精神之表现，即由其中年始学英文一事观之，亦诚令人肃然神往矣！……吾在以久制胜，有恒不断耳。（'以久制胜'一语，后为先生所编《修身讲义》之一章，先生生平自亦得力于此一语。）"①

最早将杨昌济的学问称为"新儒学"者为萧延中。他在1988年出版的《巨人的诞生——"毛泽东现象"的意识起源及中国近代政治文化的发展》一书的第二章第三节"杨昌济：新儒学的熏陶"中说：就我个人看来，虽然杨昌济在外10年，可谓精通西学，但从整体的思想而言，他仍是个地地道道的典型儒生。如果考虑其思想融汇中西的特征，我们不妨将他的学问称为"新儒学"。之所以如此，是因为纵观其思想发展的总体，恪守中学，特别是儒学各家，辅之以西学是他思想特色的根本

---

① 萧瑜：《湘中理学大儒杨怀中先生》，原载台湾《艺文月刊》第70期，后为台湾《湖南文献》季刊第3卷第4期转载。

所在。而其具体的观念体系，并未超出“修身、齐家、治国、平天下”的儒学樊篱，以修身为本，以教育为职，以治国为终，走着一条明显的“内在超越”的思维路线。这个“新儒学”体系恰似一个“同心圆”，以一个共同的价值中心为出发点，构成一个层层外溢的波纹。个体的修养和自觉，是最内层的一圈。杨昌济把这看成成就大业的一个中心和起点。既然宇宙“大本”是个体的悟性和感知，那么，信仰的力量就只能表现在具体的社会实践中了。因为自觉了的个体承担着启迪众生和联系社会（群体）的纽带作用。这样，杨昌济思想中的第二个圆圈，便是强调知行合一，讲求经世致用的道德外化精神。当然，以启迪国民为核心的道德外化实践，也并非杨昌济思想的逻辑终点，在这之外的第三个圆圈，就涉及中外思想与文化的比较。在这个问题上，杨昌济原则上持“中体西用”论。杨昌济的文章，虽博引中西，但立脚点与归宿点仍为孔孟及以下各家之言。虽然杨昌济在当时学术界的地位和影响都不是最高和最大的，但其新儒学体系的这三个圆圈的理论格局，却具有相当的典型性：以伦理（修身）为本，然后才可启民救亡（治国），最后使天下达于精神一统，实现大同（平天下）。[①]萧延中的这种分析是有道理的。

张明女士在其博士论文《东西方之旅：杨昌济（1871—1920）及其思想》的“摘要”中说：“杨昌济如何采纳和吸收西方因素，如康德和新康德伦理学，英国唯心主义，格林，卢梭倡导的人文主义和自由主义传统，以及斯宾塞功利主义，融入了他的社会政治和伦理思想，同时保持儒家人文主义的框架，是本文的主要目的之一。”她在评述杨昌济在英国阿伯丁大学对

① 萧延中：《巨人的诞生》，国际文化出版公司，1988，第52—59页。

课程的选择时又说："杨选择的课程可以粗略地分为二个类别：人文学和社会科学。人文学包括哲学和教育，均被杨认为是要成为真正的人所应具备的基本知识，而政治及法律是为能够担任公职的先决条件。从这个角度看，儒学教义中'内圣'（自我修养导致自我实现）及'外王'（世界的秩序与和谐）对杨的课程选择影响可见一斑。按照儒学中君子（高人）的说法，这两个使命合成为一个不可分割的整体。人的全部造诣只能通过他担任公职的天分来实现，从另一方面讲，一个好的社会的形成也依赖于君子（或仁人）承担的领导角色。"① 显然，张明也是从新儒家的角度来研究杨昌济的。

美国乔治城学院历史系教授刘力妍也认为："杨昌济是一位著名的新儒家学者，擅长宋明理学，对西方学问也同样深有研究。"②

---

① 《杨昌济集》（二）"附录"，第 1186 页。

② 刘力妍：《红色起源：湖南第一师范学校与中国共产主义的创建（1903–1921）》，河南大学出版社，2019，第 81 页。

第二节
明确提出创建新学派

我们之所以说杨昌济是现代新儒家的理论奠基者，是因为他在现代最早明确提出要为儒学创建一个新学派。

据黎锦熙的《瑟僩斋日记》1915年12月14日所记："怀中(杨昌济）尝言：'有宋道学其能别开生面，为我国学术界辟一新纪元者，实缘讲合印度哲学之故。今欧学东渐，谁则能如宋贤融铸之，而确立一新学派者？'"① 这段话表明，杨昌济根据宋明理学融汇印度佛学而创造出一种新形态的儒学这一历史经验，认定随着欧学东渐，经过一定的熔铸和汇合，儒学也一定会产生一种新形态，问题在于谁能承担这一熔铸者的历史责任。这说明杨昌济已经有了一种创造新学派的历史自觉。

杨昌济这种认识，并不是一时的心血来潮，而是早有理论准备和酝酿，并且与王国维关于中国学术发展分期思想的影响分不开。杨氏1914年10月在长沙出版的《公言》杂志上发表《劝学篇》，在谈到他留学外国的体会时曾说："且夫学问非必悉求之于他国也。吾国有固有之文明，经、史、子、集义蕴闳深，正如遍地宝藏，万年采掘而曾无尽时，前此之所以未能大放光

① 《杨昌济集》(二）"附录"，第1199页。

明者，尚未谙取之之法耳。今以新时代之眼光，研究吾国之旧学，其所发明，盖有非前代之人所能梦见者。吾人处此万国交通之时代，亲睹东西洋两大文明之接触，将来浑融化合，其产生之结果，盖非吾人今日所能预知。吾人处此千载难逢之机会，对于世界人类之前途，当努力为一大贡献。王君静安尝论国学，谓战国之时，诸子并起，是为能动之发达；六朝隋唐之间，佛学大昌，是为受动之发达；宋儒受佛学之影响，反而求之六经，道学大明，是为受动而兼能动之发达。今吾国第二之佛教来矣，西学是也。乃环观国人，不特未尝能动，而且未尝受动，言之有余慨焉。吾之所望者，在吾国人能输入西洋之文明以自益，后输出吾国之文明以益天下，既广求世界之智识，复继承吾国先民自古遗传之学说，发挥而光大之。此诚莫大之事业，非合多数人之聪明才力累世为之，莫能竟其功也。”[①]

这里所说王静安，即王国维（1877—1927），字静安，是我国近代一位著名学者。王氏在 1905 年写过一篇文章《论近年之学术界》[②]，文中指出，外界势力对于学术界的影响是很大的。当周朝衰落的时候，文王、周公之势力瓦解了，国民的智力成熟于内，政治之纷乱乘之于外，这时上无统一之制度，下迫于社会之要求，于是诸子九流各创其学说，于道德、政治、文学上，各放其万丈光焰。此为中国思想之能动时代。自汉以后，天下太平，汉武帝又以孔子的学说统一之。当时因为秦始皇焚书坑儒不久，儒家唯以抱残守缺为事，那些治诸子之学的人，也是但守其师说，缺乏创新的思想，学术显得有些停滞。佛教之东传，正当我国思想凋敝之际，在这个时候，我国的学者见了，有如

① 《杨昌济集》（一），第 76 页。

② 干春松、孟彦弘编《王国维学术经典集》（上），江西人民出版社，1997，第 96—100 页。

饥者之得食，渴者之得饮。赴印度求道者，在葱岭的山道上往来不绝，翻译经论者群聚于南北的都会。自六朝至唐代，佛教的传播极千古之盛。这是我国思想发展的受动时代。这个时期我国的固有思想与从印度传来的佛教思想处于一种平行而不相化合的状态。到了宋代，儒家学者便将这两种思想调和了起来，从而使我国思想由受动时代转而带一些能动的性质。自宋代至清代末年，思想的停滞情况与两汉差不多。王氏指出，而到了现代，第二波佛教影响又来了，这就是西方思想。

在往下的论述中，王氏对什么是“西方思想”作了严格的界定。他讲的西方思想是指西方学术思想，而且应该是形而上层面的哲学思想。他说，早在元代的时候，罗马教皇就曾以古希腊以来相传的有关“七术”（文法、修辞、名学、音乐、算术、几何学、天文学）的书籍赠送给元世祖，但其书没有传下来。到了明代末年，西方的数学、历学与基督教一道传入中国，并为我国所采用。但是这些学术，都是形而下层面的学问，与我国传统思想没有丝毫的关系。咸丰至同治年间，上海、天津出版的由洋务派与传教士翻译的一些著作，大都属于此类。七八年前，严复翻译赫胥黎所著的《天演论》（原书名《进化论与伦理学》）出版（王氏此文写于 1905 年，严复翻译的《天演论》出版于 1897 年，相距 8 年），一新世人之耳目，它相当于印度高僧摄摩腾翻译的佛教经典《四十二章经》。从此以后，达尔文、赫胥黎之名，腾于众人之口；物竞天择之语，见于通俗之文。王氏指出，注意：严复所信奉的是英国功利论和进化论哲学，他的兴趣所在不是纯粹哲学，而是哲学中那些分支学科；他最喜欢的是经济学、社会学。因此严氏的学风是非哲学的，而是科学的，所以他不能感动我国思想界。最近三四年间（王氏此文写于 1905 年，“最近三四年”即 1908 年、1909 年），法国 18 世纪自然主义，通过日本介绍到中国，并在学海激起一片波澜。然而附和此说的人，并非出于知识，而是出于感情，他们对自然主义的根本思想懵然无所知，不过借其枝节之语达到政治上的某种目的。从学术方面来看，说它没有价值是可以的。

王氏特别指出，接受西方学说的影响以改造古代思想，一个时期内在我国思想界占有势力的，则有南海康有为的《孔子改制考》《春秋董氏学》，浏阳谭嗣同的《仁学》。康氏以元统天的思想，大有泛神论的臭味，其崇拜孔子是模仿基督教；其以预言者自居，又居然抱着穆罕默德创教的野心。其震人耳目之处，在于脱数千年思想的束缚，而易之以西洋已经失去势力之迷信，所以其学问上之事业不得不与其政治上的企图同归于失败。然而必须指出，康氏对于学术并没有什么兴趣，不过是将它作为政治的手段罢了。谭嗣同的学说，则出于上海教会所翻译的《治心免病法》，其形而上学之以太说，半唯物论、半神秘论的东西。人们读谭氏此书，其兴味不在此等幼稚的形而上学，而在其政治上之意见。谭氏此书的目的，也是在政治而不在学术，这一点与康有为也是相同的。

王氏接着说，庚子（1900）辛丑（1901）以来，各种杂志接踵而起，其执笔者，不是喜事的学生，就是亡命的朝臣。这些杂志，本来就不知道学问为何物，但有政治上之目的。虽然有时也有些学术上的议论，但不过剽窃灭裂而已。如《新民丛报》上发表的《康德哲学》，其纰缪就十且八九。其中稍有一顾之价值者，则为《浙江潮》上发表的某君（陈榥）的《续无鬼论》。作者忘记其自己科学家身份，而闯入了形而上学，以鼓吹其朴素浅薄之唯物论，其科学上之引证亦甚疏略，但他是完全从学术的角度立论的，这是值得表扬的。再看看近几年的文学，也不重自己的文学价值，而只是把它看作政治教育的手段，像哲学一样。这样做，其亵渎哲学与文学神圣地位的罪行，是无法逃脱的；要使其学说有价值，又怎么可能呢？因此，要使学术发达，必须将学术作为唯一的目的，而不能将它们作为手段。康德《伦理学》有句格言："应当把每一个人视为目的，而不能把他们视为手段。"岂止是对人应当这样，对于学术同样如此。那些要讲政治的人，就去讲政治吧，用亵渎哲学与文学的神圣来讲政治，是最难使人理解的。

以上是王国维对当时著作、译本以及杂志在传播西方学术思想情况的分析。往下，他还分析了当时学校，认为没有能够传播西方学术者。至于留学生界，其稍有哲学兴味者如严复其人，也只是以余力及之；而能够接触欧人深邃而伟大的思想的人，可以说是根本没有。况近年来之留学界，或抱政治之野心，或怀实利的目的，有谁去研究那冷淡干燥无益于世的思想问题呢？正是通过这些分析，王氏最后得出结论：近数年之思想界，岂特无能动之力，即使说它未尝受动，亦无不可。再从客观上看，国家以为政治上的骚动都是西洋思想为酿乱之麴糵，再加之民间的宗教嫌忌，因此说西洋思想不能马上输入我国，也是很自然的。

通过以上分析可见，王国维虽然提出了第二次佛教来临的论断，但是他认为真正的西洋学术思想传入中国者并没有多少，因此要像宋儒那样进行调和，创造一个新学派的条件还不成熟。杨昌济则不然，他通过对近代中国向西方学习的历史进行总结，认为这种条件已经成熟了。在《劝学篇》中，他明确指出，在中国近代，经过从物质上学习西方科学技术的洋务运动，再经过学习西方政治法律制度的戊戌变法和辛亥革命，现在即将进入全面学习西方学术思想的新阶段。在这个阶段，要特别注意学习西方的哲学思想。他说："一时代有一时代之哲学思想，欲改造现在之时代为较为进步之时代，必先改造其哲学思想。吾国近来之变革虽甚为急激，而为国民之根本思想者，其实尚未有何等之变化。正如海面波涛汹涌，而海中之水依然平静。欲唤起国民之自觉，不得不有待于哲学之昌明。"① 这一说法，与王国维强调学习西方哲学思想是一致的。因为只有这样做，才能为儒家学者创建一个新的理论体系提供最好的思想武器。

---

① 《杨昌济集》(一)，第 74 页。

第三节
创建新学派的方法

杨昌济不仅明确提出了创建儒家新学派的任务，而且提出了如何创建的方法，那就是“合东西两洋之文明一炉而冶之”[①]。在这方面，杨氏本人就带了一个好头。许屹山曾发表过一篇题为《杨昌济“合东西两洋之文明一炉而冶之”中的“合冶”思想述论》的文章，对杨氏在这方面的实践进行了比较系统全面的分析。如：一、融合中西客观唯心主义的“世界本体论”；二、引进西方哲学中的自我实现说，诠释王夫之哲学中的“造命论”；三、引进培根哲学中的“实验科学”，改造王夫之哲学中的“知行观”；四、引进牛顿力学，阐释王夫之辩证法中的“动静观”；五、通过比较中印哲学，吸取佛学精华。[②]

如果我们只从现代新儒家的角度来看杨昌济自己是如何“合东西两洋之文明一炉而冶之”的话，则主要表现为“援西学入儒”[③]。在杨氏的现存著作中，最鲜明地体现了援西学入

① 《杨昌济集》(一)，第 77 页。
② 许屹山:《杨昌济“合东西两洋之文明一炉而冶之”中的“合冶”思想述论》,《中国矿业大学学报》(社会科学版) 2014 年第 3 期。
③ 方克立在《现代新儒家学案·代序》中谈到梁漱溟时说：“在现代新儒家的第一个重要代表人物那里，就鲜明地表现了‘援西学入儒’、融合中西哲学的特点。”中国社会科学出版社，1995，第 8 页。

儒者有两种：其一是《论语类钞》，其二是《治生篇》。《论语类钞》主要表现为在哲学伦理学方面援西学入儒，《治生篇》则主要是在经济思想方面援西学入儒。这里，我们要来分析一下，杨氏在《论语类钞》中是如何援西方哲学和伦理学思想入儒的。

其一，用西方引进的哲学概念诠释孔子的“道”。如在诠释“子曰：朝闻道，夕死可矣”时，杨氏说：人不可无哲学思想。梭格拉第、柏拉图、亚里士多德，皆以默想的生活为人类最高之幸福。宇宙间森罗万象，妙理无穷，能领悟之，乐莫大焉。人类之所以异于他动物者，以其有理性也。人不闻道，是谓虚生。余在笃生家，初读谭浏阳《仁学》时曾有此感想，当时觉得谭浏阳英灵充塞于宇宙之间，不复可以死灭。未识海内亦有与我同感者否？[①]又如在诠释“子曰：参乎，吾道一以贯之”时指出：近世各种科学，各研究宇宙现象之一部，哲学则以宇宙之全体为其研究之目的物。故学问以哲学为终极。宇宙为一全体，有贯通其间之大原则，宇宙间所有一切之现象悉自此大原则而生。吾人当深思默会，洞晓此大原则，所谓贯通大原也。夫子言“吾道一以贯之”，曾子以“夫子之道，忠恕而已矣”释之，此乃实践道德上一贯之原则也。近世汉学家言，不以宋儒之谈性道为然，谓其近于空虚，邻于禅学，乃矫枉过正，于《论语》中道及大本大原处，均讳言而曲解之。阮芸台（元）解“吾道一以贯之”为“吾道专以行之”。若如此解，则旨趣明白，门人何须再问。[②]再如在诠释子曰“予一以贯之”时说：穷理有二法，一为归纳法，一为演绎法。归纳法合散而知总，演绎法由总而之散。子贡之多学而识，其功夫近于归纳法。夫子“一以贯之”，其所用者则演绎法也。欲理解宇宙之现象，不可不用科学的研究，欲体认

① 《杨昌济集》（一），第 263 页。
② 《杨昌济集》（一），第 268 页。

宇宙之本体，不可不赖哲学的思考。多学而识，近于枚举法，固不足恃也。子曰：“多闻，择其善者而从之，多见而识之，知之次也。”多闻、多见，尚为知之次，则必更有所谓知之上者，此则予一以贯之之说也。[①]

其二，用西方的人本主义思想诠释孔子的仁。在解释“子曰：仁远乎哉？我欲仁，斯仁至矣”时，杨氏指出：近世伦理学说中有三种主义。其一为自然主义，谓人但随宇宙必然之理法，为机械的动作，如此则人生毫无目的，不足以说明道德之现象。其二曰绝对主义，谓人之行为，固有目的，然全为上帝之所支配，毫无个人意志之自由，如此亦不足以说明道德之事实。其三则曰人本主义，谓人生之行为有目的，而其目的乃己身自由意志之所决定。第三说则今日欧美伦理学说之新倾向也。自然主义又谓之唯物论，绝对主义又谓之绝对唯心论，人本主义又谓之人格唯心论。夫子言欲仁仁至，盖实为人格唯心论，孟子、陆、王均此派也。[②]在诠释“子曰：人能弘道，非道弘人”时又说：此亦人本主义也。以人言人，自当立人之道。天地不与圣人同忧，圣人亦不与天地同不忧，故曰立命，曰造命。人为天地所生，而反以为功于天地，故尽人事者人之责任也。赫胥黎《天演论》谓人治常与天行抗，庭园修饰，人治之功也；草木荒芜，天行之状也。人治稍懈，则天行逞其势力，故人生者不断之竞争也。近人以达尔文倡进化论，谓生存竞争，优胜劣败，遂以主张自我争权攘利为人道之当然。此不知立人之道之义者也。生存竞争，本生物界天行之原则，然人类所造出之宗教、政治、道德，则以合群为教，欲以减杀人生剧烈竞争之苦痛，是亦人治与天行抗之一事也。夫子言“人能弘道，非道弘人”，明人之责任，

---

① 《杨昌济集》(一)，第268—269页。

② 《杨昌济集》(一)，第265页。

此与“欲仁仁至”之言，均为极强之学说。王船山《诗广传》曰：“或曰，圣人无我，吾不知其奚以云无也。我者德之主，性情之所持也。必狭其有我之区，超然上之而用天，夷然忘之而用物，则是有道而无德，有功效而无性情矣。苟无德，不必圣人而道固不丧于天下也。苟无性情循物以为功效，而其于物亦犹飘风冻雨之相加也。呜呼！言圣人而亡实，则且以圣人为天地之应迹，而人道废矣。”船山亦主张人本主义者也，其言道与德之区别，即客观与主观之别也。近世伦理学家言自我实现说，与船山之论暗合。[①]

其三，用西方个性解放的思想诠释“三军可夺帅也，匹夫不可夺志也”：海尔巴脱（今译赫尔巴特）谓意志从良心之命令而行，则内心得其自由；意志之强度，常同于良心之强度，则内心之自由完全。临难毋苟免，见危授命，乃意志之强同于良心之强之状态也。古来殉道者，宁死而其志不可夺。反对之者，但能残虐其身体，不能羁束其灵魂。其志事虽暂挫于一时，而前仆后继，世界卒大受其影响。匹夫不可夺志，圣人之言可以兴矣。君主时代，重君臣之义，则曰事君能致其身。在共和国中，无复有君臣之名义，然舍身殉国之义自在也。近世教育学者之说曰，人属于一社会，则当为其社会谋利益。若己身之利益与社会之利益有冲突之时，则当以己身之利益为社会之牺牲。虽然牺牲己之利益可也，牺牲己之主义不可也。不肯抛弃自己之主义，即“匹夫不可夺志”之说也。吾国伦理学说，最重个人之独立。观历史之所载，经训之所传，莫不以守死善道为个人第一之义务。臣之于君，子之于父，妇之于夫，照吾国昔圣先贤之理想，皆有委身以事，爱敬终身，效死勿去之义。然忠臣、

---

① 《杨昌济集》（一），第266—267页。

孝子、贞妇之志，有非其君、其父、其夫之所能夺者。此身可捐以奉君亲，而不可不使为辱人贱行。昔齐景公田，招虞人以旌，不至，将杀之。志士不忘在沟壑，勇士不忘丧其元。孔子奚取焉？取非其招不往也。是君不可夺臣之志也。“母也天只，不谅人只。”《柏舟》之节妇，母欲嫁之而不从，是父不可以夺子之志也。贞妇可以致于夫者，无所不为，而独不可使丧其贞节，是夫不可以夺妇之志也。王船山曰：“唯我为子故尽孝，唯我为臣故尽忠，忠孝非以奉君亲，而但自践其身心之则。”船山重个人之独立如此。吾国三纲之说，为谭浏阳所痛辟。余戊戌在岳麓书院闻湘潭王君言及此，当时亦颇疑之，后读其《仁学》，乃知中国三纲之说，严责卑幼而薄责尊长，实酿暴虐残忍之风。君子之为教也，与父言慈，与子言孝。卑幼者自由之意志、独立之人格，尊长者固不可蔑视之。人有自重知耻之心，乃能以进德修业相尚，过度之压制，固非训育之所宜也。①

① 《杨昌济集》（一），第252—254页。

第九章 王船山思想的忠实践行者

王船山（1619—1692），本名夫之，湖南省衡阳县人。因他晚年居住在今衡阳县曲兰镇的石船山下，所以人们尊称他为船山先生。由于他具有极强的民族主义思想，生前一直不与清政府合作，隐居著述；逝世后，又由于其民族主义情结不为清政府所容，所以在一个很长的时期内，其著作刊行不多，其人也很少为学术界所知。道光二十二年（1842），即鸦片战争爆发后的第三年，在邓显鹤主持下，湘潭王氏守遗经书屋所刻之《船山遗书》问世，收船山传世全部经部著作（加上《读通鉴论》），且印数不多，太平军到湘潭后又将其雕板烧毁，所以此板影响不大。曾国藩、曾国荃兄弟于1862—1865年以金陵刻书局名义所刊之《船山遗书》最为著名。该书收船山著作56种，288卷，不仅内容包括经、史、子、集四部，比守遗经书屋本全，且校勘也较前者精审。金陵本《船山遗书》出版之后，王船山的主要著作都已先后问世，这时要进一步引起人们对船山的重视，就必须加强对船山的宣传。在当时条件下，最好的宣传方式之一，就是为他建祠立庙。同治九年（1870）郭嵩焘掌教城南书院，他利用这个机会，征得巡抚刘崐的支持，在书院内的南轩（张栻）祠旁，修建了一座船山祠。他曾指出周（敦颐）、程（颢、颐）、朱（熹）、张（载）之能入祀文庙，皆是由其弟子先奉祀于学校而奠定基础的。光绪二年（1876）郭嵩焘在朝廷署礼部左侍郎之后，便向皇帝上了一道《请以王夫之从祀文庙疏》。但这个奏疏被礼部驳回。所以郭嵩焘在1881年创办了思贤讲舍，专祀船山先生木主并宣讲船山之学。

杨昌济接触船山著作就是在这种背景下进行的。早在1896年10月20日的日记中，他写道："阅《张子正蒙》，毫无辛卯岁义理悦心之味，足以见嗜欲之纷心，而至道之难闻也。"[①] 从这天日记往下的引文可知，此处所说的《张子正蒙》指王船山的《张子正蒙注》。"辛卯岁"为1891年，杨氏生于1871年，可知他至少从20岁起就读船山著作。他说当年读此书时已经"义理悦心"，说明他读得相当深入，而要做到这一点，绝不是浅尝辄止能为功，因此他可能比这年更早地接触了船山著作。1899年8月的日记表明，杨氏将船山的《宋论》作为"自课"，即自学的课程。值得注意的是，杨氏还在日记中记下了他读过的《宋论》的标题，如"卷一太祖：太祖论、韩通论、贵士论、不许称门生于私门论、微行论、优待降王论"[②]，

① 《杨昌济集》(一)，第473页。
② 《杨昌济集》(一)，第479页。

等等。须知，船山的《读通鉴论》和《宋论》原本都是没有标题的，最早为此两书加标题的是1914年上海会文堂书局出版的《标目读通鉴论附宋论》[①]，然而这些标题不论前后均未加“论”。1909年林纾所编之《评选船山史论》和1962年嵇文甫所编的《王船山史论选评》，均是将“论”字置于标题之前，只有杨氏的标题是将“论”字置于标题之后，这样做似乎更加符合船山“史论”的体例。1919年11月26日，即在杨氏逝世前两个月，他还在思考“本学年伦理学之教法”,其中就包括“本学年所讲不限于西洋之伦理学说，中国儒先如孔、孟、周、程、张、朱、陆、王及船山之学说亦间取之。拟每次授语录一二条”。[②] 这说明，杨氏一生自始至终均重视对船山著作的学习和应用。

杨昌济对待船山著作的特点，就是不把它当作纯学术研究的对象，而是当作行动的指南，不仅以之教导学生，而且自己也力图照着做。往下，我们拟从哲学、伦理学和船山学社三个方面，对杨氏与船山学的关系进行一些分析。

---

① 杨坚:《宋论编校后记》，载《船山全书》第11册，岳麓书社，1992，第347页。
② 《杨昌济集》(一)，第674页。

第一节
对船山哲学思想的学习和运用

杨氏对船山哲学思想的学习和运用，主要包括以下方面：

一、肯定船山学术的哲学特色。在1898年的《达化斋日记》中，杨氏写道：“〔吾〕生平得力有二，一在力行，一在深思。力行者，体魄界之事也；深思者，灵魂界之事也。学思之功，不可偏废，而思为尤要。思者作圣之功也，圣无不通，无不通由于通微，通微由于思。汉学通显，宋学通微；顾亭林通显，王船山通微。通显者博物之功也，通微者深思之功也。深则能研万事微芒之几，博则能应天下之万变而不穷于用。”[①] 杨氏这里所讲的“汉学”也就是清代的考据学。其主要工作是对古籍加以整理、校勘、注疏、辑佚等；其研究范围，以经学为中心，而衍及小学、音韵、史学、天算、水地、典章制度、金石、校勘、辑佚等。可见，其研究对象是比较具体和明显的，所以杨氏称其为“通显”。与“汉学”相对的是“宋学”，即宋明理学，它主要研究的是哲学和伦理学，这是比较抽象和隐微的，所以杨氏称它为“通微”。顾炎武（1613—1682），南直隶苏州府昆山（今江苏昆山市）人。与黄宗羲、王夫之并称为明末清初三

---

① 《杨昌济集》(一)，第18—19页。

大儒。他学问渊博，于国家典制、郡邑掌故、天文仪象、河漕、兵农及经史百家、音韵训诂之学，都有研究。晚年治经重考证，开清代朴学（汉学）风气。杨氏认为，“通显”需要“博物之功”，即广泛地接触事物，而“通微”则要有“深思之功”，即深入地进行思考。这说明，两者各有其功用，不能互相取代，也不能取此而弃彼。但是杨昌济更加重视的还是思。所以他说“思者作圣之功也，圣无不通，无不通由于通微，通微由于思”。

二、肯定船山“不惑于风水之说”。杨氏说：“吾国人不惑于风水之说者鲜矣，虽朱子（熹）犹惑焉。近世如魏默深（源）、曾涤生（国藩）、郭筠轩（嵩焘）、刘霞仙（蓉），皆有此迷信。船山独卓然不惑，力排五行、术数之说，此其所以为卓绝也。观其论京房、崔浩、邵康节（雍）、蔡西山（元定），皆力持正论，可以知其识有独到矣。”[①]“风水之说”指住宅基地、坟地等的自然形势，如地脉、山水的方向等的体系。关于风水，有相当多的评论与争议。有人认为，风水是中国的一门综合科学，结合了环境、地理、健康等历史悠久的观察。也有人认为，风水是旧时代的迷信，阻碍了中国人的建筑设计、室内设计等的创意发挥。杨昌济的观点显然属于后者。船山在《传家十四戒》中指出：“勿听鬻术人改葬。”[②]所谓“鬻术人”就是“风水先生”，“勿听鬻术人改葬”，就是不要相信“风水之说”。“五行”指金、木、水、火、土五种物质。我国古代思想家用这五种物质来说明世界万物的起源，中医用它说明生理病理上的种种现象，迷信的人用五行相生相克的道理来推算人的命运。“术数”是中华古代神秘文化的主干内容，“术”，指方术；“数”，指气数、数理。其基础是阴阳五行、天干地支、河图洛书、太玄甲子数

① 《杨昌济集》（一），第514页。
② 《船山全书》第15册，岳麓书社，1995，第922页。

等。京房，汉元帝时为郎、魏郡太守。他治易学，师从梁人焦延寿，焦氏讲《易》，喜以自然灾害解释卦象，推衍人事。京房把焦延寿以灾异讲《易》的做法推向极致，到处宣讲，以之干政，使《易》学此一流派在当时声名显赫，对后世影响极大。邵康节即邵雍（1011—1077），字尧夫。其象数学的特点是神生数、数生象、象生器；上识天时，下尽地理，中尽物情，通照人事的先验象数学。王船山在《周易内传》中说："君子之道简而文，天人性道，大正而无邪。故曰：'洁静精微，《易》教也。'乃一乱于京房，再乱于邵子。"[①] 崔浩为北魏大臣。北魏皇帝拓跋嗣好阴阳术数，他听了崔浩讲《易经》《洪范·五行传》，非常赞许，命崔浩占卜吉凶，参考天文，解决疑惑问题。王船山在《读通鉴论》中指出："浩之见知于拓跋嗣也，以《洪范》，以天文。其《洪范》非《洪范》也，非以相协厥居者也；其天文非天文也，非以敬授民时者也。及其后与寇谦之比，崇淫祀以徼福于妖妄而已矣。……自以其占星媚鬼之小慧，逢迎伪主，因而予智焉，此所谓驱之阱而莫避也，不智孰甚焉。"[②] 蔡元定，朱熹的弟子，学者称西山先生。其易学主要表现为河洛思想，其基本的观点是以十为河图，以九为洛书，但两者又相互表理，伏羲据河图而作《易》，出自天意。王船山在《搔首问》中指出："密翁（方以智）与其公子为质测之学，诚学思兼致之实功。盖格物者，即物以穷理，惟质测为得之。若邵康节、蔡西山则立一理以穷物，非格物也。"[③] 王船山的这些批评，都鲜明地体现了其唯物主义的立场。所以杨昌济表示衷心服膺。

三、十分推崇王船山格物致知的认识论。杨氏曾在日记中

---

① 《船山全书》第1册，岳麓书社，1988，第551—552页。
② 《船山全书》第10册，岳麓书社，1988，第541页。
③ 《船山全书》第12册，岳麓书社，1992，第637页。

完整地抄录了王船山《读四书大全说》中有关认识论的文字。一段是：知善知恶是知，而善恶有在物者，如大恶人不可与交，观察他举动详细，则虽巧于藏奸，而无不洞见；如砒毒杀人，看《本草》，听人言，便知其不可食：此固于物格之而知可至也。至如吾心一念之非几，但有愧于屋漏，则即与跖为徒；又如酒肉黍稻本以养生，只自家食养有大小，过则伤人：此若于物格之，终不能知，而唯求诸己之自喻，则固分明不昧者也。是故孝者不学而知，不虑而能，慈者不学养子而后嫁，意不因知而知不因物，审矣。另一段是：天下之物无涯，吾之格之也有涯。吾之所知者有量，而及其致之也不复拘于量。颜子闻一知十，格一而致十也。子贡闻一知二，格一而致二也。必待格尽天下之物而后尽知万事之理，既必不可得之数。是以《补传》云"至于用力之久，而一旦豁然贯通焉"，初不云积其所格，而吾之知已无不至也。知至者，"吾心之全体大用无不明"也。则致知者，亦以求尽夫吾心之全体大用，而岂但于物求之哉？孟子曰："梓匠轮舆，能与人规矩，不能使人巧。"规矩者物也，可格者也；巧者非物也，知也，不可格者也。巧固在规矩之中，故曰"致知在格物"；规矩之中无巧，则格物、致知亦自为二，而不可偏废矣。[①] 在朱熹那里，"格物"和"致知"虽然不是两件事，但其性质和任务是不同的。所以朱熹对"格物"过程中心的作用重视不够。王阳明虽然将"格物"和"致知"都归结为心的作用，有将二者混为一谈的缺点，但是他强调心在认识过程的重要作用，却是正确的。船山吸收了王阳明的意见，所以说："大抵格物之功，心官与耳目均用，学问为主，而思辨辅之，所思所辨者皆其所学问之事。致知之功则唯在心官，思辨为主，而

① 《杨昌济集》(一)，第510页。

学问辅之，所学问者乃以决其思辨之疑。‘致知在格物’，以耳目资心之用而使有所循也，非耳目全操心之权而心可废也。朱门诸子，唯不知此，反贻鹅湖之笑。”正是由于认识到船山认识论的这一特点，所以杨昌济说：“王船山《读四书大全说》，辨格物致知之义甚详。船山时时辟象山、阳明，而其所论致知之功夫，乃与陆、王之说合，亦当注意之事也。”[①] 杨氏 1914 年 3 月 9 日在给湖南省立第一师范学校学生讲课时说：“见闻徒广乃知之次，必知微思辨方谓真知。”[②]

杨昌济这些话表明，他在认识王船山如何处理宋明理学中两个对立学派，即程朱派与陆王派关系时，是有新的高度和独到见解的。章启辉在《王夫之与程朱陆王格致论比较》一文中，引述杨昌济上述这段话，并且指出“这是确切的”。作者从三个方面论证了杨氏的这种“确切”。首先，章氏指出，如果说，论“学之始事必于格物”，王夫之针对和批评的主要是陆王心学以格物为非，提倡直接求理于心的简易工夫，有以朱学纠正陆王的理论倾向；那么，论“格致相因，而致知在格物”，则主要针对和批评的是程朱理学有偏于耳目学问，对心官思辨认识不够，有合陆王而正程朱的理论倾向。故他论朱熹“格物致知只是一事”道：“若统论之，则自格物至平天下，皆止一事。若分言之，则格物之成功为格物，‘物格而后知至’，中间有三转折。藉令概而为一，则廉级不清，竟云格物则知自至，竟删抹下‘致’字一段工夫矣。”所谓“三转折”，“‘致’字一段工夫”，即心官与耳目均用、学问与思辨。王夫之认为，“混致知格物为一”，以为“格物则知自至”，则又势必销致知于格物，

① 《杨昌济集》（一），第 488 页。

② 王建宇整理：《陈昌烈士未刊日记书信选》，《长沙文史》第 14 辑，第 190 页（王兴国据《陈昌日记》原文复制件作了校订，见《湘学研究》2023 年第 2 期）。

否定心官思辨在格物致知中的作用。朱门诸子之所以在鹅湖之会授陆学以把柄，朱门后学之所以不知孝者不学而知，不虑而能，慈者不学养子而后嫁，其理论缺陷就在于强调耳目学问的同时，忽视了心官思辨的作用，即“吾心之知，有不从格物而得者，而非即格物即致知”，“非耳目全操心之权而心可废也”。在此，王夫之已经认识到耳目学问和心官思辨是认识发生的不可或缺的两个基本阶段，二者互相区别，又互相依存，互相作用。其次，章氏说，朱熹的格物致知说要求于“事事物物”穷理。《朱子语类·大学二》说：“世间之物，无不有理，皆须格过。”王夫之批评说：“天下之物无涯，吾之格之者也有涯。吾之所知者有量，而及其致之也不复拘于量。颜子闻一知十，格一而致十也。子贡闻一知二，格一而致二也。必待格尽天下之物而后尽知万事之理，既必不可得之数。是以《补传》云‘至于用力之久，而一旦豁然贯通焉’，初不云积其所格，而吾之知已无不至也。知至者，‘吾心之全体大用无不明也’。则致知者，亦以求尽夫吾心之全体大用，而岂但于物求之哉？”王夫之认为，无论从客观事物及其变化的有形无形、隐微显著来说，还是从人的认识能力来说，耳目之“见”都有难易之分，有可与不可之分，但心官之“知”只有难易之分，没有可与不可之分。也就是说，就人的感官而言，“化”易见、可见，“化之者”难见、甚至不可见。但是，心官思辨有“审”无形于有形之“巧”。因此，就人的心官而言，有形易见、易知，无形难见、难知，但难见、难知不等于不可知。对于智者来说，不可知是暂时的。由此可见，古今中外的“存在就是被感知”有一个共同的特点：不识人的抽象思维能力。因此，外部世界可不可知、知与不知，以人的感知为转移。其三，王夫之深入讨论了朱熹所谓的“仁义之心”

和“知觉运动之心”。朱熹认为，孟子所谓人之“心”有“仁义之心”和“知觉运动之心”二重属性，并认为仁义之心为人性，是人与物相区别的本质特征。朱熹以“蠢然”言知觉运动之心，“粹然”言仁义之心，似乎不自觉地表现出某种重德性、轻知性的理论倾向。王夫之对人的心官思辨与耳目学问的关系有了更为深入的认识。他探讨了仁义之心与知觉运动之心的同一和差异。仁义之心和知觉运动之心虽然同为人之心，但有着本质的不同。仁义的本质是性，知觉的本质是思；仁义是天事，知觉是人事。在王夫之看来，这种区别是重要的。因为几千年的文化已经证明，不能区别，意味着重德性，轻知性；甚至，以德性取代知性。在明末清初中国封建社会开始自我批判之际，王夫之提倡“知觉运动之心”意味着什么？意味着理性，意味着独立思考，意味着纯粹求知，意味着对传统礼教的否定。将有偏仁义之心与不识知觉运动之心历史地、逻辑地联系在一起，是王夫之的格致说对陆王心学的阐扬，对程朱理学的深刻的文化反省。[①]

透过章启辉文章的分析，我们可以看出，杨昌济已经清楚地把握了船山在哲学认识论上善于将朱子学派和陆王学派各自的优长结合起来的这一特点。贺麟先生在20世纪40年代所写的《文化与人生》中，实际上进一步发展了杨氏的这一认识。他说：“船山不离理而言天，由事物以求明理知天，处处不离理学规范。然而他又不离心而言理，不离心而言天，处处鞭辟近里，一以心学为宗主。所以我们敢断言他是集理学与心学之大成的人。他格物穷理以救心学的空寂。他归返本心，以救理学的支离。据说他的父亲，曾受学于江右王门之邹东廓。而江右王门

① 章启辉：《王夫之与程朱陆王格致论比较》，《船山学刊》2002年第4期。

代表王学中最平正一派，且亦最足以调解程朱与陆王之矛盾者。船山承家学，自亦得王学学脉。所以，船山似乎是最能由程朱发展到阳明，复由阳明回复到程朱。”[①]

① 贺麟：《文化与人生》，商务印书馆，1988，第265页。

第二节
对船山伦理思想的学习和运用

杨氏对船山伦理学思想的学习和运用，主要表现在以下几个方面：

一、肯定船山关于立志的论述。早在1896年杨氏在日记中抄录船山《张子正蒙注》中的一些话时，就有关于立志的论述：“志大则才大事业大，故曰‘可大’，又曰‘富有’。志久则气久德性久，故曰‘可久’，又曰‘日新’。”“志立则学思从之，故才日益而聪明盛，成乎富有；志之笃则气从其志，以不倦而日新。盖有学者德业之始终，一以志为大小久暂之区量，故《大学》教人，必以知止为始。孔子之圣，唯志学之异于人也。天载物则神化感通之事，下学虽所不逮，而志必至焉，不可泥于近小，以苶其气而弃其才也。”[①] 杨昌济在《修身讲义》中，曾辟“张子《正蒙》”专章，选录了不少张载的论述和王船山的注释，帮助学生加深对中国传统哲学和伦理思想的理解。他在编《论语类钞》时，对船山的立志思想十分重视，所以第一章就是“立志”，并且明确指出：“道德者，克己之连续，人生者，

① 《杨昌济集》(一)，第473页。

不断之竞争。有不可夺之志，则为无不成矣。”[①]他在给学生讲修身课，解释什么是“志”时，指出“心之所之谓之志”。所谓“志”也就是理想，所以他又说：“高尚其理想（立一理想，此后一言一动皆期合此理想）。”“理想的人物。理想者，事实之母也。”在《讲堂录》中，青年毛泽东还记录了杨氏所引用的孔子和孟子有关立志的许多论述。[②]

二、肯定船山的圣贤豪杰理想。在给一师学生讲修身课时，杨昌济曾引用王船山在《俟解》中说的一句话：“有豪杰而不圣贤者，未有圣贤而不豪杰者也。”杨昌济在解释船山这句话时指出：“圣贤，德业俱全者；豪杰，歉于品德，而有大功大名者。”[③]在《论语类钞》中阐释“子曰：三军可夺帅也，匹夫不可夺志也”时，杨氏再一次引用了这句话：王船山谓豪杰而不圣贤者有之矣，未有圣贤而不豪杰者也。道德教育，在于锻炼意志。人有强固之意志，始能实现高尚之理想，养成善良之习惯，造就纯正之品性。意志之强者，对于己身，则能抑制情欲之横恣；对于社会，则能抵抗权势之压迫。道德者，克己之连续。人生者，不断之竞争。有不可夺之志，则为无不成矣。韩退之《伯夷颂》曰：“士之特立独行，适于义而已。不顾人之是非，皆豪杰之士信道笃而自知明者也。一家非之，力行而不惑者寡矣。至于一国一州非之，力行而不惑者，则天下一人而已矣。若至于举世非之，力行而不惑者，则千百年乃一人而已耳。若伯夷者，穷天地亘万世而不顾者也。”特立独行，非意志坚强者不能。寻常人多雷同性，无独立心，此其所以为寻常人也。[④]这说明，要做圣贤就必须通过道德修养，不断地强固自己的意志。

---

① 《杨昌济集》（一），第 252 页。

② 《毛泽东早期文稿》，第 531—532 页。

③ 《毛泽东早期文稿》，第 531 页。

④ 《杨昌济集》（一），第 252 页。

三、用船山话语解释圣门下手工夫。在《论语类钞》“圣门下手工夫”一节，杨昌济在解释许多圣门工夫时，都引用了船山在《读四书大全说》中的分析。例如，解“不迁怒，不贰过”时，引船山曰：“朱子既云‘不迁怒、贰过，是颜子好学之符验’，又云不是‘工夫未到，而迁怒贰过只且听之’。……盖不迁怒者，因怒而见其不迁也；不贰过者，因过而见其不贰也。若无怒、无过时，岂便一无所学？且舍本以治末，则欲得不迁而反迁，欲得不贰而又贰矣。故曰‘却不是只学此二事。不迁不贰，是其成效’。然无怒无过时，既有学在，则方怒方过时，岂反不学？此扼要处放松了，更不得力。故又曰‘但克己工夫未到时，也须照管’。总原要看出颜子心地纯粹谨严，无间断处，故两说相异，其实一揆。《易》云‘有不善未尝不知’，此是克己上的符验；‘知之未尝复行’，是当有过时工夫。可见亦效亦功，并行不废。以此推之，则不迁怒亦是两层该括作一句说。若是无故妄怒于所不当怒者，则不复论其迁不迁矣。怒待迁而后见其不可，则其以不迁言者，必其当怒者也。怒但不迁而即无害于怒，效也；于怒而不迁焉，功也；则亦功、效双显之语也。……而《集注》云颜子‘克己之功，至于如此”八字，下得十成妥稳，更无渗漏。其言‘至于如此’，则验也，而其曰‘功’者，则又以见夫虽不专于二者为学，而二者固有功焉，则不可言效至如此而必言功也。”

在解“克己复礼为仁”时，又引船山曰：“但于‘天下归仁’见效之速，不可于‘一日克己复礼’言速。……经云‘一日克己复礼’，非云‘一日己克礼复’。克己复礼，如何得有倒断！所以尧、舜、文王、孔子终无自谓心花顿开，大事了毕之一日。因以言其动物之可必，故为之词曰‘一日’耳。乃‘天下归仁’，亦且不是图他一番赞叹便休；特在本原上做工夫，便终身也只依此做去，别无他法，故可归功于一日。若‘天下归仁’之尽境，则亦必其‘克己复礼’之功无有止息，而施为次第，时措咸宜，然后天理流行，人心各得也。”

在解“出门如见大宾，使民如承大祭。己所不欲，勿施于人”时，引船山曰：“言‘出门’则统乎未出门，言‘使民’则该乎使民之外，此与‘无众寡，无小大’一意。出门原不可作动说。动者必有所加于天下，但一出门，何所加于天下而可云动哉！……《曲礼》云‘无不敬，俨若思’，自分动静。而‘出门如见大宾’，则自非‘无不敬’之所摄，正所谓‘俨若思’者是已。必不获已，自宜以出门属静，使民属动，不可于出门、使民之外，别立一静也。或者所问，程子所答，俱似未当。双峰云：‘平时固是敬谨，出门、使民时尤加敬谨。’出门、使民之外，何者更为平日？圣人是拣极易忽者言之，以见心法之密。见宾、承祭，方是常情加谨之地。出门之外，有大廷广众、顺逆不一之境，推致于‘虽之夷狄’；使民之上，有入事父兄、出事公卿，无限待敬待爱之人。则此所举者，极乎境之静、事之微而言也。谨微慎独，该括广大，何平日之不在内乎？”

往下，在解“仁者其言也讱”“言忠信，行笃敬，虽蛮貊之邦行矣”“君子有九思”“博学而笃志，切问而近思，仁在其中矣”时，都引用了船山的论述，最后杨氏评论说：“王船山《读四书大全说》，苦心剖析，其间有突过程朱处。余钞十数条于此以示例。学者当取其全书细观之。总以上所钞者，可以见船山学说之大致，则谓不可于出门使民之外别立一静，于司马牛问仁章，则谓圣人从为之难说起，即从此入不容别问存心；于君子有九思章，则曰本文中原有未发存养之功，不得头上安头，而别求未发。于博学而笃志章，谓不当立一存心为主，而以学问志思为宾。于此数条可发见一大原则，总之以全副精神集注于现在之力行，不得于此外别求安身立命之处而已。船山于儒释异同辨之甚明，谓儒者于此壁立万仞，乃为圣人之徒。此船山之特色，故特表而出之。”[①]杨氏的这一认识与郭嵩焘的观点是一脉相承的。据王闿运《湘绮楼日记》载：“筠仙言：船山书精华在《读性理大全》。吾闻之一惊，惊其一语道破，诚非通王学、熟读全书者不能道此语。然《性理大全》，兔园册也；此与黎先生（恂）笺注《千家诗》同科，观其书名，知其浅陋。而筠仙力推船山，真可怪也。船山生陋时，宜服膺《大全》。筠仙生今世，亲见通人，而犹曰《大全》《大全》，不重可哀耶？要之，论船山者必于《大全》推之，然后为知船山。片言居要，吾推筠老。”[②]筠仙为郭嵩焘之号。诚然，《性理大全》（又称《四书大全》）是属于兔园册子一类浅陋读物。但它有一个特点，即将程朱及其弟子们对四书的笺注都集中到一起了。所以，要评价程朱及其弟子们对四书注释的得失，此书不失为好材料。郭嵩焘正是从这样一个角度来评价《读四书大全说》的。因为船山在评论中，不仅评论程朱的弟子们的许多谬见，而且评论了程朱自己的一些不准确之处。这也就是郭嵩焘在《船山先生祠安位告示文》中所说的：“至于析理之渊微，论事之广大，千载一室，抵掌谈论，惟吾朱子庶几仿佛，而固不逮其精详。”[③]应该说，《读四书大全说》是船山说理最透彻、最深入、最全面的一本书，郭嵩焘和杨昌济之所以推崇此书，正是出于这样一种认识。

---

① 以上所引均出自杨昌济《修身讲义》，民国初年刊本。

② 《船山全书》第 16 册，岳麓书社，1996，第 668 页。

③ 《郭嵩焘诗文集》，岳麓书社，1984，第 538 页。

四、肯定船山的乐天观念。《论语类钞》在解析孔子所说的“德不孤，必有邻”时，接连引用船山在《读四书大全说》中的三段话，如船山曰：“‘德’在心，‘不孤’在物，到此痛痒相关之处，名言将穷。所以陈新安（栎）著‘天理自然之合’六字，大概说来，微妙亲切。”又曰：“‘德不孤’，是从源头说起，朱子所谓以理言是也。唯有其理，斯有其事。不然，则古今俱为疑府。如何孔子之门便有许多英材？事既良然，而所以然者不易知也。至于德之所以不孤，则除是孔子见得亲切，说得如此斩截，不但有上观千古、下观万年识量，而痛痒关心之际，直自血脉分明。”又曰：“《论语》中唯言〔及〕德处为不易知。‘为政以德’，则‘譬如北辰，居其所而众星共之。’此又蓦地说个‘德不孤’，皆夫子搬出家藏的珍宝，大段说与人知。知者知其所以然，不知者或可以知其必然而已。呜呼，难言之矣。”接着，杨昌济发挥说，此圣人之乐天观也。处浊乱之世，但患自己无德，如其有德，自有同类者闻风兴起，故有以匹夫而转移一世之风会者，此教育之所以可能也。吾人苟无此信念，则不必复言教育。社会有二方面，一为其光明的方面，一为其暗黑的方面。其中必有一部分善良之人，而其他之一部分则不善之人也。极乱之世，仍有君子，极治之世，非无小人。善良之分数多，则世治；不善之分数多，则世乱。有德之君子，欲转移腐败之社会，惟有熏陶感化，多造善良分子之一法。善者得势，则不善者自退处无权，大《易》所谓“君子道长，小人道消”也。唯上智与下愚不移，寻常之人，多可与为善可与为恶，有辅世长者出，示之以模范，而启发其向上之心，则成就亦有可观者。吾人处今日存亡呼吸之中国，惟恃此理之必然为前途一线之希望。《诗》

曰："风雨如晦，鸡鸣不已。"同志者必有感于斯言。[①]

五、从伦理学的角度解读船山史论。杨昌济在1915年4月12日的日记中写道：为生徒言看鉴之法。余尝教学生分类钞"御批"，又拟将《资治通鉴》之"臣光曰"录成一本，非独识议胜人，即文辞亦可读也。至船山之《读通鉴论》《宋论》，则又胜于"御批"与司马氏之评论，此亦可以分类读之。余尝分《读通鉴论》为三大类：一曰世界的理想，二曰国家的主义，三曰个人的精神。第一类又分二子目：曰世运，曰礼教。究古今之变，通天人之际也。第二类又分二子目：曰立法，曰行政。第三类又分二子目：曰启天良，曰练心才。余最重个人的精神，又重行政与世运，因立法之事，今昔情势不同，船山所论多有已成明日黄花者。礼教之事，以今日之眼光观之，亦有不免属于迷信者，吾人当分别观之。[②]在这段话中，杨氏没有讲他是如何具体地将两书的内容分类的，但从杨氏对此两书某些内容的分析，还是可以看出一些端倪。例如，杨氏在1914年的日记中说："王船山论刑罚中有凌迟处死，太惨酷非人道，良然。船山又论张巡杀爱妾以享士之非，亦可谓能见其大。"[③]按照杨氏的分类，前者显然属于第二类中的"立法"；后者则是属于第一类中的"礼教"。船山在《读通鉴论》卷十九隋文帝三"裴政定律"中说："政为隋定律，制死刑以二：曰绞、曰斩，改鞭为杖，改杖为笞，非谋反大逆无族刑，垂至于今，所承用者，皆政之制也。若于绞、斩之外，加以凌迟，则政之所除，女直、蒙古之所设也。"船山在谈到凌迟处死之太惨酷非人道时说："徒以逞其扼腕啮龈之忿而怖人已耳。司刑者快之，其仇雠快之，于死者何加焉，徒使

① 《杨昌济集》(一)，第263—265页。
② 《杨昌济集》(一)，第646—647页。
③ 《杨昌济集》(一)，第533页。

罪人之子孙，或有能知仁孝者，无以自容于天地之间。一怒之伸，惨至于斯，无裨于风化，而祇令腥闻上彻于天。”[①] 船山在谈到张巡杀爱妾以享士之非时说：“夫人之不忍食人也，不待求之理而始知其不可也，固闻言而心悸，遥想而神惊矣。于此而忍焉，则必非人而后可。”[②] 可见，船山对此是持绝对的反对态度的。

① 《船山全书》第 10 册，第 699 页。
② 《船山全书》第 10 册，第 870 页。

第三节
积极支持船山学社的活动

船山学社的前身是郭嵩焘于1881年创办的思贤讲舍。进入民国后，讲舍停止活动。1912年春，湖南都督府民政司司长刘人熙建议将思贤讲舍改为船山学社。次年，船山学社筹备处成立，同年秋，呈请北京政府批准，经国务院内务、教育两部批准，每年从湖南国税项下拨发四千元（银圆），作为学社常年活动经费。学社于1914年6月14日正式成立，在此以前发展了一批社员。据杨昌济这年6月12日日记记载："胡子靖介绍余入船山学社，余颇为踌躇。因担任学校功课颇无暇日，一切党会均不愿插身其间，因一入会即须费精神目力也。但第一次开讲，当往一亲刘先生之丰采耳。"[①] 胡子靖即胡元倓（1872—1940），字子靖，湖南湘潭人。时任明德中学校长。杨氏在这段日记中说明了他不参加船山学社的原因，主要是课程负担太重。胡氏在邀请杨氏入社的同时，肯定已经告诉杨氏船山学社成立的时间，所以他说学社第一次开讲，当一往亲睹刘人熙先生之丰采。

6月14日，是船山学社第一次开讲，也就是正式成立。在

① 《杨昌济集》（一），第505—506页。

15日的日记中，杨氏写道："今日至船山学社，刘艮生先生白须飘拂，唇红异常。吴凤笙先生自岳麓冒雨渡水至，亦可谓高兴者。"杨氏的"15日"应该是将14日的内容与15日混在一起了。因为其日记有13日而无14日，接着就是15日。据《湖南公报》关于这次开讲的报道，应该是6月14日。刘艮生即刘人熙（1844—1919），字艮生，号蔚庐，湖南浏阳人，这年他已经70岁。吴凤笙即吴獬（1841—1918），字凤笙，湖南临湘桃林人。时任湖南高等师范学校国文教授，与杨昌济为同事。据上述《湖南公报》的报道：民国三年6月14日，船山学社开始会讲。社员之热心者冒雨而至，虽人数不甚众，而一时耆彦胜流，莫不毕集，会于临水之楼。首由经理刘蔚庐先生报告发起学社之经过事迹，继述学社宗旨。大略谓同人互相师友，为讲学之会，非寻常结社集会可拟。国体既更，未堪多难，深思其故，惟在人心陷溺，道德堕落。欲正人心，舍昌明学术，实无他法。讲学最是静业，其生涯最枯淡，其功效最辽缓。先哲所称布帛之文，菽粟之味，知德者希，孰知其贵也。兹值文敝道丧之日，而诸君子惠然肯来，真可为民国庆幸。所有愚见，请与诸君共之。往下，刘人熙讲了几个要点：一在述而不作，温故知新；一在虚以受人。接着沅江举人方坦伯致词，他说船山之学至今不能磨灭者，以义理之充足也；船山之人至今动人景仰者，以道德之高尚也。于今海内之士群起响应，庶几乎船山之学不胫而走，而于我刘先生扶世翼教之苦心，亦无所负云。最后王树之发言，谓愿同人以船山之心为心，以船山之学为学。会讲结束时，全体与会人员于假山摄影。"时雨适霁，水明荷净，风景幽敻，令人有山泽间意。摄影毕，赴凝翠堂茶话而散，诚一时之佳会也。”[①]

杨昌济参加船山学社第一次开讲以后，虽然没有时间继续参加学社的活动，但是他对学社的工作却十分关心，他在6月24日的日记中写道：“学社以船山为名，即当讲船山之学。船山一生卓绝之处，在于主张民族主义，以汉族之受制于外来之民族为深耻极痛。此是船山之大节，吾辈所当知也。今者五族一家，船山所谓狭义之民族主义不复如前日之重要，然所谓外来民族如英、法、俄、德、美、日者，其压迫之甚非仅如汉族前日之所经验，故吾辈不得以五族一家，遂无须乎民族主义也。吾国圣贤之教，本取世界主义，故恒谓吾国为天下，因世界尚未交通，中国独立于亚东，环其国者不过小国及游牧之部落，文化不得比于上国，故人民无民族思想。今则万国交通，时势大变，不得不暂舍世界主义而取国家主义。康南海谓今日当以列国并立之势治天下，即为此也。《春秋》三世之义，据乱世内其国而外诸夏，升平世内诸夏而外夷狄，太平世天下远近小大若一，是孔子终极之理想为世界主义。然时势有未遽许者，故有内其国而外诸夏与内诸夏而外夷狄之必要，不徒驰于高尚之理想而忽略目前之事实，此孔子所以为圣之时者也。余前在日本东京高等师范学校听其西洋历史讲义，谓中国人与罗马人同，惟宝爱其文化，虽外人入主其国，苟不伤其文化，即亦安之。私心揣测，谓日人不怀好意，颇有继满洲人入主中国之思想，此吾国人所当深念也。”[②]辛亥革命胜利之后，国内民族关系发生新变化，即满洲贵族已经从统治民族变成与汉、蒙、藏等民族一律平等的民族（即“五族一家”），但是国外的帝国主义侵略势力的威胁并没有改变，所以杨昌济说船山的民族主义在这

① 《船山学报》1915年第1期。
② 《杨昌济集》（一），第512页。

方面并没有过时。这样，他便将船山的民族主义思想转化为现代的爱国主义思想。

在1914年10月19日的日记中，杨氏又写道："阅熊、萧二生日记，知船山学社切实讲船山所著之书，此事深惬鄙意。刘艮老之绪论亦甚平实，青年肯往听讲，必有益也。"[①] 熊、萧二生指熊光楚与萧子昇，他们都是杨昌济在一师教书时的学生。据1915年出版的《船山学报》所载，自1914年6月14日船山学社开讲后，每逢星期日都举行讲演。至杨昌济写日记的10月中旬，共举行讲演18次。据不完全统计，刘人熙讲了10次，廖名缙讲了3次，彭政枢讲了4次。彭政枢讲演内容就是王船山的《周易大象述义》，所以杨昌济说是"切实讲船山所著之书"。而刘人熙在讲演中则强调指出：顾亭林有言，饱食终日，无所用心，北方学者之通病也；群居终日，言不及义，好行小慧，南方学者之通病也。本社每七日休沐会讲，发挥经籍之微言大义，内求之身心，外达之天下国家之故，决无南方学者之通病，而日就月将，有缉熙于光明，其事正未易也。[②] 杨昌济认为，刘人熙的这类议论是比较"平实"的。

杨昌济虽然没有时间参加船山学社的活动，但是在自己的著作中，却增加了许多船山著作的内容。这主要是指他的《论语类钞》新增加的两篇《圣门下手工夫》及《圣贤气象》。这两篇著作都是在1914年《论语类钞》出版后新增加的[③]，其中引用了大量船山《读四书大全说》中的论述，甚至用船山的论述代替了自己的论述。同时，还增加了《张子〈正蒙〉》，专门引用张载《正蒙》及王船山《正蒙注》的内容。这种做法，极

① 《杨昌济集》（一），第568页。

② 《船山学报》1915年第2期。

③ 杨昌济1915年4月26日日记："昨日编《论语类钞》'圣贤气象'完，拟从此为止，不再编矣。"（《杨昌济集》（一），第650页）

大地增进了学生对王船山的印象。据《言心皙自传》所记，杨昌济曾在船山学社讲《船山粹语》。[①]

正是由于船山学社重视传播船山思想，所以杨昌济的一些学生通过参加船山学社等活动，受到了船山思想的影响。其中以毛泽东最为突出。毛泽东在一师的同学萧三说过：长沙城里曾有人举办过“船山学社”，每逢星期日举办学术讲座，讲与王船山有关的种种学问，泽东同志也常去听讲。王夫之的民族意识特别引起他的注意。[②] 对此，金冲及主编的《毛泽东传》也是肯定的：在杨昌济的“倡导下，研究船山学问在一师成为风气。毛泽东尤其用功，还经常到杨的好友刘人熙创办的船山学社听课”。[③] 正是通过参加船山学社活动和听取杨昌济的教诲，青年毛泽东受到了船山思想的深刻影响。在中国共产党成立以前，这种影响集中体现在以下三个方面：

其一，重民族气节。如前所述，杨昌济认为在船山学社成立之后，就应当讲船山的学问。杨氏还把其关注的目光指向日本帝国主义的侵略野心。他的这一认识，深深地影响了青年毛泽东。1915 年 5 月 7 日，当日本国政府胁迫中国签订旨在独占中国的“二十一条”时，船山学社在 5 月 23 日的讲会上印发了湖南高等师范学校校长吴雁舟就五七事件写的《训学生词》，后面还加有刘人熙的后记。吴氏的《训学生词》说：“民国四年五月七日，某仇敌恃厥坚甲利兵，蔑弃公理，提灭国条件，限晷刻逼勒我政府如约，我政府为延旦夕命，亦既不敢逾晷刻，低首下心以画诺。……孔子曰：‘亡国而勿知，不智也；知而不争，非忠也。’吾愿吾诸生，知所以为争。”[④] 在社会普遍的激愤情

① 《言心皙自传》，《晋阳学刊》1982 年第 4 期。

② 萧三：《毛泽东的青少年时代》，湖南大学出版社，1988，第 47 页。

③ 《毛泽东传》（1893—1949），中央文献出版社，1996，第 20 页。

④ 《船山学社会讲集》，1914 年刻本。

绪影响下，第一师范的学生集资刊印了一本《明耻篇》，全书辑有七篇文章和一个附件，包括《救国刍言》《中日交涉之前后状况》《已签字之中日新约及交换照会》《请看日本前此计灭朝鲜之榜样》《日本祸我中国数十年来之回顾》《高丽亡国后归并日本之惨酷情形》《越南亡国惨状略述》等。毛泽东在此书封面上沉痛地写道："五月七日，民国奇耻；何以报仇，在我学子！"他还在此书的《感言》后写了以下说明："此文为第一师范学校教习石润山先生作。先生名广权，宝庆（今邵阳）人。当中日交涉解决之顷，举校愤激，先生尤痛慨，至辍寝忘食，同学等爰集资刊印此篇，先生则为序其端而编次之，云云。《救国刍言》亦先生作。"[①] 石氏时任一师国文教员。1915 年夏，船山学社社长廖名缙去职，公推石广权继任主讲。1919 年，公推石广权任社长兼任船山中学校长[②]。有石氏这样一位充满爱国心的老师出任船山学社主讲，既增加了青年毛泽东对学社的亲切感，也促使他更加关注时事。1916 年 7 月 25 日，毛泽东在致萧子昇信中说：

近日朝野有动色相告者一事，曰"日俄协约"。此约业已成立，两国各尊重在满蒙之权利外，俄让长春滨江间铁路及松花江航权，而日助俄以枪械弹药战争之物。今所明布者犹轻，其重且要者，密之不令人见也。驻日公使有急报归国，《大公报》登之，足下可观焉。大隈阁有动摇之说，然无论何人执政，其对我政策不易。思之思之，日人诚我国劲敌！感以纵横万里而屈于三岛，民数号四万万而对此三千万者为之奴，满蒙去而北边动，胡马骎骎入中原，况山东已失，开济之路已为攫去，则入河南矣。二十年内，非一战不足以图存，而国人犹沉酣未觉，注意东事少。

---

① 《毛泽东早期文稿》，第 10 页。

② 刘志盛、刘萍：《湖南船山学社大事记》，载《王船山著作丛考》，湖南人民出版社，1999，第 308—314 页。

愚意吾侪无他事可做，欲完自身以保子孙，止有磨砺以待日本。吾之内情，彼尽知之，而吾人有不知者；彼之内状，吾人寡有知者焉。吾愿足下看书报，注意东事，祈共勉之，谓可乎？[①]《毛泽东传》在引用上述这段话后评曰："一九三七年，中华民族的抗日战争爆发，这位二十四岁的师范生果然言中。"[②]

其二，重知行统一。刘人熙在船山学社的讲演中说："本社崇拜船山，即是尚友古人。读其遗书，如亲謦咳，即是诏我以途径者也。"[③]意思是说读《船山遗书》要善于用其思想指导自己的行动。杨昌济在日记中和给学生讲课时，多次引用王船山有关格物致知和知行统一的论述。他在《论语类钞》中说："某君专重力行，不重学问；某君则专恃天才与经验，不重学问。不知学之不讲，则力行只是盲行，行之愈力，危险愈大。"[④]青年毛泽东受此影响，十分重视知与行、理论与实践的统一。早在一师读书期间，他就与同学结伴到湖南农村进行调查。在五四运动期间，他说："吾们讨论各种学理，应该傍着活事件来讨论。"[⑤]这里已经接触到马克思主义的一个基本原则，就是理论必须联系实际。它说明理论固然是重要的，但是它的重要性恰恰在于它能指导人们的行动。所以毛泽东在这个时期不仅十分注重对理论问题的研究，而且更加重视运用这种理论去分析实际问题。他认为，要改造中国，就要了解中国，就必须对中国实际情况进行周密细致的调查和研究。因此，他在积极组织湖南的进步青年赴法勤工俭学的同时，自己则做了暂时不出国的打算。他说：我们如果要在现在的世界稍微尽一点力气，当

---

① 《毛泽东早期文稿》，第 44—45 页。
② 《毛泽东传》（1893—1949），第 24 页。
③ 《船山学报》复制合订本，湖南师范大学出版社，2009，第 62 页。
④ 《杨昌济集》（一），第 250 页。
⑤ 《毛泽东早期文稿》，第 377 页。

然脱离不开中国这个地盘。关于这个地盘内的情形，似乎不能不加以实地的调查和研究。[1]为此，他抓住一切机会深入社会和群众之中进行实地考察和调查。这样，他就为自己从工农群众中汲取政治营养，逐步加深对中国现状的了解，并且为往后把马克思主义普遍真理与中国革命的具体实际相结合，创造了非常重要的条件。

其三，重个人之独立。刘人熙在船山学社的讲演中，十分重视“船山先生固空所依傍，有独来独往之精神”[2]。杨昌济在《论语类钞》中解释孔子的“三军可夺帅也，匹夫不可夺志也”时，曾引用王船山的话：“唯我为子故尽孝，唯我为臣故尽忠，忠孝非以奉君亲，而但自践其身心之则。”并说船山重个人之独立如此。[3]杨昌济的这种说法，实际上是为了论证个性解放这一西方观念也是中国古圣贤哲所主张的。在新文化运动过程中，毛泽东对个性解放思想十分感兴趣。他认为个性解放是实现新文化运动两个基本口号——民主与科学的基本动力。在谈到个性解放与民主的关系时，他特别强调人格独立。他说，人格这个东西，是由于有对手方面的尊崇才有的。他的先决条件是要有意志自由。赵女士的意志自由吗？不自由。为什么不自由？因为赵女士有父母。在西方的家庭中，父母亲承认子女有自己的自由意志。中国则不然，父母的命令和子女的意志是对立的。赵家父母强迫他们的女儿去恋爱自己不愿意恋爱的人，那里还有什么自由意志？[4]在谈到个性解放与科学发展的关系时，毛泽东特别强调独创。他指出，现代学术事业的发展，大部分为个人的独到所创获。最看重的是“我”，是“个性”，和中国那

---

① 《毛泽东早期文稿》，428 页。

② 《船山学报》复制合订本，第 55 页。

③ 《杨昌济集》（一），第 252—253 页。

④ 《毛泽东早期文稿》，第 378 页。

种非死人不加议论、著述不引入今人的言论的习惯，恰恰成一反比例。我们应当以个人一己的心思居中活动，如日光之普天照耀，如探海灯之向外扫射，不管他到底是不是（以今天之所是的为是），合人意不合人意，只要求个人心之所安、合乎真理才罢。老先生最不喜欢的是狂妄。可是人们那里知道，古往今来许多真确的学理和伟大的事业，都是一些被世人加着“狂妄”名号的“狂妄人”所发明创造出来的啊。[①]

正是个性解放的思想，促使青年毛泽东成为一个激进的民主主义者；又正是坚定的爱国主义思想，促使青年毛泽东沿着理论与实践相结合的道路，从一个激进的民主主义者最终转变为坚定的共产主义者。在这一过程中，船山思想是起了某种潜移默化作用的。

① 《毛泽东早期文稿》，第 337—338 页。

第十章 注重改良社会物质生活的经世思想家

杨昌济虽然是以一名伦理学家和教育学家而知名于世的学者，但是他绝不是那种只知道“正其谊不谋其利，明其道不计其功”的迂夫子。相反，他是极力主张既要“正谊”也要“谋利”，既要“明道”又要“计功”的。他说过：“曾文正（国藩）谓言经济当以能树人、能立法为主，因二事皆有永久之影响也。余〔谓〕能改良社会之物质生活，为百年长久之计者，乃是真人才。”[1]过去，人们也探讨过杨昌济的经世致用思想，但都是从实学的角度进行研究的。[2]在这一章，我们就来探讨一下杨昌济的这种注重改良社会物质生活的经世致用思想。

---

① 《杨昌济集》(一)，第 89 页。

② 如魏长龙、陈梅香的《杨昌济与湖湘经世致用精神》。(《船山学刊》2011 年第 1 期)。

第一节
理财是一家急务

杨昌济在1895年的日记中就写道：“万事皆从根本做起。家者国之本也。古之治天下者，至纤至悉；今治一家而人事且废坠不修，岂非荒怠？理财是一家急务，今人多以鄙吝为耻，殊不知俭以养廉。一介不取者，亦一介不与，必能自济而后能济人。凡曲意徇物而失其所据者，盖蹈于兼爱为人之弊而不自知耳。”[①]《礼记·大学》说：“古之欲明明德于天下者，先治其国；欲治其国者，先齐其家；欲齐其家者，先修其身。”这就是“家者国之本”的思想来源。所谓“理财是一家急务”，脱胎自王安石的“理财为方今先急”。王安石在变法过程中曾对宋神宗说：“今所以未举事者，凡以财不足，故臣以理财为方今先急，未暇理财而先举事，则事难济。”[②]当时，司马光等人对善理财者进行攻击，认为王氏理财旨在“征利”。王安石在《答司马谏议书》中回答说：“为天下理财，不为征利。”[③]在《答曾公立书》中又说：“政事所以理财，理财乃所谓义也。一部《周礼》，理财居其半，

① 《杨昌济集》（一），第12页。
② 李焘：《续资治通鉴长编》二二〇卷。
③ 《王安石集》，凤凰出版社，2006，第221页。

周公岂为利哉？”[1] 杨昌济对这段历史故事是很熟悉的，所以他理直气壮地宣称“理财是一家急务”，并且对经济问题十分重视。这里，我们先举其青年时代的两件事。

其一，就是在戊戌变法时，按南学会布置写题为《论湖南遵旨设立商务局宜先振兴农工之学》的作文。这篇文章就充分反映了他的经世思想。

首先，从杨氏对发展农工商学重要性的论述中，可以看出他对中国落后原因的分析有相当深度。他说，我曾经深思默想，觉得中国之贫穷是有原因的：“农以生物者也，工以成物者也，商则转而运之，而群天下之人，则皆食而用之者也。今试取生物成物之人数与食物用物之人数比而较之，其多寡悬殊，不待悉数而知之矣。生物成物之数少，而食物用物之数多，宜乎天下嗷嗷，常苦不足也。”这是从生产与消费的人数比例失调，即所谓“生之者少，食之者众”探讨贫穷的内因。“又况东西各国之食货精美而新奇，而吾之民皆争售之，则食之用之之数益多。吾地之农工销售滞而价值微，折阅而销磨，则生之成之之数益少。”这是说明，外国列强在中国倾销廉价商品，是造成中国贫穷的外因。“夫然则地上之物有弃而不用者矣，有用而不尽者矣。用之不尽，则生之亦不尽，夫然则失其地上之富。地上之富犹且失之，更何论乎地中之富也。夫中国地处温带，物产之富，甲于天下，而积贫若此，是何异无米为炊，曾不知仓谷之可舂而闭门槁饿也，则皆由政治之学未明，士大夫惟务防弊而不务兴利，听农工之自为之，而不稍加之意也。夫听其自为而不加之意，彼蚩蚩之民，其不浸荒浸废而愈趋愈下者几何哉？”[2] 这是从政治上揭露中国封建时代的统治者不重视发展工商业，

---

① 《临川先生文集》卷七三，1989 年 1 月。中华书局，1959，第 773 页。
② 《杨昌济集》（一），第 23—24 页。

造成国家经济落后的原因。

其次，从杨昌济对振兴农工之法的分析中，可以看出，他对当时现实社会物质生活、工农业生产的了解是比较深入和具体的。例如，他在谈到办学会时说：“必先有通达大局，慷慨任事而又富有田产者三数人，同心合力为之主持号召，此学会之第一义也。既有此三数人者为之主持号召，则裒集捐资，置买公所，广邀同志，聚会讲论，皆可次第行之，而无不克举之患矣。以专门之义言之，则宜农工各立一学会，如其任事之人少，即合立一学会可也，又不然而皆以商务局总其成亦可也。学会之经费既裕矣，公所既立矣，会友既集矣，则亦必有总理之人，亦必有坐办之人，亦必有议事之会友，亦必有讲论之会友，亦必有通信之会友，亦必有主讲之人，亦必有会讲之期，亦必有问答之事。”[1]这表明，他对学会这一新的组织形式，也曾细心地研究过。又如，在谈到如何考察时，他说：“一曰考察人数也。一境之内，若农、若工，必详考之，类别而书之籍。其中稼穑、修治技艺精善者若干人，农而任田千亩以上、役属十人以上者若干人，工而授徒众多者若干人，家稍殷实者若干人，现在执业者若干人，幼而学习者若干人，老而休息者若干人，不肖者若干人。其有和平服众、忠信不欺而颇能解事者，尤必特著明之。如是而后，联络化导之方可得而施也。此一事也。一曰考察公费也。凡农之与工无不有公所，无不有公费，如木工之鲁班庙，乡间之社谷是也。悉心访察，具知其数，然后可徐为劝导，使出其无用之积贮以兴无穷之美利也。此一事也。一曰考察物产也。一境之内，地面之物共有若干种，初考其名，次考其用，次考其价，次考其大小短长之度，次考其根干枝叶之异，次考

① 《杨昌济集》(一)，第24页。

其色味气臭之别，次考其生产之时，次考其所宜之地，次考其种植栽培之法，次考其收获配制之方，次考其供本地之用者若干，次考其出口之数目若干，次考其销行者何地，次考他地价值与本地价值之比较，类别为表，系以图说，则有用之物不至有见遗之患，而经营推广之功可以渐而施也。此一事也。一曰考察水利也。一境之内，池塘井坝共有若干，凡应添设者，应扩充者，应修治者，与夫工程之难易，经费之多寡，一一访闻的实，而著之札记，以徐图之，则旱荒之患可灭。此一事也。”[①] 这表明，杨氏不仅熟悉当时社会工农业发展的实际情况，而且懂得为了发展农工商业需要掌握哪些社会调查资料。

其二，是在英国留学时，学习政治经济学。据张明女士在其博士论文《东西方之旅：杨昌济（1871—1920）及其思想》中说：“杨昌济选修政治经济学的课程，显示他对经济的作用的关注。杨认识到经济政治状况及社会关系对个人道德品质形成的重要影响，也认识到增进个人生存状况，是一个仁慈的政府的工作重点。这个观点可能来源于他年青时对孔子经典著作的学习。孟子说‘恒心’来自于‘恒产’，还说经济因素对于个人和国家的道德生活有决定性的影响，而这种道德生活是一个理想的政府的基础。……在戊戌变法的时候，杨面对要求支持国家富强复兴的号召，因此这就不奇怪，为什么杨会选择学习政治和经济学。政治经济学的论题包括生产部门、价值理论、收入的分配、金融、商业管理和贸易。有趣的是，杨昌济在这门课取得了他最好的成绩。”[②] 张明女士是在英国爱丁堡大学读的博士学位，她亲自到阿伯丁大学调查过杨昌济的读书情况，所以她的这些说法是可信的；她指出，杨氏选修政治经济学与他

---

① 《杨昌济集》（一），第 24—25 页。
② 《杨昌济集》（二）“附录”，第 1193—1194 页。

在戊戌变法时关心工农商业有联系，这也是有道理的。

政治经济学中的“政治”一词，源于希腊文的politikos，含有“社会的”“国家的”“城市的”等多种意思。政治经济学中的“经济”economics一词，意指家庭经济管理。“政治经济学”的提法出现于17世纪初，法国重商主义者A·蒙克莱田在1615年出版的《献给国王和王后的政治经济学》一书中首先使用该词，目的是说他所论述的经济问题已经超出了自然经济的范畴。1775年，卢梭为法国《百科全书》撰写了“政治经济学”条目，把政治经济学和家庭经济区分开来。17世纪中叶以后，首先在英国，然后在法国，工场手工业逐渐发展成为工业生产的主要形式。这必然要求从理论上说明生产、分配的规律。这就产生了古典政治经济学，在英国其主要代表人物有三。威廉·配第（1623—1687），其主要贡献是最先提出了劳动决定价值的基本原理，并在劳动价值论的基础上考察了工资、地租、利息等范畴，他把地租看作是剩余价值的基本形态。配第区分了自然价格和市场价格。他的自然价格相当于价值，他指出：假如一个人生产一蒲式耳小麦所用劳动时间和从秘鲁银矿中生产一盎司白银并运到伦敦所需劳动时间相等，后者便是前者的自然价格。可以看出，配第认为生产商品所耗费的劳动时间决定商品的价值。他还提出了商品的价值和劳动生产率成反比例。亚当·斯密（1723—1790），在微观经济学方面，把劳动看成是价值的唯一源泉，且把每一种商品中所包含的劳动量视为衡量交换价值的尺度，并以此为基础，通过考察自然价格和市场价格的关系，分析了竞争约束个人自利行为的作用形式和价格机制配置社会资源的运动过程。他的分配理论分析了工资、利润和地租的决定，并考察了三者之间的相互关系。

他指出，利润是雇佣劳动创造的超出工资以上的那部分剩余，但由于竞争的加剧和有利可图的投资机会减少，利润率将趋于下降；至于地租，则是土地所有者凭借其垄断权而获得的一种收入。在宏观方面，斯密所关心的是经济增长性质的结论。按照他的分析，这部分地方归因于市场机制本身。因为，市场在鼓励人们追求自身利益的过程中会自然地激发出他们的勤劳、节俭品质和创造精神，并通过竞争的力量，引导人们把其资源投向生产率最高的经济领域，从而促成社会资源的优化配置。大卫·李嘉图（1772—1823），以边沁的功利主义为出发点，建立起了以劳动价值论为基础，以分配论为中心的理论体系。他继承了斯密理论中的科学因素，坚持商品价值由生产中所耗费的劳动决定的原理。他提出决定价值的劳动是社会必要劳动，决定商品价值的不仅有活劳动，还有投在生产资料中的劳动。他认为全部价值由劳动产生，并在3个阶级间分配：工资由工人的必要生活资料的价值决定，利润是工资以上的余额，地租是工资和利润以上的余额。由此说明了工资和利润、利润和地租的对立，从而实际上揭示了无产阶级和资产阶级、资产阶级和地主阶级之间的对立。他还论述了货币流通量的规律、对外贸易中的比较成本学说等。他的理论达到资产阶级界限内的高峰，对后来的经济思想有重大影响。上述三人是英国古典政治经济学的奠基人，他们在自己所处的时代为改良社会物质生活提供了基本的理论指导。杨昌济在英国学习政治经济学，可以最直接地、最原始地接触英国古典政治经济学。这大概也是“这门课取得了他最好的成绩”的原因之一。

第二节
《治生篇》：论“生之众，食之者寡”

《治生篇》写于 1915 年，发表于 1916 年 12 月出版的《新青年》第 2 卷第 4 号和 1917 年 1 月出版的第 2 卷第 5 号。这是五四时期在《新青年》上发表的少有的一篇专论家庭经济学的文章，它虽然是从家庭生计的角度提出问题，但却是针对旧时代中国社会种种陋习进行针砭，因此发表后很受欢迎。李肖聃在《本校故教授杨怀中先生事迹》一文中说：杨昌济“于长沙授徒时，有《论语类钞》及《修身讲义》。从学者服其名高，咸尊重之。其著者，为《治生》一篇，余与杨遇夫（树达）常选之以授学徒”。[①] 王明玉则在给杨氏的挽联中说：“读公《治生》一篇，知于旧日家庭，尚重儒先伦理；愿与及门高弟，盍研自来学术，宣扬大地文明。”[②]

《治生篇》开篇引顾炎武的话，“吾人不当徒言允执其中，而置四海困穷于不言”，认为讲得很好。这表明，杨昌济赞成顾炎武的观点，即读书人不能置四海困穷于不顾，而大谈那些不偏不倚、无过与不及的空道理。因此他在国家贫困人民穷蹙的

① 《杨昌济集》（二）“附录”，第 1266 页。
② 《杨昌济集》（二）“附录”，第 1252 页。

严重形势下，暂且不为政府言理财之道，而要与社会言治生之方。杨氏引用了《大学》中的“生财有大道。生之者众，食之者寡，为之者疾，用之者舒，则财恒足矣”，认为这是经济学的精义。全文就是围绕着这四句话展开的。

一、论“食之者寡”：一家人都要有自己的职业。按照现代经济学的说法，就是要求全社会人口总量中不从事生产的纯消费者的数量要尽可能少。

杨昌济认为，要做到这一点，必须从以下几个方面下手：

第一，不可使子弟有倚赖父兄之心。杨氏说，当子弟幼少之时，必与以相当之教育，随其性之所近，专门掌握一种职业，待其成年之后，能自谋生，而无借于父兄之助。英人遗传财产之制，与中国颇不相同。凡田宅之类，概归长子承袭，而众子不得参与分配。中国之俗，则父亲所遗财产，众子均分。两制相较，似乎中国之制较为公平，然英人之为众子者，以不得父遗财产之故，不欲受其兄之豢养，竞出海外，自图立身之道。英人殖民事业之成功，实由于此。天助、自助者，乃英国教育家之格言。人人有独立之精神，斯可铸成独立之国势。还观吾国，一家之中，往往仅有一人经营职业，岁有收入，以维持一家之生活，而安坐而食者，辄数十人、数人，是生之者寡而食之者众也。欲财之足，岂可得哉？汉朝人邓禹有子13人，读书之外，皆令各习一艺，彼已富贵矣，然犹为其子孙深谋远虑如此。君子爱人以德，细人之爱人也以姑息，不督子弟以各图自立，而使生仰给于人之心，是乃与于不慈之甚者也。仰给其父兄已为不义，若至不能仰给于父兄而不得不仰给于他人，则更为无耻，非仁人之所忍也。[①]

① 《杨昌济集》（一），第121—122页。

第二，为父兄者亦不可有倚赖子弟之心。谚云："养儿待老，积谷防饥。"此家人妇子之私情，似亦人情之所宜有。衰老之父母，不能自养，不得不有待于子妇之承欢，斯固然矣。杨氏说，余之为此言，非欲为为子弟者免去其养亲之责，不过欲为为亲者筹其自养之方而已。待养于子，子而贤也，固可无忧；子而不肖也，不免有失所之叹。吾人于少壮有为之时，当勤俭贮蓄为衰老时自养之预备，纵使老而无子，或有子而不肖，亦可以其辛勤储积之资，送老来之日月。吾人之自为计，固当如此。且人人如此存心，则于国家亦大有益。盖老者以其平日之所积，足以自活，使少者无后顾之忧，得专心并力以成其所企之业，其于开展国力，实非小补。故对于子而责其养我，以父子之关系而论，似可无惭；然子因养我之故，而阻其能力之发展，因以阻国力一小部分之发展，以小己与大群之关系而论，不免有愧。①

第三，兄弟之间也不可互相倚赖。杨氏说，吾国人重亲亲之谊，兄弟之不能自养者，多由其兄弟之能有余力者资助之；同居共财，往往而有。就一人之私德来说，值得钦佩，然自国民生计之全体言之，则实有无穷之弊害。盖一人生之，数人坐而食之，实大悖生计学之原则。兄弟之良善者，以不忍之故，而愿养其同气，其所以自尽者，固为得矣。彼兄弟之坐享其成者，怠惰因循，不求自立，以兄弟之资助为当然，而不知因人而食之为大可耻。受之者既大损其独立自助之精神，施之者亦不免养成倚赖根性之失。偏于厚亦君子之过也。②

第四，女子亦不可怠于治生之天职。杨氏说，一家之中，男女分业，男子出外以营职，因有收入，女子则管理而运用之。

---

① 《杨昌济集》(一)，第122—123页。

② 《杨昌济集》(一)，第123页。

男子虽岁入多额之金钱，若女子不善经理，则家计亦难恒足。西洋各国女子终身不嫁者有之，社会中女子可执之职业亦复不少。吾国近日女子职业学校已有萌芽，女子多有以织袜为生者，裁缝一科遂渐普及，女子多能自制衣服，不须雇人，此皆社会进步之征候也。然普通之人家，多有收入较丰，无需女子服此种工作者，惟操持家政之道，不可不亟为讲明。现今之女子，多有闲坐嬉游漫不以家政为意者，甚可叹也。[①]

杨氏认为，要解决“食之者众”，以下几个问题也是要注意的：一是要戒早婚。泰西之人，早婚者极少。男子必有赡养室家之确实收入，女子必有操持家政之能力，始行结婚。结婚之后，与亲别居，自立门面。此种家族制度，虽似奇异，固亦有其生计学上之理由。吾国之人，以奉祀祖先为重，有“不孝有三，无后为大”之说，故恒急于为子授室，以早日抱孙为莫大之幸福。夫男子生而愿为之有室，女子生而愿为之有家，父母之心人皆有之，但须以子妇永久之幸福为断。今不问其子有赡养妻子之能力与否，而汲汲为之成家。成家之后，其子不能自谋，乃不得不仰赖其亲代负赡养之义务，此家累之重，常人所同叹也。二是要戒娶妾。信耶稣教者实行一夫一妻之制，回教徒则实行一夫多妻之制。吾国之人，有妻有妾，乃一种变形之一夫多妻制。纳妾之可否，系伦理学上之问题，兹不具论，但自生计学上言之，纳妾亦增加消费之道，是不可不察也。余见夫并世之人，多有因未能制欲多纳偏房，既酿家庭之不和，复来生计之困难者，以为诚有思虑之人，断断不宜出此。此与戒早婚之义相同，与社会生计有至大之关系，不可不加深察也。三是不多用仆婢。家中多用一人，即多一人之费用。于此有节，

① 《杨昌济集》(一)，第123—124页。

则家庭清简，淡中之趣味，有使人穆然意远者。多用仆婢，不外一种骄惰之习。骄使人浮，惰使人窳，非兴家之气象也。俄国文豪托尔斯泰主张“事必躬亲”之义，不惟不用仆婢，并不欲令子弟服劳。奴仆亦国民之一，私人多养一奴仆，即国家少一独立之国民，觇人国者，视其奴仆之多少，即可以知其国力之盈虚。①

二、论“生之者众”：要慎选职业。按照现代经济学的说法，就是要求直接生产者的数量在全社会的人口总量中所占比重尽可能大。

杨氏说，所谓慎选职业，要以能有益于社会者为断。往往有一种职业，自私家言之为生利，而自社会言之则为分利者，此吾人之所当避也。如从前之贩卖鸦片者，岁有收入以肥其家，自其家言之，不能不谓为生利之人；而自社会言之，则此乃分利之尤者。

第一，吾人不可不知仕非为贫之义，就是说人们不能为了解决生活困难而选择做官，官吏非谋生之职业。杨氏说，吾人苟对于国事确有一种政见，欲得有事权以伸其行道济时之志，则可投身于政界。当官是一种义务，非权利。能行其道，则服官为宣力于国家；不能行其道，而尸位素餐，则服官不过为私人谋生之具。夫谋生之道多端，何必当官？今日之中国，承科举时代之积弊，才力稍强、欲望稍多者，群趋于官吏之一途。求过于供则物价上腾，供过于求则物价下落，此生计学上之公例也。今官吏止有此数，而求官者多至不可纪极，是供过于求也。供过于求，则物品必有滞销之时，求官者百而得官者一，私人之损失固甚大矣，而国家之损失尤大。吾观今之人徒知谋生之

① 《杨昌济集》（一），第124—126页。

为急，而不知所以谋生之方，乃误认作官为一种职业，运滞销之货而侥幸万一之利，其不智亦甚！[①]

第二，不能把当兵作为谋生的手段。杨氏说，当兵亦如服官，乃国民之义务，非可视为私人之权利者。如德意志、日本各国，采征兵制度，国民于一定年限，有服兵役之义务，此义务完毕之后，乃退而各自谋生。此亦如吾国古者寓兵于农之义。特在今日征兵各国，则不特农人应服兵役，无论何种之人皆有为兵之义务而已。中国近世择雇兵之制，当兵者久留行伍之间，视为一种职业，遣散归农之后，则成为无业之游民。吾湘之人，于近数十年间投身于军营者甚众，近者一一遣散，民间乃猝添无数失业之人，此亦社会之隐患也。前清限制旗人不得营农工商之业，惟得为官与兵。经二百余年，满人乃尽失其生活之能力，几乎无以自存。吾湘之人，虽从前多当兵者，然尚有多数之人营各种之生业，其受害较满人为浅，然已不胜其弊矣。今吾湘人暂无当兵之机会，正吾人当通盘筹画，早图变计之时。合全省之人专精并力以图实业之发达，其收效之远大，有不可以数计者。[②]

第三，不可以厘金和督销两局之事为职业。昔咸、同军兴之际，湘人当事者以军费无所出，法刘晏用士人之策，任用书生，办理厘金、督销两局之事，自是而后，衣食于此两局者甚多，此亦一种职业也。然任其事者，人皆能之，不必为特别之技能，不必经长久之学习，是以谋干者多，难得而易失。杨氏说，余恒劝亲友宜勤求一门专精之学问艺业，不可恃两局为生涯。我有学问艺业足以自立，但有人求我之事，而不必有我求人之事，岂不甚快。此亦选择职业者所不可不知之义也。然两局之

① 《杨昌济集》(一)，第 126—127 页。
② 《杨昌济集》(一)，第 127—128 页。

中，真能办事者亦颇难得，若久于其任，熟习公事，能保信用，则亦为当道者之所依仗，而非新进者之所能与争。盖官场用人，亦未尝不重资格、重信用，真能办事之人，断不至于有失业之忧也。考两局肇设之时，原仿刘晏用士人之意，以士人能自爱，多廉洁也。行之既久，初意浸失，银钱经手，易有侵渔，因而失其信用者比比矣。信用既失，不可回复，此后乃永绝其谋事之机会。吾国之人，思虑浅而眼光短，良为可哀。夫所侵渔者不过少数，而失其终身谋生之机会，所得小而所丧大。营目前之利而贻永久之害，可悲可痛，孰甚于此。且此非徒个人之失策，亦国家之大忧也。[①]

第四，选中一种职业，练资历，培信用。杨昌济说：夫失其信用，固治生之大戒，而忘分冒进，亦非永保职业之道。近数年来，以社会经极大改革之故，人民大长其嚣竞，得业失业，易如反掌；拔帜立帜，曾不转瞬。安常守故，则嫌其枯寂。攀高竞进，则唯患不速。一有蹉跌，乃顿失其所据。既失业而悔之，欲求故地，不可复得。此等事乃余之所常见，往往旁观叹息而莫能相喻者也。余观英、德之社会，莫不尚老成而贵资格。少壮有为之人，初入社会任事之时，多居辅助之地位，听高年之指导；及其更事既多，乃随流平进，终至高位。人无侥幸之心，而社会之组织异常巩固。英伦银行，世界金融之中心也，其势力之伟大甚为可惊。及询其主持行务之人，以何法而取得其资格，乃皆由历试而来。现在主持行务之人，恒以储蓄后进、慎选替人为其重大之责任。以如此伟大之事业，乃归于自治团体之所经营，英人自治能力之强，于此可见，而其立法之精神，亦实有可师者。治生者固当力保其现有之职业，不可希高慕远，

① 《杨昌济集》(一)，第128—129页。

求进太速，反失其固有之地位也。[①]

三、论“为之者疾”：要程功之敏速。按照现代经济学的说法，就是要求生产者尽可能提高劳动效率。

杨氏指出，以程功之敏速而言，吾国较之西洋各国，迥不相及。铁路尚未开通，则交通迟滞；机器尚未广用，则制造缓慢；这些都是大悖于为之者疾之义者，然此犹属社会生计之范围。今请就吾国现在之情状，个人能力之所及者，箴其阙失，而谋其变通。

第一，要注重惜时。荷兰人之谚曰：“时间就是金钱。”人之生利，必需劳力，未有安坐而能获者。以劳力施于事物，又必需一定之时间，始能收其所期之效。故计功者不可无劳力与时间之二要素。劳力大而时间短与劳力小而时间久者，其效相等，此力学之所明示也。吾人治事，恒患力微，全赖积多数之时间以完成远大之事业。大禹惜寸阴，陶侃惜分阴，此历史上之美谈，以之处今日之时势，尤为对证之药。美国大富豪摩尔根最惜时间，会客交谈，每人不过五分钟，虽接见大总统亦不违此定例。即日本人诸户清六氏之佚事，亦大有足称者。诸户氏白手成家，致富巨万，生平爱惜光阴。有来言事者，立门中与之谈，事毕即退，并不延之入坐。食时常备饭二碗，更迭食之，以省添饭之时间。家中常备人力车，以便有事时即刻外出。盖商业利在乘机，一有违误，则损失不可胜计。故东西各国成功之人，莫不以急起直追，一日千里，为趋事赴功之秘诀。吾国之人全不知时间之可贵，因循玩愒，万事皆堕坏于冥昧之中，甚非开国进取之气象。凡事有可于今日为之者，即宜今日为之，断不可留待明日，有因一日之迟而误事机者。且明日又有明日

① 《杨昌济集》（一），第129—130页。

当为之事，今以今日当为之事留待明日，是先夺去明日一分之日力，而明日当为之事必有不能即办者矣。如此逐日积压，事愈多而心愈纷，如欠债然，将终身无有肃清之一日。常人动叹事忙，而不知由其平日之不勤有以致之。若案无留牍，判决如流，则虽处军务倥偬之中，仍能好整以暇。昔者周公思兼三王以施四事，其有不合者，仰而思之，夜以继日，幸而得之，坐以待旦。其急于礼见贤士也，一饭三吐哺，一沐三握发，此真精勤孟晋，一向无前，三千年之下犹使人闻风兴起，宜其多才多艺，而能制定有周一代之礼乐也。嗟我兄弟，邦人诸友，毋再因循，因循则事愈不可为。①

第二，要减少无谓之应酬。杨氏说，惜时则不可不省无谓之应酬。人类是乐群之动物，岁时过从，礼俗相交，正人生之乐事，所谓社会之亲和力也，此不可无之，但不可太滥，太滥则废时失事，既非所以成己，亦非所以成物。周末文胜，孔子作《春秋》，变周之文，从殷之质。吾观泰西之俗，颇有尚质之意，交际率真，不尚伪善。中国近今之习俗，则颇有文胜之弊。形式虽具，真意沦亡，如拜谒回候，请酒复席，多有出于勉强，并非事势之所必须。人之精力，大率消磨于此中，而事之废弃者多矣。当年谭嗣同在长沙创办延年会，欲联合多人，将无谓之应酬，一概省去，彼此相谅，无复猜疑。其所以名为延年会者，谓人生年寿之长短，与其作事之多寡为正比例。作事多者，虽夭亦寿；作事寡者，虽寿亦夭。省去无谓之应酬，则人人可多办事，人人可以延年。遭遇厄会，志不获施，然此义实可悬之日月而不刊。民国成立以后，文法稍宽，人民益厌薄伪善，然社会中之交际仍有当省而不省者，盖缘办事之心未诚，故觉朋从之情

① 《杨昌济集》(一)，第130—131页。

难恝。若真做事人，则职务在身，责无旁贷，自不暇八面周全，虽应酬稍疏，人亦必能相谅矣。今姑举一事以为例。文酒宴游，此士夫之胜事，各国风俗亦大抵相同。愚游英国之时，亦曾与其中流人家之宴会，每食四簋，较常餐不过稍丰。即结婚之筵席，亦与常同，初无过为盛设之事，其盛设者亦不过六簋、八簋止。款客而不伤于费，达情而不侈于欲，此可久之道也。中国酒席则肴馔太多，往往略尝，即便撤去，食品过多而不为用，宁非暴殄？余妄倡一论，谓今后酒席，当以八簋为限，又宜同时而进，不可过事迁延，务减短会食之时间，庶无废事失时之患。此亦穷变通久之一道也。比较西洋人与吾国人之会食，抑犹有可论者。中国人会食之时间太长，往往宴毕即散。酒阑人散，兴味索然，似专以饭食为事者。西洋人会食之后，必留连时许，游戏歌唱，以相娱乐，宾主尽欢，始从容散去。此无关治生之旨，不过以示吾国宴会，尚多可以改良之余地而已。余近赴友人之席，主客闲谈，对于此事皆颇有改良之希望，然相顾不发，敝俗何自而更新？此则区区私怀，所望于率先社会之勇者也。吾乡有李生者，求学日本，专心课业，同国人相访，读书如故，既不对话，亦不送迎，勤苦卓立，良可嘉尚。吾国游民太众，进见无时，非稍从简略，不复可以读书治事。吕新吾有言："余尝自喜行三种方便：不面谒人，省其疲于应接；不轻寄书，省其困于裁答；不乞求人看顾，省其难于区处。"吾愿闲居无事之人，无轻于造访，使他人有修正业之余日，盖亦一种之方便也。[①]

第三，要守时。杨氏说，中国人之习俗，大悖乎"为之者疾"之义者，又在于不守时间。时间之可贵，前既言之矣，然我惜时而人不守时，则亦常受人之牵掣，而不能无浪掷光阴之

① 《杨昌济集》(一)，第131—132页。

患。西人最重守时，如与人约某时往晤，必如期前往，不差分秒。有违误者，则主人他出，不复坐候，将虚此一往返，而不能达其面晤之目的。且如此行为，甚为西人之所贱视，视之与不守约束、发虚伪之语者同科。又如赴人酒席，亦必如时，不可迟亦不可早，早则主家尚未准备，颇不相宜，迟则主家径自开席，不复相待。社会中人皆视守时为天经地义，有犯之者，众不之齿，监督严重，良不可及。中国之人全无守时之观念，凡有约会，任意迟延，每次必使如期而至者，坐候一二小时，实为苦事。事之坐废者，不知凡几。此真吾国最大之积弊，不可不急行改良者也。此事在常居国内者，往往视为固然，不求改变；其曾游海外者，习于西俗之秩序整然，归国之后，深觉此事之苦痛，而无可如何。余每遇有约会，必如期而往，宁往而久待，不肯随俗苟且，尤而效之。区区之愚，或为旁观者所悯笑，不知流俗滔滔，骤不可挽。必有痛言其弊之人，始有变革之机；又必有实行改革之人，始有观摩之效。所愿同志君子，勇猛开先，一变至道，其有益于风俗人心非浅鲜也。①

四、论“用之者舒”：注意储蓄节俭。按照现代经济学的说法，就是要尽可能俭约节用，减少浪费。

第一，注意储蓄。杨氏说，人生在世，寿长者七八十年，然二十岁以前，为受教育之时期，不惟不能有所收入，而且多需支出。二十以后，始为任职就业之时，人之能生利也。其尤有望者，仅此数十年间耳。迨其衰老，则精力不继，不复可以任劳，不得不舍弃生业，坐耗居诸。故人当少壮有为之时，不可不储蓄余资，以为老年之豫备。且教育子女之费，嫁娶丧葬之需，皆不可不豫储之于平日。不独此也，人之治生，全赖心

① 《杨昌济集》（一），第133页。

力与体力，若偶有病患，即收入顿微，又况失业闲居，乃社会中恒见之事，若其毫无贮蓄，岂不窘迫万端？此西洋学校教授修身，所为汲汲于养成勤俭贮蓄之思想也。大凡立身居家之道，先在知理财之方，使贮蓄有素，资用常余，则置身社会之中，常有超然独立进退裕如之象。若漫无思虑，浪掷资财，及至手中拮据，或至丧其廉耻，可羞可痛，孰甚于斯。吾观西人保险之业异常发达，如人寿保险，尤足征人民思虑之深，平时岁入数镑，取之不难，迨至寿命已终，寡妻弱子，坐享巨资，无虑失所。此牺牲现在之利益以为将来，智虑浅短之人民，不知出此。此余所以对照彼我慨然兴叹者也。考英人优待教员，亦有养老年金之设，其法使任教员者年纳若干，储为公积，老而退职，乃有所凭。近岁英国国会制定国家保险之法，凡为仆役者岁贮工资若干，由主人扣存，主人、国家各益少许，集成巨款，用作基金，俾仆役衰老之年得所赡养，法良意美，此乃国家社会主义之先驱也。英之立法家为人民谋贮蓄如此，吾国知此义者尚少，立为政策，以图进行，不知当俟诸何日？吾愿国人善自为谋，竞讲贮蓄，将来家给人足，百废俱兴，强国利群，何施不可。吾观并世之人，全不知储蓄之义，每岁所入，挥霍无余，或且过之，毫不省记，一有疾病，或遇闲居，则借贷无门，困苦万状。余尝旁观太息，谓以若所为，困苦之来无可幸脱，乃曾不知畏避，甘以身受其牵缠，虑浅智昏，良可嗟叹。近日生活程度逐日加高，然以今日之收入较之昔时，有增加十倍者。假如往年收入仅有百金，今则可获千金，若使维持旧状，无使生活程度骤然增高，纵使物价上腾，仍当有余可蓄。何以收入愈多，余存无几，岂非但顾今日，不虑明朝。此诚弱国之病源，窳群之败兆也。语云："由俭入奢易，由奢返俭难。"须知收入虽多，不可长恃，奢侈成习，补救维艰。总之，无论所获多少，决不可一举而空之，所存虽属细微，积久可成大数，保家之道，莫切如此。[①]

第二，不要轻易举债。杨氏说，举债者治生之大戒，非万不得已，断不可轻于一试。举债必须认息，年年还息，积久乃倍其本额，其为损耗不可胜言。夫举债以经营生业，偿息之外尚有所赢，是固可为之事。若举债以供消费，则毫无生产，徒耗息钱，剜肉医疮，莫此为甚。至不能每年还息，则息又成本，展转增益，亏累愈深，破产之祸，将不可救。昔袁君载说："凡人之敢于举债者，必谓他日宽余可以偿矣，不知今日无宽余，他日何为而有宽余？譬如百里之路，分为两日行，则两日皆办。若欲以今日之路使明日并行，虽劳苦而不可至。"至理名言，吾辈所当深玩也。英人斯迈尔斯所著《自助论》，乃有益身心之书，余特抄其论借贷之害者一节，以证余说。其言曰："人一负债，则其品行必不真实。盖借债之人无以为偿，往往为延期限而捏造言辞，伪托事故，故借债进一步，欺伪亦进一步。借债欺伪，互相追随，岂不悲哉。"画家海昙向人借金，归金之日，叹曰："古谚云，借债是借忧也，今日吾亲尝之矣。"可知借债不仅有关生计，亦有关品行。日本福泽谕吉氏亦宁卖田产，决不借债。能者所见，大抵略同。人能以借债为戒，自不至于浪费。又人来借债，亦不可滥与，使彼负债而不能偿。是坏其品行也，非以爱之，实以害之，诚知借债之害者之所不忍出也。[②]

第三，严戒赌博。杨氏说，中国之恶俗，大足以增加消费者其唯赌博乎？赌博者，一种之游戏也。游戏之冲动，乃人人之所有，独具以财物为孤注，乃大有害于治生。近日斗牌之习

① 《杨昌济集》(一)，第134—135页。
② 《杨昌济集》(一)，第135—136页。

流衍全国，不染此习之人寥寥可数，所谓巨人长德、旷世人豪者多不免此。虽已悬为禁令，然耻尚失所，禁绝为难，甚非兴国之气象也。上流之人，因博而负，则临财之际不免苟且；下流之人，因博而负，则饥寒迫身，流为盗贼。余尝谓吾国之宜戒斗牌，一如吾国之宜禁鸦片。此事自一人言之，不过消遣时日，本非绝对之罪恶，然合社会全体计之，则妨时废事，使人丧其生业，乃社会之大忧也。上流之人，一举一动悉关风教。人谓明哲尚有此举，吾辈何不可为？即如吸食鸦片，若在富人，不须谋生，有资可购，与人无忤，与世无争，自其一人言之，似可无需禁戒，然事关全国，未便参差。斗牌之习，理亦同此。若谓于我无伤，不妨任意，揆之公德，岂曰无亏？此则区区之愚，敢为海内人士正告者也。[①]

将杨昌济的《治生篇》与他在1898年所写的《论湖南遵旨设立商务局宜先振兴农工之学》相比，我们发现它们有一个共同之处，即都是以《大学》“生财有大道”作为理论根据。《论湖南遵旨设立商务局宜先振兴农工之学》虽然没有点明《大学》的名字，但它说：“今试取生物成物之人数与食物用物之人数比而较之，其多寡悬殊，不待悉数而知之矣。生物成物之数少，而食物用物之数多，宜乎天下嗷嗷，常苦不足也。”[②]这段话不正是对《大学》“生之者众，食之者寡”的具体发挥吗？我们说过，杨昌济在英国留学时，是学习过西方的政治经济学并且取得了最好的成绩。那么他在写《治生篇》时，为何还是以《大学》的“生财有大道”为理论根据呢？这只能表明，他虽然在国外留学、考察近十年，但是他的理论立场，始终没有离开中国这个民族本位。当然，这样说，并不是说他的《治生

① 《杨昌济集》(一)，第136页。
② 《杨昌济集》(一)，第23页。

篇》没有受西方经济学的影响。恰恰相反，文中不仅介绍了许多西方社会的先进和优良的习俗，而且介绍了一些西方的经济制度，例如长子继承制、一夫一妻制、征兵制度、信用制度、银行制度、保险制度等等。还必须看到，中西经济学之间，有相通之处。在西方经济学理论中同样闪耀着孔子中庸思想的智慧之光，即所谓“不偏之谓中，不易之谓庸，中者天下之正道，庸者天下之定理”。在西方经济学中，均衡是一个很重要的概念，被广泛运用。西方经济学家认为，经济学的研究往往在于寻找一定条件下使经济事物的变化最终趋于稳定之点的均衡规律，也就是孔子在《中庸》中所说的“执其两端”。《大学》所说的“生之者众，食之者寡，为之者疾，用之者舒”，不正是“执需求、供给两端”吗？均衡被广泛应用可以理解为中庸在经济学中广泛存在。例如，均衡价格理论。在商品市场的供求关系中，需求和供给是两种相反的力量，供给量大于需求量，商品过剩，价格下降，生产者减少生产；需求量大于供给量，价格上涨，生产者增加生产，或刺激需求或增加供给，二者对立统一于均衡价格。[①] 杨昌济在《治生篇》中就说过“求过于供则物价上腾，供过于求则物价下落，此生计学上之公例也”，正是利用的均衡价格理论。

---

① 周建波：《〈中庸〉、〈大学〉的经济思想暨与现代西方经济学的耦合》，《黑龙江社会科学》2010 年第 1 期。

第三节
关注改良社会物质生活的方方面面

杨昌济不仅从理论上探讨如何改良社会物质生活，而且在日常生活中也十分关注那些与改良社会物质生活有关的人和事。

一、赞美能改良社会物质生活的人

杨昌济关注历史和现实生活中，那些在改良社会物质生活方面做出一定成绩的人，不论其为皇帝、官吏还是平民，不论其为外国人还是中国人，他都将其记入自己的日记中，或者写入文章中。

在《静观室札记》中，就有一节为“改良物质生活”。文称：唐宋璟徙广州都督。广人以竹茅茨屋，多火。璟教之陶瓦筑堵，列邸肆，越俗始知栋梁利而无火灾。此亦修中国文明史者所当留意之事。英人用刀叉之习，与壁间安火炉之制，始于女王伊利查（莎）白时代。此亦谈文明发达史者之所宜注意也。平江昔年有谢县令，福建人，始教其民种薯，开后世无穷之利。县人立庙祀之。此其人实可敬服也。闻湘阴陈统领喜修道路，带兵驻一地，则督兵修路。环近数十百里之路，皆为所改良。及其解职归田，复将其本乡之路修好。此乃真能改良社会之物质生活者。民国元、二年间湘政府之所施设，今日所遗留者，有沅江各处之堤工，与省城外数里之军路。此皆有关于物质生活之改良者。余在英国时，游其乡间，见其道路宽平，通国如一。火车、电车所不通行之地，则以煤气自动车为乘客寄信、运物之用。此项煤气自动车，载人颇多，往来颇速，实便交通，又不必安设轨道，但有宽平之路，即可任意驶行。吾国各地无此好路，不能采用此武器，良可惜也。余昔在英国时，有友人谈及此事，曾以改修道路，行驶煤气自动车，为图交通便利之至计，谓内地交通不便，文化无自而发展。此真今日之要务也。①

1914 年 10 月 3 日的日记中记：杜佑迁岭南节度使，佑为开大衢，疏析廛闬，以息火灾。按此与宋璟事相类，但璟功较大耳。杜佑节度徐泗，决雷陂以广灌溉，斥海濒弃地为田，积米至五十万斛，列营三十区，士马整饬，四邻畏之。②

《静观室札记》中还有“柳柳州”一节，记柳宗元的政绩：“韩昌黎《柳州罗池庙碑》记子厚柳州之治迹，有足观者。如云：‘凡令之期，民劝趋之，无有后先，必以其时。于是民业有经，公无负租。’又云：‘嫁娶葬送，各有条法。’又云：‘大修孔子庙。城郭巷道，皆治使端正，树以名木。’又云：‘柳侯为州，不鄙夷其民，动以礼法。’《柳子厚墓志铭》亦曰：‘因其土俗，为设教禁。’此皆儒家作吏之良范也。能养成民间守时之习惯；能使民间生业有经；能注意于民俗，以礼让为教；能尊崇孔子，以端风化；能修道树木，改良物质生活。如此方不愧为民之父母。在唐时如袁、柳州等处，风化皆不甚良，能使民间风俗进步，则有益于社会进化者不少。此皆可录之事也。”③

① 《杨昌济集》(一)，第 88—89 页。
② 《杨昌济集》(一)，第 560 页。
③ 《杨昌济集》(一)，第 93—94 页。

《静观室札记》中又有一节“水利”，其中记有王同春之事，杨氏认为此人乃现今能于实业界开辟领土之人，可方古之范蠡、马援。社会中如此人才，不可多得，是不可不记也。王同春，某省人，目不识丁，穷苦无聊，转徙而至陕，遂入河套，以垦地为业，历有年所。今则已积产至数百万，所有田亩，不计其数。大抵河套以黄河水为大利，无人开辟河道，则套地为沙土赤地，一有支河，即成上腴。王同春盖即开渠垦地以致富者也。考黄河之为物，在套中则涓滴皆为黄金，出套以后则为中国大患。溃决时固无论矣，即其未决之年，慎守堤防，如临大敌。明徐有贞等议兴西北水利，蓄河水于上流，以利农田，即杀下流为患之势。顾其时河套已非明廷所有。所谓西北水利，亦未易奏功。套中地主为蒙古鄂尔多斯旗。旗主亦极愿放垦也。[1]此节又记《西政丛书》中《续富国策》一书第一篇《水利富国说》的一段内容：法国有名人伏尔泰，创兴种树之议，大开水利之源。未及三年，开河七百余道。各国相率仿效，开浚河渠。英国区区三岛，亦开河一千八百余道。西班牙南境向多水患，自疏渠泄水，一望膏腴，百产歉盈，万民殷富。印度之恒河，其横溃四决，与黄河相若。中南印度，岁遘沉灾。“恒”之云者，即无恒之谓也。英人于沿河两岸，广购民田，多植树木。不及十载，两岸各成一宽一里长二千里之树堤，多辟沟渠，以杀水势。树木根株盘结，水力不能溃之，而恒河始名称其实矣。然西北印度，固犹患旱也。英人于出泉之处，购地筑塘，建闸蓄水，而以时泄之，拣派贤员，司其启闭。农民之需水者略收其资，以为修闸养兵之费。沟渠四达，硗瘠皆腴。伏尔泰之提倡舆论，造福社会不少。法人用其言，未及三年，开河七百余道，实行之力亦可惊也。

① 《杨昌济集》(一)，第96—97页。

英人治恒河，两岸二千里之树堤，悉购民田为之，可谓吾国人未曾梦想之大业，十年即已成功，何其速也。读此益叹中华大国，大丈夫之事业，可以展拓者无穷，而益望能者之相继而起也。[①]

1914 年 11 月 14 日日记记康熙皇帝《庭训格言》关于社会之进步者：国初人多畏出痘，至朕得种痘方，诸子女及尔等子女皆以种痘得无恙。今边外四十九旗，及喀尔喀诸藩，俱命种痘，凡所种皆得善愈。尝记初种时年老人尚以为怪，朕坚意为之，遂全此千万人之生者，岂偶然耶？朕自幼喜观稼穑，所得各方五谷菜蔬之种，必种之以观其收获。朕丰泽园所种之稻，偶得一穗较他穗先熟，因种之，遂比别稻早收。今塞外之野茧大似山东之山茧，朕因织为茧紬，制衣衣之。外边水土肥美，本处人惟种糜黍稗稷等类，总不如种别样之谷，因朕驻跸边外，备知土脉情形，教本处人树艺各种之谷。明朝末年西洋人始至中国，作验时之日晷，初制一二时，明朝皇帝自以为宝而珍重之。顺治十年间，世祖皇帝得一小自鸣钟，以验时刻，不离左右。其后又得自鸣钟稍大者，遂效彼为之，虽能仿佛其规模，而成在内之轮环，然而上劢之法条未得其法，故不得其准也。至朕时，自西洋人得作法条之法。[②]这说明，杨昌济包括对皇帝的评价，都是以能否改良社会物质生活为重要标准的。

杨昌济在 1914 年 11 月 15 日日记中记："作书与皙子（杨度）略云：闻汉口商场借款已成，开办在即，此举将为全国市政改良之模范，望以全力注之，勿以为事小不足为也。愚观中国古代政治家如管仲、子产、商鞅皆能经营市政，孔子为中都宰，为鲁司寇，亦注意于市政之改良。而此事却大不容易，非真有本领人无能为力也。愚尝谓能改良物质生活者乃不愧为办事之

① 《杨昌济集》（一），第 100 页。
② 《杨昌济集》（一），第 586 页。

才，吾兄办事此为第一遭，望努力立千秋之伟业，千万千万。办事须专精，须坚忍，目无旁视，耳无旁听。吾兄现办此事，当勿以政局政权为念。嘉富洱躬耕十六年，卒成统一意大利之大业，成大功者固不汲汲于一时也。”[①] 杨昌济与杨度是在日本留学时的同学。1913 年上半年杨昌济从德国考察回国时，杨度正与袁世凯打得火热。1913 年 1 月袁授杨度二等嘉禾章。11 月，袁又拟以杨度督办归成铁路，被交通总长周自齐拒绝。袁世凯组织政治会议，特派蔡锷、杨度等为代表。据《时报》民国二年（1913）十二月二十七日消息，袁又任命杨主督办汉口商场建筑事宜。[②] 杨昌济早就对杨度与袁世凯搞在一起十分不满，他也知道袁世凯曾命杨度督办汉口商场建筑事宜，所以听说汉口商场借款已成，开办在即时，立即写信给杨度，劝他“当勿以政局政权为念”，“目无旁视，耳无旁听”，“努力立千秋之伟业”，“为全国市政改良之模范”。杨昌济的这些话可谓苦口婆心，语重心长。

二、关注国家的生产和贸易情况

1914 年 10 月 30 日日记：日本人占据山东铁道，并□黉山、博山、坊子三大煤矿。此三大矿皆在山东铁路沿线，坊子一矿沿潍县东方四里之本线，黉山则沿张店分歧之支线。由此分歧点起约五里许即为支线终点，此处即博山矿也。博山与坊子为山东煤矿公司投有资本一千二百万马克，十六年前即已经营业。坊子一矿有一亿吨以上之蓄积，从事员德人三十名，中国人一千五百名。博山矿南北十三英里，东西七英里，一日所出之煤有一千五百吨，从事员德人四十名，中国人三千名，合

① 《杨昌济集》（一），第 587 页。
② 贾熟村：《袁世凯与杨度的恩怨》，《衡阳师范学院学报》2008 年第 5 期。

计二矿每年所产在一百万吨以上。[①]

1914年11月25日日记：济南府出产麦、大豆、麻、药草、羊皮、牛皮等。输入则棉纱、五金货、洋缎类、洋火等最多数，煤油、烟草、海产、砂糖、玻璃、药品、钟表、杂货等次之。洋布每年输入百万两内外，洋缎等每年约销二十万两。洋布美货居多，洋缎则日货独行。五金类每年约销五十余万两，日货亦颇有销场。洋火约销十万两，几全为日货。煤油向为永和洋行之势力范围，自亚细亚设池以来，正在竞争。烟草英、美公司第一，烟台、潍县货次之，日本东亚烟公司亦有支店。海产物如海带、海参、干鲍、鱼翅等销路俱好，多由烟台运来，日货占多数。杂货照日、德、英、美、法之次序，多少不等，而合计为数甚多。药品广货最多，上海货次之，近来东洋等亦颇盛行。潍县大致与济南相似，惟海货则日货以外，南洋货亦极有势力。[②]

1915年7月20日日记：曩见法人游历奉天所著日记，谓奉天一省，天时土性皆宜葡萄。苟能广种葡萄，仿西法以酿酒，则奉天一省之利可以敌法兰西一国。后访之出使法国者，乃知法国葡萄制酒之利，岁合华银六万万两，居全国出口货十分之七；而法之国用全资酒税，岁入约三万万两，亦居全国赋税十分之九。葡萄一物，来自西域，性宜砂土，尤喜天寒。泰西法、德两邦种植最盛，其气候皆与山左京东相若。盖葡萄结子之后，须渐渐红熟始能变尽酸味，一律成甘。中国南方亦有葡萄之种，而色味俱劣，远逊北方者，职是故也。日本自改行西法以来，亦尝自种葡萄，如式酿酒，然子小味薄，所造之酒，行二十里则香味全变，恶劣异常，此举因而中废。西人考求其故，乃知

① 《杨昌济集》(一)，第574页。
② 《杨昌济集》(一)，第595—596页。

日本天气炎热，地少沙土，本与葡萄不宜。且果木之种，最恶海潮，宜近接高山，吸山泉之清冽。酿酒之水，如略带海潮碱性，即不能经久不变，且不能转运长途。日本三岛孤悬，潮水不到之地甚少故也。若中国直隶之西山北山、山东泰山、河南嵩山、陕西华山附近之区，土厚泉甘，含灵孕秀，始能开辟大利，广种葡萄，参用西国机器，酿造名酒，允当冠绝人寰，销行海外。盖法国造酒之局，葡萄之园，皆附近比里牛斯各山，在海潮不到之处耳。西人之言如此。①

1919 年 10 月 27 日日记：十月二十日《时事新报》载有山西农桑业发达之状况一则：山西全省有农业专门学校一处，内附设甲种蚕业学校及甲种农业学校三处，乙种农业学校境内各伙业已多数设立，全省设农桑总局一，直隶省署，内附女子蚕业传习所。该所分为甲乙二班：甲班一年半毕业，乙班九个月毕业。又有农民传习所一班，亦九个月毕业。划山西为四大蚕业区域，分为“不宜”“稍宜”“适宜”“扩充”四等。扩充区中每县每年保送甲乙两种程度女生各一。农区分全省为东西南北中五大农区，每区每年保送农民一人。适宜区中每县每年保送女生或甲种程度或乙种程度一名。总局内分蚕、桑、丝、牧畜、园艺、作物等六科，山西全省百有五县均设有农桑分局。②

在杨氏逝世前两个多月的 11 月 3 日，他还在日记中记载《时事新报》的消息《长沙漆业调查记》：产漆最多的，当数云南、四川、贵州。川漆出自四川酉阳一带，贵漆出自铜仁、思南一带，最主要的地方还要数龙潭（属酉阳）、江口（属铜仁）、婺川（县名，原属思南）。婺川漆顶好。漆每百斤自三四十两到六七十两，去年漆价每斤到一元四角，今年跌到八九角。省城各漆店皆宝

① 《杨昌济集》（一），第 659—660 页。
② 《杨昌济集》（一），第 678 页。

庆隆回人，大木漆不如小木漆。[①]

又记《中美农业之比较》：美国有田七百万，以一千万人耕之，1917 年之收获达二百万元。美农以用机器播种、犁耘、收获之故，一人之所耕足抵华农百家之尽力。美国各州设农业学校，使农人及其子女咸入校就学，研究最新式之耕种畜牧及取乳之法，并教以如何试验各种土质，以便择宜下种。此一千万之农人，畜养鸡雏三百兆，牛六百七十兆，猪七百二十兆，羊四百八十兆，马一百二十八兆，骡五兆。中国农人有二万万五千万。又记《花生米之前途》：种花生每亩平均收成可得百余斤。出产花生米之区域，自郑州以东归德以西皆有之。惟开封附近一带约三百英方里之面积出产为最多，中牟、开封、兰封三县尤标特色。历年收成平均可得十五万吨以上，每吨计值洋七十五元，每年约有一千一百万元之收入。税捐每年收入亦不下四万余元。去岁开封出口计二千车，每车装三万三千六百斤。[②]

三、关注一战时期各交战国的战时经济及武器改良

第一次世界大战爆发于 1914 年 7 月 28 日，至 1918 年 11 月 11 日结束，在此期间杨昌济对战争进程非常关注，并将有关信息记载于日记之中。

1914 年 11 月 4 日日记：英国之军费，仅于九月十六日发行一千五百万镑之财政部证券，其中七百五十万镑期限六个月，折算率为二镑十八先令六便士五五；他之七百五十万镑期限为一年，其折算率为三镑八先令三便士五八。当发行之时，对于一千五百万镑，即有四千五百万镑之应募，其交纳期仅限一个

---

① 《杨昌济集》（一），第 682 页。
② 《杨昌济集》（一），第 684—685 页。

月而能呈如此之好况，可见其国民富力之大矣。英兵每人每日用度至十五元，德兵每人每日用度至九元。①

1914年11月7日日记：有旅英某君函述各国战争之主因，言除法国为复仇，比国为拒敌之应兵外，如德、如奥、如俄、如塞尔维亚、如蒙的内哥，皆因欲争一海口，德欲由法境出海、比境出海，奥、俄亦为黑海之口相竞，塞尔维亚、蒙的内哥，则注目于奥领之巴斯尼西省，欲于此地求得一出海良港。

德国飞行机有一千八百乃至二千米突之高度。德国储金之数远过于法。自战事开，德国国内交易，除辅币外，主币悉变纸币，然而信用极强，故财政之地位甚固。据贩军火商人言：练最新军火，足可支持十五年之长期，而其水底潜水艇，再历二月，能突过英、法所有之总额。又其新式炸药之炸力，亦非英、法所能及，以炸药中需水银，现此物翔贵至数十倍。②

1914年11月20日日记：各交战国财富总额：

英　　147 113 509 600元

德　　137 646 282 400元

法　　117 092 236 800元

俄　　100 026 106 590元

意　　43 084 800 000元

日本　37 523 476 655元

各交战国一人所有之财富：英二千三百四十元，德二千一百二十元，法二千九百六十七元，俄七百五十八元，意一千三百二十元，日本七百二十五元。

各交战国一人一月之平均所有，英二十七元三分，德十七元六角七分，法二十四元六角三分，俄六元二角一分，意十元

---

① 《杨昌济集》（一），第580页。

② 《杨昌济集》（一），第581页。

八分，日本五元九角七分。

各交战国之准备金，据各国中央银行开战之前月中旬发表之实数纪之，皆以金及生金计算。

英伦银行三千九百五十九万九千九百七十镑，法兰西银行一万九千零二十万零二千镑（内银二千六百四十九万八千镑），俄罗斯银行一万八千一百二十三万二千镑，德帝国银行八千一百二十九万二千镑，奥匈银行六千四百五十四万四千镑（内银一千二百二十九万九千镑）。

德自普法战后取得法偿金，即以一亿二千万马克，储为战时非常准备金，贮于柏林附近斯巴太之吉利亚斯塔中，闻后已益至二亿四千万马克，今且复增一亿二千万马克云。[①]

1914 年 11 月 1 日日记：《湖南公报》载有欧洲归客谈云：德国此次战争所用军器，惊天震地。兹将其所有奇异军器分志如下：一、火车轴。各国路轨宽窄互异，甲国火车不能在乙国路轨上行驶。而德国此次交战，所有之火车车轴，系属涨缩自由，无论路轨宽窄，皆可行驶，故德军往来神速，每出英、法、俄意料之外云。二、夜战炮。视察距离最远敌人之情形，普通以望远镜济目力之不及，然在白昼则善，至夜间则无所措手矣。此次德国对于夜间战争，每用一种夜战炮，以补望远镜之缺点。夜战炮发弹时能自然生光，及落地后光明照耀，能继一小时之久云。故每逢夜战，英、法、俄联军即归失败云。三、击飞艇炮。各国所用之击飞艇炮，每苦于弹力之不及，而德国所用之击飞艇炮，能增加其速度及弹力，故英、法、俄联军飞艇时被击毁云。四、攻城炮。德国新发明之攻城炮为英、法、俄联军所未有，其炮高约六尺余，所用子弹异常重大，每丸约需八十人之

① 《杨昌济集》（一），第 589 页。

力方可移动，而德人全用机器，常以三人行驶此炮云。五、战舰。英国于未开战以前，调查德国特别战舰仅十艘，及至开战，实有七十余艘，故海战德国亦占优胜云。六、商船。德国商船普通上层纯系商船形〈势〉〔式〕，下层皆有军用器械，与战舰无异。故德国此次开战，战舰实无确数云。[①]

1914 年 12 月 4 日日记：石油炸弹非特能将其炸裂力所及之人民完全炸死，且弹之所及，凡一切能燃烧之物皆可著火而焚，且其重量轻于实炸药者，故颇适用于飞机。

德克虏伯炮厂已造一种炮，专以施放毒气者，刻已得专利制造权。发明此炮者为德人柯尔威色，在美国已得有专利权，自称已以其专利权让交克虏伯厂。该炮之弹为一极巨之圆球，其端有长杆纳于炮中，而巨球则在炮口外，当扳时杆能与球脱离，而球落于敌军中，球中满盛毒气，炸裂时可死敌兵一千余人。其组织可分为三部：一为杆，直入于炮中者也；一为弹；一为重锤，在杆与弹之间而连续此二物者也。当放时，此重锤即自行分裂，而杆与弹亦脱，弹乃至直前而爆裂焉。[②]

在现存《达化斋日记》的 1914 年至 1915 年日记中，有关第一次世界大战的内容不少，这里就不一一列举了。这种情况表明，杨昌济一生始终都关注改良社会的物质生活。

---

① 《杨昌济集》（一），第 577 页。

② 《杨昌济集》（一），第 598—599 页。

第十一章 以圣贤豪杰为期向的《修身讲义》

青年毛泽东在1920年冬天所写的《新民学会会务报告》（第一号）中，在谈到新民学会的缘起时说，除了求友互助和团体的生活这两个原因之外，“还有一个原因，则诸人大都系杨怀中先生的学生，与闻杨怀中先生的绪论，作成一种奋斗的和向上的人生观”[①]。对于“向上的人生观”的具体内容，笔者过去认为，就是青年毛泽东在《〈伦理学原理〉批注》中所说的以

① 《新民学会资料》，第2页。

圣贤豪杰为期向[1]。但是，这毕竟是青年毛泽东的理解，是否与杨昌济的想法一致，还有待证明。2021年，笔者发现了杨昌济先生在湖南省立第一师范学校所编著的《修身讲义》，它为回答这个问题提供了肯定的、准确的答案。

① 见湖南人民出版社2008年版《毛泽东早期文稿》第209页。原文是“圣贤豪杰之所以称，乃其精神及身体之能力发达最高之谓。此精神及身体之能力发达最高，乃人人应以为期向者也”。这里的“期向”与“祈向”相当，即向导。

第一节
《修身讲义》的特色

杨昌济所编的《修身讲义》（以下简称“杨氏讲义”）的最大特色，就是没有照搬当时已出的伦理学教材或修身讲义普遍存在的以西方伦理学为蓝本的模式。

据徐曼所著《西方伦理学在中国的传播及影响》一书统计，自1900年至1915年，中国先后出版了24种伦理学的教材（其中有7种以“修身”命名）。这些教科书或讲义，明显受到翻译过来的西方伦理学和伦理教科书的影响。一般都将伦理学分为理论之学和应用之术，即理论伦理学与实践伦理学，既对有关伦理学的基本理论进行厘定，又详尽地介绍了具体的修身规范。如1906年出版的刘师培的《伦理教科书》，分两册，第一册所言皆伦理学之大纲及对于己身之伦理，即理论伦理的内容，如伦理之义、伦理之起源、中国伦理之派别、论伦理与人类之关系，论己身之重要、论权利义务之界限，等等。第二册主要论述实践伦理的内容，包括家族伦理、社会伦理等等。[①] 又如，蔡元培于1912年出版之《中学修身教科书》分上下两篇，上篇注重实践，下篇注重理论。上篇分五章：修己、家族、社会、

① 徐曼：《西方伦理学在中国的传播及影响》，第215—218页。

国家、职业。每章又分若干节。下篇分六章：绪论、良心论、理想论、本务论、德论、结论。每章又分若干节。[1]

杨氏讲义的结构则与这些著作不同，它没有理论伦理与实践伦理之区分，也没有个体、家族、社会、国家伦理之区分，全书重点就是讲修己，即个体的修养，共分九个部分。正如他最亲密的学生萧瑜所说："尽管杨先生说话欠流畅，可是他写的讲义却有很大价值。这些讲义是他自己研究和经历的心血，根本不是照抄照搬别人的一套。"[2]

第一部分为"圣贤豪杰之特质"。实际上是讲立志。"为人第一要立志。立志为善人不为恶人，立志为圣贤豪杰不为庸俗人，立志为君子不为小人，乃修身之第一要义也。"[3]

第二部分为"卫生"。"余尝谓友人曰：学问者所以养吾身也；若吾身不存，虽有学问何益？因勉学而伤生，可谓不知本末轻重者矣。"

第三部分为"规则的生活"。"人之精力有限，每日固不可无读书之时、治事之时，亦不可无休息之时、游戏之时、运动之时。真能勤者不必其刻无暇晷也，在于每日有一定之课程，逐日做去，不使间断，铢积寸累，自然日计不足，月计有余。……此吾国人所谓有恒，而日本人所谓为规则的生活也。"

第四部分为"戒骄"。"人须小心谨慎，庶能有成功而不致失败，骄则未有不败者也。孟子言：'出则无敌国外患者，国恒亡。'谓生于忧患，死于安乐。盖有敌国外患，则惧而不敢不力图自强，而安乐则骄惰之气中之也。"

第五部分为"张子《正蒙》"。"张子名载，学者称为横

---

① 蔡元培：《中国人的修养》，上海教育出版社，2018，目录。
② 《我和毛泽东的一段曲折经历》，第23页。
③ 杨昌济编《修身讲义》，民国初年长沙铅印本。本章以下引此书文字，不再出注。

渠先生，北宋大儒，关中人也。宋代义理之学极盛，后世以周、程、张、朱为五子，或以其所居之地为关、闽、濂、洛。横渠乃其中之一人也。《船山遗书》中有《张子正蒙注》九卷，今择其极精要者，发挥而光大之，于以开发思想，激厉志气，大有益也。”

第六部分为“吕新吾《呻吟语》”。共选其中60多条格言，如：“无才无学，士之羞也；有才有学，士之忧也。夫才学非有之难，而降伏之难。君子贵才学以成身也，非以矜己也；以济世也，非以夸人也。故才学如剑，当可试之时一试，不则藏诸室。”“人不自爱则无所不为，过于自爱则一无可为。”

第七部分为“达化斋日记”。这部分《达化斋日记》①，原载1903年5月出版的《游学译编》第八册，其中颇多关于方法论的论述。如：“孔子授徒三千，力之厚也；六经垂教后世，力之厚也。我之势重，则人之势轻于我者从之而移。非孔子之力，岂能造就众贤？非孔子之力，岂能流风百世？学者诚知此理，不可不讲求增速增力之方矣。”

第八部分为“论语类钞”。既包括1914年长沙弘文图书社出版之《论语类钞》②，又包括1915年新编的《圣门下手工夫》和《圣贤气象》两章。

第九部分为“录蔡振《中学修身教科书》修己论”之五个部分。蔡振为蔡元培的笔名。此书最早由上海商务印书馆出版，前两册1907年12月初版，后三册1908年3月初版。1911年辛亥革命后，蔡元培将此书修订，改五册为上下两篇，1912年5月正式出版。杨氏讲义将蔡元培《中学修身教科书》第一章“修己”中的五节，即第二节“体育”、第五节“自制”、第六节“勇敢”、第八节“修德”、第九节“交友”等作为《修身讲义》

① 见《杨昌济集》(一)，第15—22页；又见《杨昌济辑》，第348—352页。

② 见《杨昌济集》(一)，第249—281页；又见《杨昌济辑》，第69—91页。

的附录收入。这一作法表明，杨氏在自己所编的《修身讲义》中虽然没有全面介绍伦理学的基本理论和基本规范，但是他实际上是将蔡元培所著的《中学修身教科书》作为学生的参考资料。如果我们再注意到一个事实，即杨昌济还曾将蔡元培翻译的包尔生所著的《伦理学原理》作为湖南省立第一师范学校学生的教材，则可以更加清楚地看到，杨昌济一点也没有忽视伦理学基本原理和基本规范的教学。而杨氏讲义的这种编法，则不仅突出了修己的内容，也更加鲜明地体现了中国传统伦理思想中的优秀内容。

现存杨氏讲义一书，没有印制统一的封面，现有封面的标题是手写隶书"修身讲义"四字，作者为"长沙杨怀中演讲"，在首页《修身讲义》的标题下，也是手写的"长沙杨怀中撰述"。每页两面，每面十行，每行二十三字。全书没有统一的、连续的页码，说明它们不是一次印刷出来的，而是分多次印刷的。"圣贤豪杰的特质""卫生""规则的生活""戒骄""张子《正蒙》""吕新吾《呻吟语》"是用一个统一页码印刷的。"达化斋日记"是一个统一页码。"论语类钞"1914年出版部分为一个统一页码，1915年写作的部分又是一个统一页码。"录蔡振《中学修身教科书》修己论"又是一个统一页码。据杨昌济在一师的得意弟子萧子昇的回忆，杨先生每次讲课时，都是将这一次课的铅印讲义稿分发给每一个学生。[①]根据讲义和其他有关资料的记载，可以知道这些讲义中一些篇章的写作时间。例如，何叔衡在杨昌济逝世时送的挽词中说："我曾在长沙，听讲过'圣贤豪杰之特质'。"[②]由于何叔衡1914年7月已经从第一师范学校

① 萧瑜：《湘中理学大儒杨怀中先生》，台湾《艺文月刊》第70期，台湾《湖南文献》季刊第3卷第4期转载。
② 《杨昌济集》（二），第1239页。

讲习科毕业，因此《圣贤豪杰之特质》至少应该在此之前写出。杨氏在其 1915 年 4 月 26 日日记记载：“昨日编《论语类钞》‘圣贤气象’完，拟从此为止，不再编矣。”[①] 这说明，《修身讲义》这部分付印的时间不可能早于此时。杨氏在 1914 年 11 月 21 日至 22 日拟修身问题 200 多个，已经涉及上述讲义的 7 个部分，但是没有《论语类钞》新增加的两个部分，也没有“张子《正蒙》”和“录蔡振《中学修身教科书》修己论”的问题。而日记中拟问题的部分又比《修身讲义》多了两个部分，即《袁氏世范》和《日省录》。

① 《杨昌济集》(一)，第 650 页。

第二节
立志为圣贤豪杰

杨氏讲义最鲜明的特色，就是强调青年士子修身的第一要义，是成为圣贤豪杰。尽管杨氏也提到要为善人、为君子，但是他所要求的最高标准是成为圣贤豪杰。为此，杨氏从三个方面进行了论述：

其一，明确标举出圣贤豪杰的特质。杨氏说：欲为圣贤豪杰，必先知其异于寻常人者在于何处。圣贤豪杰自有其所以为圣贤豪杰之特质，以余所见则有五焉。

第一曰远大。所见小则所志小，所志小则所学小，所思小，所为小，所成小，斯为小人矣。所见大则所志大，所志大则所学大，所思大，所为大，所成大，斯为大人矣。万恶皆起于见小，常人思想营谋惟在一身一家之利益，自私自利而不恤其他，良由所见太小，所认为我者范围太狭也。殊不知仁者以天地万物为一体，宇宙内事皆吾性分内事。是以圣贤豪杰之立心，必以天下为量。张子（载）曰："为天地立心，为生民立命，为往圣继绝学，为万世开太平。"人心具有如此远大之志，始克奋发有为，高瞻远瞩，立百年长久之计，而不为小小利害所动。

第二曰超旷。常人总不免为情欲之奴隶，故精神萎靡思想卑陋。圣贤之心纯乎义理，利禄不足以动其心，故超然独立，泰然自得，其超旷之襟怀有使人穆然意远者。凡观人之法，先观其胸次何如，必须灵府洞然，不参杂以丝毫之利欲，始为真真能立品之人。先儒云："为学须先打破货利关。"吕新吾云："官吏不要钱，男儿不做贼，女子不失身，才有了一分人。"学莫先于义利之辨，此吾辈所当深省也。

第三曰笃实。前条言为学须明于义利之辨，此条则言为学须明于诚伪之辨也。前条所以救好利之弊，此条则所以救好名之失也。笃实者何？不欺之谓也。西人以诳语为大戒，人若犯之，则为乡党所不齿，即小孩亦知此为大可耻之事。立身以不妄语为本，言无虚伪，乃立诚之大者。明于义利之辨者，不义之财虽一文不可妄取；明于诚伪之辨者，虚伪之言虽一语不可出口。必于此斩钉截铁，处处著力，乃始克养成纯粹之品性。

第四曰精勤。凡人之能成德，能成学，能成事业者，无不自刻苦中得来，未有不勤而能有所立者。修己之道在于力行，读书时遇一善事，便当反求诸己，问自己有此善行否。如其为己所未有，即当见之躬行。读书时遇一恶事，便当反求诸己，问自己有此过失否？如其有此过失，即宜速行改去。力行者须是坐言起行，不可等待。故品性之成由于为善，今日为一善，明日为一善，积久则习与性成，而成可久可大之德业。故余又常教人以一"积"字。

第五曰仁厚。道德者行于人与人之间者也。时无论古今，地无论中外，莫不以"克己爱人"四字为道德之精髓。孔子以仁立教，佛教曰慈悲，耶教曰博爱，信条虽有殊异，大指正复相同。博施济众尧舜犹病，真能爱人者，不必其有博施济众之功也，但能于宗族乡党亲戚朋友之间，勤勤恳恳，患难相助，有无相通，过失相规，德业相劝，便是有良心人。扩而充之，则仁覆天下，泽流后世可也。

其二，明确指出进入圣门的下手工夫。所谓“圣门”也就是孔子之门、圣贤之门。所谓“下手”也就是着手、动手。要学圣贤，从何着手？杨昌济将《论语》中的一些论述归纳为以下几点：

一是“不迁怒，不贰过”。杨氏说，人恒过然后能改，人于某事未有经验之时，易于有过。及错过一番，创巨痛深，乃谨记在心，以后不敢再犯。此修士之常也。然常人必征于色发于声而后喻，颜子则方过而旋知之，由其心静而明，故能有警即觉。既已觉之，则如洪炉点雪，消融无迹，由其心之有力也。子贡言颜子闻一以知十，予谓颜子之不贰过也，亦必有闻一知十之功。偶犯一过旋加克治，此后乃并此类之过亦少矣。常人不能不贰过，再犯三犯，或至屡犯。要当勇猛改之。《易》曰“频复厉”。陆象山曰：“过不在频复而在频失。”既已频失，惟有频复之一法。总期最后归于无过而已。若以频复频失而遂灰心，必终流为小人之归，不亦哀乎！吾人克己之功，一如克敌，不可不期得最后之胜利也。必从自己身心上真用工夫，乃可谓之好学。此乃圣门为学大义。可知记诵辞章，只为末务，即经世之学，亦当以修身为本。有治事治物之学，有治国治人之学，有治身治心之学，三者均不可少，而第三项尤为切要。

二是“克己复礼”。杨氏说，近世道学家教人，多偏于消极的方面，说某事不可为，某事不可为，往往拘谨，而欠发强刚毅之气。吾人当重积极的方面，说某事当为，某事当为，正既勤则邪自息矣。“克己复礼为仁”六字，十分坚实，意已尽矣。又曰：复礼，天下归仁焉。为仁由己，而由人乎哉。即我欲仁斯仁至矣。当仁不让于师之意，极力鼓舞督责，非颜子不能当此语，非夫子不能为此言。陆象山谓此三节乃三鞭也，真道得出。颜渊请问其目，其勇往可惊。目，条件也，浑沦一个克己复礼，不知从何下手。有条件则有可下手处，真做工夫人，单得一浑沦之语，不肯罢休，必直穷其条件，有条件者精，无条件者粗。余尝教人留意数字，凡有数事并列者，必某事之条件也。逐处留意，则万事万物各从其类，条件分明。孔子集大成亦不过始终条理而已，非礼勿视，非礼勿听，非礼勿言，非礼勿动，所谓把截四路头，札硬塞打死仗，非至明不能察其几，非至健不能致其决。常人多望而却走，颜子独慨然承当。魄力绝伦，千载之下犹使人感发而兴起也。

三是“己所不欲，勿施于人”。杨氏认为，己所不欲，勿施于人，泰西人谓为金规，诚伦理学上之大原则，施之四海而皆准者也。有谓中国人己所不欲勿施于人，泰西人则己之所欲必施之于人，亦颇有味。如西人之传教，是己之所欲必施于人也。究之己之所欲，非必为人之所欲。不如己所不欲勿施于人为万全无弊也。己欲立而立人，己欲达而达人，颇与己之所欲必施之于人之意相近。勿施者义也，施者仁也。

四是注意规范自己的言行。如“言也讱”“居处恭，执事敬，与人忠”“言忠信，行笃敬”“视思明，听思聪，色思温，貌思恭，言思忠，事思敬，疑思问，忿思难，见得思义”等等。

杨氏最后将圣门下手工夫归纳为求仁。他说，孔子罕言仁，然其高足弟子则皆以求仁为事。仁字最难识，必汇集《论语》中言仁各章而研究之，始能有所领悟。此所钞尚不全，然已可得其大要矣。今且从上钞各章，求为仁下手之地：于颜渊问仁章，则以视听言动为下手处；于仲弓问仁章，则以出门使民施于人为下手处；于司马牛问仁章，则以言为下手处；于樊迟问仁章，则以居处执事与人为下手处；子夏则又以博学笃志切问近思为下手处。至行仁之范围，则由在家而在邦，而天下而夷狄，无适而用力之地也。修己以敬，其条目则为九思，视听色貌言事疑忿见得，皆吾人之下手处也。吾人诚能于上举各事切实力行，便是圣贤路上人。到得人欲净尽，天理流行，随处充满，无少欠阙，则德成矣。

其三，十分强调要理会“圣贤气象”。“圣贤气象”最早是程颐提出来的。所谓“气象”是人的内在精神的外在表现。程氏发明“气象”二字，并且将其独特意蕴用到圣贤观上，旨在说明圣贤气象体现着崇高的精神境界和完全的人格。在论述“子曰：吾十有五而志于学”一章时，杨昌济说，圣人自强不息，纯亦不已，使百世之下，闻者莫不兴起也。又说：近世伦理学家，言修身进德没齿无卒业之期，如孔子之从心所欲不逾矩，盖卒业于道德者也。人始由不道德而进于道德，复由道德而进于超道德，从心所欲不逾矩，盖超道德矣。又说：余常劝青年立一终身大规模。如云由二十至三十作何事，由三十至四十作何事。以下准此。通盘筹算，循序渐进，而不懈于半途，则可大可久。古人云：“十年读书，十年养气。”又云：“早知穷达有命，悔不十年读书。”人生有几个十年。呜呼，可不勉哉！

在论述孔子所说“其为人也，发愤忘食，乐以忘忧，不知老之将至云尔”一章时，杨氏说，子曰：“吾尝终日不食，终夜不寝，以思。”子在齐闻韶，三月不知肉味，曰：“不图为乐之至于斯也。”与此章所言发愤忘食，皆可想见夫子全副精神从事学问之气象。余尝谓圣贤胸怀坦荡，无世俗一切病痛。如此章所谓食，所谓忧，所谓老之将至。世人往往为所牵挂，遂使胸襟不能脱洒。语云：“诸病皆可医，惟俗不可医。”不能忘去此等，正是未能免俗耳。

在论述“颜渊、季路侍。子曰：‘盍各言尔志’”一章时，杨氏引程子的话说：先观二子之言，后观圣人之言，分明天地气象。凡看《论语》，非但欲理会文字，须要识得圣贤气象。

在论述“子与人歌而善，必使反之，而后和之”一章时，杨氏引朱熹的话说：反，复也。必使复歌者，欲得其详而取其善也。而后和之者，喜得其详而与其善也。此见圣人气象从容，诚意恳至，而其谦逊审密，不掩人善又如此。盖一事之微，而众善之集，有不可胜既者焉。读者宜详味之。

在这部分的结尾，杨氏指出：以上数章，皆可以想见圣人之气象。因此等处在于潜心玩味，故不著论说。此外更有多处，足以见夫子之风度者。如颜渊死四章，与子畏于匡，可见两人师弟之情。观夫子不以门人厚葬颜渊为然，不肯以己之车为颜渊之椁。又观子华使于齐，原思为之宰二章，皆可见圣人用财之道，与取与之节。夫子疏食饮水，曲肱而枕之，乐在其中。此处境之道也。于匡人，于桓魋，于公伯寮，皆不以动其心。此处患难之道也。夫子之于阳货，亦大有可法者。朱子曰：“阳货之欲见孔子，虽其善意，然不过欲使助己为乱耳。故孔子不见者，义也。其往拜者，礼也。必时其亡而往者，欲其称也。遇诸涂而不避者，不终绝也。随问而对者，理之直也。对而不辩者，言之孙而亦无所诎也。”若欲观孔子之家事，则于公冶长、南容，可见圣人择胥之法。于诗礼之教，二南之训，可见圣人教子之法。于乘桴浮海之观，与子欲居九夷，又可想见夫子高逝远举，传道异域之壮志。一部《论语》，细心读之，无在不可以见盛德之形容焉。子曰：“甚矣，吾衰也！久矣吾不复梦见周公！”此圣人梦境之可征者。子曰“凤凰不至，河不出图，吾已矣夫”，则居然有宗教家灵异之思想。虽颇近于迷信乎，亦圣人思想不凡之一证也。

这些分析表明，杨昌济不仅为其学生指明了以圣贤豪杰为人生立志的大目标，而且具体指明了进入圣门的下手工夫和如何体会圣贤气象。

第三节
充分发达自己身体及精神之能力

杨昌济说："充实自我具有发达的可能性，谓之实现自我；以实现自我为吾人行为之最高目的，谓之自我实现主义。"[①]具体说来，自我实现就是要使人的精神和肉体两个方面都得到充分发展。正是基于这样的认识，所以杨氏讲义在论述了"圣贤豪杰的特质"之后，接着即讲"卫生"。为此，杨氏从五个方面进行了论述。

一则节劳也。凡作一事，必视吾精力能任否；精力所不能任者置之，决不为力量所不及之事。凡不甚关紧要之事，他人或顾恤情面勉强为之，余则以卫生为重，毅然决然不稍迁就。尝自念曰：吾身所关甚重，岂可以小小之事耗费吾精神。见友人用功过度者，必力劝之。然友人往往不能用吾言，遂以致疾而死，良可叹也。余尝叹曰：自家性命须要自家保护，非他人所能为力，盖痛吾友之不知自卫其生也。曾涤生[②]之所以自课者曰：节欲、节劳、节饮食。三者诚养生之要事也。

其二曰忘忧。《论语》有云："仁者不忧。"又曰"仁者静""仁

① 《杨昌济集》(一)，第157页。
② 曾涤生：即曾国藩，亦作涤生。

者寿”。今欲得寿之功效，不可无静与不忧之工夫，遂做静坐工夫。于静坐之时，深思遣忧之法，遂得一结论曰：使人苦、使人乐者境遇也。我心能自作主不为境遇所动，则可以有乐而无苦。于是立定主见，无论处如何境遇，我必不改其乐。偶有忧念之发生，必猛力排去之，不使其扰我之心神。凡人精神愉快，则身体之机能活泼；精神沉郁，则身体之机能缓慢，故“养生以少恼怒为本”，诚见到（道）之言也。余读《论语》多言乐者，如孔子在陈绝粮，子畏于匡，又如桓魋欲杀孔子，皆不以动其心。文天祥在狱中作《正气歌》，言“嗟哉沮洳场，为我安乐国”。圣贤于患难死生之际，不改其常度，盖由养心有素也。

睡眠之以时。此余关于卫生之第三要诀也。凡人于日间运动身体各部之时，于身体之组织必有所消耗，其用余者则为老废物堆积于身体之中，于是身体觉其不快，如此之现象谓之疲劳。人睡眠之时，身体毫不运动，无所消耗而堆积于体中之老废物，遂得以此时由出汗之细管排出于体外，久睡之后醒时觉身体愉快，以此故也。人终日勤动，全赖睡眠以恢复其体力。大约成人每晚须睡八点钟始为满足，小孩则须睡眠之时间更多，如初生之婴儿几于无刻不睡。若睡眠不足，则体力必亏。今人贪图逸乐，酒食征逐，流荡忘返，俾昼作夜，岂徒大伤风化，亦复自损精神。曾逖生在北京时，其自课有一条云：夜不出门，盖不欲蹈冶遊之恶习也。

余关于卫生之第四要诀，则常运动与常行深呼吸也。西人多好为户外运动，如庭球、野球、蹴球、划船、游泳等事，皆可以锻炼身体。美国市俄高工厂甚多，空气甚坏，法宜多发生肺病，而事实反之，则以其地居民多好户外运动，故有防御肺病之效也。中国人不好为户外运动，而偏好下棋打牌各种户内之游戏，此国民文弱之所由来也。余近阅日本医学博士北里柴三郎《肺之健康法》，始知常行深呼吸，为防肺病之第一良法，今请为诸君言之。日本人之所谓肺病，即中国人之所谓痨病，内伤病也。其病证（症）之最显著者为咳嗽、吐痰、发烧、吐血、盗汗等。而其致病之由，则为一种结核菌侵入肺部滋生发达，遂破坏肺之组织而有吐血、吐痰等症。此种结核菌由有肺病之人自痰中吐出，仍可以传染他人，乃至为危险之事也。此种结核菌虽干不死，若痰中带有结核菌，吐之于地上，干后随灰尘飞扬空中，或为他人吸入，则由鼻入肺，此人遂受肺疾之传染矣。故痰不可吐之于地，必吐之于痰盂之中。当换痰盂之时，又必以开水及洗濯曹达（苏打）消毒，始可放心。

关于卫生之第五要义，则注意清洁是也。血脉流通为身体健康之一要件。而欲使血脉流通，有三注（意）焉：第一则常行体操及各种之运动也；第二则用热水洗浴身体也；第三则按摩也。按摩之法，可施之于老人，非少壮（之）所急。欲求血脉之流通，除常行运动之外，莫如勤于沐浴。日本人最爱洁净，浴身甚勤。方其与俄人战也，军事卫生甚为进步，军人死于病者甚少。盖其军人虽在战地，亦勤于沐浴，此其所以获病者少也。家中宜扫除洁净。西洋人之地板每日用湿布抹之。余观省城人家地板，灰尘厚积，殊不雅观，而安之若素。盖习惯于不洁而不觉其苦也。余家正房及书室地板，每星期用水洗涤一次，亦不过稍费人工，非甚高难行之事。窃愿以一家为之倡，养成社会爱洁之习惯，此亦改良社会者所宜极力提倡之一端也。东西洋各国于厕所亦力求洁净。湖南人居家于此事太不注意，往往污秽狼藉，不堪入目，而相率安之，亦因居民无爱洁之美习也。中国人街道之不洁，为西洋人所轻蔑，此实于国家之名誉有关。

文明野蛮于其街道之洁与不洁可以知之。省城街道不洁，人行其中秽气扑鼻，夏时多生疫疠，实由于此，而未闻有改良之者。固由警官未能尽职，亦因居民习于垢秽，不求洁除之方也。

杨昌济在《修身讲义》中没有明确提出自我实现主义，但其精神身体全面发展和全面锻炼的思想，对青年毛泽东曾经产生深刻影响。毛泽东在《体育之研究》中说："又尝闻之：精神身体不能并完，用思想之人每歉于体，而体魄蛮健者多缺于思。其说亦谬。此盖指薄志弱行之人，非所以概乎君子也。……总之，勤体育则强筋骨，强筋骨则体质可变，弱可转强，身心可以并完。此盖非天命而全乎人力也。"[①]而在《〈伦理学原理〉批注》中，毛泽东则将圣贤豪杰的崇高理想人格与自我实现理论完美地结合在一起了。他说："人类之目的在实现自我而已。实现自我者，即充分发达吾人身体及精神之能力至于最高之谓。"[②]"吾则以为，吾人惟有对于自己之义务，……所谓对于自己之义务者，不外一语，即充分发达自己身体及精神之能力而已。""既认为圣贤豪杰之所为，即当认为普通人之所为，圣贤豪杰之所以称，乃其精神及身体之能力发达最高之谓。此精神及身体之能力发达最高，乃人人应以为期向者也。"[③]

① 《毛泽东早期文稿》，第 60 页。
② 《毛泽东早期文稿》，第 218 页。
③ 《毛泽东早期文稿》，第 208—209 页。

第四节
注意将哲学理论与伦理学理论相结合

杨氏讲义还注意将哲学理论与伦理学理论相结合。其第五部分“张子《正蒙》”就摘录了大量张载《正蒙》的论述和王船山的相关注释。其内容大体可以分为以下几个方面。

其一，关于本体论。杨氏摘录了《正蒙·太和篇》“太虚无形，气之本体；其聚其散，变化之客形尔”及往下一段话和船山的注释。船山指出：“此章乃一篇之大指。贞生死以尽人道，乃张子之绝学，发前圣之蕴，以辟佛、老而正人心者也。”就是说，正确理解气的聚散与人的生死，从而正确处理人生道德的种种问题，是张载哲学的奥秘。把握了这个奥秘，就能破除佛、老的错误观点而树立正确的人生观。在往下的注释中，船山首先批评了《朱子语类》中说的“《正蒙》说道体处，如‘太和’‘虚空’‘太虚’云者，止是说气。说聚散处，其流乃是个大轮回”。[①]船山说，愚以为朱子之说反近于释氏灭尽之言，而与圣人之言异。形而上，即所谓清通而不可象者也。器有成毁，而不可象者寓于器以起用，未尝成，亦不可毁，器敝而道未尝息也。以天运物象言之，春夏为生、为来、为伸，秋冬为杀、为往、为屈，

① 《朱子语类》（七），中华书局，1986，第2533页。

而秋冬生气潜藏于地中，枝叶槁而根本固荣，则非秋冬之一消灭而更无余也。车薪之火，一烈已尽，而为焰、为烟、为烬，木者仍归木，水者仍归水，土者仍归土，特希微而人不见尔。一甑之炊，湿热之气，蓬蓬勃勃，必有所归，若奩盖严密，则郁而不散。汞见火则飞，不知何往，而究归于地。有形者且然，况其细缊而不可象者乎！未尝有辛勤岁月之积，一旦悉化为乌有，明矣。故曰往来，曰屈伸，曰聚散，曰幽明，而不曰生灭。生灭者，释氏之陋说也。倘如散尽无余之说，则此太极浑沦之内，何处为其翕受消归之府乎？又云造化日新而不用其故，则此太虚之内，亦何从得此无尽之储，以终古趋于灭而不匮邪？且以人事言之，君子修身俟命，所以事天；全而生之，全而归之，所以事亲。使一死而消散无余，则谚所谓伯夷、盗跖同归一邱者，又何恤而不逞志纵欲，不亡以待尽乎！惟存神以尽性，则与太虚通为一体，生不失其常，死可适得其体，而妖孽、灾眚、奸回、浊乱之气不留滞于两间，斯尧、舜、周、孔之所以万年，而《诗》云“文王在上，於昭于天”，为圣人与天合德之极致。圣贤大公至正之道异于异端之邪说者以此，则谓张子之言非明睿所照者，愚不敢知也。

其二，关于良知良能。杨氏摘录了《正蒙·诚明篇》“天良能本吾良能，顾为有我所丧尔（张子自注：明天人之本无二）”和船山的注释：“孟子言良知良能，而张子重言良能。盖天地以神化运行为德，非但恃其空晶之体，圣人以尽伦成物为道，抑非但恃其虚灵之悟，故知虽良而能不逮，犹之乎弗知。近世王氏（指王阳明）之学舍能而孤言知，宜其疾入于异端也。”在船山看来，“知”与“能”和“知”与“行”一样是“相资以为用”“并进而有功”的关系，所以他反对王阳明舍能而孤言知。

其三，关于穷理尽性。杨氏摘录了《正蒙·诚明篇》“不诚不庄，可谓之尽性穷理乎？性之德也未尝伪且慢，故知不免乎伪慢者，未尝知其性也”及船山的注释：“释氏以天理为幻妄，则不诚；庄生以逍遥为天游，则不庄；皆自谓穷理尽性，所以贼道。性受于天理之实然，何伪之有？虽居静而函万化以不息，何慢之有？若王介甫之杂机朽，苏子瞻之好骄乐，皆自言知性，所知者释氏、庄生之所谓性也，恍忽无实而徜徉自废之浮气也。居处恭，执事敬，与人忠，乃以体性之诚；心恒存而性显，则不待推求而知之真矣。”

又录《正蒙·诚明篇》“勉而后诚庄，非性也。不勉而诚庄，所谓‘不言而信，不怒而威’者与！”及船山注释：“《中庸》所言勉强者，学问思辨笃行之功，固不容已于勉强；而诚庄乃静存之事，勉强则居之不安而涉于人为之偏。且勉强之功，亦非和乐则终不能勉；养蒙之道，通于圣功，苟非其本心之乐为，强之而不能以终日。故学者在先定其情，而教者导之以顺。古人为教，先以勺、象，其此意与！”

所谓“穷理尽性”指彻底推究事物的道理，透彻了解人类的天性。张载和王船山都认为性是“受于天理之实然”，不是虚构的，所以他们反对释氏和庄生之所谓性。

这里我们虽然只列举了杨氏讲义所摘录《张子〈正蒙〉》中的一部分，但其足以说明，对于还只有中等专业水平的第一师范学校的学生来说，这些理论是相当高深的。因此，有的学生在上课时打瞌睡，也是可以理解的。但对于青年毛泽东来说，则是不能容忍的。他说：“惟少年亦多不顾道理之人，只欲冥行，即如上哲学讲堂，只昏昏欲睡，不能入耳。死生亦大矣，此问题都不求解释，只顾目前稊米尘埃之争，则甚矣人之不智！”[①]

青年毛泽东还特别强调了哲学对于树立远大正确志向的重要性。他说：“今人动教子弟宜立志，又曰某君有志，愚意此最不通。志者，吾有见夫宇宙之真理，照此以定吾人心之所之之谓也。今人所谓立志，如有志为军事家，有志为教育家，乃见前辈之行事及近人之施为，羡其成功，盲从以为己志，乃出于一种模仿性。真欲立志，不能如是容易，必先研究哲学、伦理学，以其所得真理，奉以为己身言动之准，立之为前途之鹄，再择其合于此鹄之事，尽力为之，以为达到之方，始谓之有志也。如此之志，方为真志，而非盲从之志。其始所谓立志，只可谓之有求善之倾向，或求真求美之倾向，不过一种之冲动耳，非真正之志也。虽然，此志也容易立哉？十年未得真理，即十年无志；终身未得，即终身无志。此又学之所以贵乎幼也。”[②]从青年毛泽东的这段论述，我们可以清楚地看出，杨氏讲义的哲学教育是的确起了作用的。

不仅杨昌济在第一师范教书时最亲密的弟子之一毛泽东在读书期间就对《修身讲义》的内容作了肯定的评价和发挥，而且他的另一个最亲密的弟子萧瑜（子昇）在一师毕业五十多年之后的1971年著文，清晰地回忆了《修身讲义》的内容，并作了高度的评价。如说，在第一次上修身课时，“先生交学生分发其自作之铅印讲义三大页，题为《圣贤豪杰之特质》。此实先生最高智慧、最优修养之作品。所谓特质，内分五目，一曰‘远大’，文中精句有云：‘万恶皆起于见小，所见小，则所思小，所为小，斯为小人矣。反之，所见大，则所思大，所为大，斯为大人矣。’二曰‘超旷’，其精句云：‘为人必先解脱物质界之束缚，未有

① 《毛泽东早期文稿》，第75页。
② 《毛泽东早期文稿》，第74页。

不超脱名利私欲、摒绝声色犬马之好而能成其为大人者。’三曰‘精勤’，其警句云：‘人不精勉勤奋，虽欲为小人，亦必无成，何况欲为君子？’四曰‘笃实’，有言曰：‘凡事均当实事求是，立身尤然，学贵铢积寸累，虚声浮名，了无实益。’五曰‘仁厚’，云：‘宅心仁厚，为一切根本。’（以上所引各句，余只能记其大意，字句或稍有出入。但即此五德，已足使人终身受用不尽。此正先生自修自立之大经大法，其他枝叶、蔓衍，正自繁多，识者自能明之）。”

“杨先生《修身讲义》继‘圣贤豪杰之特质’而作者，为‘卫生’，为‘规律的生活’。此更切于日用实际，如劝人勿随地吐痰，劝人携带手巾。同学中渐渐以随地吐痰为可耻，购备手绢之风一时大起。”

“其后，杨先生所发修身讲义为《吕新吾呻吟语选钞》。余记其发挥最多者，如‘凡事前出一分之谓豫，后出一分之谓裕’。又如‘日日行不怕千万里，时时做不怕千万事’。又如‘君子无所争，一个君子，一个小人，亦无所争，相让故也。有所争者，是一般浅见（此句字面或有误），一对小人！’又如‘大事难事看担当，逆境顺境看襟度，临喜临怒看涵养，群行群止看见识’。又如‘肯替别人想，是第一等学问’。（此与‘恕’字含义略异。）（此类尚多，余现身边无书，又余有编辑笺注计划，兹不多赘。）”

“又次，则教《张子〈正蒙〉》。如云：‘极其大而后中可求，止其中而后大可有。’笺注云：‘一室之中非一邑之中，一邑之中非一国之中。’诸如此类，兹不一一。”

“又其次则教《四书类钞》，先编《论语类钞》（此书已完全脱稿，当日印为讲义）。”

“杨先生所撰修身讲义，同学们均未视为的白纸黑字之印刷品，皆知其为自身修养之笔记（实亦为其自身修养之笔记，于圣经贤传嘉言懿行躬行实践得力最多者）。”[①]

将萧瑜的回忆与新发现与杨氏讲义对照，可以看出，萧氏的回忆是相当准确的。这也从一个侧面说明，《修身讲义》在当时对学生的影响是很大很深的。

① 萧瑜：《湘中理学大儒杨怀中先生》，台湾《艺文月刊》第70期，台湾《湖南文献》季刊第3卷第4期转载。

第十二章 学界论杨氏传播西方伦理学的贡献

对于杨昌济本人的伦理思想，笔者在《杨昌济的生平及思想》一书中，曾从以下几个方面进行分析：一、与宋儒分道扬镳。他在《各种伦理主义之略述及概评》一文中，对宋儒宣扬的“存天理，灭人欲”禁欲主义进行了系统的批判。他指出禁欲主义者割裂了理性和感情的联系和统一，过分强调理性，过于贬低感情，以为两者不能相容。他说“恶固由感情而起，善亦由感情而成”。他认为“有益无益，乃吾人判断行为之一标准”。因此，他不仅反对只讲动机不计效果的唯动机论，同时也反对那种只讲效果不问动机的快乐主义。从这种观点出发，他比较注重人们的经济利益。他的《治生篇》开头一句话便是：“昔者顾亭林之论学也，谓吾人不当徒言允执其中，而置四海困穷于不言。旨哉言乎！”他十分赞赏顾炎武的求实态度，反对那种空谈道义，而不顾人民死活的腐儒。杨昌济驳斥了霍布斯所谓利己心是古已有之和人生固有的观点，认为利己心与利他心并行不悖地存在于人们的心中，前者是基于保存自己的本能，后者则是基于血族关系与同类意识。要正确处理它们之间的关系，“故教育当养成于必要之时，牺牲自己利益之精神，又不可不养成有确信有主张之人，不可不养成有公共心之个人主义之人”。二、杨昌济对封建道德抨击时，把锋芒对准封建礼教的核心部分“三纲”。他以资产阶级自由、平等、博爱为武器，对封建主义的君为臣纲、父为子纲、夫为妻纲展开了批判。他认为，家族制度的存在，是封建君主统治赖以存在的组织基础。而家族主义又是族权、夫权和家长制赖以存在的精神支柱。家族主义的害处之一，是人们都以同族为亲，一切都以本族利益为出发点，这样就导致以私灭公之弊。家族主义的害处之二，是人们仗着有同宗之助，容易滋长依赖思想，动不动就求族人帮助，容易导致民性堕落，国力减损。家族主义的害处之三，是族中一些无赖之徒，往往以“亲亲”大义强迫同宗人帮助，使个人不能自由享有其财产；善良的人往往被他们蹂躏，而无赖之徒却可以为非作歹。家族主义的害处之四，是同宗聚族而居，闭塞保守，自为风气，使社会难于进化。在家族主义时代，人们往往把“四世同堂”“五世同堂”作为美谈。杨昌济认为，几代同堂或兄弟同居，有很多弊病。其一，容易造成家庭不和。其二，容易造成依赖思想。其三，容易造成早婚的恶习，使人口过多。在封建家族主义的统治下，妇女的地位最低下。因而杨昌济对她们寄以深厚的同情。首先，他深叹中国女子无婚姻自由。其次，他认为寡妇守节是一种不人道的行为。他认为男子纳妾也是一种不人道的行为。三、对陈规陋习的批判。

反对虚伪、欺诈，提倡诚实；反对懒惰，提倡勤劳；反对无谓的应酬和铺张浪费，提倡惜时和节约；反对打牌、赌博，提倡高尚的娱乐；提倡讲卫生等文明习惯。杨昌济特别令人尊敬之处，在于他的言行一致。凡是他宣传的道德理论，总是自己首先躬行实践；凡是他批判的种种社会恶习，他又总是自己带头改正；凡是要求别人做到的，他自己早已做到或正在做。他待人宽，律己严。[①] 对于这些内容，本书不再重复，而拟着重介绍学界对杨氏在传播西方伦理学（包括伦理学原理和伦理学史）贡献的评价。

学术界对杨昌济在传播西方伦理学总的评价是：作为民国早期学者，他为我国伦理思想的转型与现代伦理学学科的创建做出了多方面的贡献。在理论体系的建构、学科教育的开拓、研究范式和方法的转换等方面，杨昌济都进行了卓有成效的工作；尤其在西方伦理学史学科的建设方面，他的贡献具有奠基性的意义。[②]

---

① 《杨昌济的生平及思想》，1982 年，第 111—135 页。

② 徐朝旭、杨海秀：《杨昌济与中国现代伦理学学科体系的建构》，《厦门大学学报》（哲学社会科学版）2016 年第 6 期。

第一节
伦理学专著的译介对学科创建的贡献

据杨昌济《达化斋日记》，他于1915年8月开始翻译日本学者吉田静致所著之《西洋伦理学史》。杨氏在此书的序中指出："此书乃日本东京高等师范学校伦理学教授吉田静致氏之西洋伦理学史讲义也。余在彼校时，曾亲听此讲义。后归湖南，在高等师范学校曾译成中文以授生徒。然未克尽译。近稍添补，然尚未能全，他日有暇，尚当补足之也。"[①] 在此书未出版时，当时还在湖南省立第一师范学校求学的青年毛泽东，曾于1917年将杨昌济的译稿抄成7本，不仅自己学习，而且还曾借给同学阅读。北京大学出版部于民国七年（1918）下半年出版其上卷，民国八年（1919）上半年出版其下卷。民国九年（1920）九月再版时，上下卷合为一本。再版时，刊有胡适的一篇跋："此是杨怀中先生的自序。杨先生不幸于本年病殁。他是一个勤苦的学者，他临死之前不多时还有信托我问杜威博士欧美最新出版的伦理学书籍，可见他至死不懈的精神。此书是从吉田静致氏的原本译出的。伦理学专史欧美也狠（很）少好书。英文只有几种，都不详备。此书叙近世伦理学说狠（很）详，虽止于

① 《杨昌济集》(二)，2008，第774页。

斯宾塞尔，不无遗憾，然确是一部狠（很）有用的参考书。此书初印狠（很）少，早已卖完了，现由北京大学出版部用五号字重印，一来可供一般学者的参考，二来也可以作杨先生身后的一种纪念。只可惜杨先生说的'他日有暇尚当补足之'的话，现在不能实践了！"[①] 胡适的这篇跋文，应该说是最早也是最权威的对杨译《西洋伦理学史》的评价。

徐曼在《西方伦理学在中国的传播及影响》中指出，《西洋伦理学史》的特点是介绍的伦理学家较多，对西方伦理学发展史上有影响的人物和学说都有涉及，对各人及其时代特点都有分析和概括。如书中指出："十八世纪法兰西之哲学与十七世纪法兰西哲学全异其性质。十七世纪哲学脱神学之束缚，独立发表其思想，对于宇宙勉为合理之说明。然当时之哲学者，对于宗教取敬而远之之主义，特嘉尔（笛卡儿）即其一例也。至麻尔西布兰西且欲勉求理性与宗教之调和焉。至十八世纪之哲学者，则公然排斥天启之宗教，甚至有排斥自然之宗教者，而代表之者实为培尔其人。"尤其是该书对19世纪以后现代伦理学代表人物和学说有比较详细的介绍，这是新文化运动前西方伦理学传播少有的，体现了这一时期一个很重要的特点。该书从学说递相发展的历史中，发掘其间的继承与反动，清理学说的逻辑联系，对于国人完整准确地了解西方伦理学的历史发展极有裨益。[②]

徐朝旭、杨海秀认为，杨昌济在西方伦理学史领域的贡献更具有开拓性意义。我国最早专门介绍西方伦理学史的专著始见于1903年王国维翻译的西颜惟克所著的《西洋伦理学史要》。该书介绍了从古希腊至近代一些伦理学流派的思想，但不足之

① 《杨昌济集》(二)，第1031页。
② 徐曼:《西方伦理学在中国的传播及影响》，2008，第154—155页。

处是缺乏全面性，无法反映西方伦理思想发展的全貌。王国维认为："欲使学者知伦理学历史上之事实，则当略述伦理学上三期（即希腊及希腊罗马之伦理学、基督教及中世之伦理学、近世之伦理学）之大概。"但遗憾的是这三期的一些伦理学流派在这部译著中没有涉及，其中"基督教及中世之伦理学"部分略而未译，而在"近世之伦理学"部分也主要是介绍英国伦理学之思想（从霍布斯到穆勒）。第一部比较全面介绍西方伦理学史的著作当是杨昌济翻译的《西洋伦理学史》。这一部译著不仅系统介绍了希腊及罗马的伦理学、基督教伦理学，而且对近代各伦理学流派作了全面系统的介绍，其中包括英国的培根、霍布斯、卡德沃思、莫尔、昆布兰、洛克、克拉克、沙夫茨伯里、曼德维尔、巴特勒、哈特利、培利、普赖斯、李德以及苏格兰派的哈奇森、休谟、亚当·斯密等人的伦理思想，法国笛卡儿学派、怀疑派以及启蒙时代爱尔维修、伏尔泰、卢梭等人的伦理思想，荷兰的斯宾诺莎以及德国的莱布尼茨及沃尔弗、康德、费希特、谢林、黑格尔等人的伦理思想。至于19世纪以后的伦理学，该书则介绍了法国库辛和求弗尔瓦的折衷主义以及孔德的伦理思想，英国斯图尔特等人的直觉说以及边沁、穆勒的功利主义，德国赫尔巴特、叔本华、哈特曼的伦理思想，乃至英国实证哲学家斯宾塞尔的进化论之快乐主义。①

刘岳兵认为，杨昌济翻译他在日本留学时期的东京高等师范学校教授吉田静致的《西洋伦理学史讲义》，很大程度上是由于他们在思想上有共鸣与一致之处。原著在思想上也的确能够表现译者的个性。这种表现在杨昌济所著的《西洋伦理学史之摘录》（1919年）一文中充分展示出来。该文介绍了卢梭的法律论、

① 徐朝旭、杨海秀：《杨昌济与中国现代伦理学学科体系的建构》，《厦门大学学报》（哲学社会科学版）2016年第6期。

康德的人格论、孔德的人道说和施赖玛赫的宗教论。这些思想，他认为虽然“均为古人之旧说，并非晚出之思潮，然真理不灭，积久弥新，犹有可以供人玩索之价值，故为之类记于此”。可见他是持充分肯定的态度的。现录几段如下……自由、平等、人格、人道，这些观念在杨昌济看来，都是人间的大道、正道，是不灭的真理。①

江畅指出，杨昌济译著的《西洋伦理学史》的出版不仅使国人知道西方有一个专门研究道德的伦理学学科，而且也为后人在伦理学名义下研究道德提供了理由和依据。西方历史上的伦理学理论通过译介和讲授等方式在中国得到了传播。古希腊罗马伦理学、基督教伦理学、近现代伦理学以及禁欲主义、快乐主义、功利主义、进化论、意志主义、自我实现主义等各种伦理学说第一次亮相中国大陆，使中国知识分子眼界大开，为新生的伦理学发展提供了丰富的滋养。今天，有不少学者指责有人用西方的学科范式审视中国传统学术，我们不敢说这种指责没有道理，但至少就伦理学而言，如果没有西方学科范式的引进，今天中国肯定不会有独立的伦理学学科，伦理学所研究的内容只能散见于“经史子集”之中。②

《伦理学之根本问题》一书由北京大学出版部于1918年11月出版上卷，1919年3月出版下卷。徐曼认为，此书对伦理学中的一些基本问题进行了研究和论述，利己主义和利人主义、道德上的根本动机和恶、行为和心情（幸福主义和功利主义）、服从和道德的自由（自律和他律）、道德的正当（义务和倾向性）、一般的道德律与良心、目的底体系、社会的有机体（家庭和国家）、

---

① 刘岳兵：《近代中日思想文化交涉史研究》，江苏人民出版社，2019，第84—86页。
② 江畅：《中国伦理学现代转换的百年历史审思》，《社会科学战线》2021年第2期。

意志底自由和责任等。[1]

徐朝旭、杨海秀认为，此书的特点在于它是按照西方近代伦理学的范畴建构而成的体系，涉及西方近代伦理学研究的基本理论问题，它与其他伦理学原理著作在内容上相互补充，形成了比较完整的伦理学基础理论体系。[2]

刘岳兵指出，在《西洋伦理学史之摘录》一文论述康德的人格论时，杨昌济谈到了《伦理学之根本问题》的作者。他甚至用了比介绍康德思想更多的篇幅来介绍利勃斯。他说，“康德此论（即人格论——引者）实为其伦理学说之中坚。德国晚近有利勃斯者，亦继承其说而发挥之。利勃斯重人格之价值，反对自利主义、幸福主义、功利主义。谓吾人所有根本之动机，于利己感情之外，复有利他感情焉，更有自己之价值感情与同情之人格价值感情焉”等等。也就是说，在杨昌济看来，他所翻译的《伦理学之根本问题》一书的原作者，是继承和发挥了康德人格论伦理学说的人物。对此，中国的学术界似乎并不太注意，我们现在对利勃斯的了解，与他的伦理思想相比，其审美的移情说似乎更加有影响。[3]

黄亦君专门就《各种伦理主义之略述及概评》撰写文章，指出杨昌济以中学为体，在此文中对西方伦理学思想进行批判：其一，批判“禁欲主义”。在杨昌济看来，禁欲主义完全割裂了理性和感情的联系与统一，是违反人性本原的。其二，批判“快乐主义”。杨昌济对快乐主义学派片面追求快乐的思想不能苟同，他认为人生最高的快乐乃是要树立高尚的精神、高尚的人格。其三，对自我实现主义的认知。他认为，此主义以自我为欲望

① 徐曼：《西方伦理学在中国的传播及影响》，第 158 页。

② 徐朝旭、杨海秀：《杨昌济与中国现代伦理学学科体系的建构》，《厦门大学学报》（哲学社会科学版）2016 年第 6 期。

③ 刘岳兵：《近代中日思想文化交涉史研究》，第 86—87 页。

之全系统，感情理性悉包含之，以全自我调和的活动为道德的生活之要件，能脱快乐主义之弊，又不陷于克己主义之弊，较为得其中正。[①]

① 黄亦君：《中西之间：杨昌济的伦理世界及其对西方的认知——以〈各种伦理主义之略述及概评〉为例》，《贵州文史丛刊》2012年第2期。

第二节 现代伦理学教育的开拓及伦理学研究方法的探索

《湖南大学校史》记载了湖南高等师范学校教员授课情况，“教育学兼西洋伦理学史，杨昌济”[①]。又据《湖南省立第一师范学校志》记载，杨昌济在1917年下半年至1918年上半年，曾将蔡元培翻译的《伦理学原理》作为修身课教材。曾任湖南大学校长的曹典球说：“湖南之师范教育，前清末年虽有中、西、南三路师范学堂及优级师范学堂之设，大辂椎轮，不为无功。但至高师成立，始有西洋伦理学、教育学及哲学等课程，其规划皆先生所首创。先生自精研中国经、史、性理诸学数十年之后，又继续在日、英二国苦学九年之久，对于中西学术源流，政治风俗，了如指掌；加以本身之存养省察，事事物物，无不加以详密之分析，而后出之以语言，发之为文章，经师人师，备诸一身，以故来学之士，一受其熏陶，无不顿改旧时之宇宙观，如饮醇醪，受其影响。是以湖南之师范教育，至先生讲学高师时，乃与普通各科诸校有所区别。虽先生所采之英、德哲学诸书以作教材，多唯心派家言，然在湖南教育史中实别开一新纪元，

① 《湖南大学校史》(976—1049)(上册)湖南大学校史编审委员会，1996，第116页。

不可忽视！”[①]

何怀宏说：1918年6月，蔡元培请杨昌济为北京大学教授，是第一位专任的伦理学教授。作为第一位在北京大学专门开设伦理学课程的教授，杨昌济先生可以说是功不可没；而作为影响了中国后来一代的主要政治领袖的思想人物，杨昌济也有其特殊地位。[②]何怀宏在谈到蔡元培翻译的《伦理学原理》对当时学界和社会都影响很大时说，杨昌济于1917—1918年在湖南第一师范任教时以蔡元培所译《伦理学原理》为教材，而他那时的学生毛泽东曾在这本10余万言的书上有过1.1万多字的批注。《伦理学原理》作者包尔生是主张追求个人具足生活而达于正鹄的，在其书中，目的论的“至善”其实是相当缺乏具体规定和确定的内容的，或者说，它等待着不同的自我通过行动自己去填充内容。青年毛泽东的人生伦理观深受其影响，主要表现在两个方面，或如毛自己在笔记中所述是有两个基本点：一个是个人主义（其实准确地说是一种“自我主义”）；一个是现实主义（更准确地说是一种“实现主义”，即任何观念和理想一定要致力于实现，而且最好是通过自己的行动和斗争在当世实现），合起来，则成为一种特殊的“英雄豪杰”的“自我实现论”，一种政治上的“立己主义”。[③]

舒新城所写的《我和教育》一书有“杨怀中先生”一节，他说：在湖南高等师范学校学习的四年时间里，在人格上最使我受感动者为杨怀中（昌济）先生。他教我们的是伦理学。他的道德观是融合中国的性理学与英国的功利学派的伦理观而贯通之，故极重实践。他教我们的伦理学及伦理学史为时不过一年，

① 《杨昌济集》（二），第1281页。

② 何怀宏：《伦理学学科史》，载韩水法主编《北京大学哲学学科史》，商务印书馆，2014，第286页。

③ 何怀宏：《伦理学学科史》，载韩水法主编《北京大学哲学学科史》，第284—285页。

但他所给予我的影响很大。在行为上他那虔敬的态度，常常使我自愧疏暴，使我反省到养成“事无大小，全力以赴”的习惯。在思想方面，他从人生哲学上，引导我知道中国性理学以外之西洋哲学学说，扩大了我的人生观，而使我知道个人与社会的关系，体验着人类有无限的自觉的创造性等等。几十年来，我于学虽无成就，但对于学之范围则从书本扩大到直接经验与系统研究，常识因之日富，更以其所得，向实践生活中求证验，致见解日趋恒定，而心境得着安舒。此均他当时所不曾想及的潜移默化之功。①

徐朝旭、杨海秀指出，杨昌济是现代西方伦理学课程设置和教学的开创者之一。他极力推动湖南高校开设伦理学课程，并于 1913 年至 1918 年间，先后在湖南省立高等师范学校、省立第一师范学校等高校讲授伦理学课程。他选用包尔生的《伦理学原理》、吉田静致的《西洋伦理学史》的中文译本（吉田静致著，杨昌济译）以及他本人撰写的《论语类钞》等作为教材。杨昌济还是北京大学早期伦理学教学的重要代表人物，虽然自 1917 年始，康心孚就开始为北京大学哲学系的本科生开设“伦理学”课程，但其主要着力点在于中国传统伦理思想中“个人品德的修养”，对西洋伦理学的新成果吸收和介绍不够。1918 年夏，杨昌济到北京大学任教，开始为该校哲学系主讲必修课“伦理学”（以《伦理学之根本问题》为教材）和选修课“伦理学史”（以《西洋伦理学史》为教材），北京大学将此课程从伦理学教学中抽离出来，单独开设，应为首创。那时通晓西方伦理学史的人才极其稀少，北京大学能开设此课程显然得益于杨昌济的

① 舒新城：《我和教育》，广东人民出版社，2016，第 75—77 页。

到任。[①]

许屹山指出，杨昌济从思维方法上来探究中国之所以落后于西方的思想根源，认为中国缺乏培根那种实验科学精神与科学归纳方法。杨昌济又指出："欧洲中世纪的经院哲学，盖与我国科举时代专读经书相同，后培根等起，倡自由研究之学风，不置重于古代语之学习而且重于近世语之学习，不贵求知识于书籍而贵求知识于事物，不倚赖古人传说而倚赖自己之考察。"这些都促进了近代欧洲自然科学的兴起，杨昌济把培根的实验科学精神引进中国传统的"格物致知"学说，把王夫之哲学中的知行观发展为既包括修身、齐家、治国、平天下的社会实践活动，又包括研究自然科学、发展物质文明的科学实验和生产实践活动，这是对以王夫之哲学为代表的中国古典哲学知行观的重大发展。杨昌济还把培根的实验科学引进中国古典哲学，并运用西方的逻辑方法，来阐发中国古典哲学，他指出："穷理有二法：一为归纳法，一为演绎法，归纳法合散而知总，演绎法由总而知散。子贡之多学而识，其功夫近于归纳法，夫子'一以贯之'，其所用者则演绎法也，欲理解宇宙之现象，不可不用科学的研究，欲体认宇宙之本体，不可不赖哲学的思考。"从中可以看出，"合散而知之总"，即由个别到一般；"由总而知之散"，即由一般到个别。杨昌济认为只有把这两种方法结合起来，才能全面认识世界宇宙的各种现象和规律，这进一步克服了培根只重归纳而轻视演绎的思想局限，为中国古典哲学中的知行观引进了归纳法与演绎法相结合的科学方法，则进一步丰

① 徐朝旭、杨海秀：《杨昌济与中国现代伦理学学科体系的建构》，《厦门大学学报》（哲学社会科学版）2016 年第 6 期。

富了中国古典哲学中的认识论。[①]

徐朝旭、杨海秀则认为，归纳法和演绎法是近代人文学科研究的重要方法。中国近代先进知识分子在引介西方近代伦理思想的同时，也非常重视对归纳法和演绎法的研究。严复认为两种推理方式在不同的学科研究中的作用不同，就人的认识活动顺序来说，往往是“方其始也，必为其察验，继乃有其内籀（归纳）外籀（演绎）之功，而其终乃为其印证，此不易之涂术也”。杨昌济在全力从事西方伦理思想译介和教学的同时，也非常重视对伦理学方法论的探索与教育。他对经验论和唯理论作了较为全面的评述，并在教学中向学生系统讲授了“培根之倡实验派哲学”和“笛卡儿之倡推理派哲学”。杨昌济认为归纳和演绎是“穷理”的两种根本方法，归纳法的特点在于“合散而知之总”，它是科学研究的根本方法，“欲理解宇宙之现象，不可不用科学的研究”；演绎法的特点在于“由总而之散”，它是哲学家思考“宇宙大原则”的思维方式，“欲体认宇宙之本体，不可不赖于哲学的思考”。杨昌济着重研究了归纳和演绎在伦理学中的运用。他认为有三种学问：治身治心之学（伦理学）、治人之学（政治学）、治物之学（理化、博物诸科）。“治身治心之学”之所以离不开归纳和演绎的思维方式，是因为道德活动也是一种认知活动。杨昌济认为：“欲为善去恶，必先明善恶之别。而知何以某事为善、某事为恶之理由，于为善去恶有大效力。”杨昌济认为从孔子到朱熹、王阳明，再到王夫之，他们的“治身治心之学”都包含了归纳与演绎的运用。孔子说，“学而不思则罔，思而不学则殆”，杨昌济认为这里的“学”包含了实验的意思，而“思”则有推理的意涵。杨昌济指出，朱熹理学近似

---

① 许屹山：《杨昌济“合东西两洋之文明一炉而冶之”中的“合冶”思想述论》，《中国矿业大学学报》（社会科学版）2014 年第 3 期。

培根，王阳明心学近似笛卡儿，前者“求理于事物”，后者“求理于吾心”。如前所述，严复已经将西方认知方法论与格物致知勾连起来，杨昌济对严复这一思想作了进一步的发挥，认为《大学》中的“格物致知”包含了归纳和演绎两种方法。“格物则实验之事也，致知则推理之事也。”在中国伦理思想的现代转型中，杨昌济并不是全盘否定中国传统伦理思想，而是力图“合东西两洋之文明一炉而冶之”。正因为杨昌济兼具中西哲学底蕴，所以善于发掘儒家哲学中与西方认知方法论相似的闪光点，能在深入研究儒家道德认知理论与实践的基础上，对格物致知学说进行现代性阐释，使之成为具有现代科学精神和方法论意涵的范畴。[①]

① 徐朝旭、杨海秀:《杨昌济与中国现代伦理学学科体系的建构》,《厦门大学学报》(哲学社会科学版)2016年第6期。

第三节
对伦理学重要问题的探讨

徐朝旭、杨海秀指出，近代以来，纲常名教与自由平等的关系、义利关系、集体主义与个人主义的关系问题等，构成了近代伦理学转型中的主要问题。杨昌济对这些问题作了深入的探讨，并对义务论、功利论、契约论等近代西方主要伦理流派进行客观评析。他在伦理学领域的基础性研究，有助于澄清人们对一些伦理问题的困惑，有助于建构现代伦理学学科术语体系，对于推动中国伦理学理论体系的学术转型具有一定的理论意义。

（一）关于“自由”

宗枭认为，杨昌济受到西洋伦理的影响，在谈到自己的伦理思想时，就提出了自己的自由平等与德性自立的伦理思想。在自由平等方面，主要体现在对家庭制度及家庭人员关系的改善上。“乃知中国三纲之说，严责卑幼而薄责尊长，实酿暴虐残忍之风。君子之为教也，与父言慈，与子言孝。卑幼者自由之意志、独立之人格，尊长者固不可蔑视之。人有自重知耻之心，乃能以进德修业相尚，过度之压制，固非训育之所宜也”，即主张家庭成员之间自由平等。在婚姻问题上，杨昌济主张婚姻自由的思想。认为在中国父母掌握着子女的命运，相信媒妁之言，包办子女的婚姻，子女对婚姻不满意也只能忍受终身。“呜呼惨已！结婚为百年大事，不问本人之愿意与否而迫使行之，又为人身之买卖，而女子竟不能不忍受之，无法律上之保护，可谓惨无天日！此亦中国野蛮之习，立法行政者所宜加之意也”，指出了中国的婚姻对于女性的压迫性。而正确的婚姻应该是，尊重个人的自由，合乎人道主义精神，实行婚姻自主。这对于我国的婚姻观变化具有着重大的现实价值。[①]

徐朝旭、杨海秀从三个方面分析了杨昌济的自由思想：首先，杨昌济认为只有完善的人格才有真正自由。杨昌济的这一自由观主要是受到康德的影响。康德认为人作为理性存在者是目的本身，具有绝对价值，不能成为供人驱使的手段，这就意味着每个人都只能把其他人当作自由和平等的存在。康德以后的德国学者利勃斯继承和发挥康德的人格论，“重人格之价值，反对自利主义、幸福主义、功利主义”。杨昌济高度评价康德及其继承者的人格论，指出它“实为其伦理学说之中坚”。他从人格尊严的角度看待自由，指出：“人人尊重自己之人格，又尊重他人之人格，始能有真平等、真自由，重人格而不重幸福，乃有道德之威严。此乃伦理学上正大之学说也。”其次，杨昌济提倡有限的自由观。在杨昌济看来，人的自由是有边界的。“人皆有自由而以不侵他人之自由为界。”例如，言论自由权包括尊重自己和他人的言论自由两个方面。他批评当时国人“欲伸己之意见，而强迫他人使不得发表其意见”的现象，指出这一现象侵犯了他人的自由，因此与自由相悖。再次，杨昌济强调法律契约对于自由权利的重要性。他在《西洋伦理学史之摘

① 宗杲：《杨昌济德育思想研究》，西南大学硕士论文，2014，第 28 页。

录》中介绍和倡导卢梭的法律观，认为人的自由平等权利需要通过公众一致意志的法律契约来保障。根据卢梭的社会契约论，契约以法律的形式出现，正是为了建立道德上和法律上的平等。契约实则为自然之自由向法律之自由的转化。在尚未有契约的时候，所谓自由权利是指对一切事物皆有权利。这种权利也可看作“对于无论何物皆无权利”。为什么这样说呢？因为人人对一切事物皆有权利，彼此之间必然相互否定和排斥，其结果人人都没有权利。因此，“无法律则不能有真自由，而从法律则个人所以无失其平等自由，而为使社会进步之本者也”。当然这里的前提是法律必须体现“人民普泛之意志”，在这样的基础上，人人尊重正义和法律，便可实现“无主奴之别，无强弱之分”的无差别平等。杨昌济分析了自由与无政府主义的区别：“所谓自由者，非谓绝无政府之干涉，但不受他人之压迫而已。有政府之干涉，始能治他人之压迫。”“政府之天职在于维持人民相互间之公平待遇，最大多数之最大幸福为法律终极之目的。而此所谓最大多数不限于现在生存之人，而宜并包后世子孙，因人类有时宜牺牲现在以为将来也。”杨昌济认为政府既有保障又有不侵犯法律赋予人民的自由的义务。自由“有宪法上之自由，有民法上之自由。制定法律必得人民之同意，此宪法上之自由也；不受他人身体上及道德上之压迫，此民法上之自由也”。“民法上之权利，政府有积极的维持之责任；宪法上之权利，政府但有消极的不侵之义务。”①

（二）关于“义利之辩”

王兴国指出，杨昌济反对康德以感情为动机的行为，无道德的价值，惟有服从理性的命令，为义务而实行义务，这种行

① 徐朝旭、杨海秀：《杨昌济与中国现代伦理学学科体系的建构》，《厦门大学学报》（哲学社会科学版）2016 年第 6 期。

为才有价值。他认为，“世岂有如斯背理之事耶？”康德单纯从抽象的理性原则出发不计任何客观效果的唯动机论，和我国儒家主张的“君子喻于义，小人喻于利”的观点是完全一致的。杨昌济对儒家的这种观点也予以否定。他在一师讲课时说：“乐利者，人所共也。惟圣人不喜驱壳之乐利（即世俗之乐利），而喜精神之乐利。”在《达化斋日记》中，他还说：“有益无益，乃吾人判断行为之一标准。”把是否有益作为判断行为的标准，正是为了把人的动机与效果统一起来。从这种观点出发，他比较注重人们的经济利益。他的《治生篇》专为“社会言治生之方”。文章开头一句话说：“昔者顾亭林之论学也，谓吾人不当徒言允执其中，而置四海困穷于不言。旨哉言乎！”他十分赞赏顾炎武的求实态度，反对那种空谈道义，而不顾人民死活的腐儒。[①]

徐朝旭、杨海秀指出，杨昌济通过对快乐主义各流派的介绍与评析，辩证地阐述了苦乐、义利关系问题。他指出：快乐主义将快乐当成人生目的，这是错误的，快乐是心理的事实，不是道德的理想。人生目的在于活动，而不在快乐。快乐与痛苦是人的主观情感，故因人而异，“不能以之为批评行为之标准”。杨昌济对功利主义进行了辩证的分析。一方面，他肯定“功利主义”的合理性。他认为功利主义倡导的“以一般公众之快乐为道德之理想”的道德原则与世俗社会的道德事实相契合，“观世间不法不德之行为，恒自不顾他人或社会之利害，专图一己之利益而起。美事善行，则恒自专图他人若社会公众之利益而成，如不可诈伪，不可窃盗，此道德上及法律上之要求也。此皆因保国家之秩序而生者也。曰正义，曰仁爱，亦皆因冀社会之平和，故以为社会的德而尊重之，故道德的事实可由此主义

---

① 《杨昌济的生平及思想》，第 114—115 页。

说明之而无遗憾”。而且，功利主义的道德原则也是国家政治经济制度和政策的道德基础，“政治、法律、经济一切社会政策之根柢，皆不外此主义之所主张。凡国家社会之事业，不可不以利用厚生为的，以图人民之安宁”。另一方面，杨昌济对功利主义的局限性也作了深入的剖析。首先，他认为功利主义是一种“巧智之个人的快乐主义”。功利主义之所以追求公众的快乐，是因为“不如此则不能获己之快乐”。从本质上说，功利主义“阳为普泛的，实为个人的；外观为利他的，内实为利己的”。因此，个人的快乐主义所受之非难，功利主义亦无法幸免。其次，快乐是一种主观感受，因人而异，因此最大幸福是无法测度的，以公众的最大幸福为行为善恶的最高标准，实则不具有客观性和可操作性。“快乐者精神内面之事实，其性质为主观的，不能计量之而定其最大量，从而所谓最大幸福者，不能以之为行为之标准。”再次，即便所谓最大幸福可以测定，其所谓最多数者也难以确定其范围，因此，“所谓最多数之语，亦极暧昧。乃知此主义之究竟理想所谓最多数之最大幸福，其名似乎极美，其实乃全无意义也”。最后，穆勒本意是以快乐的性质差异来弥补边沁的缺点，从而使功利主义思想基础坚如磐石，殊不知这样做恰恰会否定功利主义的根本道德原则。“慈善之快乐与风月之快乐，又自有异，若以某快乐之分量虽大，而因其性质劣下，故须舍去之而取他种快乐虽小而高尚者，则于快乐以外又设一定快乐之价值之标准，快乐遂失其为最终原理之价值，公众的快乐主义遂至以崩坏终。”这样，杨昌济通过对快乐主义的层层递进的分析，揭示了功利主义的哲学渊源、思想基础、主要内容、根本特征、社会功用和理论缺陷。这表明杨昌济对功利主义的把握，不仅全面深入，而且包含了批判精神。他的有关功利主义的评析对毛泽东的义利观的形成产生了直接的影响。

（三）关于“个人主义”

周年洋指出，杨昌济在哲学、伦理学和教育学上有很深的造诣，这些方面的成就足以使他在中国近代学术史上占有一席之地。他对中西伦理思想进行了一番批判改造，创建了他的“有公共心之个人主义”伦理观。西方近代，资产阶级思想家在反对专制主义和宗教统治的上帝原则时提出了个人主义，主张每个人都有权利和自由选择自己的生活道路，别人不能干涉和控制，个人的价值和尊严应当受到社会和他人的尊重，高扬人的个性，承认感官欲望和个人利益的正当性。在当时特定的条件下，有其合理性和进步意义。后来这种思想在行为活动中表现为自私自利、唯利是图、损人利己、尔虞我诈等等，走向极端利己主义。杨昌济在儒学的熏陶中长大，深谙中国道德的利弊，同时，游学西方，对西方个人主义的利弊亦深有所感，并作了深入的思考。他认为在个人与社会的关系上，应两者同时兼顾，既主张让个人为社会，又主张让个人自由全面地发展。针对把个人沦为社会奴隶的倾向，他极力论证了个人人格独立的重要性，维护个性自由和个人权利。但是他又极力批驳利己主义。杨氏认为个人主义者是一种有确信、有主张的人，特别着重自我精神的张扬和发挥。他希望中国从长期的专制压迫下解放出来，这样社会上就会有更多坚持自己的信念和主张的人，有更多的特立独行之士。为了避免个人主义走向极端利己主义，杨昌济提出了所谓“有公共心之个人主义”的命题，使个人主义的长处全部发挥出来，同时，用“公共心”限制“个人主义”，使个人主义不至走向极端，不仅个人的权利、自由受到尊重，而且，个人在必要时能够为社会利益、集体利益牺牲个人利益。[1]

徐朝旭、杨海秀指出，杨昌济作为一位学贯中西的伦理学者，站在民族振兴的立场，考察了西方个人主义，并提出了“有公共心之个人主义”的独到见解。杨昌济倡导具有独立人格的个人主义。他认为每个个体都具有自由意志和独立人格，应当受到尊重，而中国古代的“三纲”制度压制个性，忽略了个体的独立人格。由此，他强调“贵我”，强调独立的个人应有自己之思想和主张。他不同意德国教育学家博格曼视个人为社会之奴隶的观点。如果社会完全由这类人组成，则社会的“生存力、发达力甚少”。因此，他倡导个人之主义，“牺牲己之利益可也，牺牲己之主义不可也”。虽然杨昌济倡导具有独立人格的个人主义，但这不意味着他主张照搬照抄西方的个人主义思想。首先，杨昌济提倡具有独立人格的个人主义的出发点是民族的救亡图存。他所说的个人主义指的是社会个体要有自己的世界观、社会观和价值观的信仰，因而是一种精神个人主义。当然“主义有纯驳，精神有盛衰”的差别，国民应怎样树立好的主义的信仰？杨昌济认为关键在于达到贵我与通今的统一，应当对人生和社会种种问题一一加以研究，“斟酌古今，权衡中外，审思中华民族在世界之地位，审思自己对于斯世当取如何之态度”。可见，杨昌济主张通过唤醒社会个体的自觉意识，来重塑民族精神，进而达到中国“对于世界可成为一独立之国家”的目标。其次，杨昌济所提倡的具有独立人格的个人主义有别于将个人看成是社会本原的个人主义。他不同意霍布斯关于社会起源于个人利己本性的观点。他认为“社会乃个人相集而为有机的关系者”，个体不能离开社会而存在。人类的同情心是社会形成的无意识

---

① 周年洋:《融合中西伦理思想的一次尝试——试述杨昌济“有公共心之个人主义”伦理观》,《道德与文明》1994 年第 4 期。

原因，亦即本原的原因，而宗教道德及由此引起的慈善心和人的利害观念是社会形成的意识的原因，亦即派生的原因。再次，杨昌济所提倡的具有独立人格的个人主义有别于以个人为价值本位的个人主义。杨昌济主张建构个人与社会良性互动的关系。“欲使社会进步，不可不使个人进步；欲使个人进步，不可不使社会进步。”他认为在国家、社会（社群）、个人三者的利益排序中，应当以前者为重，当国家利益与社会（社群）利益、社会（社群）利益与个人利益发生矛盾时，后者应当为前者作出牺牲。最后，杨昌济所提倡的个人主义是“有公共心之个人主义”。杨昌济提倡将公共心与个人主义结合起来，养成有公共心之个人主义。从必要性看，个人主义“有确信、有主张，不能舍弃自我，欲使周围之人皆服从己之意志”。这种人若自己的意见不被采纳，容易“特立独行”，“社会之间若如此之人太多，则社会之团结力薄弱”，为了弥补这一缺陷，须培养“有公共心之个人主义”，这样“于个人、于社会皆为有益”。从可能性来看，“个人主义与利己主义，既为别种类，而为社会牺牲自己之利益与维持自我，又非两不相容，故养有公共心同时有主张之人，乃可能之事”。[①]

① 徐朝旭、杨海秀：《杨昌济与中国现代伦理学学科体系的建构》，《厦门大学学报》（哲学社会科学版）2016 年第 6 期。

第十三章 传播西方哲学的贡献

笔者在《杨昌济的生平及思想》中，曾从四个方面对杨氏本人的哲学思想进行过分析。一、“人不闻道，是谓虚生”，十分重视哲学思想的研究：首先他从物质科学与精神科学的关系，论述了研究哲学的重要性，指出光重视物质科学还不够，欲唤起国民之自觉，不得不有待于哲学之昌明。其次他从部分与整体、现象和本质的关系，论述了研究哲学的重要性，指出近世各种科学，各研究宇宙现象之一部，哲学则以宇宙之全体为其研究之目的物，故学问以哲学为终极。二、客观唯心主义的世界观：首先他倾向于宋学，特别是程朱学派的客观唯心主义。他说，“宇宙为一全体，有贯通其间之大原则，宇宙间所有一切之现象悉自此大原则而生”。其次，他对唯物主义持不赞同的态度，认为“物质的一元论，谓物质为万有之本体，所谓精神者亦由之而成，唯物论属之。此论于哲学上有不成立之地位”。再次，他反对多神教和鬼神迷信，但并不否定宗教。他认为“上帝之观念，实为伦理思想之中坚”。三、知行合一的认识论：他虽然赞成王阳明的“致良知”和“知行合一”等提法，然而他对这些概念的理解，却是和王阳明有区别的，在某种意义上说，甚至是对立的。如他不否认认识对象的客观存在，他说，“吾人开目而认万象，闭目则万象成空，纵使瞑目之时无直接之经验，外物之存在不可疑之”。可是，王阳明的“致良知”和“知行合一”，却是以“心外无物”“心外无理”为前提的。他也不排斥朱熹“格物致知”的主张，他虽然很推重王阳明的强调思辨，但把学问与思辨、格物与致知两者有机地结合起来，则是受了王船山学说的启发。他讲的“知行合一”是指知行统一，他认为认识的主体和认识的客体不能像王阳明那样混为一谈，不是同一的；他十分强调学习和实践，反对生而知之；他对感性认识与理性认识的关系，也发表过不少合理的意见。四、进化论的历史观。他一方面承认生存竞争也适用于人类社会，另一方面又明确指出，人类社会与动物界有本质的区别，这就是说人是一种合群的动物，所以我们应当以“合群”为教育宗旨，而不应该像禽兽那样弱肉强食。他还说，优胜劣败作为一条公理，只能行于国与国之间；而国内的人民，则必须以合群为首要任务，因为不这样做，国家就不能强盛。[1]对于这些内容，本书不再重复，而拟着重探讨他对近代中国哲学的贡献。

① 《杨昌济的生平及思想》，第 89—110 页。

第一节
国内最早全面介绍西方哲学流派的译著

1916年，杨昌济在长沙出版的《民声》杂志上，发表了一篇长译文——《哲学上各种理论之略述》。回顾一下西方哲学在近代中国传播的历史，就可以知道这是中国人自己所写的最早的一篇全面系统地介绍西方哲学流派的文章。

近代以来，不少学者或政治家介绍过西方哲学，但大多是个案的介绍，即只是介绍某一位西方哲学家。洋务派出身的王韬（1828—1897）应该是我国近代介绍西方哲学的第一人。早在严复译《天演论》等书之前的19世纪70年代初，他就完成了《英人倍根》一文，向国人介绍了培根的“格物穷理新法”以及不泥古盲从的哲学精神。19世纪80年代，王韬担任由英国总领事麦华陀和英国人傅兰雅创立的上海格致书院监院期间，向书院学员和教授介绍了西方多家哲学思想，并要求学员以论文的形式对所授西方哲学思想进行评述。当时书院已经对西方古希腊哲学中毕达哥达斯、柏拉图、亚里士多德等人的思想，以及英国哲学中近代培根和当代达尔文、斯宾塞等人的思想有所提及。①

① 陈启伟：《谁是我国近代介绍西方哲学的第一人》，《东岳论丛》2000年第4期。

严复（1854—1921）是19世纪末20世纪初引进与介绍西方近代哲学的集大成者。他引进的哲学思想，以英国实证论哲学和大陆理性主义哲学为主。1901至1909年间，严复相继完成了著名的“八大译著”。其中，穆勒的《穆勒名学》和耶方斯的《名学浅说》是关于逻辑学介绍的。这2部译著俨然是严复传播强国保种思想的工具。1906年，严复作《述黑格尔唯心论》一文，发表在当年《寰球中国学生报》第2期上。第二年，此文被《广益丛报》第32期转载。贺麟等人认为，《述黑格尔唯心论》是近当代中国最早介绍黑格尔哲学思想的有学术分量的学术文献。[①]

康有为（1858—1927）在1886年所著的《诸天讲》中介绍过康德的星云假说。他还接受哥白尼的“日心说”。[②]

梁启超（1873—1929）是一位不遗余力介绍西方近代学术文化的前卫人物。和其他留日学人转贩西学相比，梁启超的特点，几乎都是通过编译和译述的方式，以名人的学案和传记的形式，向国人宣传和普及西方哲学思想。他先后对霍布士、笛卡尔（儿）、洛克、培根等西方近代哲学大师的思想进行过介绍，代表译著有《霍布士学案》《斯宾诺莎学案》《卢梭学案》《天演学初祖达尔文之学说及其传略》《法理学家孟德斯鸠之学说》等。在梁氏心里，他最为膜拜的是康德。在其译著《近代第一大哲康德之学说》中，梁称康德为近代西方第一位伟大的哲学家，“黑暗时代之救世主”。

据不完全统计，王国维总共翻译的哲学著作有18本，选材主要集中于日本学者、英国学者以及尼采、叔本华的著作。1902年，王国维翻译了《哲学概论》《伦理学》和《心理学》，

① 郭勤:《19至20世纪之交西方哲学在中国的译介》,《长春大学学报》2015年第3期。
② 黄见德等:《西方哲学东渐史》，武汉出版社，1991，第74页。

它们分别是日本学者桑木严翼和元良永次郎的著作；1904 年，翻译了尼采的《灵魂三变》；1905 年，翻译了叔本华的《叔本华氏之思索论》；1907 年，翻译了洛克著的《悟性指导论》；1908 年，翻译了耶方斯的《辩学》。[①]

王国维首先介绍了哲学的学科内容，哲学研究的必要性以及与教育学的关系。他还介绍了从古到今西方著名哲学家，计有苏格拉底、柏拉图、亚里士多德、培根、霍布斯、洛克、休谟、斯宾诺莎、卢梭、康德、席勒、叔本华、尼采、斯宾塞、霍恩、谷鲁斯诸人。但就哲学和美学思想而言，他主要介绍了康德哲学和伦理学，叔本华、尼采哲学和美学，以及席勒、斯宾塞、谷鲁斯的美育论和游戏说。王国维是最早比较系统准确地介绍康德、叔本华和尼采哲学及美学思想的研究者。[②]

马君武（1881—1940）1903 年在《新民丛报》发表了《圣西门生活及哲学》《唯心巨子黑智儿哲学》《论约翰穆勒之学说》，在《昌言报》发表了《唯物论二巨子（底得娄、拉美特利）之学说》。[③]

章太炎（1869—1936）以法相唯识学为理论基础，广泛吸纳西方哲学尤其是康德和叔本华的思想，并展开积极的批评：以“三性”说为依据，建立真如本体论，批评柏拉图的理念论，康德的物自体，以及有神论、唯理论等各种哲学思想；对西方三段论的名学和因明学三支论进行比较研究，突出因明三支的优点。同时，吸收康德等人的先验论，批评其不可知论。

蔡元培（1868—1940）也是那个时期翻译西方哲学的先行者之一。他在吸纳和借鉴西方优秀哲学著作方面可谓开放包容，

---

① 郭勤：《19 至 20 世纪之交西方哲学在中国的译介》《长春大学学报》2015 年第 3 期。
② 滕咸惠：《王国维对西方哲学和美学的介绍和接受述评》，《黄河科技大学学报》1999 年第 2 期。
③ 黄见德等：《西方哲学东渐史》，第 59—62 页。

代表作有《哲学要领》《妖怪学讲义录总论》以及《哲学大纲》等。蔡氏的特点，是从整体上介绍和谈论西方哲学;《哲学要领》则是比较系统地介绍了西方哲学的流派。

《哲学要领》为德国科培尔在日本大学讲课的内容，由日本人下田次郎笔译，明治三十年(1897)由日本南江堂书店出版。刘岳兵教授著《日本近现代思想史》中，对科培尔有介绍。科培尔，刘教授译为克贝尔（1848—1923)，俄罗斯系德国哲学家。1872 年毕业于莫斯科的高等音乐学校，师从柴可夫斯基等著名音乐家。因为性格内向，不喜欢在大众面前演奏，他决定放弃职业音乐家之路，而到德国学习哲学。1881 年凭借关于叔本华研究的论文获得学位。在哈特曼的推荐下，1893 年克贝尔被聘为东京帝国大学的哲学教授，直到 1914 年，21 年间没有间断地授课和指导学生，课程以西方哲学史为主。有日本学者是这样谈论克贝尔对日本思想界的影响的:“今日我国学界持有庄重学风的有分量的人物皆由先生的陶冶而成。”[①] 建部遁吾在 1898 年出版的《哲学大观》中，有关哲学分类的论述，明显地吸收了《哲学要领》的分类法。

《哲学要领》由蔡元培据日文译出，商务印书馆于光绪二十九年（1903）出版。蔡氏在此书的序中说:“德国科培尔氏任日本文科大学教授之职，约举哲学之总念及类别、及方法、及系统以告学者，皆以最近哲学大家康德、黑智（格）尔、哈尔妥门诸家之言为基本，非特惟物、惟心两派之折衷而已。其所言神秘之状态，实有见哲学、宗教同源之故。而于古代哲学，提要钩玄，又足示学者研究之法，诚斯学之门径书也。”[②] 此书在“绪言”之后分四章:（一）哲学之总念;（二）哲学之类别;

① 刘岳兵:《日本近现代思想史》，世界知识出版社，2010 年，第 206—207 页。
② 《蔡元培全集》第九卷，浙江教育出版社，1997，第 1 页。

（三）哲学之方法；（四）哲学之系统。在第四章“哲学之系统”中，系统地介绍了一些西方哲学的流派。往下，我们对比一下《哲学要领》和《哲学大观》在哲学分类上的异同。

第一，是从形式上分。《哲学要领》是为五种：独断论，是一种不容拟议的哲学公例；怀疑说，是对独断论的一种反动；批评说，康德所创，以严谨之法，检核人间知识之本原及界限者；折衷说，往往由异派之教义中节取而综合之、扩大之；其折衷不以方法言者，为混合说。建部遁吾在《哲学大观》中所说的“基于形式的分类”，与此书也是完全一致的，即独断哲学、怀疑哲学、批评哲学、折衷哲学、混合哲学。

第二，是从知识机关区分。《哲学要领》分为三大派，即合理说，谓真理可以达到，但是它不存在于感觉界和经验界，惟在于理性之纯粹作用。经验说，以经验为知识之根基。感觉说，谓吾人感觉之内容惟以感觉性为基本，而思想及意志，皆感觉之变相。《哲学大观》的分类也一致：合理哲学、实验哲学、感觉哲学。

第三，基于对象的分类——知识的问题。《哲学要领》分为二派：唯心论及实在论。实在论以外界事物都是有实体的，其中又分为两种：一、普通实在论，又称自然实在论；二、批评实在论，又称超绝实在论，即康德唯心论与其他实在论之结合。唯心论谓吾人知识之本源皆吾人之观念。《哲学大观》的分类法也一致，一是基于智慧的分类：实在论——自然实在论、超越实在论；观念论又名唯心论——自然观念论、超越观念论。

第四，基于对象的分类——绝对存在的问题（又名“大始之原理”）。《哲学要领》分为二派：唯物论、唯神论。就其形式而言，又可分为一元论、二元论、多元论。唯物的一元论、唯物的多元论。唯神论之一元论又可分为：抽象的一元论、具体的一元论。二元论，又可分为绝对二元论、内涵二元论、二重二元论。唯神论又可分为唯神论的多元论、“同一”哲学、形神合一论。从唯神论的内容看，又可分为信神教、自然神教、万有神教及无神教、青年黑格尔派。与万有神教相似者还有超绝万有神教、万有在神教、万有理性教、万有意志教、万有精神道教、万有精神教。《哲学大观》将上述内容分为“三科”。第一科，基于第一原理性质的分类：物质论又名唯物论，心灵论又名唯心论。第二科，基于第一原理形式的分类：物质一元论，心灵一元论——抽象一元论、具体一元论；二元论——绝对二元论、包含二元论；多元论——物质多元论、心灵多元论。第三科，基于第一原理内容的分类：有神论、无神论、神源论、泛神论——青年黑格尔派泛神论、超越泛神论、万有在神论、泛理论、泛意论、泛魂论。

第五，基于对象的分类——人类学的问题。《哲学要领》分为三：异质性观点，别人神而二之，谓二者不同质；同质性观点，谓人神同质；具体一元论，谓人神的本质同，而其表现异。《哲学大观》中没有谈这个问题。

第六，基于对象的分类——价值论的问题。《哲学要领》分为三：厌世教、乐天教、厌世教的进化论。《哲学大观》将其称为“基于人生观之分类”：厌生论、乐生论、厌生进化论、进步论。

第七，基于对象的分类——道德的问题。《哲学要领》分为五：宿命论、自由意志论、心理的定道论、个人的幸福说、道德的自动。《哲学大观》将其称为“基于意志自由问题”：宿命论、不决定论、心理决定论、人生世间制约论。

第八，基于对象的分类——计划的问题。《哲学要领》分为三：机械学之见、终局论（目的论）、有理终局论。[①]《哲学大观》将其称为“基于宇宙设计的分类”：机制论、终归论（目的论）、有理终归论。[②]

通过以上比较，可以清楚地看出，《哲学大观》中关于哲学流派的分类法，基本上是移植《哲学要领》的分类法。就大类来说，两书都是将哲学的流派分为三大类，即：一、关于形式；二、关于机构（认识的机构）；三、关于对象（认识的对象）。对于第三大类，《哲学要领》又分为六个小类，每小类再分若干流派。而《哲学大观》则用纲、科、目的层次结构，将一、二、三个大类称为第一纲、第二纲、第三纲。而对第三纲，则又分为五个目，目之下，有的再分科。如第二目基于第一原理即绝对的分类，正面就有三科：第一科基于第一原理性质的分类，第二科基于第一原理形式的分类，第三科基于第一原理内容的分类。这样做，比较清晰地表述了不同的哲学流派之间的递属关系。

杨昌济在翻译《哲学上各种理论之略述》一文时，是看过《哲学大观》和《哲学要领》的。《达化斋日记》1914 年 6 月 1 日日记：“《哲学大观》稿颇难看，精神不爽，往往搁置数日不一触目。以后拟每日看二三页，以为常课，庶几数月之后可以竣事。”[③]同年 7 月 5 日至 10 日的日记中，就记录有杨氏读《哲学大观》的一些内容的摘录。7 月 5 日日记：“《哲学大观》中有一段论印度希腊哲学之比较，甚为精当，爰摘入此日记中。希腊之气

① 蔡元培译：《哲学要领》，《蔡元培全集》第九卷，浙江教育出版社，1997，第 25—54 页。
② 建部遁吾：《哲学大观》，东京金港堂书籍株式会社，明治三十二年（1899）出版，第 260—278 页。
③ 《杨昌济集》（一），第 500 页。

候温和，印度则炎热。希腊之地势狭隘参差，印度则广阔茫邈。希腊之产物较匮乏，印度则丰饶。彼大要运动，亦好之；此厌运动，亦不要之。此物质的关系上两社会之差也。而两国人民之主观，亦非无差异之〈素〉因〔素〕。希腊之世界观为客观的，印度之世界观为主观的。希腊之人生观为乐天的，印度之人生观为厌世的。希腊人以时空为始，富于定量的观念；印度人则宁富于定性的观念。彼分析的也，此总合的也。彼倾于理学，此倾于宗教。彼之思辨为考索的，此则为实践的。”7 月 7 日日记：“中国思想与印度思想有不同之处：印度思想于理论的探究穿微钩玄，中国思想则惟明其大体而已。印度思想考究之对象，次第趋于经验以外，中国思想大率止于经验以内。印度思想明宗教的大纲，中国思想详伦理的细目。印度思想为出世间的，为超绝的，为伦理的，为哲学的，为宗教的，为空想的，理论的；中国思想为世间的，为经验的，为常识的，为政治的，为伦理的，为观察的，实际的。中国思想与印度思想又有其相同之处：一、重标准而轻说明。二、重道德而轻科学。三、讲纯正哲学，亦为伦理的。四、论宇宙之第一义，亦为伦理的。”①

《达化斋日记》1914 年 6 月 8 日日记：蔡元培译《哲学要领》云：“哲学家说明神秘状态者，余以哈脱门之言为最善。其言曰：神秘状态者，其本体极安全者也。何则？去其一切附丽之物，则其内容不过人与太极无二质之见而已。是见也，忽起于吾人之心光，而实宇宙大本与吾人心灵确然同一之所致也。”又曰：“认识者，如光明然，忽〈然〉〔焉〕而泄于哲学者之脑海，彼虽不知其所由来，而固已了了见之，彼若有真理之豫感，不期而达其所探求之目的。彼其于人间与真理大始间无量之道〈理〉

①　《杨昌济集》（一），第 515—517 页。

〔里〕，不行一步而测得之。彼不惟于哲学之对象见有我相而已，彼直破其主观性之界限而与客观合为一，与太极无对之世界合为一。”①

总之，相对于《哲学要领》和《哲学大观》两书，杨昌济译的《哲学上各种理论之略述》一文它也是当时最早的一篇全面介绍西方哲学流派的文章。

① 《杨昌济集》（一），第504页。

第二节
《哲学上各种理论之略述》的特点（一）

这里讲特点，是比较于《哲学要领》和《哲学大观》两书中有关西方哲学流派分析而言的。

其一，同中之异。杨氏《哲学上各种理论之略述》一文中，涉及西方哲学流派31家。其中与《哲学要领》和《哲学大观》两书中所论相同者有24处。第一大类即基于形式的分类的5类中，杨氏只取了怀疑论一家。第二大类基于机构分类的三类，全部为杨氏采取，即合理论、经验论、感觉论。第三大类基于对象的分类——基于知识（智慧）的分类的3类，全部为杨氏采取，即实在论、观念论、合一论。第三大类基于对象的分类——基于第一原理即绝对分类的24类，杨氏采取了16家，即一元论、物质一元论、心灵一元论、抽象一元论、具体一元论、二元论、绝对二元论、包含二元论、多元论、物质多元论、心灵多元论、有神论、无神论、泛神论、泛理论、泛意论。第三大类基于对象的分类——基于道德见解的分类的11类，杨氏只取了2家，即机制论、目的论。就《哲学大观》来说，杨化虽然吸收了其对哲学流派的划分中的24家，但此书对所论各家都只是提了一个名字，而没有分析其内容，而杨氏的译文则分析了它们的具体内容，这是它们之间的最大不同处。

对于《哲学要领》而言，虽然它对所论各派都多多少少地论及了其内容，但是都比较简单，而杨氏文章对这些流派的分析更加具体。例如，《哲学要领》在分析“经验论”时，只有一句话：“合理说之反对，为经验说，以经验为知识之根基。近世经验说之创始者，为男爵培根。”[①]而杨昌济则结合西方哲学史对它作了系统的分析。他说：“经验论者，关于认识之起源之一见解也，谓一切之认识为经验之所产。虽然，由其所谓经验之概念如何，而经验论亦不免少有异同之处，观其历史之变迁，可以知之矣。”他指出，在古代希腊，说首尾一贯之感觉的经验论者，诡辩学者也。柏拉图则反对诡辩论及兑莫克利托斯，取彻底之纯理论。亚里士多德虽于论认识之价值之时，置重于纯粹之思考，然有经验论之强倾向。彼之哲学，亦多立于经验的材料之上，彼可谓得纯理论与经验论之中庸，盖近于批判论也。亚里士多德之后，斯多噶派及伊壁鸠鲁派于论他事之时，虽为反对之学派，然于认识论上，则皆为感觉的经验论也。中世纪时经院哲学的正系多采用柏拉图、亚里士多德纯理论之方面，以资基督教教理之论证，所以纯理论大有势力。到了近代哲学之初，佛兰西斯·培根提倡旗帜鲜明之经验论，排斥柏拉图之辩证法、亚里士多德之演绎论理学，而说归纳论理学，奖励实验之研究，以开英国经验学派之端。次培根而出在康德之前之英国哲学者，除霍布斯之外，皆纯粹经验论者（洛克、巴克莱、休谟，是其拔群之代表）。康德调和英之经验论与大陆之纯理论，而说批判论。继之之思辨哲学者（费希特、谢林、黑格尔等），则取纯粹之纯理论。德意志思辨的哲学全盛之时，殆有为哲学

---

① 蔡元培译：《哲学要领》，《蔡元培全集》第九卷，第28页。

上之正统说之观，然经验论之暗流，其势虽微弱，尚与之相并而存。由佛利斯及倍累克而代表之心理学派（又曰人性论派）是也。佛利斯采用康德认识论研究之结果，而排斥其研究法。彼反对康德之先天的（超越的）方法，谓理性之批判，不可不据心理学或人性论之观察。倍累克祖述佛利斯，更极力发展之。彼不仅用经验心理学的方法于认识论之研究，更扩而充之，谓一切哲学的科学，皆不可不以内的经验（即自己观察）为出发点而研究之，一切哲学之诸部门，皆不过为应用心理学而已。此心理学派在思辨哲学全盛之时，其势力虽甚微弱，然至晚近，得英、法两国实证论之应援，遂于德国再出可注意之继承者。法国于十八世纪之时，洛克之经验论自英输入，遂成为一大势力。其显著之代表者孔狄亚克，祖述洛克，然反对洛克之以认识为渊源于内感及外感之两者，而悉归之于外感，遂说狭义之感觉论。进入十九世纪以后，此感觉论之思系，为法国之一势力，其重要之代表者，为卡巴尼斯及德斯条特。虽然，再兴法国经验论而势力最广及者，则孔特其人也。其在英国，洛克及休谟以后有所谓苏国派（苏格兰学派）者，反对极端之经验论，然经验论依然为重于学界，有詹姆斯·弥尔及边沁为其代表。又因得孔特实证论之应援，遂至出约翰·弥尔及斯宾塞尔有力之提倡者。但斯宾塞尔由哈弥儿吞吸收若干之康德思想，不绝对否定康德所言先天之形式，乃采入达尔文所倡之进化论，欲以之调和纯理论与经验论。彼谓自进化论观之，不能许有先天的认识要素之存在，自个人言之，虽为先天之官能，然探求其起源，实基于长岁月间种种经验之集积。虽然，从前之经验论，欲自个人一生之经验导出一切之认识，这是错误的。吾人有先天的认识之官能，乃祖先之所遗传，而非基于自己之经验。纯理论者所谓先天官能，自个人之历史观之，固属于先天者也，然自种种历史观之，又为属于后天者焉。卡尔·毕尔生祖述奥儒马赫之思想说经验论。席勒及美之詹姆斯谓先天要素之生起，实基于实际之要求，斯乃最为彻底之经验论也。于晚近之德、奥输入英、法之实证论而说经验论的认识论者，有拉斯、哥林、李尔、阿芬那留斯及马赫亦近之。又有继承佛利斯及倍累克之心理学派，以经验心理学为出发点，说论理学、认识论及形而上学之近世心理学派。冯特乃其最拔群之代表者。从来之经验论者多预想主观与客观之对立，而由之出发，冯特排斥之，谓主观与客观、表象与被表象之事物非根本之事实。根本之事实，乃是等反对之尚未分化者，即直接经验是也。彼遂自此直接经验出发，而论究主观及客观反对分化之过程焉。布连他洛、斯吞勃、利勃斯、买伦格、屈尔柏、闵斯特尔卑尔希、霍尔尾疵，皆属于新心理学派者也。[①]这样，杨昌济实际上是叙述了一部欧洲经验论的发展小史，这在当时的中国是闻所未闻的。

又如，《哲学要领》在谈到二元论时说："二元论者，谓世界之本体有二，一物质，一精神也。正二元之名，则必其二元之相反而不相关者，如古波斯之宗教，信善及恶二者皆固有，是也。"[②]而杨昌济则指出：二元论者，乃不问何种之现象，以二种全然相异之思想（若原理）说明解释之之学说也。二元论之名称，初但用之于道德宗教之说明，然与时代之经过次第扩张其意义，遂至用之于诸种之范围。杨氏分析了三种情况：（一）为道德的或宗教的二元论。这是二元论一语的原始意义。人们在说明道德或宗教之现象时，采二种性质全然相异之原理。例如，波斯之宗教，说善恶之起源，谓善自亚夫拉·马兹打（Ahura

① 《杨昌济集》（一），第164—169页。

② 蔡元培译：《哲学要领》，《蔡元培全集》第九卷，第43页。

Mazda）神发，恶自亚利曼（Ahriman）神发，谓人世之现象，皆此两神之所为，此即二元论也。又如，斯多噶派使自然界之必然与人心之自由意志两相对立，康德以感性与实践理性之道德命令为全然异其性质，视为彻头彻尾不可调和者，人生之行为自此两种之根原而来，亦可谓之道德的二元论也。（二）为认识论的二元论。是说当说明认识之起原之时，采二种全然相异之根原。如康德于认识论，以认识为始于感觉，成于思维，谓感性与思维有全然相异之作用形式，感性固不能代悟性，悟性亦不得营感性之作用，此两者若缺其一，则认识不能成立，故不可不谓一切认识皆自此两元而成。其他如洛克之经验说，于一方豫想诸种心之作用，于他方假定世界实体之存在，自此两者以说明一切经验之成立，亦可谓之认识论的二元论。（三）为纯正哲学的二元论。此说当解释宇宙现象之时，采二种根本相异之本体。纯正哲学上之二元论，其种类亦不一而足，如以精神与身体（若物质）为二种独立之本体即其一例，谓之常识的二元论，盖因吾人每自常识而认有心物之别也。又以精神与身体为异性之本质，以说明人类现象者，谓之人类学的二元论，详言之则为人类学的哲学的二元论。其他于哲学的二元论之中，又有超越的二元论，内在的二元论焉。要之，二元论不问其属于何种之范围，于其解释有甚困难之点。吾人人性统一之要求，决不能以纯粹之二元论满足，故从古以来二元论常以一元论代之也。①杨昌济的这种分析，扩大了人们关于二元论的知识范围。

其二，新增流派。指与《哲学要领》《哲学大观》的哲学流派相比，杨昌济文章中新增加了 7 种新流派。它们分别为：

名目论及实念论。杨昌济指出，名目论及实念论，是中世

① 《杨昌济集》（一），第 198—199 页。

纪经院哲学所论纯理哲学上之问题，即视通性（共相、一般）为实有与视通性为名目之争论。实念论者曰：通性有实体。此亦有二种：一为柏拉图派之实念论，一为亚里士多德派之实念论。依柏拉图，则通性者在个物之前之实在也；从亚里士多德，则通性者在个物之中之实在也。名目论曰：通性不过为一名目，不过为发声之气息而已，通性者在个物之后之名目也。①

二面论。杨昌济指出，二面论见唯物、唯心两说多有困难之点，乃谓物（或身）心之二者为不过同一本体之两面，以说明此等之关系。近来之英国学者多倡此说，而古来亦未始无此类之思想。克利福尔德以为天地剖判以前，万有尚未发生之时，有心素（mindstuff）焉，是常住不灭者也。心素之为何，固不能详说之；其存在也，亦不过为吾人之臆说而已。及此心素自一定之原因与境遇发展而来也，一面发展表现为精神，他面即发展表现为物质。心素既非物质，亦非精神，惟潜有此二性质，而尚未发展表现出来。又培因结合精神、身体之二字为心身（mind-body）之一字，以之表显本体。此心身之一元剖判，一面为精神而显，他面为身体（即物质）而显。此与克利福尔德之说于其实质殆无所异。杨氏认为，二面论为说明吾人身心相关之事实之一方法，然此不过为单纯之臆说，不有秋毫之必然。且试问此等之论者，果如何自心素（或身心）而生精神与身体耶？若以为宇宙之初有心素，渐发展为精神与身体，此毫不足以解释难点。由是观之，可知二面论一见虽似有理，其实哲学上尚有几多之难点也。②

认识论的一元论。杨昌济指出，认识论的一元论，与纯正哲学所谓一元论大异其趣，是非论宇宙之本体，惟以认识之根

---

① 《杨昌济集》（一），第178—181页。

② 《杨昌济集》（一），第184—185页。

元（源）归之于一而已。[①]

物心一元论。杨昌济指出，物心一元论，又谓之物活论。其说以为若别立精神与身体、若力与物质之二元，则当说明宇宙之现象之时，必遭遇不少之困难。于是以此两者为一，谓物质非死而不动者，其中本有生活，身体亦然，非别存于精神之外者，生活若精神不过为身体本有之性质，欲以此救二元论之弊。[②]

作用说。杨昌济指出，作用说以力为宇宙之本体。夫以吾人之常识论之，物心两者似全然异其性质。虽然，若以此两者为始原之本体，而欲以之解释宇宙之现象，则势必为二元论，于说其相互之关系必遭遇不少之困难。若欲于此两者之中取其一以为本体，而由之以演绎其他，亦甚非容易。于是乎古来之学者欲不陷于二元论之弊，而又能发见此两者共通之一〈元〉〔原〕理者，一再而不止，作用说亦由是而起之哲学说也。近代如叔本华以意志为宇宙之本体，特连德连布尔希欲自运动演绎一切之范畴，亦皆此类也。最近卡利爱尔一类之学者亦多倡此说。[③]

本体论。杨昌济指出，本体论者，纯正哲学之一部分，乃论述宇宙万有之根原（源）者也。万有根原之说，在纯正哲学之中为最重要之部分，故古来时或以此两者为有同一之意义。然古来之学者又往往误解本体之意义，而以认识论上不有何等之意义超越之某物当之，此大误也。认识论上不有何等之意义者，是既非哲学之对象矣，何足以为本体耶？是故吾辈不可不先明本体之概念。欲使本体之语于认识论上有意义，不可不直接若间接基于吾人之感觉及知觉。虽然，若但为直接之感觉若知觉，是亦但为纯然之感觉、知觉而已，毫不能指示其根原。何则？

---

① 《杨昌济集》（一），第 189 页。
② 《杨昌济集》（一），第 190 页。
③ 《杨昌济集》（一），第 192 页。

单纯之感觉、知觉，是所谓现象之一部分，尚不能以之为根原也。然则是为间接本于感觉、知觉而起者耶？吾人得以自感觉、知觉而得者为材料，分析综合之，以达其根原。欲以本体为指示万有之根原者而使之于认识论上有意义，必不可不用此方法。①

对照《哲学要领》和《哲学大观》中所分的哲学流派，可以看出杨昌济所增加的这 7 种流派，都是比较具体或比较细致的流派。

① 《杨昌济集》（一），第 194 页。

第三节 《哲学上各种理论之略述》的特点（二）

杨昌济《哲学上各种理论之略述》一文1916年在长沙的《民声》杂志上发表的同时，国内另一家杂志《民铎》也发表了国人所写的一篇有关哲学流派分类的文章，即署名叔琴的《一元论》。此文分八个部分：（一）一元论之由来及其类别。（二）一元论之所以成立。（三）一元论之草创时代。（四）斯宾诺莎之一元主义。（五）斯宾诺莎学说之商榷。（六）黑格尔。（七）叔本华。（八）叔本华一元说之谬误。此文的特点是比较细致地介绍了西方哲学史上几位一元主义的哲学家，如巴门尼德、莱布尼兹、斯宾诺莎、黑格尔、叔本华、海克尔等。

将《一元论》与《哲学上各种理论之略述》相比较，可以看出，杨氏译文的两个特点：

一、杨氏译文比叔琴的文章理论性更强，也就是说，杨氏对一元论的理论分析较叔琴之文更加深入和具体。

例如，《一元论》一文提到过“抽象一元论”和“具体一元论”，但是很简略：“埃利亚（爱利亚）哲人芝诺者，实为一元论之始功也。且亦有以埃利亚学派为抽象之一元论，以其否定一切故。反之，如希腊初期诸哲，则名之曰具体一元论。”而杨昌济在《哲学上各种理论之略述》对这两种理论做了详细的分析：抽象的一元论，以分析宇宙之现象抽象而得之一物，为万有之本体，既以本体为抽象者，则其不可得而实在，固无待论。彼之发显于宇宙也，必不可不自他物而假借实在之本质，如此则为二元论矣。故倡此说者，多以一切之实在者为同于梦幻，是其势所不得已也。如希腊之爱利亚学派之巴尔美内兑斯（巴门尼德）所倡之哲学，即其一例。彼谓绝对之一元，为万有实在之大本，此不变而常住，所谓实在之本身也。真实之实在（即本体）既常住矣，则与转化之性相反，是故无论如何〔之物〕，实在者不转化，转化者不实在。今吾人开目而观察宇宙之状态，万物在吾人之眼前无不转化者，可知宇宙之万有，固无实有之性也。又如柏拉图之说，亦可谓之抽象的一元论。彼谓一切现象变化无穷，非有真实实在之性，本体者常住不变者也，意兑亚（ether）是已。至于近代如斯宾挪莎以实体为万有之本原，亦得列之于此。彼自宇宙之现象用抽象之法而得广延与思惟之二性，而以并有此二性者为实体焉。[①]

具体的一元论，以宇宙万有之本体为自唯一之本体而成，又谓此本体为非与现象分离者，一一之现象即是本体，本体即是一一之现象也。且不但不分离现象与本体而已，且于一一之现象认绝对之本体焉。自论理上言之，具体的一元论殆可谓本体论发展达于其极者。此实因欲避古来学者所倡本体论之诸难点，遂至于此。故于历史上亦起于晚近之世，然古代亦非无之。如印度佛教以前之乌拍尼夏德（Upanishad）哲学即其一例。此哲学谓宇宙间一切之物，为亚特曼（Atman，我）、若布拉合曼（Brahman，梵）之所成。彼以外不能更认有何物，彼为唯

① 《杨昌济集》（一），第 185—186 页。

一之实在，实在之实在。故一一之事物，即是我也，即是梵也。故“汝即是，此即是”为乌拍尼夏德惯用之语。此等语言，发挥具体的一元论之真旨更无余蕴矣。印度古代既有如斯之学说，故后世之佛教哲学亦多采之，至华严、天台之哲学发展于中国，乃达于其极。真如为万有之本体，有情非情，山河大地，草木鸟兽，一切皆真如之所成。真如离是等之物，则为无有，是等之物离真如亦不可得而存。且不但两者不可相离而已，一（本体）即一切；（万有）一切即一，而本体与万有既全然为一，则所谓本体若万有，亦遂成无意义之语。因其间更无何等之差别也，其面虽异，其体则一，于是思想生焉，名辞成焉。于是一即一切之语以外，又加非一非一切之语，而以之为中道第一义谛（即真理）焉。

杨昌济认为华严、天台之哲学也是具体一元论，而且认为宋明理学也是。他说：中国之宋儒承佛教之思想以补儒教哲学者也，其理气之说，亦实达于此阶段。彼等以太极为万有究竟之大元，谓气自太极之动静而成，而阴阳二气之所以一动一静相交错，则理也。理不能离气而存，气亦不能离理而存。气本自太极而生，故阴阳亦一太极，离太极更无阴阳，阴阳生五行（木火土金水），五行成万物，万物皆阴阳之所合而成也。有气则有理，理即寓乎万物之中，一一之万有固皆为一太极也。①

二、杨氏译文分析了一些叔琴文章中没有提及的一元论问题，如认识论的一元论和物心一元论。

杨氏在分析认识论的一元论时指出：认识论的一元论，非论宇宙之本体，惟以认识之根元（源）归之于一而已。康德谓吾人认识之根元有三：一为感性，是感觉知觉之根元也；二为

① 《杨昌济集》（一），第 187—188 页。

悟性，是判断思维之根元也；三为理性，是吾人自有限推究无限之作用之根元也。此三种之根元，各为独立之作用，不过前者给后者以材料而已。然立三种相异之根元，则有难于说明其相互之关系者。何者？以其材料形式全然相异故也。故康德以后之学者，欲撤去是等三种之根元而归之于一，于是乎有所谓信〔仰〕之哲学起焉，如哈曼及野可比（雅科比），即倡此哲学之人也。彼等谓康德立三种之根元，尚是认识研究之有未至，吾人若更推究之，则可达于唯一之根元。然则唯一之根元果为何物乎？信〔仰〕是也。吾人认识之最单纯者固不可证明之，凡欲证明一命题，必以较之更单纯者证明之。至其最单者则不能有较之更单纯者，若可以证明，则不足以为最单纯矣。是故最单纯者，吾人惟信〔仰〕之而已，终不能证明之。信者吾人认识唯一之根元也，此为认识论的一元论。①

杨氏又说：物心一元论，又谓之物活论。其说以为若别立精神与身体、若力与物质之二元，则当说明宇宙之现象之时，必遭遇不少之困难。于是以此两者为一，谓物质非死而不动者，其中本有生活，身体亦然，非别存于精神之外者，生活若精神不过为身体本有之性质，欲以此救二元论之弊焉。近代之物心一元论，乃对二元论而起者，然古代亦既有之。盖太古之人类见事物之活动，遂以为无生之物亦有一种之精神作用，如他列士（泰勒斯）见磁石之引铁，谓磁石有精神；又谓运动之所存，即生活之所存也，故世界随处以神充满。又如阿拉基西美内斯（阿那克西米尼）见空气之流通于世界，以之为精神的世界原理，此皆由于缺乏科学之知识，遂以此等为一，固非由深邃之哲学的思索也。当时固无物心一元论之名，此名称之起，自英

① 《杨昌济集》（一），第 189—190 页。

国之哲学者卡德倭疵（克德沃斯）始。文艺复兴以来，倡此说者为不少，最近极力提倡之者为德国之学者克挫尔倍（萧培）、赫客儿（海克尔）诸人。赫客儿曰："分子者乃有生活、有引力、撞力之单一的元子也。"物心一元论与二面论及作用说有密接之关系。二面论以物心二者为不过为程度之差异，精神有可为物质之性质，物质亦有可为精神之性质，此岂非言物心之一元耶？虽然，谓物质之中既有精神若生活，而使所谓物质为有形者，则尚不免为物心二元说。何则？彼虽为物质之性质而存，吾人尚能于理想之中分形质与作用为二也。若使物质为费希内尔（费希纳）所谓无形之本性，则与来布尼疵之元子相当，是亦不过一作用说而已。而来布尼疵元子说之难点，亦于此起焉。其最困难者，精神的物质多数集合以组成精神及物质之现象之时，彼等果如何而得此组织的统一耶？此说恐不易于解释此疑问也。故此说虽能调和物心两者，然尚不足以说明万有一切之本原，且如费希内尔所言，以物质为无形者，然则无形者果如何可相集合而成有形耶？是亦一困难之点也。"[①] 杨氏还对作用说和本体论做了详细的分析，此处不再引。

---

① 《杨昌济集》（一），第190—192页。

第十四章 传播西方教育、心理学的贡献

笔者在《杨昌济的生平及思想》中，曾从四个方面对杨昌济的教育思想进行过分析：一、“教育虽非万能，不能不谓为可能”。他说，“教育万能”论和“教育不可能”论“同为极端之说”。首先，他用事实证明两种观点都有片面性。一方面，事实表明，吾人不常从理性之命令而抑制感情冲动，故曰教育明理性，则吾人当必为善去恶，乃不可信之事。另一方面，事实也表明，人们制驭感情冲动而为善，亦常有之事。其次，

他用进化论的观点，批评“教育不可能”论只强调遗传性，而否认适应性的观点是片面的。他认为一个人要有所成就，必须具备三个要素，第一是祖辈的遗传，第二是家庭的教育，第三是师友的帮助、诱导。他说，第一是属于“性”，第二、第三属于“习”。他还从教育与政治的关系，论述了教育的重要作用。教育与政治“互相为因，互相为果。无善良之政治，则不能有善良之教育；抑可云无善良之教育，则不能有善良之政治”。他还认为教育的重点对象是中等社会，但同时也主张把教育普及到全民中去。二、主张智、德、体三育并重。他认为教育的目的，在于使个人能够理解周围的环境，养成在社会上生存的能力，并且关心社会的进步，具有一种公共事业心。为了达到这个目的，他把教育内容分成智育、德育、体育三个部分。他认为学校的各种科目固然不可不注意涵养德性，但是不能以涵养德性为各种科目唯一的目的。他强调德育和智育的统一，着眼点虽然是为了使人们适应“生存竞争”的环境，但是，他的这种观点总结了前人长期的教育经验，因而具有普遍性的实用价值。他又说：“欲为生存竞争，则于身体于精神，不可不为大活动。而欲于精神于身体为大活动，不可不强健其身体，即教育不可不置重于体育。”他认为保护学生的身体健康，是学校的一项重要责任，把它称之为“教育上之养护”。他把养护分成积极的和消极的两种。所谓积极的养护，包括游戏、体操、手工劳动等，这些活动可以运动身体，助其发育；所谓消极的养护，指注意学校卫生，保护学生身体免受损害。在谈到消极养护时，他认为学校各项设施要注意安全、牢固，要教育学生养成各种卫生习惯，特别要反对课时过多、课程负担过重。三、在教学方法上赞成启发式，不废注入式。“注入的教式”又可分为三种：第一是“示教的教式”，教员示儿童以实物或图画模型。第二是“示范的教式”，教员先示模范的实例，儿童模仿着进行活动。第三是“讲演式教授者”，教员连续进行讲述说明，以帮助儿童理解一些不能观察实验的课程内容。所谓“开发的教式”，可分为两种：第一是“课题式”。教员向学生提出某个问题，让学生运用已经学得的知识，自己进行研究，然后作出回答或解释。第二是“问答式”。这种教式的要素，是教师的发问与儿童的答辩。他将“注入的教式”和“开发的教式”进行比较，认为“开发的教式”弊病较少，但也不主张完全排斥“注入的教式”。他说：“人有排斥注入的教式而以开发的教式为万能者，此谬见也。”教材因其种类不同，有的须用“注入的教式”，即使同一课程之中，也有因教材内容不同，而须用注入教式的。四、提倡留学，反对“留学迷”。首先，他认为留学生出国之前，对本国语言文字和本门学科的知识要有较好的基础。其次，他认为向外国学习要体察中国的国情，有选择、有批判地学习。再次，他认为出国留学固然重要，但也并不是唯一的途径。在国内同样可以学习，关键在于自己立志刻苦。[①] 对于这些内容，本章不再重复，而拟着重分析杨昌济在传播西洋教育学和心理学方面的贡献。

① 《杨昌济的生平及思想》，第 136—152 页。

第一节
全面系统介绍西方教育理论

金林祥主编之《20世纪中国教育学科的发展与反思》一书指出，20世纪初期（1901—1919）中国教育著作多译自日本。日本是先学荷兰，再学美国，进而推崇德国教育体系。故从内容来看，中国当时引入的教育学科内容以赫尔巴特学派的教育理论为主。自明治三十年（1897）一直到明治末年（1912），日本教育界多信奉赫尔巴特学说。日本教育理论界留学德国的人众多。杨昌济留学的宏文学院有两位老师波多野贞之助和桶口勘次郎、东京高等师范学校的大濑甚太郎等都是留学德国学习赫尔巴特教育思想的。此书又指出，尽管赫尔巴特学派理论风靡中国，但当时引进的教育学科理论并不囿于一家之说。事实上，日本在明治末期已相继出现了德国的社会教育学、实验教育学、人格主义、公民主义等教育学说。而且中国学者在引进西方学说的同时，力图使之中国化。[①] 杨昌济在1903年发表的《教育泛论》，就涉及社会教育学。

杨昌济在日本读书时受赫尔巴特教育思想影响，在英国留

① 金林祥主编《20世纪中国教育学科的发展与反思》，上海教育出版社，2000，第56—58页。

学毕业之后又到德国考察10个月，所以他对赫尔巴特教育思想是十分熟悉的。在他于1914年左右编写的《教育学讲义》中，当然也就难免受赫尔巴特教育思想的影响。例如，赫尔巴特的教育理论是“目的—方法”范式，强调教育的工具意义。湖北学务处1905年刊印的日本宏文学院教授波多野贞之助的讲义《教育学》的结构，就是：绪论；本论——教育之目的论、教育之方法论、养护论、教授论、训练论；结论。商务印书馆1909年出版的吉田熊次著、蒋维乔译《新教育学》分绪论、教育之目的、教授论、训育论、养护论、学校论。[①] 杨昌济的《教育学讲义》的“本论”就是“第一篇　目的论”“第二篇　方法论一教授论”“第三篇　方法论二训练论”“第四篇　方法论三养护论”。可见，其体系结构基本上沿袭日本教科书。又如，对著名的赫尔巴特五段教学法，杨昌济也是肯定的。他说，教段有三段、四段、五段之种类，今请略述其历史。希腊之亚里士多德以知觉、思考、努力（行）之三阶段，为教授进行之际必要之顺序。在文艺复兴时代，阿格利可拉主张理会、记忆、发表之三阶段。当近世之初期，路德于宗教教授之顺序，提倡谙诵、说明、应用之三段。又拉特克关于文法教授取实例、法则、练习之三段的方法，而可美纽斯又主张理会、记忆、练习之三段。配斯达洛藉以直观为教授之基本，次言理会及实行之必要，亦取三阶段之教授顺序。狄司特尔尾疵希（德国教育家）又分为第一收得、第二认识、第三创作及意欲之三阶段。而据海尔巴德之说，则谓人类知识之活动，有专心与致思之两根本作用。专心乃就个个之事物沉思攻究之状态，于此有静止的作用与运动的作用：静止的作用，明了个个之事物；运动的作用，则生

① 张子和编《大教育学》，福建教育出版社，2009，“特约编辑前言”第14页。

他之事项之联想。于是自专心的作用，至生第一段明了（静），第二段联想（动）之阶段。而但深攻究个个之事物尚不免褊狭，于是有统一个个之事物而攻究之之必要，此为致思的作用。此专心的作用与致思的作用常循环活动，以致有知识之进步。而致思的作用，亦分为静止的与运动的：静止的作用立事物之系统，运动的作用则规定自此系统更明了他之场合之方法。于是自致思的作用又生第三段系统、第四段方法之阶段。欺拉（齐勒尔）以为欲得具体的观念，不可无分解及综合之二阶段（此与海尔巴德明了之阶段相当），欲得概念的思考，不可无联想及系统之二阶段，最后则不可无方法之阶段，如斯以构成五段之阶段。而海尔巴德派之赖因（莱因）采用此五段法，更改其阶段之名称，为预备、提示、比较、总括、应用。预备者，为使儿童能收得新授教材之故，呼起儿童心中与之有关系之旧观念，而加以分析之作用也。提示者，提出将授之新教材，使收得之之阶段也。比较者，使比较新授之观念与类之之旧观念，明其异同，而发见（现）存于其间共通之属性之阶段也。总括者，抽出共通之属性，统括之以构成概念，或构成定理法则之阶段也。应用者，以前四段之所得，更自内使用之，且因欲自研究之故，而活动其知能之作用也。使用之，则其所得之知能愈确实，又能牢记不忘。此五段教授之大略也。[①]

但是，杨昌济对赫尔巴特教育思想也有许多不满之处。这主要是因为赫尔巴特的一些理论有走向极端之处。杨氏说："真理在两极端之间。"[②] 正是基于这样一种立场，所以他对赫尔巴特及其学派的某些教育思想，提出了批评。

首先，杨氏批评赫尔巴特的以培养受道德观念支配的人为

---

① 《杨昌济集》（一），第346—348页。

② 《杨昌济集》（一），第320页。

教育目的。在“教育学讲义”第三章《教育之目的》中，杨氏说今略说科学的教育学者，今尚大有势力之海尔巴德之学说。海氏以作出受道德的观念之支配，而服从其命令之人为教育之目的。然则道德的观念果何物乎？彼分道德的观念为五：内心自由之观念；完全之观念；好意之观念；正义之观念；报酬之观念。以上所述五者，乃海氏教育之目的也。在介绍了这五个观念的内容之后，杨氏说，今请先批评海氏所谓道德之观念。其多数但有形式而无内容，故海氏所谓适于道德之行为，非必果善，其间亦有恶者。例如，印度掷人于安琪斯河，使鳄食之，以之为善。即印度人之良心，命彼等为此事，彼等乃从其命令而实行之，故不可不云印度人有内心之自由。如以海氏之道德说为标准，则吾人不能不以印度人之所行为是。然如此之行为实为不善，故云从良心之命令，即为道德，未为合理。世有性恶之人，无论受如何之刑罚终不改悔，彼等苟有机会宁自作罪而向之，彼等不知为罪恶，宁以之为当然之事，即彼等之良心命彼等为此事。如上所述，彼等不惧刑罚，常犯大罪，其意志之强，常同于其良心之强。故海氏之道德说不得谓为正当，此由于海氏之道德说无内容，故不得不到达如此之结论。海氏及属于其派之学者，谓内心自由及完全乃形式的，而其余三者则否。然彼等所认为目的之观念，除正义外皆为形式的。今就好意之观念言之。如有一人助他人，使得实行其恶意，乃以一意志助他意志达其目的，以海氏道德的观念论之，不可不认为好意，而以之为善，然吾人不能以助他人实行恶事为善。又如有一慈善家助一贫人，然贫人不感谢之，则二意志之间可云不平均，以海氏道德的观念言之，吾人不可不责贫人使感谢，且使慈善家对贫人请求其感谢。然吾人对于如斯之行为，以之为陋劣。

吾人以不豫期感谢而施恩于人，虽不受感谢，而毫不置念为道德。故欲实行海氏所言之报酬，吾人实际不可不为陋劣之行为。杨昌济认为，教育之目的，不可不以社会实在之生活为标准而决定之。由此，他提出了教育的三重目的：教育不可不以与生存于社会之能力于个人，为第一之目的。教育不可不使儿童能理解环象，能知对之之趣味，此教育之第二目的也。教育又不可不养成可得贡献于社会之生存发达之性格，此教育之第三目的也。[①]

杨昌济在分析“教授之目的”时又指出：盖海尔巴德以养成被支配于道念之意志为教育之目的，而以教授为教育之一手段。然以教育之目的为专在于陶冶品性，不免太狭。德性固重要之目的，然非唯一之目的，以外更有生存于社会之能力之必要，亦教育重要目的之一也。海氏以教授之目的为但在陶冶道德，乃因其教育目的太狭隘之故。从海氏之言，则于算术，于物理、化学，于博物，不唯宜唤起经验的兴味与穷理的兴味而已，又宜唤起同情的兴味与社会的兴味，又不可不以此等兴味之媒介，唤起正义、博爱等道德之观念。然数学之目的在解明数理，精熟算术；物理、化学在明理化之智识；博物亦在明博物之智识。欲于此等智识之外更求道德之陶冶，乃不可能之事。关于人事之教科，固可以教善恶正邪之区别，使起道德之心，然此乃历史、言语等科附属之目的。历史之教授，在教历史之事实，知文化之变迁；言语之教授，在得理解他人之思想与发表自己之思想之能力，此主要之目的也，以陶冶品性为主要之目的，不可云正当。要之，使生徒得正当之观念，而生正当之意志，于教授上不可不大为注意，然不能以之为各教科主要之目的，故海派

① 《杨昌济集》(一)，第295—303页。

之教育的教授不能不谓为褊隘。[①]

其次，批评赫尔巴特的个人主义教育学的片面性。杨昌济在谈到社会的教育学与个人的教育学的区别时说，盖以教育之目的为标准而区别之也。一则为社会教育个人，一则为个人教育个人。海尔巴德之教育说，为个人的。彼不主张社会的教育。由海尔巴德之说，个人性质之强者固不能变，然彼以为个人可自教育而发达，而欲除去社会，非正论也。杨昌济通过对赫尔巴特的五道德观念的分析指出，其实他实际上是包含了社会教育内容的。盖其伦理以五道念为主，其中好意之观念，助人使达其目的；正义之观念，守与他人所定之契约；报酬的观念，有自人受之则必酬之之意。此三道念皆生成于社会不可缺之道德。海尔巴德谓教育当造成有服从道念之意志之人，不可不谓其有增进社会利益之思想。又海尔巴德以唤起多方之兴味，为教授之目的。多方之兴味，第一为经验的兴味，第二为穷理的兴味，第三为审美的兴味，第四为同情的兴味，第五为社会的兴味，第六为宗教的兴味。这多方兴味之中，第四与第五之兴味，乃社会生存发达必要之兴味也。故海尔巴德于教授亦以养成社会生存发达必要之德为目的。海尔巴德又因使儿童知对于社会之义务又实行之之故，使知希腊、罗马、德意志社会发达之体要。如斯海尔巴德顾个人的方面，同时又顾社会的方面。盖教育者，直接感化个人，间接感化社会，固不易之理也。又，海尔巴德派之斯拉（齐勒尔）主张极端之个人主义。彼所著之书，有曰教育之目的，不可发见之于个人以外，吾人不可以个人为家庭或国家或人类全体之方便。教育的动作，不可不以个人为出发点与终极点，不可思一活动可由个人而及于社会，个人所

① 《杨昌济集》(一)，第 323—324 页。

受之效果，又为社会之利益，与教育者无关系。欲高社会之位置，固不可不以个人为出发点，然与教育者无关系。如斯之事，乃立于教育之境界以外者，乃政治上之看法也。欺拉主张极端之个人主义。此说于理论或可主张，然非可实行。欺拉以修学、旅行、公园、学校、技术为有社会的价值，又因欲使生徒知对于社会所有之义务且实行之之故，使生徒知基督教历史与德意志历史之大要。故欺拉抽象的论教育则主张极端之个人主义，而于教育之实际不废社会的方面。①

第三，不赞成赫尔巴特派齐勒尔关于教材排列的方法。海尔巴德派之齐勒尔以陶冶心情之教科为所有教科之中心。此中心教科，从历史的段阶排列之，此外各教科之教材，均以中心教科为标准而教之。齐勒尔排列中心教科之教材如下：自六岁至七岁童话，自七岁至八岁《鲁滨孙漂流记》，自八岁至九岁家长时代之历史，自九岁至十岁裁判官时代，自十岁至十一岁王政时代，自十一岁至十二岁基督之生涯，自十二岁至十三岁使徒之历史，自十三岁至十四岁宗教改革时代之历史。盖齐勒尔从历史的阶段分道德的、宗教的教材为八，以之为各学年之中心教科，乃于此作关系而教他教科。如在一年教狼与羊之童话，则附带教狼与羊之性质，即博物科所教以童话之教材而定。又在家长时代，有关于法旦之事，地理科则关于此地而教之，即地理科所教亦因中心教科之教材而定，以外一切教科之教材，皆以中心教科之教材为标准而定之。齐勒尔之案包含二主义：一、从历史的阶段排列中心教科之教材；二、各学年各教科之教材限于与中心教科之教材有关系者，即以中心教科统合各教科之教材。如此则可防同时教授各教科所生混乱之弊。第一谓

① 《杨昌济集》(一)，第314—315页。

之开化史的段阶主义，第二谓之中心统合主义。杨昌济在评论此两主义时指出，个体发生与种族发生于大体之点平行，然无个人几岁至几岁与何时代相当严密之平行，故齐勒尔以儿童自八岁至九岁为家长时代，九岁至十岁为裁判官时代，谓其相当，以各学年中心教科之教材如此排列，此无理由之事也。即令个体发生与种族发生严密平行，而古时远方之事实非必适于幼少之儿童而引起其兴味。古时远方之国，与今日之社会事情大异，幼少的儿童尚无历史的观念，决不能十分理解。故幼少之儿童，不可不先教以彼等所经验乡土现在之事实，作关于地理历史之概念，然后教以古时远方之事，如斯则有可以类比古来远方之事实基础的观念，而可以理解之。自此点思之，开化史的阶段主义非正当之思想。在谈到中心统合主义时，杨氏指出：凡各教科之教材，皆有固有之顺序，于各教科之中专取其关系于中心教科者，从中心教科排列之顺序，则不能全教各教科当教之事实，又不能从各教科固有之顺序，故中心统合主义又不可采用。[①]

① 《杨昌济集》（一），第342—343页。

第二节
较早全面论述智、德、体、美、劳五育

在中国近代，最早提出“五育”概念的是蔡元培。1912 年 2 月间蔡元培发表了著名的教育论文《对于教育方针之意见》。在此文中他说：“五者，皆今日之教育不可偏废者也。军国民主义、实利主义、德育主义三者，为隶属于政治之教育。……世界观、美育主义二者，为超轶政治之教育。”[①] 蔡元培所谓“军国民主义”教育就是体育，“实利主义”教育就是智育。杨昌济虽然没有明确提出五育，但在他的著作中对智育、德育、体育、美育、劳动教育进行了比较系统的论述。蔡氏的五育与杨氏的五育的不同只有一处，即一个讲的是世界观教育，一个讲的是劳动教育。这表明，杨昌济的教育思想是十分广博的，其五育所包括的内容与当代的教育方针更加接近。

一、智育

杨昌济说：教育不可不以与生存于社会之能力于个人，为

① 《蔡元培选集》，中华书局，1959，第 12—13 页。

第一之目的。生存竞争，实近世社会之特征，今日之人不能脱出于其涡中。故欲对于生存竞争，与以得生存之能力，不可不与以言语、数学、科学种种之智识。①

杨氏认为，培养智育的方法是教授，教授以授与智识、发达心身之能力为目的。杨氏接着分析了 10 多种教科。他说：

读书、算术、修身，无论在如何之时代均为教科之材料。因此三教科于日用生活甚为必要之故也。文化进步，科学发达，上述学科之外，历史、地理、物理、化学、博物，又为学校之教科。此等教科皆与以智识为目的，故谓之智识的教科。基础的教科、智识的教科之外，图画、唱歌、手工、体操又加入于学校之中。此等教科皆以技能为目的，故谓之技能的教科。②按照我们现在的看法，图画、唱歌、手工、体操应该分属体、美、劳的范畴，但杨氏认为它们以培养技能为目的，所以也将它们放在智育中讲。

1. 言语科。言语科之目的，在养成理解他人之思想与发表自己之思想之能力为目的。他人之思想恒以会话与文章发表之，己之思想亦然。言语科之所求，则在于发表之正确而优美，能与人以甚深之印象。如斯言语科以授关于言语之智识，养成关于言语之技能为重要之目的。言语之教授，又分为本国语与外国语之二。今先论国语之教授。国语之统一，与国家之统一与隆盛有大关系。国语不统一之国家，感情难于融和，国家团结力甚弱，奥地利、匈牙利其一例也。学校教外国语之理由有二：第一了解对自国之文化曾与影响、又现与影响之国语，知其文化，因使得历史的、根本的了解自国文化之力，并与以发达本国文

① 《杨昌济集》（一），第 297—299 页。
② 《杨昌济集》（一），第 327—328 页。

化之力。第二与以与外国人交际互通意志之能力。[①]

2. 数学科。数学乃一演绎的科学，习数学则为演绎的论理（形式逻辑）之实习，故可以锻炼思考力。又数学之智识正确毫无疑义，故学数学之时，暧昧之思想不许存在于思想界，从而关于所有之事物有极明了之思想。解数学之问题，要想象力。理解几何学之问题，要关于空间之想象力，故可发达想象力，其结果数学家之想象力甚为发达。[②]

3. 修身科。欲为善去恶，必先明善恶之别。而知何以某事为善、某事为恶之理由，于为善去恶有大效力。然虽知善恶之别与其理由，吾人非必实行之。自道德之智识，移于道德之实行，必先发生关于道德快与不快之感情，故欲其自好为善去恶，单授智识尚为未足，不可不养道德心。[③]

4. 历史科。于历史科不可不授以本国及外国之历史的事实，并历史的事实之原因、结果，因使得社会之变迁与国家成立发达之概念，兼养国民的思想。[④]

5. 地理科。地球得自种种之方面观察之：第一，数多天体中之一体；第二，与他天体无关系独立之一体；第三，所有生物之住所；第四，人类之住所。昼夜之区别、长短，日蚀、月蚀等，乃自地球与他天体之关系而生之现象也。火山之生成，山岳原野之起源，地震，乃自地球自身而起之现象也。动、植物分布之状态因地而不同，此地球各部分为生物之住所之现象也。都会、村落、道路，则人类住所之现象也。如斯地球对他天体之关系，地球自身之关系及动、植物，乃〔地〕理科之务。[⑤]

---

① 《杨昌济集》(一)，第 328—331 页。
② 《杨昌济集》(一)，第 333 页。
③ 《杨昌济集》(一)，第 334 页。
④ 《杨昌济集》(一)，第 337 页。
⑤ 《杨昌济集》(一)，第 338 页。

6. 博物科。动物、植物、矿物之智识，地理科亦授之，因欲详示之，故特设博物科。然普通教育非教科学之博物，不过涉动、植、矿之全体，无详教各部分之必要。[①]

7. 理化科。授存在于自然物、人工物之理化的现象，并支配之之法则，乃理化科之本务也。此等现象与法则，务必以实验示之于生徒。又简单而无危险之试验，宜使生徒自为之，如是则生徒就理化学多感兴味。[②]

8. 唱歌科。养成发调音、听调音之能力，乃唱歌科之目的。故唱歌科有练习耳与发音机关之效，此外又有使儿童高尚其品性之力。注意于歌词与曲谱之选择，可涵养生徒之德性。[③]

9. 图画科。养成表出吾人之表象（观念）于平面之上之能力，且求其表出之正确、精密、优美，乃图画科之目的也。

10. 手工科。手工教授之要旨，在于使得制造简单器物之能力。

11. 体操科。体操在助身体全部之发育，整齐其姿势，坚固其筋肉，使动作灵敏。[④]

二、德育

杨昌济认为，培养德育就是要培养被教育者的善良之品性，其方法是训练。训练以教育者直接与感化于被教育者，正其方向。

训练上最宜注意者，莫如养成社会的精神（公共心）。就消极言，宜使勿为有妨害于社会之举动；就积极言，宜与社会中人有同情，又能谋社会之利益。[⑤]

---

① 《杨昌济集》（一），第 339 页。
② 《杨昌济集》（一），第 339 页。
③ 《杨昌济集》（一），第 340 页。
④ 《杨昌济集》（一），第 340—341 页。
⑤ 《杨昌济集》（一），第 353—354 页。

教育者又不可不注意于儿童精神之状态。精神之状态有种种，兹区分之为三：

（甲）训练宜从精神发达之程度。概言之，则发达之程度尚低者，宜少用教谕劝告，而多用命令禁止；少用责罚，而多用奖励；少用功课，而多用游戏。

（乙）教育者宜注意个性。被教育者之个性千态万状，每人皆各有多少之差异，从而训练之时，某人宜多用某种之手段，某人又宜多用他种之手段；即用同一手段之时，不可不大异其宽急。

（丙）训练者又宜注意生徒当时之心的状态。例如，一日之中，朝则精神活泼，感应力强，于此时施训练，则受纳极易，且可永保持其影响。①

训练之手段：第一，命令及禁止。儿童天性活泼，欲望甚盛，有种种之要求，教育者宜考察之，许其合于教育目的者，而拒其不合者。第二，赏罚。赏之目的，在以之为某行为之良结果与以快感，使发永续此种行为之意志；罚之目的，在以之为某行为之恶结果与以苦痛，使生不再为同种之行为之意志。第三，游戏与作业。〔选〕择合宜之游戏，则可因之养守规律，好洁白、果断、服从之良习惯，且可养成热心、优美、亲爱、礼让及公共心等美德。根据被教育者〔智〕育发达之程度，课〔适〕应于彼等之力之作业，以炼意志、锻身体，以为将来执社会有用之业务之准备。第四，教谕。教谕是帮助被教育者诉于其内心之知见，使知何故宜为、何故不可为之理由，然后以实行为目的。第五，示例。一为教育者之示例，示例中最有力者，教育者之行为也。二为外界社会之示例。被教育者接〔触〕其他周围之

① 《杨昌济集》（一），第 357—360 页。

人比接〔触〕教育者遥多，教育者不可不利用其善者，避其恶者，使被教育者近接教育之目的。[①]

三、体育

杨昌济认为，自来论教育者，往往分为智育、德育、体育之三部。培养体育的方法是养护。养护以保护身体而发达之为目的。有积极的养护，有消极的养护。前者助身体之发育，后者防身体之损害。如课儿童以游戏、体操、手工劳役，此运动身体而助其发育之手段也。注意于学校卫生，以防一切之疾病，此保护身体而防其损害之手段也。积极的养护，或又谓之锻炼身体，习勤劳，忍苦痛，耐饥渴寒暑，皆锻炼身体之作用。意外之危险有种种，皆养护者之所宜注意，如刀剪之类宜慎藏之，无使儿童玩弄，以至误伤。又如缘木、乘墙、攀岩、跳涧等危险之游戏，皆宜禁止。运动场中所设备之天桥等运动器具，若无人监护而任儿童之自用，亦时有危险之虞。教室、寝室等不宜在楼上，在楼上者梯级必宜宽平稳固。又儿童好骑于楼梯扶手栏杆之上滑下以为戏，以亦甚为危险之事，宜特作圆形木钉以防其滑走。乡间小儿喜在塘井溪涧之中游泳，往往溺死，故儿童通学于其往来之途中，亦不可不大为警戒。又在城市之中遇火警之时，全校儿童宜由教员率领，整队而出，不可拥挤夺门，以致践踏伤命。此事亦宜于平日练习，庶仓卒之时，无不测之祸。又学校墙屋倒塌伤人性命之事时有所闻，此亦养护者之责任也。

中国学校之最不宜于卫生者，又莫如食物之不洁。今日学校会食之制，反不如前日书院分斋之制。注意清洁，亦防病至要之事。身体宜常浴，衣服宜勤浣，而教室之清洁，尤为教育

① 《杨昌济集》（一），第360—367页。

者所不可忽视之事。[①]

四、美育

杨昌济认为，美亦与真理同有使人忘苦痛之功，故教育不可不与以对于自然之美观，养关于文学艺术之趣味。

养成功者对于自然美、人工美之趣味，乃对于人人皆为必要者也。故学校教动、植、矿物之时，宜为郊外教授，使生徒接触自然；又设学校园，使生徒自栽培植物，以养成自然之美感；又以唱歌、图画、手工养成人工之美，亦为必要。最近关于美育之运动，起于德国，其势渐盛。盖近世因文明发达之故，人人追求物质之快乐，而社会道德遂次第破败。救济之之道，固有种种，而养成人之美观，使之发达，高尚其周围，确为一有效之方法。人之趣味发达，则将求高尚精神之快乐，而不至纵物质之快乐。如斯养成人人之美观，高尚其趣味，改良社会之腐败，乃近来德国美育隆盛之原因也。然德国近来美育虽进步，若比之法国则尚不如。法国工艺品优于德国，乃因法人美术之趣味高于德人之结果。故欲防法国美术品之输入德国，又欲使德国工艺品在外国与法国竞争，而扩大其版图，不得不求德人美术趣味之进步。此德国艺术教育近日大兴之第二原因也。德国美育之盛基于上述之原由，故教育家不以上流一部分之人能得美术之趣味为满足，并欲一般之人皆知美之趣味。故德国不仅高等学校，即国民学校亦皆努力于美育。德国美育之势虽逐日隆盛，然因美育至近年始兴之故，世人对于如何达美育之目的而得其效果之方法，尚无确实之意见，但通行之方法，则与文学、图画、唱歌、手工之教授，发达人工美之感情。又教理科之际，为郊外之教授，以养成对于自然美之感情。又教场廊

---

① 《杨昌济集》(一)，第 369—375 页。

下之壁，揭有名之肖像与雕刻品，一面为学校之装饰，一面因之以发达对于人工美之趣味。如此之学校甚多。如上所述，德国学校〔注意〕养成〔人之〕美感，且于社会注意养成人之美感。盖在德国，平日入博物馆不可不购票，然星期日则可以无须购票，使人得浏览博物馆。又星期日于公园等处开音乐会，使游人听之，不取分文。如此则可使平生无寸暇，生活无余裕之劳动者，得自由享受绘画、音乐之美，使记忆星期日，以一日之快乐忘其苦痛，且养成其美感，高尚其趣味。教育而强健其身体，使知生活必需之智识技能，从此可以生存于社会，然不能谓为人之生活。欲为人之生活，不可不理解自己之环象，知对之之趣味，即〔理〕解自然界所行之妙理而玩味之。又不可不理解社会百般之文化，例如又能味避（回避）下等快乐之毒。①

五、劳动技术教育

杨昌济认为，手工教授之要旨，在于使得制造简单器物之能力，且养成喜勤劳之习惯。手工非为工业之准备，手工教授有一般之教育的价值，使四肢发达敏捷，得自动之习惯。又手工教授于制造物品之先，使先观察模本，可养成观察力，又可使明其观念，又使生徒为种种之创作，可养创造想象之能力。又手工教授作美的物体，故可养美感。②

苏格兰小学堂之教科，国语、算术、地理、历史、理科、图画、体操，为男、女公共之学科。其他手工、园艺，则男儿习之；裁缝、洗濯、割烹，则女儿习之。又有簿记法及速记术，乃将卒业之儿童所习也。

每一教员担任一学级，每级约六十人，如国语、算术、地理、

① 《杨昌济集》（一），第301—302页。

② 《杨昌济集》（一），第341页。

历史、理科、体操，皆普通教员担任之。又有特别教员，教手工、园艺、裁缝、洗濯、割烹、体操、唱歌等科。此等特别教员，皆以一人担任数校或十数校之事，并往乡村为巡回之教授。[①]

英国小学校，惟七岁以下之儿童有简易之手工，而七岁以上至十二岁之儿童无之。男儿满十二岁时，乃更课以木工，与吾国之通小学各级而皆课手工者有异。盖折纸细工、豆细工等最适于幼稚儿童之心理，稍长之儿童，则其精神能力渐次发达，对于幼稚儿童之作业，已无复从前之兴味，故美国学校不课七岁以上之儿童以幼稚儿童之手工，甚合乎教育之原理也。至满十二岁至满十四岁之男儿，则想象之力、意志之力、手腕之力均已发达，又有图画、几何各种科学之豫备，为最适宜于练习木工之时期，而手工之教育的价值即于是而在。英国学制教授手工，同时不过二十人，所以便于教师之指授与生徒之操作也。余尝参观一次，生徒孜孜矻矻，各勤所务，乐此不疲，于以养成其勤勉习惯、劳作之兴味、坚忍之意志大有助焉，且可以练其手腕之力，增身体各部之活动，于体育亦大为有效。此则课长大之儿童以木工，又有合于教育学之原则也。英国学校课男儿以木工，同时课女儿以裁缝。盖裁缝亦手工之一种，而于女儿特为必要。[②]

六、各科课程对五育的影响是综合的

杨昌济认为，学校每门教科（课程）虽然有其固定的目的和功能，但同时也有许多其他的功能。所以教育者不能只强调其某种固定的作用，而看不到其他的作用。当然，也不能为了发挥其某种作用，而忽视其主要作用。例如：

---

① 《杨昌济集》（一），第 34 页。

② 《杨昌济集》（一），第 63 页。

凡教科固各有其道德的价值，教授之时，固不可不注意于涵养德性，然不可以涵养德性为各教科唯一之目的。如教言语时，使正确其发音，可养成精密注意之习惯，然不能以此为言语教授重要之目的。言语教授重要之目的，在与以关于言语之智识，因使得理解他人之思想，且授以明了发表自己思想优美之技能。又算术之规则乃绝对者，人当为计算之时，不可不服从绝对之规则，故自算术之教授，得与以服从绝对规则之习惯，而服从道德规则之习惯亦于是养成焉。故算术教授，有养成正直之能力，然不能以养成正直为算术科教授主要之目的。算术科教授之主要之目的，在于授关于数理之智识，与以速算且不误之技能。①

如习字教授，求其书法之优美，则于练目力与手力之外，又可以养美感。又求其书法之正确，则可养正直之心。教修辞学使作美文，又可养成美感。又使生徒学古典之时，可养成记忆、想象、审美心、道德心。至于使学本国之古典，则于养成爱国之心尤为有效。爱国心为对于祖国文化之自矜，使知祖国之古典，使知祖国有庄严之文化，爱国之念自油然而生。如斯使爱国心自然涌出于儿童之心中，较说之以爱国心为国家隆盛、个人自立之必要，更有伟大之效力。②

体操教授合宜，可以养勇气，励志操，强自信之念，并能养成守规则、忍耐、克己等习惯。③

体操又有整齐姿势之效，希腊雅典之体操，以优美其身体为主。如进行直立之姿势，曾习体操者较之未曾习体操者，实有优劣之殊。又如中国多曲背之人，较之欧、美、日本人耸然直立者，觉有衰靡雄健之别，此亦与体操有关系。④

---

① 《杨昌济集》（一），第 299 页。
② 《杨昌济集》（一），第 328—329 页。
③ 《杨昌济集》（一），第 341 页。
④ 《杨昌济集》（一），第 370 页。

唱歌于养道德的情操有大效力。例如，歌国歌之时，可起爱国之心；歌伟人之德，则生叹美伟人之行为之情；又歌不幸者之境遇，则生同情心。如斯唱歌得引起爱国之行为，向上之行为，同情之行为。故自涵养德性之点观之，唱歌甚为有效。欲于唱歌涵养德性，固不可不注意于歌词曲谱，又不可不使生徒注意练习唱歌之技能。[①]

① 《杨昌济集》(一)，第 340 页。

第三节
既有借鉴又有独创的《心理学讲义》

杨昌济的《心理学讲义》与《教育学讲义》编写的时间大体相同。根据高觉敷主编的《中国心理学史》统计，1900 年至 1918 年这个阶段，国内出版的心理学著作有 30 本（不包括杨昌济这本），这些著作大多是直接从外国著作翻译或取材外国心理学编辑的，其内容结构一般沿多用知、情、意三分法的论述。[①] 近代欧洲是康德使知、情、意三分法真正流行起来，他这样区分的理由是：这三者各自独立存在，它们之中任何一种都不是由其他任何一种派生出来的。康德的三部主要著作体现出了他的这种思想：《纯粹理性的批判》《实践理性批判》《判断力批判》。纯粹理性主要讲认识论，相当于认识活动；实践理性主要讲伦理学，相当于意志活动；判断力主要讲美感，相当于情感。康德这个三分法，一直影响至今。[②]

杨昌济的这本《心理学讲义》，借鉴了日本学者服部宇之吉的《心理学讲义》。服部宇之吉（1867—1939）是中日心理学交流过程中的重要人物之一，他毕业于东京帝国大学哲学科，

---

① 高觉敷主编《中国心理学史》，人民教育出版社，2005，第 385 页。
② 车文博：《西方心理学史》，浙江教育出版社，1998，第 154 页。

曾任教于第三高等学校、高等师范学校，后曾任文部大臣的秘书官、视学官等职位。他在任东京帝国大学文科大学的助教授期间，于1899年为研习汉学留学中国，1900年回国后曾赴欧洲讲授汉学及调查有关研究方法，此后再度来到中国。1902年9月，服部受聘于京师大学堂师范馆，着手京师大学堂师范和仕学两馆教学计划、规章以及设施建设等工作。服部出任讲授心理学、教育学、论理学和伦理学等课程的教习，并以"正教习"的身份对师范馆的教学进行督导工作。同时，服部一直对儒学倍加推崇，并致力于儒学的传播。服部在师范馆的心理学教学工作为心理学在中国的引介和传播做出了贡献。服部的《心理学讲义》是一部日本教习在中国教育背景下撰写的著作，既不是单纯的译著，也非中国人自行编写。服部在讲授心理学过程中，凡能够结合中国传统文化讲解心理学学理的地方，就"说明之或疏证之"，这在同一时期汉语心理学著作中是很少见的，这样一方面可以增进中国学生的理解，另一方面还可以促使学术的进步。从这里可以看到心理学在中国传播之初，走的是和中国文化相互沟通的道路，具有一定的中国化倾向。中国近代心理学术语与日本心理学利用日文中的汉字创设的心理学术语有着紧密的联系。中国在接受心理学过程中同时也接受了这些同形汉字的心理学术语，随着服部宇之吉等日本学者们的心理学著作在中国传播，这些心理学术语得以继承和发展。尤其是服部的《心理学讲义》作为京师大学堂讲义，对心理学术语的传播和普及有着重要意义。①

在《心理学讲义》中，杨昌济没有说明此书与服部《心理学讲义》的关系，但我们只要将两书加以对比，就可以清楚地

① 阎书昌：《服部宇之吉的〈心理学讲义〉》，《心理学报》2009年第5期。

看出，杨书对服部之书的借鉴。

首先，是三大部分的标题完全一致，即“第一篇　知之作用及其理法”“第二篇　情之作用及其理法”“第三篇　意之作用及其理法”。

其次，有的章节内容也有一致之处。例如，杨氏《心理学讲义》之引言第一节“心之现象”就相当于服部《心理学讲义》的第二节“心之发动”。第一句话两书都差不多。杨书为“物有动静，心亦有动静。道释二教，欲于心不动时，以认心之本体”。服书则为“物有动静，心亦有动静。道释二氏之教，欲就心不动之时，以认心之本体”。像这种借鉴和移植之处还有不少。

但是，杨氏《心理学讲义》与服部《心理学讲义》还是有很大差别的。

首先，是各部分的具体章节结构不同。如服部《讲义》引言部分有八节，杨氏《讲义》只有五节。服部《讲义》“第一篇　知之作用及其理法”分四章：第一章感觉，第二章知觉，第三章想像，第四章思想；第一章又分七节，第二章又分五节，第三章不分节，第四章又分四节。杨氏《讲义》也是分四章，其一、二、四章的标题与服部《讲义》相同，第三章标题为“记忆及想像”，各章之下不分节。服部《讲义》“第二篇　情之作用及其理法”下分八章，杨氏《讲义》则分三章：“感应”“情绪”“情操”；“感应”之下不分节，“情绪”之下分五节。“情操”之下分三节。服部《讲义》“第三篇　意之作用及其理法”之下不分章节，而杨氏《讲义》下分三章：“第一章　意之原始”；“第二章　与知情结合之意作用”，这一章又分为三节，“第一节　冲动”“第二节　欲望及愿望”“第三节　意思”；“第三章　品性及习惯”。服部《讲义》没有结论，杨氏《讲义》

有“结论”，且分为二节：“第一节　心之发达”“第二节　个性气质及人格”。这说明，从全书的章节结构来看，杨氏《讲义》与服部《讲义》之间还是有比较大的区别的。

其次，是章节的内容或侧重点有所不同。例如，服部《讲义》的引言第四节为“心之发动与心识”，该书对“心识”的解释是“谓心自知其动”。又说：“心专于一事，则不能兼顾他事者……即《大学》所谓心不在焉，视而不见，听而不闻，食而不知其味者，是也。”① 这里实际上是用“心识”说明“意识”和“注意”。“心识”这个概念在中国古已有之，其含义比较广泛，既包括心志、才智、心智、神志、意识的意思，也包括道家说的与实体相对的精神。南朝梁江淹《丹砂可学赋》：“辍阴阳於形有，传变化於心识。”② 杨氏《讲义》则将这一节名为“意识及注意”，这样就与现代心理学著作的概念统一起来了。王国维在 1907 年翻译的《心理学概论》就是用的“意识”这一概念。杨氏指出：“凡意识必有一刺激身体之内部或外部，传之于神经系统，使其状态变化之后方起者也。故无变化之处，意识不生。如人住大瀑布之傍，水声朝夕轰轰入耳，而不觉其纷扰者，以水之音响毫无变化。无变化，故心殆若不自识也。”这里所举瀑布之例，也是从服部这一节中引来的，但所用的概念是“意识”而不是“心识”。在此，杨昌济还引入了“识阈”的概念。“识阈”又称“识别阈”，识别阈是一种刺激能够被正确识别的最小物理刺激量。通常情况下，识别阈比觉察阈稍高；然而，它们之间的差别取决于刺激的类型。识别阈分类：味觉识别阈和触觉识别阈。所以杨昌济说：“心之作用，已至识阈后，其明了之度，种种不同。

---

① 服部宇之吉：《心理学讲义》，东京东亚公司，光绪三十一年（1905），第 12 页。

② 《心识的意思》，沪江网—在线字典。https://www.hujiang.com/cidian/xinshi_249410

譬之光线之于灵视，其通过灵视所结之焦点最为明了；若光线渐次广阔，明了之度亦渐次减少。故意识最明了之点，亦可称为意识之焦点。”杨氏关于“注意”的提法，则指心理活动对一定对象的指向和集中，是伴随着感知觉、记忆、思维、想象等心理过程的一种共同的心理特征。“吾人所称注意者，即意识之焦点所结也。意识常有结为焦点之倾向，故凡言意识活动，莫不含有若干之注意。”[①]

又如，服部《讲义》第一篇第三章标题为“想像”，只讲想像，而杨氏《讲义》第一篇第三章则为“记忆及想像”。在谈到“观念”时，杨昌济特别指出其生理基础：“观念之所由成立，就生理上言之，实为脑中之细胞作用。盖生物学之原则，凡细胞之生活，皆为继续性，故事物一经印脑，不至一去不回，而能保持之。然细胞何以有此奥妙之作用？斯宾塞尔以为出于经验，而经验非仅一己生涯之所得，乃祖先数千年来所积累遗传至今日而存于脑之组织者。小儿初离母胎，其时外貌之动作，与下等动物无异。然脑中既有自祖先遗传之经验，故渐生长而学事物。其精神之开发甚速，经过二三年，乃与下等动物远相隔绝。柏拉图欲说明其奥义，谓有灵魂入于人体之先，即受于天之智识也，其实不外所谓先祖之遗传。细考精神现象中，殆无一不自经验来者。如此积累经验，观念之发展，日趋复杂，遂为高尚智力作用之基础。”[②]这些分析是服部书中没有的。又如，服部书中在谈到联想（观念相联络）时，只讲三种：一、因类似之联络；二、因全体与一部之关系之联络；三、因接近之联络。[③]杨昌济则讲了四种，并且将其上升到规律的高度。他说：“联络

---

① 《杨昌济集》（一），第383—384页。
② 《杨昌济集》（一），第398页。
③ 服部宇之吉：《心理学讲义》，第80—82页。

之法，则此法则学者所见各殊，普通分为四：曰类似律，曰接近律，曰对比律，曰继续律。”“以上四律，系亚里士多德氏所创。后世学者，欲观念联络之法，则减少只采用类似、接近二律。谓对比之事物，非全无关系者，必有其相类之点，如善恶均系性质，长短均系尺寸，贫富均系资产等是也。故此律可视类似律之一种。而继续之经验，一先一后，要不过时间上之接近，故继续律亦可入之接近律中。”①

又如，第三篇论冲动时，服部书中未对冲动分类，而杨氏书中则将冲动分为七类：一曰营养之冲动，二曰交际之冲动，三曰动作之冲动，四曰模仿之冲动，五曰求知之冲动，六曰名誉之冲动，七曰两性之冲动。②

再如，服部书没有“结论”，而杨氏书中有“结论”，并且分为两节，在第二节专门论述了个性气质及人格。王国维在1907年翻译的《心理学概论》中已经谈到个性，但没有谈及人格。杨氏指出：“个性者，各个人之心之生活之全体也。”“禀赋中有关于感情本来之偏向，影响于心之生活，使呈特别状态者，谓之气质。”“人格为个性成立之高尚形式。教育之目的，在造就完全之人格，故特重视个性。而欲个性发达，则知情意各方面，皆不可不充分发达。”③

以上所举仅仅是一部分，它说明，杨昌济的《心理学讲义》虽然借鉴了服部的《心理学讲义》，但并不是照抄，而是有所充实和发展。

第三，杨昌济的《心理学讲义》充分利用了服部书中所引用的中国古代典籍中涉及心理学的内容。如《大学》说“心不在焉，

① 《杨昌济集》(一)，第399—401页。
② 《杨昌济集》(一)，第441—442页。
③ 《杨昌济集》(一)，第450—452页。

视而不见，听而不闻，食而不知其味”，孟子所说的“心之官则思”，《乐记》中所说的“物至知知，然后好恶形焉”，等等。同时杨氏自己也增加了不少中国传统文化的内容。如说：“吾人于无梦安眠时之外，心常不能无所觉。即勉强断念习静，亦如古歌云：‘此心如木石，万念纷不起。瞻彼泽边鹬，独立烟秋里。’”[①]又如在谈到幻觉时举例说：“如见八公山之草木以为敌兵，或闻风声鹤唳而惊，皆属此种幻觉。方士之返魂术，以及狐狸妖怪之谈，多因此种幻觉而生妄觉者，并无外物刺激而生知觉者是也，但其人则不自知其无刺激。”[②]又如在谈到观念入于心之深浅，其由来之一是因注意力有强弱时说：“弈秋诲弈，一人专于弈，一人驰心于鸿鹄，虽与之俱学，弗若之矣。此因注意力弱，故其印象于心也浅。”[③]诸如此类，还可以举出不少。

① 《杨昌济集》（一），第 379 页。
② 《杨昌济集》（一），第 396 页。
③ 《杨昌济集》（一），第 398 页。

第十五章 杨昌济思想对青年毛泽东的深刻影响

杨昌济留学归来后在长沙教书五年整，培养了一大批英才，其中最为突出的就是毛泽东。他对毛泽东的影响是全面的、深刻的。在这一章我们就要着重探讨一下其主要影响是什么。

在《杨昌济的生平及思想》一书“新民学会的精神导师”一章中，笔者从多方面论述杨氏对新民学会学生的影响：一是向上的人生观。杨昌济十分重视培养学生树立远大的理想和抱负，鼓励学生做有益于社会的正大光明的人。他认为道德教育的目的即在于此。所以在他编写的《论语类钞》中，第一章就是“立志”。他巧妙地把儒家的修身学说和近代资产阶级个性解放的理论结合起来，试图用儒家的“小我”与“大我”的理论去防止资产阶级极端个人主义的弊病，这种观点对新民学会许多早期会员影响很深。杨昌济认为，要想成为一个有道德的人，光有志向、有理想还不够，还必须为实现这个理想而终身奋斗，并注重道德的实践。他还用自己的切身经验告诉他的学生：“吾无过人者，惟于坚忍二字颇为着力。常欲以久制胜。他人以数年为之者，吾以数十年为之，不患其不有所成就也。”这种“以久制胜”的坚忍精神，被他的学生们称为“达化斋的法门”，并且争相仿效。他始终以端正人心、改良社会风俗为己任，并且力图用自己的模范行动去感化学生。新民学会还根据杨昌济的一贯主张，把“不虚伪”“不懒惰”“不浪费”“不赌博”“不狎妓”作为学会的纪律。二是严谨的治学态度。首先，是十分重视自学。他认为一个人不但要抓紧学校功课的学习，平时也必须养成自学的习惯，使自己不断地有所进步。新民学会的会员在学校毕业之后，除了少数人直接升入大学继续深造以外，大部分人都走上了工作岗位，或从事教育工作，或赴法国勤工俭学。他们在繁重的工作和社会活动之余，仍抓紧一切时间进行自学。杨昌济强调“读书之要”在于“反复细读，抄其大要，不在求速求多，反毫无心得也”。这种读书方法，使这些学生在自学中得了不少好处。其次，他强调用批判的态度进行学习。不论对何种学派或学说，他都不主张无保留地继承，而要有批判地接受。他宣布自己本自宋学入门，而亦认汉学家考据之功，这种兼收并蓄的博大心怀也深刻地影响了他的学生。再次，杨昌济比较重视学以致用和知行统一，重视调查研究，主张积极参与改良社会的实际活动以及物质生活资料的生产。这种思想也曾影响了新民学会的许多成员。正是由于新民学会成员重视实践、重视知行统一，所以他们中的绝大多数人在一师毕业以后，很快便投入了“改造中国与世界”的伟大斗争。三是顽强的体育锻炼。杨昌济对体育十分重视。对于体操、静坐和洗冷水浴等等，他都无不带头实行。由于杨昌济的提倡和带动，新民学会的许多会员都十分重视身体锻炼，注意德智体相结合，甚至仿效他实行静坐和洗冷水浴。[①]杨昌济的这些思想也曾深刻地影响了青年毛泽东。这些，就不再重复了。这里，我们要着重分析的是，杨昌济在哲学、伦理、教育等方面对青年毛泽东的深刻影响。

① 《杨昌济的生平及思想》，第153—173页。

第一节 哲学思想的影响

杨昌济的哲学思想对青年毛泽东的影响，主要表现在以下几个方面。

一、反复强调哲学的重要性

杨昌济从三个方面论述了哲学的重要性：首先，在哲学与其他学科的关系上，指出“学问以哲学为终极”。在《论语类钞》中，杨氏指出：“近世各种科学，各研究宇宙现象之一部，哲学则以宇宙之全体为其研究之目的物。故学问以哲学为终极。宇宙为一全体，有贯通其间之大原则，宇宙间所有一切之现象悉自此大原则而生。吾人当深思默会，洞晓此大原则，所谓贯通大原也。”[①] 杨氏的这段话，包括两个方面的意思：其一，是从整体与部分的关系，说明各种具体科学只研究宇宙现象的某一部分，而哲学则要研究宇宙的全体，所以人们才把哲学称为世界观。其二，从“形上”与“形下”的关系说明，各种具体科学是研究“形下”，因为所谓“宇宙现象”就是属于“形下”，而所谓“贯通其间之大原则”则是属于“形上”的东西。尽管杨氏说原则

① 《杨昌济集》(一)，2008，第 268 页。

生宇宙是错误的，但其对哲学与具体科学关系的论述是正确的。其次，在哲学与人生的关系上，指出“人不闻道是谓虚生”。在《论语类钞》中，杨氏又说：“人不可无哲学思想。苏格拉底、柏拉图、亚里士多德，皆以默想的生活为人类最高之幸福。宇宙间森罗万象，妙理无穷，能领悟之，乐莫大焉。人类之所以异于他动物者，以其有理性也。人不闻道，是谓虚生。”[①] 杨氏的这段话，是在解析孔子“朝闻道，夕死可矣”时说的，他还引用了朱熹对孔子这段话的解释：“道者事物当然之理，苟得闻之，则生顺死安，无复遗恨矣。”接着，杨氏便讲了上面这一通道理。这里，杨氏既引用了中国古代哲人孔子和朱熹的言论，又引用了西方古代哲人苏格拉底、柏拉图和亚里士多德的言论，从而说明“闻道”，即把握哲学思想对于一个人生命的极端重要性。其三，从哲学与时代关系上，指出“欲唤起国民之自觉，不得不有待于哲学之昌明”。1914 年 10 月，杨氏在《公言》杂志上发表的《劝学篇》中在中国第一次明确指出，中国近代向西方学习的历史进程经历了三个阶段：第一个阶段是从器物层面学习，第二个阶段是从政治法律层面学习。但是杨氏目睹辛亥革命后中国社会的现状，认为光有这两个阶段还不够，还应该有一个从思想上学习的过程。他说：“个人必有主义，国家必有时代精神。哲学者，社会进化之原动力也。一时代有一时代之哲学思想，欲改造现在之时代为较为进步之时代，必先改造其哲学思想。……欲唤起国民之自觉，不得不有待于哲学之昌明。”[②]

正是由于杨昌济从时代高度强调学习和普及哲学的重要性，所以他在理论上进行宣传的同时，在行动上组织第一师范学校的一些学生成立哲学研究小组。据黎锦熙回忆：1914 年，

① 《杨昌济集》（一），第 263 页。
② 《杨昌济集》（一），第 74 页。

他和杨昌济等人同住在浏阳门正街的李氏芋园。当时以杨昌济为领导组织了一个哲学研究小组。其成员有杨昌济、黎锦熙、毛泽东、陈昌、萧子昇、熊光楚、蔡和森、萧三等人。从1914年冬到1915年9月，每逢星期六或星期日，这些人都要到杨昌济家中来讨论有关读书、哲学问题。每次同来的人只有十个以下。哲学研究小组主要是介绍读物、讨论读书心得。杨昌济推荐给小组的读物是西洋哲学、伦理学以及宋元明哲学（理学）。黎锦熙推荐给小组的读物是英国人著的社会学研究。大家每次碰到一起，就把自己一个星期看的书的心得自由地进行谈论，有时也随手拿起旁边一个人的日记看看。[①] 黎锦熙之所以说哲学小组的活动是到1915年9月，是因为他在这个月到北京工作了。但这并不意味着哲学研究小组的解体。因为这个小组的大多数成员至1918年上半年还在一师读书，杨氏也还在此任教，所以他们仍然可以继续到"板仓杨"寓去讨论哲学等问题。毛泽东所写的《新民学会会务报告》（第一号）就曾指出："新民学会的发起，在民国六年之冬。发起的地点在长沙，发起人都是在长沙学校毕业或肄业的学生。这时候这些人大概有一种共同的感想：就是'个人及全人类的生活向上'。'如何使个人及全人类的生活向上'？乃成为一个迫待讨论的问题。这时候尤其感到的是'个人生活向上'的问题。尤其感到的是'自己生活向上'的问题。相与讨论这类问题的人，大概有十五人内外。有遇必讨论，有讨论必及这类问题。讨论的情形至款密，讨论的次数大概在百次以上。至溯其源，这类问题的讨论，远在民国四五两年，至民国六年之冬，乃得到一种结论，就是'集合同志，创造新环境，为共同的生活'。于是乃有组织学会的提议，

---

① 《杨昌济集》（二）附录，第1202页。

一提议就得到大家的赞同了。”[①] 这段话说明，毛泽东等人关于“个人及全人类的生活向上”的讨论，是在民国四五年（1915、1916）就开始了，这一时间与哲学研究小组的活动时间基本上一致，其成员也基本上是一致的。所以可以把这种讨论视为哲学研究小组活动的继续和延伸。

杨昌济还是五四前夕北京大学哲学研究会的发起人之一。1919 年 1 月 10 日，《北京大学日刊》发布“北京大学哲学研究会启事”，宣布在两星期内成立哲学研究会，列名发起者有杨昌济、马叙伦、陈公博、梁漱溟、陶履恭等 12 人。1 月 25 日，哲学研究会召开成立大会，到会者 50 多人。宣布该会是“以研究东西诸家哲学，瀹启新知为宗旨”。[②] 这是中国近代成立最早的一个哲学研究会。而青年毛泽东当时正在北京大学图书馆工作，他是参加了这个哲学研究会的。

正是由于杨昌济从时代高度强调学习和普及哲学的重要性，所以当 1915 年以陈独秀主办的《新青年》杂志出版为标志的五四新文化运动兴起之后，便得到了杨昌济的热烈支持。因为五四新文化运动的兴起，标志着中国近代向西方学习进入到思想文化领域，它正符合杨昌济关于从哲学上“唤起国民之自觉”的要求。所以他不仅自己认真阅读《新青年》并向其投稿，而且用自己的工资订阅若干份《新青年》，供哲学研究小组的成员阅读。这样，就极大地激发了围绕在他周围的这批学生追求新文化和新生活的热情。到了 1918 年 4 月 14 日，这批进步学生便组织了五四时期全国最早的社团之一——新民学会。青年毛泽东在《新民学会会务报告》中谈到学会成立的原因时指出：“这时候发起诸人的意思至简单，只觉得自己品性要改造，学

① 《新民学会资料》，第 2 页。
② 《北京大学日刊》，1919 年 1 月 10 日、28 日第 2 版。

问要进步，因此求友互助之心热切到十分。——这实在是学会发起的第一个根本原因。又这时候国内的新思想和新文学已经发起了，旧思想、旧伦理和旧文学，在诸人眼中，已一扫而空，顿觉静的生活与孤独的生活之非，一个翻转而为动的生活与团体的生活之追求——这也是学会发起的一个原因。还有一个原因，则诸人大都系杨怀中先生的学生。与闻杨怀中先生的绪论，作成一种奋斗的和向上的人生观，新民学会乃从此产生了。”[①]毛泽东在这里讲的三个原因中，第三个原因当然直接关系到杨昌济，而其第一和第二个原因，也是与杨昌济分不开的。因为正是听了杨氏的“绪论”，这群青年才觉得自己的品性要改造，学问要进步；也正是在杨氏的指导下，他们才积极投身到新文化运动中来。正是基于杨氏对新民学会基本成员的影响之深，所以笔者曾将杨昌济称为“新民学会的精神导师”[②]。

杨昌济关于哲学重要性的思想，对青年毛泽东的影响特别大。1917年8月23日青年毛泽东在致黎锦熙的信中谈到一些同学不重视哲学学习时说：“惟少年亦多不顾道理之人，只欲冥行，即如上哲学讲堂，只昏昏欲睡，不能入耳。死生亦大矣，此问题都不求解释，只顾目前稊米尘埃之争，则甚矣人之不智！……吾人欲使此愚人而归于智，非普及哲学不可。”[③]毛泽东在这里所讲的上哲学讲堂，显然是指听杨昌济的哲学课。因为在一师教员中，只有杨昌济的课程中有哲学的内容。他所编的《修身讲义》中有一节就是“张子《正蒙》”，其内容就是张载的《正蒙》及王船山的《正蒙注》之摘录。在同一封信中，毛泽东还谈到了哲学的重要性。他在回顾近代以来一些著

① 《新民学会资料》，第2页。
② 《杨昌济的生平及思想》，第3页。
③ 《毛泽东早期文稿》，第75页。

名历史人物之时，认为袁世凯、孙中山、康有为都缺乏本源，只有曾国藩才具有本源。那么，本源是什么呢？“夫本源者，宇宙之真理。天下之生民，各为宇宙之一体，即宇宙之真理，各具于人人之心中，虽有偏全之不同，而总有几分之存在。今吾以大本大源为号召，天下之心其有不动者乎？天下之心皆动，天下之事有不能为者乎？天下之事可为，国家有不富强幸福者乎？……故愚以为，当今之世，宜有大气量人，从哲学、伦理学入手，改造哲学，改造伦理学，根本上变换全国之思想。此如大纛一张，万夫走集；雷电一震，阴曀皆开，则沛乎不可御矣！”[①]

二、强调知行统一、理论与实践的统一

杨昌济的认识论，早年受陆象山、王阳明一派的影响较多。他说：“有天地自然之理，有人所立之义，人当深察夫天地自然之理，不可以人所立之义自囿也。……格致气质之学，希天者也；束教囿习之士，希圣者也。希圣不如希天，名教不如自然，然后知陆、王之卓识为不可及也。陆象山谓‘六经皆我注脚’，王阳明倡致良知之学，皆不以人所立之义自囿，而深察夫天地自然之理者也。”[②] 杨昌济所以要推崇王阳明的“致良知”，就是因为要发挥人的认识的能动性，突破“人所立之义”，即人们根据习惯而设立的各种限制，而体认“天地自然之理”。杨昌济虽然赞成王阳明的“致良知”和“知行合一”等提法，然而他对这些概念的理解，却是和王阳明有区别的；在某种意义上说，甚至是对立的。

首先，杨昌济并不否认认识对象的客观存在。他说：“吾

① 《毛泽东早期文稿》，第 73 页。
② 《杨昌济集》（一），第 19 页。

人开目而认万象，闭目则万象成空，纵使瞑目之时无直接之经验，外物之存在不可疑之。”[①] 可是王阳明的“致良知”和“知行合一”，却是以“心外无物”“心外无理”为前提的。当有人问王阳明：“山上的野花当你没有看见它时，它是否存在？”王阳明说：“你未看此花时，此花与汝心同归于寂；你来看此花时，则此花颜色一时明白起来。便知此花不在你的心外。”[②] 王阳明根本否认认识对象的客观存在，而杨昌济却认为“外物之存在不可疑之”。

其次，杨昌济既赞成王阳明的“知行合一”的提法，也不排斥朱熹“格物致知”的主张，他力图把王阳明和朱熹的主张调和起来。他在日记中说：“为生徒讲教育学史，至培根之倡实验派哲学，与笛卡儿之倡推理派哲学，因言朱晦庵之学近似培根，王阳明之学近似笛卡儿：一则求理于事物，一则求理于吾心。子曰：‘学而不思则罔，思而不学则殆。’学则有实验之意，思则有推理之意。又《大学》八条目中之格物致知，亦可作如是观。格物，则实验之事也；致知，则推理之事也。王船山《读四书大全说》，辨格物致知之义甚详。船山时时辟象山、阳明，而其所论致知之功夫，乃与陆、王之说合，亦当注意之事也。”[③] 这段话主要说明学、思必须并重，既要学又要思，既要“格物”又要“致知”。因为王阳明特别强调“思”在认识过程中的重要作用，所以杨昌济推崇他。值得注意的是，唯物主义哲学家王船山也是主张学思并重的，杨昌济在自己的日记中曾摘抄了他有关这方面的论述。例如王船山说：“知善知恶是知，而善恶有在物者，如大恶人不可与交，观察他举动详细，则虽巧于藏奸而无不洞见。”这就是说认识的主体（知）与认识的对象（物），

---

① 《杨昌济集》（一），第 176 页。
② 陈荣捷：《王阳明〈传习录〉详注集评》，台湾学生书局，1983，第 332 页。
③ 《杨昌济集》（一），第 488 页。

是有原则上的区别的，二者不能混同。可是王阳明却把它们混为一谈了。王船山又说："孟子曰：'梓匠轮舆，能与人规矩，不能使人巧。'规矩者，物也，可格者也；巧者，非物也，知也，不可格者也。巧固在规矩之中，故曰'致知在格物'；规矩之中无巧，则格物、致知亦自为二，而不可偏废矣。大抵格物之功，心官与耳目均用，学问为主．而思辨辅之，所思所辨者皆学问之事。致知之功则唯在心官，思辨为主，而学问辅之，所学问者乃以决其思辨之疑。'致知在格物'，以耳目资心之用而使有所循也，非耳目全操心之权而心可废也。朱门诸子，唯不知此，反贻鹅湖之笑。"[①] 王船山的这段话，全面地分析了格物与致知、学问与思辨的关系，既批判了朱熹只重格物不重思辨的片面性，也批判了王阳明只重思辨不重格物的片面性。杨昌济很欣赏这段话，把它全部抄录在1914年6月20日的日记中。可见，尽管杨昌济很推重王阳明的强调思辨，但把学问与思辨、格物与致知两者有机地结合起来，则又是受了王船山学说的启发。

再次，杨昌济讲的"知行合一"包含统一的意思在内，而王阳明讲的"知行合一"，往往是说知就是行，行也就是知。行和知一样，都是主观的东西，不具有客观实践的意义。杨昌济既然认为认识的主体和认识的客体不能像王阳明那样混为一谈，所以他所理解的"知行合一"就不是像王阳明那样的合而为一，而是知与行相统一的意思。例如，他在《论语类钞》中说："某君专重力行，不重学问；某君则专恃天才与经验，不重学问。不知学之不讲，则力行只是盲行，行之愈力，危险愈大。"[②] 这里，他是明确地把学问（知）和行分为具有不同内涵的两个概念。1919年，他在《告学生》一文中将知、行的内涵区别得十分清

① 《杨昌济集》（一），第510页。
② 《杨昌济集》（一），第250页。

楚：“知”属于精神活动，“行”则属于身体运动的物质性活动。而且对它们的关系也讲得很透澈：“知则必行，不行则为徒知；言则必行，不行则为空言。自觉与活动乃不可相离者也，无活动则无自觉，故实行尚焉。博学、深思、力行，三者不可偏废，博学、深思皆所以指导力行也，而力行尤要。力行为目的，而博学、深思为方法。博学而不行，何贵于学？深思而不行，何贵于思？能力行，则博学、深思皆为力行之用；不能力行，则博学、深思亦徒劳而已矣。且博学与深思亦力行之一事也。非真能力行者，学必不能博，思必不能深，故学者尤不可不置重于实行也。”① 杨昌济的这段话，不仅把知和行看作一个活动的两个不可分割的方面，而且深刻地指出行是知的目的，知必须建立在行的基础之上。

杨昌济知行观对毛泽东有很大的影响。他在湖南省立第一师范学校读书时，就注意“读有字之书”，又“读无字之书”。为此他走出书斋，走向社会求学。他就几次和同学一起，风餐露宿，游历农村，了解民情风俗，考察社会，自称当了几回“游学先生”，并感到“游之为益大矣哉！”

在读杨昌济所教《伦理学原理》时，毛泽东曾写下一万多字的批语。其中就有从理论上探讨知与行关系的内容。例如，他虽然同意泡尔生（包尔生）重视经验的思想，但同时又指出：“然谓知识毫无影响于人心则非，知识固大有影响于人心者也。人心循感情冲动及良心而动作者半，循新得之知识而动作者亦半。人类之有进步、有革命、有改过之精神，则全为依靠新知之指导而活动者也。”② 在认识的来源上，毛泽东坚决排斥先天直觉论，而主张经验论。对于过去被唯心主义者说得神乎其神

---

① 《杨昌济集》（一），第 246—247 页。

② 《毛泽东早期文稿》，第 201 页。

的“良能”，他也力图用经验去加以解释：普通之人“多以良能行事亦足以完满其生活也。此良能乃祖先以来多代相传之经验，其始固有意识存乎其间，及其行之以已久，成为社会之习惯，在个人脑筋中成为一种不假思索脱然而出之反射运动，乃所谓良能也”。[①]

他在《健学会之成立及进行》一文中分析戊戌变法运动存在的缺陷时，认为维新派“很少踏着人生社会的实际说话”，故那时的思想是空虚的思想，要获得实在的切合实际情况的思想，就必须“引入实际去研究实事和真理”[②]。在讨论赵女士自杀的过程中，他强调“吾们讨论各种学理，应该傍着活事件来讨论”。[③]在湖南自治运动过程中，他说：“无论什么事有一种‘理论’，没有一种‘运动’继起，这种理论的目的，是不能实现出来的。”[④]这些都鲜明地体现了青年毛泽东的理论与实践相统一的思想。

还必须指出，在杨昌济的教诲下，毛泽东已经对王船山有了深刻印象，1914 年船山学社成立后，毛泽东就积极去听其讲演，因此他对船山的民族气节、知行统一的思想和个人独立的思想，有着深刻的印象。在 1921 年中国共产党成立之后，毛泽东等人又利用船山学社社址和经费创办湖南自修大学，为党培养了一大批宝贵人才。1937 年，毛泽东为了在延安抗日军事政治大学讲哲学认识论，进行备课时曾结合中国传统哲学中的知行关系问题，阅读过《船山遗书》。因为当时手头《遗书》不全，他还写信给在长沙主持八路军办事处的徐特立，请他想办法从湖南购买所缺之册。《实践论》重新发表时，毛泽东亲自加上了副标题：“论认识和实践的关系——知和行的关系。”当时报

① 《毛泽东早期文稿》，第 136 页。
② 《毛泽东早期文稿》，第 334 页。
③ 《毛泽东早期文稿》，第 377 页。
④ 《毛泽东早期文稿》，第 464 页。

刊发表了很多称赞《实践论》的文章，其余各篇毛泽东都没有看中，唯独冯友兰发表的题为《〈实践论〉——马克思主义底发展与中国传统哲学问题的解决》的文章得到毛泽东的赞扬。[①]冯友兰这篇文章发表在1953年3月出版的《新建设》杂志第3卷第6期，文章对历代重要哲学家的认识论进行了简略的回顾和分析。在谈到王船山时说：在中国哲学史里，船山关于知行关系的学说是比较正确的。就知行的先后说，他是肯定行先知后的；就知行的难易说，他是肯定行难知易的；就知行的分合说，他是肯定知行相资的；就知行的轻重说，他是肯定行重知轻的。毛泽东在写《实践论》时，是吸收了包括王船山在内的历代哲学家对知行关系的正确认识的。

三、强调实事求是，深研国情，创造新学派

杨昌济1914年10月1日日记记载："近世汉学家言，薄虚悟而尚实证。夫其尚实证是也，然但求实证于古而不求实证于今，但求实证于文字而不求实证于事物，又岂得谓实哉？"[②]杨氏说，这段话是他在1902年参加赴日本留学考试的试卷中所写。汉学是清代与宋学相对立的一个重要学派。它打出的旗号是"实事求是"，而宋学派的旗号则是"即物穷理"。这两派在乾隆、嘉庆年间尖锐对立，水火不容。"实事求是"是汉代古文经学派提出的一个考据学命题。它的原意是要通过研究，从古代的文物、文献、典籍中，找出是非、对错、真假。到了近代，经过曾国藩、郭嵩焘等人的改造，这个命题成了一个哲学认识论的命题，即要通过对实际事物的研究，从中找出其规

① 金羽、石仲泉、杨耕主编《毛泽东〈实践论〉〈矛盾论〉新探》，中国人民大学出版社，1991，第81—82页。

② 《杨昌济集》（一），第558—559页。

律性。清代汉学家重实事求是，但是主要是从故纸堆寻找真理，所以杨昌济说他们的所谓“实证”是只求实证于古而不求实证于今，但求实证于文字而不求实证于事物。这样，杨氏就将实事求是与从实际出发统一了起来，使之成为一种哲学认识的方法论。

杨昌济的这种实事求是的精神最突出的表现，就是强调学习西方的时候，要结合中国国情。他在1914年发表的《劝学篇》中明确指出，一个国家有一个国家的民族精神，犹如一个人有一个人的个性。一个国家的文明，不能全体移植于他国。国家为一有机体，犹人身之为一有机体，不像机械那样，可以拆卸再装置，拆卸则死。善治病者，必察病人身体之状态；善治国者，必审国家特异之情形。我们求学海外的人，如果想在归国后将所学致之于用，就不可不对自己国家的情形深入地进行研究，知道何者当因，何者当革，何者宜取，何者宜舍。[①]这里说的“国家特异之情形”，就是讲的矛盾特殊性。实事求是，就是要善于把握这种矛盾的特殊性，知道何者当因，何者当革，何者宜取，何者宜舍。这样才能制定出符合国情的路线、方针和政策，学习也才能成功。

杨氏不仅从一般原则上主张结合国情学习西方，而且结合中国传统哲学发展的历史，提出了当代中国哲学研究者所面临的任务，就是应该创立一种适合新时代需要的新的哲学形态。王国维关于中国古代学术发展历史的论断说：战国之时，诸子并起，是为能动之发达；六朝隋唐之间，佛学大昌，是为受动之发达；宋儒受佛学之影响，反而求之六经，道学大明，是为受动而兼能动之发达。杨氏说：现在我国第二之佛教来了，这

① 《杨昌济集》（一），第73页。

就是西学。他希望国人能输入西洋之文明以自益，后输出吾国之文明以益天下，既广求世界之智识，复继承吾国先民自古遗传之学说，发挥而光大之。[①]这一思想，在他和黎锦熙谈话时，表达得更为明确。据黎氏1915年12月14日日记："怀中尝言：'有宋道学其能别开生面，为我国学术界辟一新纪元者，实缘讲合印度哲学之故。今欧学东渐，谁则能如宋贤融铸之，而确立一新学派耶？'"[②]杨昌济由于英年早逝，未能完成"确立一新学派"的愿望。但是他的这一愿望被其最"心赏"的学生毛泽东实现了。

青年毛泽东在1917年8月23日致黎锦熙的信中曾说："怀中先生言，日本某君以东方思想均不切于实际生活。诚哉其言！吾意即西方思想亦未必尽是，几多之部分，亦应与东方思想同时改造也。"[③]这说明，杨昌济关于要批判地对待东西方各种学说的思想，是被青年毛泽东接受了。而杨氏关于要结合中国国情学习西方的思想也同样为青年毛泽东所遵循。所以当新民学会许多成员均往法国留学时，毛泽东却决定暂不出国。他在1920年3月14日致周世钊的信中说："吾人如果要在现今的世界稍为尽一点力，当然脱不开'中国'这个地盘。关于这地盘内的情形，似不可不加以实地的调查，及研究。这层工夫，如果留在出洋回来的时候做，因人事及生活的关系，恐怕有些困难。不如在现在做了，一来无方才所说的困难；二来又可携带些经验到西洋去，考察时可以借资比较。"[④]毛泽东这样重视对国情的研究，显然是受了杨昌济的影响。正是由于青年毛泽东在向西方学习的过程中，十分注重结合本国的国情，所以他在成为

---

① 《杨昌济集》（一），第76页。
② 《杨昌济集》（二）"附录"，第1199页。
③ 《毛泽东早期文稿》，第73—74页。
④ 《毛泽东早期文稿》，第428页。

马克思主义者之后，也就特别重视将马克思主义与中国实际相结合。在中国共产党的早期领导人中，毛泽东的学历并不是最高的，但是他却是最早把马克思主义与中国普遍真理相结合的人，这其中的奥妙就在于结合中国国情运用马克思主义，并且在这种结合的过程中，创造了一种新的理论形态——毛泽东思想，从而实现了杨昌济的遗愿和预言。

四、某些唯意志论的思想影响

所谓“唯意志论”是主张世界的本质是意志的哲学思想。在近代中国，谭嗣同主张的“心力说”就是属于唯意志论的范畴。杨昌济在1915年3月27日的日记中说：“余研究学理，十有余年，殊难极其广大，及读谭浏阳《仁学》，乃有豁然贯通之象。其序言网罗重重，与虚空而无极，人初须冲决利禄之罗网，次须冲决伦常之罗网，次须冲决天之罗网，终须冲决佛教之罗网。心力迈进，一向无前；我心随之，猝增力千万倍。”[①] 杨昌济推崇的这种心力说，就对青年毛泽东产生过深刻影响。毛泽东在和埃德加·斯诺的谈话中谈到杨昌济时说：“我在他的影响之下，读了蔡元培翻译的一本伦理学的书。我受到这本书的启发，写了一篇题为《心之力》的文章。那时我是一个唯心主义者，杨昌济老师从他的唯心主义观点出发，高度赞赏我的那篇文章。他给了我一百分。”[②] 美国乔治城学院历史系教授刘力妍在概述西方学者对毛泽东受唯意志论影响的分析时指出：“唯意志论的观念成为毛泽东思想中一种持久的特征，深刻地影响了他对马克思主义的接受和重新解释。1945年，毛泽东讲述了一个古老的中国寓言‘寓公移山’，显示他仍然相信靠着单纯的意志是可

① 《杨昌济辑》，第506页。

② 《西行漫记》，生活·读书·新知三联书店，1979，第122页。

以完成任何任务的。[①] 在毛泽东写于 1927 年的那篇《湖南农民运动考察报告》中，他也显示出对民众尤其是农民‘得到引导’的意志之力的高度信心。

① 韦克曼：《历史与意志：毛泽东思想的哲学透视》，第 47 页。

第二节
伦理思想的影响

杨昌济在伦理思想方面，对青年毛泽东的影响也是全面的和深刻的。

一、十分重视立志，以圣贤豪杰为期向

毛泽东在1913年冬天所记之《讲堂录》中，就曾记下杨昌济关于立志的一些论述："心之所之谓之志。""高尚其理想（立一理想，此后一言一动皆期合此理想）。""王船山：有豪杰而不圣贤者，未有圣贤而不豪杰者也。圣贤，德业俱全者；豪杰，歉于品德，而有大功大名者。拿翁（破仑），豪杰也，而非圣贤。"[①]

在《论语类钞·立志篇》中，杨昌济在分析"子曰：三军可夺帅也，匹夫不可夺志也"时说："道德教育，在于锻炼意志。人有强固之意志，始能实现高尚之理想，养成善良之习惯，造就纯正之品性。意志之强者，对于己身，则能抑制情欲之横恣；对于社会，则能抵抗权势之压迫。道德者，克己之连续。人生者，不断之竞争。有不可夺之志，则为无不成矣。"[②] 在《修身

① 《毛泽东早期文稿》，第531—532页。
② 《杨昌济集》（一），第252页。

讲义》中，杨昌济更是明确指出："为人第一要立志。立志为善人不为恶人，立志为圣贤豪杰不为庸俗人，立志为君子不为小人，乃修身之第一要义也。"

杨昌济在《修身讲义》中还专门辟一章选载张载所著之《正蒙》和王夫之所作之注，这一作法启发了青年毛泽东对哲学与立志关系的认识。他在1917年8月23日致黎锦熙的信中说："今人动教子弟宜立志，又曰某君有志，愚意此最不通。志者，吾有见夫宇宙之真理，照此以定吾人心之所之之谓也。今人所谓立志，如有志为军事家，有志为教育家，乃见前辈之行事及近人之施为，羡其成功，盲从以为己志，乃出于一种模仿性。真欲立志，不能如是容易，必先研究哲学、伦理学，以其所得真理，奉以为己身言动之准，立之为前途之鹄，再择其合于此鹄之事，尽力为之，以为达到之方，始谓之有志也。如此之志，方为真志，而非盲从之志。其始所谓立志，只可谓之有求善之倾向，或求真求美之倾向，不过一种之冲动耳，非真正之志也。虽然，此志也容易立哉？十年未得真理，即十年无志；终身未得，即终身无志。"[①]在《〈伦理学原理〉批注》中，青年毛泽东又明确指出，普通人也应该以圣贤豪杰为期向："既认为圣贤豪杰之所为，即当认为普通人之所为，圣贤豪杰之所以称，乃其精神及身体之能力发达最高之谓。此精神及身体之能力发达最高，乃人人应以为期向者也。谓圣贤豪杰独可为舍身拯人之事，而普通人可以不为，是谓圣贤豪杰之身心能力发达最高，而普通人不必如是也，岂为合于论理之言哉！"[②]在《新民学会会务报告》中，毛泽东说新民学会创立时期，许多成员都是杨昌济的学生，"与闻杨怀中先生的绪论，作成一种奋斗的和向上的人生

① 《毛泽东早期文稿》，第74页。
② 《毛泽东早期文稿》，第209—210页。

观”[1]，这种向上的人生观的具体内容，正是以圣贤豪杰为期向。

二、从杨昌济的“贵我”“通今”，到青年毛泽东的“个人主义”和“现实主义”

杨昌济在1903年发表的《教育泛论》一文中曾经指出：“从事教育者，不可不知二大主义。何谓二大主义？一曰贵我，一曰通今。西人有恒言曰：人人有应得之权利，人人有应尽之义务。斯言也，实颠扑不破之真理，放之四海而皆准者也。一人有一人之性质，一事有一事之因果，譬之耳目手足，各有所明，饥饱寒暖，当体自喻，以局外之人，而论局中之事，必不合矣。是故一人之行为，必由一人之意志决之；一人之意志，必由一人之智识定之。……知贵我，则知通今矣。于天地之间而有我，天下皆宾而我则主也，天下皆轻而我则重也，天下之人皆不可恃而我则可恃，天下之理皆不可信而吾心之理则必可信。吾尽吾之力而已矣，吾行吾所是而已矣，事变万端，美名百途，岂能一身而兼任哉？道并行不悖，言各有所当，岂能一一而求合哉？独断独行，独往独来，我动而天下不得不动，我静而天下不得不静，天下皆动而我独静，天下皆静而我独动，有泰山乔岳之气象，有旋乾转坤之手段。佛说：‘恒河沙界，惟我独尊。’此自由独立之真谛，建诸天地而不悖者也。于万世之中而有我之一生，于百年之中而有现在之一日。横尽虚空，山河大地，一无可恃，而可恃惟我；竖尽来劫，过去未来，一无可据，而可据惟目前。”[2]杨昌济这种“贵我”“通今”的思想，曾经在1914年编写的《修身讲义》和1919年发表的《告学生》中反复表述过。

① 《新民学会资料》，1980，第2页。
② 《杨昌济辑》，第150—151页。

青年毛泽东在1913年所记之《讲堂录》中，就曾经记下杨昌济的“贵我”和“通今”：“重现在有两要义：一贵我（求己），（不责人）。二通今（如读史必重近世，以其与我有关也。）横尽空虚，山河大地一无可恃，而可恃惟我（贵我）。竖尽来劫，前古后今一无可据，而可据惟目前（通今）。”[①]到了《〈伦理学原理〉批注》，则成了“个人主义”和“现实主义”两主张：“吾于伦理学上有二主张。一曰个人主义。一切之生活动作所以成全个人，一切之道德所以成全个人，表同情于他人，为他人谋幸福，非以为人，乃以为己。吾有此种爱人之心，即须完成之，如不完成即是于具足生活有缺，即是未达正鹄。释迦、墨翟皆所以达其个人之正鹄也。一曰现实主义。以时间论，止见过去、未来，本不见有现在。实现非此之谓，乃指吾之一生所团结之精神、物质在宇宙中之经历，吾人务须致力于现实者。如一种行为，此客观妥当之实事，所当尽力遂行；一种思想，此主观妥当之实事，所当尽力实现。吾只对于吾主观客观之现实者负责，非吾主观客观之现实者，吾概不负责焉。既往吾不知，未来吾不知，以与吾个人之现实无关也。”[②]

然而个人主义在资本主义社会实践中已暴露出它的种种局限性。对此，杨昌济在1914年的日记中曾经有过分析：“近闻人言，今日民国唯有一我，除我外别无他物。盖言今日唯有自私自利之可言，他可不必顾也。此诚代表社会心理之言，可哀可惧！人惟自私自利而无爱社会爱国家之心，则率兽食人，人将相食，此种议论，生心害政，真有烈于洪水猛兽者。”[③]但是，杨昌济并没有因此否认个人主义存在的价值。他一方面肯定个

---

① 《毛泽东早期文稿》，第542页。
② 《毛泽东早期文稿》，第178—180页。
③ 《杨昌济集》（一），第490页。

人主义“有确信、有主张”，“不欲没却自我之精神”，另一方面又强调“吾人不可不以国家为中心，置重于国家之利害”。所以杨昌济认为：“教育当养成于必要之时牺牲自己利益之精神，又不可不养成有确信、有主张之人，不可不养成有公共心之个人主义之人。此于个人、于社会皆为有益。”[①] 杨昌济的这种“有公共心之个人主义”，正是毛泽东“精神个人主义”的蓝本。所以当泡尔生说到“且一切杀身成仁之事，亦皆含有保存小己之义，即所以保存其观念中之小己者也”时，毛泽东批曰：“此语甚精。观此语始知泡氏亦以个人主义为基础。此个人主义乃为精神的，可谓之精神之个人主义。”[②]

三、推崇自我实现论

杨昌济在《各种伦理主义之略述及概评》一文中介绍自我实现主义：“充实自我具有发达的可能性，谓之实现自我；以实现自我为吾人行为之最高目的，谓之自我实现主义。”杨氏认为“此主义谓吾人之活动，单以自然法不能说明之。道德之原因不存于行为者以外，而出于其内界之要求。吾人究竟之目的不在于一时之快乐，而在于理想的自我之实现，吾人欲以是为道德之真说明。……从此主义，则自我者，乃欲望为合理的意志所统一而成一有机的全体者也。此亦此主义优于他伦理主义之处也”。[③]

青年毛泽东的自我实现思想，不仅强调精神上的充分发展，还强调肉体的全面发展。他在《〈伦理学原理〉批注》中说：“人类之目的在实现自我而已。实现自我者，即充分发达吾人身体

---

① 《杨昌济集》(一)，第 307 页。
② 《毛泽东早期文稿》，第 131—132 页。
③ 《杨昌济集》(一)，第 157—160 页。

及精神之能力至于最高之谓。”① 这里讲的“充分发达吾人身体及精神之能力至于最高”，显然是利用了泡尔生的“具足”（即圆满——引者）的概念。因为泡尔生说过：“夫具足生活者何耶？盖谓人类之体魄及精神，其势力皆发展至高而无所歉然之谓也。”青年毛泽东有时又将自我实现称为“身心并完”。在《体育之研究》中，他说：“尝闻之：精神身体不能并完，用思想之人每歉于体，而体魂蛮健者多缺于思。其说亦谬。”他用一些历史事实批驳了这个谬见之后，得出结论：“总之，勤体育则强筋骨，强筋骨则体质可变，弱可转强，身心可以并完。”② 在《非自杀》一文中，他在分析伦理学是规定人生目的时，引述了泡尔生所说的“人类之体魄及精神，其势力皆发展到至高地位，而没有一毫歉仄”的话，然后说：“我觉得泡尔生的话，于人生目的，有具体的表示，最为可循。”③ 这就再一次肯定了自我实现论。他完成了世界观转变之后，在《湖南自修大学创立宣言》中谈到自修大学在湖南的必要时说：“湖南人有一种很大的任务落在他们的肩膊上来了。什么任务呢？就是自完成自发展自创制他们各个及全体特殊的个性和特殊的人格。”④ 这里，就不单是强调个体的自我实现，而且强调了社会的自我实现。

四、肯定“最大多数最大幸福的原则”

所谓“最大多数最大幸福的原则”，是西方功利学派提出的一个理论原则。边沁便是这个原则的积极鼓吹者之一。杨昌济在《各种伦理主义之略述及概评》中曾介绍边沁的这种功利主义：“道德的行为，不在于致己一身之快乐，而在于致社会公

---

① 《毛泽东早期文稿》，第 218 页。
② 《毛泽东早期文稿》，第 60 页。
③ 《毛泽东早期文稿》，第 390 页。
④ 《东方杂志》第 20 卷第 6 号，1923 年 3 月 25 日出版。

众之快乐。人生究竟之目的，乃最多数之最大幸福也。”但杨昌济认为这种原则“全无意义”。因为其一，所谓“最多数”的范围本身就难以确定，是指某一国、某一洲的“最多数”，还是指全世界的“最多数”；是指现存人类的“最多数”,还是包括过去、现在、未来全部人类的“最多数”，都不明确。其二，所谓“最大幸福”也是一个无法计量的概念，何以见得是“最大幸福”？杨昌济从逻辑上分析这个原则行不通，但是他肯定持这个原则的人的良好用心：“观世间不法不德之行为，恒自不顾他人或社会之利害，专图一己之利益而起。美事善行，则恒自专图他人若社会公众之利益而成，如不可诈伪，不可窃盗，此道德上及法律上之要求也。此皆因保国家之秩序而生者也。曰正义，曰仁爱，亦皆因冀社会之平和，故以为社会的德而尊重之，故道德的事实可由此主义说明之而无遗憾。且政治、法律、经济一切社会政策之根柢，皆不外此主义之所主张。凡国家社会之事业，不可不以利用厚生为的，以图人民之安宁。盖倡此主义之人，如边沁、弥勒皆法律学者，而有经国济民之志者也。”[①] 边沁的这个论点，的确反映了处于上升时期的资产阶级总是力图作为全民利益的代表而出现这一历史现象。这种情况，不仅在西方如此，在中国也不例外，我国著名民主革命家黄兴就多次宣传这个原则。1914 年 7 月 26 日，黄兴在《在屋仑华侨欢迎会上的演讲》中就说过：“所谓官僚政治，以少数人之自私自利，而剥夺大多数人之幸福。其施行此种政策，不过欲达到朕即国家之目的而已，毫无利国福民之意。革命党之反抗袁氏，为大多数人谋幸福，必要推翻官僚政治，而后有平民政治之出现，想亦现世纪人民所欢迎者也。”[②] 青年毛泽东对黄兴是很推崇的，

① 《杨昌济集》(一)，第 147—148 页。

② 《黄兴集》(二)，湖南人民出版社，2008，第 727—728 页。

他对黄兴关于为大多数人谋幸福的言论也是熟悉的。1922 年 8 月他在和邓中夏等人联名发表的《中国劳动组合书记部总部邓中夏等请愿书》中谈到劳动立法的必要性时提出："国内工人亦是中华民国人民一份子，律以凡属中华民国人民一律平等之旨，国内工人亦当受法律保护，不得任意歧视。且以全国人民而论，工人实占最大多数，依据最大多数最大幸福的原则，岂能舍弃工人而不顾？"[①] 毛泽东和邓中夏等人在利用这个原则时，是进行了阶级分析的，即突出强调工人占全国人民的大多数。运用阶级分析方法，对"最大多数"和"最大幸福"进行具体分析，正是毛泽东在建党至大革命时期，对"最大多数最大幸福的原则"进行改造的理论基础。经过这种改造，毛泽东后来提出了"全心全意为中国和世界的绝大多数人服务"的马克思主义原则。

① 根据《中国劳动组合书记部总部邓中夏等请愿书》石印件。

第三节 教育思想的影响

杨昌济的教育思想，对青年毛泽东也有着深刻的影响。笔者曾经在 1989 年召开的一个全国研究毛泽东教育思想的会议上说过，青年毛泽东早期许多思想都曾经有一个从不成熟到成熟的发展过程，唯独教育思想一开始就比较成熟，其原因就是受杨昌济的影响很深。

一、推崇人格主义教育，特别关注儿童身体健康

杨昌济在《西洋伦理学史之摘录》一文中介绍康德的人格论："康德谓人格乃有绝对之价值者也，与其他种种事物之价值大不相同。其他之事物必为方便始有价值，仅有相对之价值而已，乃关系于自其事物而生之利益、自其事物所与之快乐者也。是等事物，可得以能生相同之结果者互易之。然有绝对之价值者，其自身即为目的，而不为他物之方便。如斯之物，非可以他物互易者，为如斯之自己目的者，即人格也，此乃真可尊敬者也，有无条件之品位价值者也。不问为自己之人格与为他人之人格，吾人不可不以人格自身为目的而处置之，决不可以人格为其他

目的之方便。”[①] 杨昌济是重视个人独立人格的，他对人格主义教育也是十分推崇的。他认为：“人生究竟之目的，在于实现自我于社会的生活之下，以完成人格。”[②] 毛泽东则在《学生之工作》一文中指出，“今以学校对于学生之目的言之，为‘养成有独立健全之人格之人’”[③]。正是从这样一种立场出发，杨昌济和青年毛泽东都十分关注儿童身心健康，反复强调要减轻学生负担。在《教育学讲义》中，杨昌济指出：“学校教育最足以伤儿童之身体者，为钟点太多，负担过重。小学校之儿童正当身体发育之时，其脑力易感疲劳，固不可使记诵过多，坐听太久；即中学以上之生徒，功课亦不可过于繁重，至使身体积亏而不自觉。此事斯宾塞尔于其《教育论》曾痛切言之，以为学校之课程过重，学生之身体暗亏，数十百年之后，英国国民将蒙不可回复之恶影响，诚可谓救时之伟论。……盖学生成绩能力之测定，不以钟点之多少，而以教材实质之善否、教授方法之合否、注意力集中与否、精力之充足与否为断。钟点不过多，则教者与受教者精力充足，注意集中，一时可得二时之效。”[④]1914年5月26日日记中又说：“现在湘省学校有大害卫生者二事：一则饮食太差也，一则钟点过多也。此二事若不急行改良，其贻害于国民之体力者必巨。”[⑤] 在1917年致教育总长范源濂书中又说：“现在学校钟点，总不免太多，学生负担过重，大有害于身体。女学尤甚。此事关于国民之体力甚大。弟于《湖南教育杂志》《论教育上之养护》文中曾痛切言之，未知曾入尊览否？

---

① 《杨昌济集》(一)，第240页。
② 《杨昌济集》(一)，第159页。
③ 《毛泽东早期文稿》，第409页。
④ 《杨昌济集》(一)，第373页。
⑤ 《杨昌济集》(一)，第496页。

此非由部令限制，则各校不能擅减者也。”[①]杨昌济的这些思想，影响了青年毛泽东，乃至影响其一生。1917年毛泽东在《体育之研究》中指出：“吾国学制，课程密如牛毛，虽成年之人，顽强之身，犹莫能举，况未成年者乎？况弱者乎？观其意，教者若特设此繁重之课以困学生，蹂躏其身而残贼其生。”[②]1921年8月在《湖南自修大学创立宣言》中又历数课程过繁的坏处：“钟点过多，课程过繁，终日埋头于上课，几不知上课以外还有天地，学生往往神昏意怠，全不能用他们的心思为自动自发的研究。”“它坏的总根，在使学生立于被动，消磨个性，灭掉性灵。”[③]1950年6月19日，针对当时学生负担过重，身体素质下降的状况，毛泽东写信给教育部部长马叙伦：“此事宜速解决，要各校注意健康第一，学习第二。营养不足，宜酌增经费。学习和开会的时间宜大减。病人应有特殊待遇。全国一切学校都应如此。”1953年5月中共中央政治局举行会议讨论教育工作，毛泽东主持会议，并作出决定：“要注意青年健康。对大、中学学生要增加助学金。学生健康不好，要增加营养，搞好卫生，减少负担，克服忙乱现象。”1953年6月30日，毛泽东又对“减负”工作作出重要指示：“十四岁到二十五岁的青年们，要学习、要工作，但青年时期是长身体的时期，如果对青年长身体不重视，那很危险。”毛泽东提出“要使青年身体好，学习好，工作好”的“三好”思想。1957年，毛泽东要求省、地、市三级第一书记要管好“教材要减轻，课程要减少”一事，把第一书记作为减负的第一责任人。3月7日，毛泽东在与省市教育厅长、局长座谈中小学教育问题时，提出“教材要减轻，课程要减少”。

① 《杨昌济集》(一)，第227页。

② 《毛泽东早期文稿》，第57—58页。

③ 《东方杂志》第20卷第6号，1923年3月25日。

1964年2月13日，毛泽东在教育工作座谈会上指出："课程多、压得太重是很摧残人的。学制、课程、教学方法、考试方法都要改。""我看课程可以砍掉一半，学生要有娱乐、游戏、打球、课外自由阅读的时间。"对于考试方法，"现在的考试办法是用对付敌人的办法，实行突然袭击。题目出的很古怪，使学生难以捉摸，还是八股文章的办法，这种做法是摧残人才，摧残青年，我很不赞成，要完全改变"。[①]

二、主张德育、智育、体育相结合

杨昌济在《教育学讲义》中指出："自来论教育者，往往分为智育、德育、体育之三部。"[②]他这本书虽然是受赫尔巴特影响，在体系上遵循的是教授论（智育）、训练论（德育）、养护论（体育）结构，但这也的确反映了教育工作的基本内容，也就是具有普遍性。青年毛泽东在《体育之研究》中将德智比作被载者，将体比作载者。他说："体育一道，配德育与智育，而德智皆寄于体，无体是无德智也，顾知之者或寡矣。或以为重在智识，或曰道德也。夫知识则诚可贵矣，人之所以异于动物者以此耳。顾徒知识之何载乎？道德亦诚可贵矣，所以立群道乎人己者此耳。顾徒道德之何寓乎？体者，为知识之载而为道德之寓者也，其载知识也如车，其寓道德也如舍。体者，载知识之车而寓道德之舍也。"[③]从教育学的角度来看，毛泽东解决了德、智、体三育的统一，但从哲学的角度来看，他将德、智与体看成各自独立的实体，把它们看成车与被载者、舍与寓者的关系，则表明他还没有正确处理物质与精神的关系。这个

① 李永贤：《毛泽东的学生"减负"观：健康第一、学习第二》，《中国教育报》2004年1月18日。
② 《杨昌济集》（一），第369页。
③ 《毛泽东早期文稿》，第57页。

问题，在他接受了马克思主义哲学之后，也就迎刃而解了。1957 年 2 月 27 日，毛泽东在《关于正确处理人民内部矛盾的问题》讲话中明确提出："我们的教育方针，应该使受教育者在德育、智育、体育几方面都得到发展，成为有社会主义觉悟的有文化的劳动者。"[①] 这样，德育、智育和体育相统一的思想，就成为中国共产党的重要方针政策。

三、肯定古代书院的长处

杨昌济年轻时，曾先后在长沙岳麓书院和城南书院读过书，对书院的运作模式有着深切的理解。所以在书院改制之后，他对书院与学校各自的优缺点，也就看得比较明白。他在 1914 年 6 月 11 日的日记中写道："英人之教法在于奖励学生之自动，以养成读书力为务，颇与吾国从前之教授法相似。如从前之书院，山长绝无集生徒讲授之时，惟按期出题评定课卷而已。"[②] 他在《教育学讲义》中又说："中国学校寄宿舍之饭菜，实大有害于卫生，而推其所以然，则由人数太多之故。故有谓今日学校会食之制，反不如前日书院分斋之制者，所言亦未为无理。"[③] 毛泽东在青年时代对学校有甚多不满之处。为了矫正学校教育的弊端，便极力提倡"自教育"。在《民众的大联合》一文中，他指出："我们是学生，我们好苦，教我们的先生们，待我们做寇仇，欺我们做奴隶，闭锁我们做囚犯。……我们不联合起来，讲究我们的'自教育'，还待何时？我们已经堕在苦海！我们要讲求自救，卢梭所发明的'自教育'，正用得着。"[④] 这里讲的卢梭的"自教育"实际上包括自然教育与自由教育两个方面。为了实现"自教育"

---

① 《毛泽东选集》第 5 卷，人民出版社，1977，第 385 页。
② 《杨昌济集》（一），第 505 页。
③ 《杨昌济集》（一），第 374 页。
④ 《毛泽东早期文稿》，第 343 页。

的主张，青年毛泽东便把他的目光转向了中国古代的书院制度。在1917年8月23日给黎锦熙的信中，在谈到一师毕业之后的打算时说："弟久思组织私塾，采古讲学与今学校二者之长，暂只以三年为期，课程则以略通国学大要为准。"[①]1921年秋，湖南自修大学的创设，正是毛泽东这一理想的实现。在《湖南自修大学组织大纲》中，毛泽东指出，就是要"采取古代书院与现代学校二者之长，取自动的方法，研究各种学术"。[②]在《湖南自修大学创立宣言》中，毛泽东在解释什么是书院与学校之"长"时，指出："从'研究的形式'一点说，书院比学校实在优胜得多，但是现代学校有一项特长，就是他'研究的内容'专用科学，或把科学的方法去研究哲学和文学，这一点则是书院所不及学校的。自修大学之所以为一种新制，就是取古代书院的形式，纳入现代学校的内容，而为适合人性便利研究的一种特别组织。"[③]

四、正确处理注入式和启发式的关系

杨昌济在《教育学讲义》中对"注入式"和"启发式"的教学法，有明确的界定。他说："惟教师活动，或讲演，或说明，被教育者惟取受动的态度，以收纳知识，通例谓之注入的教式。"杨氏又将"注入式"分为三种：其一是"示教的教式"；其二为"示范的教示"；其三是"讲演式教授者"。杨昌济关于启发式的界定是："教师自问答法，使被教育者活动，使被教育者发明关于某事项之知识，通例谓之开发式的教式。"杨昌济认为注入式与启发式各有各的用途，不能抑此而扬彼："人有排斥注

① 《毛泽东早期文稿》，第76页。
② 湖南《大公报》1921年8月16日。
③ 《东方杂志》第20卷第6号，1923年3月26日。

入的教式而以开发的教式为万能者，此谬见也。有因教科之种类须用注入的教式者，即同一教科之中，亦有因教材之种类须用注入的教式者。且使被教育者已有经验，固可以开发其知识；若彼等尚无何等之知识，则开发将何所施耶？实质的知识，宜用注入的教式授之，若欲自此更发明精练之知识，则不可不俟之于开发的教式。算术、理科、修身、国语等教科，比之历史、地理等教科比较的多用开发的教式，其他如外国语之稍进步者，又外国地理、外国历史等之形式的知识，即基于实质的知识而发生之法则原理，固可以开发的教式授之。然外国语最初之知识及关于外国地理、外国历史实质的知识，必不可不多用注入的教式。此两种教式，各有其相当之价值，固无优劣之殊。但现在学校所用之教式，多偏于注入的，与其偏于注入的，不如偏于开发的，其弊害较少也。”① 毛泽东对杨昌济的这些观点领会是甚深的，在教学实践中也身体力行，不过根据不同对象而有所侧重。例如在《夜学日志首卷》中，他认为对工人的教授，“大部取注入式，间采启发式”。同时，即使采用注入式，也力图使教学方法生动活泼。1917 年 11 月 14 日，他在《夜学日志首卷》中总结教学情况时说：“实验三日矣，觉国文似太多、太深。太多，宜减其分量；太深，宜改用通俗语（介乎白话与文言之间）。常识分量亦嫌太多（指文字），宜少用文字，其讲义宜用白话，简单几句标明；初，不发给，单用精神演讲；将终，取讲义略读一遍足矣。本日历史，即改用此法，觉活泼得多。”② 历史是毛泽东自己上课。这说明他教学时，既使用注入式，亦很注意使之活泼。但是毛泽东却极力反对只重注入式不注重启发式的教学方法。他所以反复批判旧学校“课程密如牛毛”“把

---

① 《杨昌济集》（一），第 349—350 页。

② 《毛泽东早期文稿》，第 87—92 页。

学校当监狱，待学生如囚徒”，其原因皆出于此。

五、出国留学必须先有国学基础和对本国国情的了解

杨昌济是在清末向西方派遣留学生的高潮中出国的，又在国外生活了十年的时间，对于留学生的情况十分熟悉。他回国以后，对如何派遣学生出国留学一事，曾发表了一些合理的见解。首先，他认为留学生出国之前，对本国语言文字和本门学科的知识要有较好的基础。他说：“大凡游历外国，非通其语言之难，而通其学问之难；仅熟于西人之语言文字，非必可语于西人之学。同一居留外国也，学有素养者，其所视察必有独到之处，其所考究必非敷浅之事，观国之识，在于夙储。”[①] 其次，他认为出国留学固然重要，但也并不是唯一的途径。在国内同样可以学习，关键在于自己立志刻苦。吾览商务印书馆之图书目录，见其中新译印行者非无可以观览之书。有译成之书而不能读，而徒叹国内之无书，诬亦甚矣！[②]1918 年夏，毛泽东等人从第一师范毕业之后，在杨昌济的指导和支持下，他和蔡和森、萧子昇等人便积极从事赴法勤工俭学的组织工作。可是，毛泽东将赴法的同伴送走之后，自己却留了下来。他当时不去，是与他对留学的看法，特别是东西文化的看法分不开的。1920 年 3 月 14 日他在致周世钊的信中说：“我觉得求学实在没有‘必要在什么地方’的理，‘出洋’两字，在好些人只是一种‘迷’。中国出过洋的总不下几万乃至几十万，好的实在很少。多数呢？仍旧是‘糊涂’，仍旧是‘莫名其妙’，这便是一个具体的证据。我曾以此问过胡适之和黎邵西两位，他们都以我的意见为然，胡适之并且作过一篇《非留学篇》。”毛泽东觉得自己暂时留

---

① 《杨昌济集》（一），第 73 页。
② 《杨昌济集》（一），第 75—76 页。

在国内研究，“有下列几种好处：1．看译本较原本快迅得多，可于较短的时间求到较多的知识。2．世界文明分东西两流，东方文明在世界文明内，要占个半壁的地位。然东方文明可以说就是中国文明。吾人似应先研究过吾国古今学说制度的大要，再到西洋留学才有可资比较的东西。3．吾人如果要在现今的世界稍为尽一点力，当然脱不开‘中国’这个地盘。关于这地盘内的情形，似不可不加以实地的调查，及研究。这层工夫，如果留在出洋回来的时候做，因人事及生活的关系，恐怕有些困难。不如在现在做了，一来无方才所说的困难；二来又可携带些经验到西洋去，考察时可以借资比较”。毛泽东虽然反对“出洋迷”，但并不排斥留学。在致周世钊的同一封信中他又说：“我不是绝对反对留学的人，而且是一个主张大留学政策的人。我觉得我们一些人都要过一回‘出洋’的瘾才对。我觉得俄国是世界第一个文明国。我想两三年后，我们要组织一个游俄队。”[①] 为了留学，就必须懂得外语。所以毛泽东在1920年6月7日致黎锦熙的信中说：“外国语真是一张门户，不可不将他打通，现在每天读一点英语，要是能够有恒，总可稍有所得。”[②] 在1920年底，毛泽东在致张国基、蔡和森、萧子昇等人的信中，还从新民学会会务进行的角度，提出了“南洋运动”“留法运动”“留俄运动”等宏大设想。不过，随着后来革命形势的发展和新民学会的解体，这些计划大多没有实现。

① 《毛泽东早期文稿》，第427—429页。
② 《毛泽东早期文稿》，第431页。

杨 昌 济 集 外 文①

南学会问答

书信

修身讲义

① 笔者先后编过三种杨昌济的著作集:《杨昌济文集》,湖南教育出版社 1981 年版;《杨昌济集》(一、二),湖南教育出版社 2008 年版;《杨昌济辑》,民主与建设出版社 2016 年版。遗憾的是,每次新编文集出版之后,往往又发现新的杨昌济的著作。为了给研究者提供比较完整的资料,笔者将《杨昌济辑》出版之后新发现的杨昌济所写 7 封信和《修身讲义》中未曾刊印者,及编前三种文集时漏编之杨昌济在南学会的两次提问,合编成"杨昌济集外文",附录于《杨昌济评传》,以便读者研究。

南学会问答

一

长沙杨鳌问[①]：愚观《泰西新史揽要》[②]专发明民主之益，即湘省士林中亦多有言民主为五大洲公共之理，至当不易，牢不可破者。及观梁君卓如《论君政民政递嬗之理》[③]，则曰：多君为政者，据乱世之政也；一君为政者，升平世之政也；民为政者，太平世之政也。多君为政，其别亦有二：一曰酋长之世，一曰封建及世卿之世。一君为政，其别有二：一曰一君为政之世，一曰君民共主之世。民为政，其别亦有二：一曰有总统之世，一曰无总统之世。且引“见群龙无首，吉”之语，以证之无总统之说。然则今美国之政，尚有变迁矣。此理愚颇信之。即以

① 此为1898年3月20日南学会第五次讲演会上杨昌济与谭嗣同之间的问答，刊于1898年4月7日出版之《湘报》第二十八号。杨昌济在1914年10月15日日记中说，这个问题的提问者是他自己，则此“杨鳌”应为他的化名。问中谈到“愚家居长沙清泰都”，那也就是杨氏的家乡。日记中所记谭嗣同回答的内容与《湘报》所载也大同小异。

② 《泰西新史揽要》，是英国传教士李提摩太和中国人蔡尔康合作翻译的一部西方史著。原名《十九世纪史》，出版于1880年，作者为英国历史学家麦肯齐。中文译本最初以《泰西近百年来大事记》为名连载于1894年3月至1895年5月间的《万国公报》。1895年广学会正式出版单行本，改题为《泰西新史揽要》，凡二十四卷。

③ 原题为《论君政民政相嬗之理》，发表于1897年10月6日出版之《时务报》，收入《饮冰室文集之二》第7—11页。

保甲而言：愚家居长沙清泰都，向例只有都总一人，渐分为三人。光绪甲午岁，因地方盗贼甚横，于是都中人士聚议者二十二人，订立合约，公举都总五人，事以大行，岂非一人力孤而多人势盛之故耶？又我境一都，分十甲三十六团。愚之本团，团总不得力，将辞之而无人接办，于是有议不要团总，每事集众公议者。抑岂非以责在一人，人人皆不管事，不如权在众人，人人皆肯任事之故耶？此盖无总统之小象矣。然而有疑民主之说者，其一曰：或谓西国民主之制，可行于中国，此非本朝士子所忍言也。某意西学之不可少者，农政、工政、商政，与凡有益于三政者而已。盖四万万之众，非广其生计，必散漫溃裂而不可止，势不得不采用西法。若夫世变之大，则有天焉，吾不敢知，吾知吾君之不可弃而已。变君主为民主，将置我君于何地乎？此一说也。又有谓西国公法，民主与君主交涉仪节之间，皆让君主以先。且俄，君主之国也，然其强也，亦为诸民主之国、君民共主之国所不及。日本以扶立王政而猝致盛强，是君主之国不可变也明矣。故《时务报》中有论中国宜尊君权者。且各省会匪其所以号召党与，亦持西人民主之义。民主之说，其可倡乎？此又一说也。又有梁君所论，谓由多君之世而变为一君之世，由一君之世而变为民主之世，此天道之自然，一定之次第。按照其说，今日中国宜效英国君民共主之制。此又一说也。又有谓倡民主之义者，非必欲变为民主也。但以减轻君主之压力，以伸民气而御外侮，于是而君主安若泰山。是倡言民主之义者，正所以保君权也。此又一说也。此大事，愚不能明，请高明诲之。

答曰：于圣贤微言大义晦盲否塞之秋，独能发此奇伟精深之问，此岂秦以后之学者胸中所能有哉？勉之乎，公羊氏之非常异义，其必有所得矣，斯事愚亦何敢论断。总之，眼光注定民身上，如何可以救民，即以如何为是，则头头是道，众说皆通矣。

二

长沙杨昌济问[①]：岳麓书院肄业生李永櫆，芷江人，年五十余。少时以乡绅带团防堵本郡，在军垂三十年。曾入苏子熙[②]宫保之幕。前年从戎山东，扎莱州海岸，曾见李鉴堂[③]制军三次。在书院中纵谈当世之务，言省河自岳州以上重重关隘，无一守兵，无一炮台，断不可忽略。人言兵战不如商战，商战不如学战，我则谓处今之势，若毫无武备，不能自立，彼敌人岂能任我兴商、任我讲学耶？又言，三厅[④]之兵数及万人，置之无用之地，可调其一半守省城下游，激以忠义，晓以不议裁撤之恩，可不用双饷也。又言，用人宜广，统领若无威望，则大才不屑供其驱使，一木焉能支大厦？惟如张制军[⑤]之例，中丞自为统领，则豪杰皆得效其才。又言，湖南电线宜接至三厅，庶省城有警可从速救援。三厅人救援沅州最神速，以其兵皆以粮为命，产粮台不可不护也。况省城尤粮台之根本乎，未有不竭力保守者也，并宜预先札饬镇协，汰弱补强。此专就本省言之也。若夫保湖南必保湖北、保长江、保田家镇，必用苗兵。沿江炮台宜令活动，斯可紧跟轮船上下轰击，则尤关系大局之

---

① 此为 1898 年 4 月 3 日南学会第七次讲演会上，杨昌济与陈宝箴之间的问答，刊于 1898 年 4 月 23 日出版之《湘报》第四十二号。

② 苏子熙：名元春（1844—1907），字子熙，广西永安州（今蒙山县）人。1863 年投入湘军，参加镇压太平天国和贵州苗民起义的战争，屡立战功。1885 年受命为广西提督、边防督办。1890 年被赏太子少保，世称“苏宫保”。苏元春作为广西提督，督边近 20 年，为广西的边防建设、边疆安宁和边疆地区经济、文化的发展，做出了重大贡献。

③ 李鉴堂：名秉衡（1830—1900），字鉴堂，今辽宁庄河人。1883 年任广西按察使，法军侵越犯边时，主持龙州西运局。1885 年与冯子材分任战守，取得谅山大捷。1900 年庚子之变，起用为巡阅长江水师大臣。八国联军进攻大沽后，李秉衡由杨州率兵北上，保卫北京，在杨村（今天津市武清区）败绩，退至通州（今北京市通州区）服毒自杀。

④ 三厅：指清代湖南湘西的三个直隶厅——乾州厅、凤凰厅、永绥厅。

⑤ 张制军：指张之洞（1837—1909），字孝达，号香涛，直隶南皮（今河北南皮）人。时任湖广总督。

至计也。其言如此，不知有可采择否？李君又言，曾识黄内翰[①]、熊庶常[②]。

答曰：岳州置守兵设炮台，昨日已批答某生矣，刊入《湘报》中，请自阅之。[③]三厅兵虽强壮，而绿营旧制未更，甚难约束。现经香帅[④]奏明，湖南各绿营皆议撤减，惟三厅不撤减。盖由民间田产一概归为均屯，长幼以粮为家，实有不能变更之势。至李君永樾谓调扎省河不用双饷一说，则殊未然。今以绿营兵制言之，守兵每年口粮不过十二两，战兵每年口粮不过十八两，马兵每年口粮不过三十二两，加以各项差事及各项义助，每兵每年所得饷项只十分之八耳。试问以今日之银价每两银仅换钱一千三百文，则是守兵每月合钱一千零数十文，战兵每月合钱一千零数百文，马兵虽得钱数多又须喂养马匹，然则其自供之火食尚且不足，安能枵腹以从公耶？平日制兵以口粮大少，因而小贸营生以养其身家，一旦调扎远方，几何不至冻馁其父母妻子也。不用双饷能乎？不能。中丞自为统领一说，尤觉近迂。抚台有提督军务之衔，非统领而何？总大权者贵在用人，胡文忠[⑤]当日亟亟于求分统，求贤自辅，集思广益乃能成事。虽以

① 黄内翰：指黄自元（1837—1918），字敬舆，湖南安化人，清末书法家、实业家。同治六年（1867）举于乡，次年殿试列第二（榜眼），授翰林院编修。

② 熊庶常：指熊希龄（1870—1937），字秉三，湖南湘西凤凰人。光绪二十年（1894）中二甲进士，并被钦点为翰林院庶吉士。

③ 参见1898年5月2日出版之《湘报》第四十九号南学会问答长沙周运元问："岳州为湖南之门户，何以不屯重兵设炮台以为未雨之绸缪？"答曰："岳州居长江内地，为湖南洞庭出口之险要，敌若据我海口，长江万无能守之理；长江一失，岳州亦万无能守之理。"此答者在答问时，最后提到谭嗣同在南学会的一次演讲，可证明此答者非谭嗣同。

④ 香帅：指时任湖广总督张之洞，字香涛。

⑤ 胡文忠：即胡林翼（1812—1861），字润芝，湖南益阳人。清代道光进士。太平军攻至长江沿线时，被调至湖北武昌任湖北巡抚，因与太平军作战有功，死后被清王朝追授为太子少保，谥文忠。

卫灵[1]之无道，所得力者不过数人，即足以立国，何必躬亲训练，又何暇躬亲训练乎？况湖北如吴统领、方统领、邓统领各自统其军，香帅何尝自为统领，又何尝不总统各军？泰西电线有平时所设之电线，有临时行军所设之电线，然非轮船铁路相辅而行，则电线亦属不灵。兵事瞬息千变，待援于千里之外，恐客兵未至而两军成败之机决矣。三厅僻在一隅，距省将千余里，照军例每日只行五十里，即得电报之速亦须二十日乃能到省也。况平日既不教练预备，一旦闻警兴师，筹械、筹粮、筹帐棚，担延又半月余。故为保护省城起见，不如在省练军之为愈。又省城粮饷皆各府厅州县地丁厘金所集而成，苟外府有乱，消息中断，省城粮台亦不可恃。守湘必守鄂，乃从前晋宋御北寇“守江必守淮”[2]之旧法，若今日与外洋相角，其在各海疆之海口乎？然此非易言也，异日讲学再申论之。

---

① 卫灵：指卫灵公（？—前493），姬姓，名元，春秋时期卫国第二十八代国君，前534—前493年在位。因多猜忌且脾气暴躁留下不好的史学评价。但其擅长识人，知人善任，也正是他提拔的三个大臣孔圉、祝鮀、王孙贾的合作，才使卫国的国家机器运行正常。

② “守江必守淮”：古语，意为利用江淮间的层层水网，阻挡北方少数民族政权对南方的侵入。

书信

致吴稚晖（一）

稚辉先生大人执事[①]：

笃生[②]蹈海，诚为极可悲痛之事。无穷希望，一朝顿尽，固国民之公戚，非仅友朋之私痛也。

先生高义薄云，为之经营殡葬，表扬烈士之心迹，葬仪隆重，殁有余荣。闻先生三夜不眠[③]，昌济感激至于无地。谨以同宗之故，代表其家属先鸣谢悃。

---

① “辉”，原文如此，应为“晖”。吴稚晖（1865—1953），名朓，后名敬恒。江苏武进人。1903 年赴英国留学。1905 年冬加入同盟会。1907 年 6 月 26 日在法国巴黎创刊《新世纪》（每周 1 期，1910 年 5 月 21 日停刊，共出 121 号）。时任同盟会驻英国负责人，住伦敦。

② 笃生：即杨毓麟（1872—1911），字笃生，号叔壬，后易名守仁。湖南长沙人。1902 年写作《新湖南》，1904 年加入华兴会，1906 年加入同盟会。1908 年春，杨毓麟被留欧学生监督蒯光典聘为秘书，随行至英国。翌年冬，蒯光典因故罢归，杨毓麟亦辞秘书职，转赴英国苏格兰阿伯丁大学学英文及数学等科，同时担任《民立报》特约通讯员。1911 年 8 月感于革命屡遭失败，留下遗书，托石瑛、吴稚晖两人将留英数年所积之 130 英镑中的 100 英镑转寄黄兴，作为运动革命之费，余 30 英镑转寄其老母，以报答养育之恩。这样安排之后，于 8 月 5 日赴利物浦投海自尽。

③ 据吴稚晖《民国前一年日记》：1911 年 8 月 7 日，“得笃生遗书，与蘅青（石瑛）同去利物浦。夜，见笃生尸，告警署”。8 月 8 日，“上午，裁判。下午，看坟”。8 月 9 日，“上午，看殓”。8 月 13 日，“往会馆借笃生照”。（《吴稚晖全集》卷十，九州出版社 2013 年版）

笃生上有高堂，当不令闻此惨耗。其兄在奉天，顷已作书告之矣。笃生夫人甚贤，其儿女皆近长成，有其兄弟扶持，尚可无虑。所遗行李存派北淀车站，收条现存敝处，但未知其钥之下落，容迟当为之取出寄归。

笃生临命之时，曾发一书与昌济作永诀，又有书寄其弟，属昌济为之转寄。此信先寄至派北淀，复由派北淀转寄德国，昌济得信稍迟。虽星夜遄归，竟未得亲送其葬，中心疚悔莫可名状。昨礼拜六、日至利物浦，同曹君亚伯[①]凭吊其坟，日暮不得归，今日始抵伦敦。先生若有何事物欲寄与其家人，昌济可为转达。容当趋谒恭闻大教。

专此即颂

侠安！

弟杨昌济顿首百拜　十四日夕[②]

致吴稚晖（二）

稚晖先生执事：

奉到来示，于笃生先生殉义情形，了如指掌，感何可言。

---

① 曹亚伯（1878—1937），原名茂瑞，字庆云，因信奉基督教，礼名亚伯。湖北兴国州（今阳新县）人。1905 年加入同盟会。1906 年，以官费留学英国。途经香港，受聘《中国日报》驻伦敦义务通讯员。过新加坡时，与孙中山晤见畅谈。抵英后，初习海军，后因在英倡言革命，被清廷免去官费待遇，遂习矿冶，并任中国留学生会馆馆长，介绍吴稚晖加入同盟会。1909 年，孙中山由南洋赴英，曹醵资为程仪。翌年毕业于牛津大学。

② 根据此信内容，写信时间应为 1911 年 8 月 14 日（礼拜一）。据吴稚晖《民国前一年日记》：1911 年 8 月 16 日，“往看杨华生”。8 月 18 日，“华生下午来”。8 月 22 日，“得华生书”。杨华生即杨昌济。

留葬英伦之说，弟二次作书与性恂[①]皆力主之。其家人皆明白人，想不至力持旧说也。

墓碑必立，已无疑义。先生若属店主人开钱监[②]之账，往索取之，渠当照付。弟顷作书与之，将笃生先生苦学致疾，感愤时事，蹈海自沉情节告之，并以丧葬之费约五十七八镑，请其由公开销。渠得此，尽可以作报告矣。钱接公使馆转来奉天民政使张[③]来电询问此事，盖性恂已知此消息矣。弟未发电与之，因葬事已妥，无庸过急也。何日立碑，弟当陪往。

专此即候

日安！

弟昌济顿首　二十三号[④]

致吴稚辉（三）

稚晖先生执事：

奉来示并读致行、弱两君[⑤]书，仰见爱国至诚，远谋硕画，

---

① 性恂：即杨德麟（1870—1913），字性恂，长沙人。杨毓麟之兄。时在奉天办《自治旬报》。据吴稚晖《民国前一年日记》，1911年10月2日："杨华生来。得性恂书。"

② 钱监：指钱文选（1874—1957），字士青，安徽广德人。宣统元年（1909）任学部留学生襄校监试官，二年改任驻英留学生监督。据吴稚晖《民国前一年日记》1911年10月28日："华生君来言：钱款付出。"

③ 奉天民政使张：指张元奇（1860—1922），字珍午，号姜斋，福建侯官（今福州）人。光绪十二年（1886）进士。

④ 根据此信内容，写作时间应为1911年8月23日。

⑤ 行、弱两君：行指章士钊（1881—1973），字行严，湖南长沙人。时在英国阿伯丁大学读书。弱指吴弱男（1886—1973），安徽省庐江县人，章士钊妻。1905年加入同盟会，曾任孙中山英文秘书。

欣慰之至。读今日报，知国民军已获胜利[①]。萨镇冰水师战斗不力[②]，想是意存观望。袁氏[③]要求明年开国会，内阁纯用汉人，已经允诺。然已晚矣。弟在此亦无可为计，惟与行兄商议多发几个电报而已，有相知者告以弟之所见，冀可以少助舆论之势力。

弟固以先生所论求学百人之一自命者，于政治运动未暇多有所助。先生济时之杰，当此吃紧关头，必能大有所布置。惟贵体恐不宜过劳，尚望为国珍摄自爱，为祷。

专此敬候

侠安！

弟昌济顿首　二十一号[④]

致吴稚辉（四）

稚晖先生执事：

去岁大驾返国时，曾蒙惠书，因循未复，至以为歉。

---

① 国民军已获胜利：指 1911 年 10 月 10 日辛亥革命武昌起义成功。据吴稚晖《民国前一年日记》1911 年 10 月 13 日：“得革命消息（实昨日晚报已有）。”

② 萨镇冰（1859—1952），字鼎铭。祖籍山西代县，出生于福建福州。1877 年受派赴英国海军学院学习。1909 年被委为筹备海军大臣和海军提督。1911 年 10 月 10 日，武昌起义的枪声揭开了辛亥革命的序幕。清廷急调当时在上海的萨镇冰率海军主力舰只西进，配合清军反攻。10 月 17 日，萨镇冰在“楚有号”军舰望台上，用望远镜观看革命军与清军在汉口铁路线附近的交战。革命军前仆后继的牺牲精神，附近工人农民在枪林弹雨中，手执劳动工具，帮助革命军追杀逃敌的情景，让萨镇冰大为惊讶。他对身旁的“楚有号”舰长说：“吾辈自服务军界以来，从未见过如此壮烈的场面，足见清廷失去民心久矣。”他统率的军舰基本处于观战状态，并未积极炮击武汉三镇，迫不得已开炮时也故意打偏。

③ 袁氏：指袁世凯（1859—1916），字慰亭，号容庵，河南项城人。武昌起义后，1911 年 11 月 1 日清廷宣布解散皇族内阁，任命袁世凯为内阁总理大臣。11 月 13 日袁世凯抵达京师，16 日组织新内阁，其成员都是汉人。

④ 根据此信内容，写作时间应为 1911 年 10 月 21 日。

大局竟已粗定，曷胜欣慰。犹忆晤谈之时，昌济对于国事前途，不过存漠然之希望。乃不至一月，义旗猝建，风卷云驰，全国响应，何快如之。虽有多数志士捐躯殉难，无数同胞惨遭兵燹，并有无数之困难问题横于前路，然船已上岸，固普天同庆之时也。

先生归国之后，以泯满汉、睦革宪、和新旧之主义[①]，维持调护于其间，社会实深赖之。昌济屏居海外，于此绝大运动未曾有丝毫之助力，深以为愧。

笃生先生墓碑已成，闻骆君已寄其照片前来，想已收到。现在大局粗定，百事维新，需才正亟。如此品学兼优、热诚爱国之士，正为社会国家所倚赖，乃超然长往，良可痛惜。《诗》云："如可赎兮，人百其身。"[②]检阅遗书，不觉陨涕。顷将其诗稿寄至行严兄处，以供先生印行之资。尚乞酌夺。石君衡青[③]处并乞致意。

此候

任安！

弟杨昌济顿首　三月二十二日[④]

---

① 1911年11月2日《神州日报》载《伦敦华侨致全国同胞电》："救亡之策，惟泯汉满，和革党，调新旧，速建联邦共和大国。……条乞亿兆同胞，军民一心，速迎天机，各守公法，速建共和立宪国。袁世凯资格，适于总统，外论亦协，方（万？）不可折入满洲，存帝自扰。"

② 见《诗经·秦风·黄鸟》。

③ 石瑛（1878—1943），字蘅青，湖北通山县人。1904年留学欧洲，学习海军专业。次年，结识孙中山。1905年，与吴稚晖等接受孙中山指示，在英国组成同盟会欧洲支部。

④ 根据此信内容，写作时间应为1912年3月22日。

致吴稚辉（五）

稚晖先生执事：

近因春假[①]，偕友人出外旅行一星期，昨夜归寓。承寄墓碑照片，甚为感荷。前接骆君耀宏信，知墓碑已成，渠已将照片寄与尊处。彼时弟意大驾尚在中国，故作一书寄与行严，请其转交。不知执事以何时返英？

时局粗定，百度维新，固急赖救时之杰。然争权揽势，恐亦不乏其人。先生超然高举，如鸿鹄之一举千里，良深钦佩。

专此致谢，即候

著安！

弟昌济顿首　十二日

致章士钊（一）

上海静安寺路玱游别墅第二号章行严[②]君：

久未通候，想无恙也。弟与偶君[③]在此一切如常，差可告慰。

---

① 英国学校春假，一般是在复活节前后，1912 年复活节为 3 月 18 日。故此信应写于 1912 年 4 月 12 日。

② 此信为明信片，信上英文邮戳时间为 9 月 15 日，上海邮戳时间为 10 月 15 日。寄信地址为柏林。章行严，即章士钊。1911 年武昌起义胜利，章士钊携家眷从英国回国，1912 年春抵南京，受黄兴、于右任之邀，任上海《民立报》主笔，同年 9 月脱离该报，与王无生别创《独立周报》。

③ 偶君：即李文生（1884—1965），又名倪，字偶君。湖南湘潭人。1909—1913 年在德国柏林大学留学。财政专家。1954 年任湖北省政府参事室副主任。

《民立报》[①]仍用苏格兰地址，到著甚迟，请属贵发行部改正为荷。

行兄

弟昌济顿首

① 《民立报》：清末民初资产阶级革命派的报纸。1910年（宣统二年）10月11日在上海创刊。日报。于右任主办。宋教仁、范光启、景耀月、章士钊等先后任主编。以提倡国民独立精神、培植国民独立思想、建立独立之民族和保卫独立之国家为宗旨。

致章士钊（二）

国之大忧（致《甲寅》杂志记者）[①]

记者足下：

近译 Wester marck 氏《道德观念之起原及发达》中论结婚之一章[②]，以人类学之眼光，比较大地古今各种人结婚之习惯，颇足起人研究之兴味，其中多可与弟之《札记》[③]相发明，当以寄呈。主张地方分权，以发展国力，自是正论。犹记笃生在泖伯淀时，于废省之议，亦大不赞成。盖地方广漠，中央势难遥制也。近日颜习鑫[④]著一论，谓地方自治不确立，教育无从发达，实洞见症结之言。近日国内诸事，日益退步，士人多主张私塾，而以学校为可废；缠足之风，止而复行；禁烟之事，将成而败；司法之伪独立，亦成泡影；选民立法，更无论矣。二十年来仁人志士艰难辛苦所造成之舆论，浸将不复留于多数国民之脑海。譬之饮麻醉之药，浸淫昏迷，难于唤醒。此真中国莫大之忧也。足下苦口危言，独力奋斗，精诚可以感人。如能持以十年，必可造成一绝有势力之舆论。惟望节劳养气，注意摄生，庶大业不至隳于半途，天下幸甚。弟所欲译之书，如斯宾塞尔之《伦理学》《社会学》《综合哲学原理》，康德之《纯粹理性批判》《实践理性批判》等书，皆非一时所能脱稿。然每日务译少许，以

① 此信刊于 1915 年 8 月 10 日出版的《甲寅》杂志第一卷第八号。标题为《甲寅》杂志编者所加。CZY 为杨昌济英文名字的缩写。

② 此译文名《结婚论》，发表于《新青年》1919 年第 5 卷第 3 号，见《杨昌济集》（二）第 751—765 页。

③ 《札记》：指发表于 1915 年六月十日出版的《甲寅》杂志第一卷第六号之《改良家族制度札记》，见《杨昌济集》（一）第 111—120 页。

④ 颜习鑫：即颜昌峣（1868—1944），又名息庵、习鑫，号可铸。湖南涟源人。教授。1902 年以官费留学日本。1904 年在长沙加入黄兴、刘揆一、宋教仁等组织的华兴会。辛亥革命时期，先后主办《长沙日报》《通俗日报》。毕生从事教育，曾任教于湖南第一师范、优级师范学堂、高等学堂、省立一中等学校。1927 年以后，担任武昌中山大学、湖南大学教授。著作有《管子校释》等。

此终吾身焉。

CZY 生白

致胡适

适之先生大鉴[①]：

许久不见，甚为思慕。弟因神经衰弱，消化不良，养静西山已逾数月。现虽大愈，尚未复原。惟本学期担任伦理学仅二小时，或可不多请假也。

现值开课之时，所有教授内容，亟须豫定。弟所有伦理学及伦理学史书不多，将来或须借尊处所有之书一阅，谨此豫约，请将尊处所有伦理学（英文的）书目开示，以便购备参考，为荷。又请转央杜威先生，开一书目（伦理学之最新出者），以便属大学图书主任购备教员及学生之参考。琐屑劳神，万乞原谅。

贵体想甚健康，恐亦当节劳保重。是为至祝。

此候大安！

弟杨昌济敬启　十月一日[②]

① 适之，即胡适（1891—1962），原名嗣糜，后改名胡适，字适之。安徽绩溪人。1910 年考取庚子赔款第二期官费生赴美国留学，1914 年往哥伦比亚大学攻读哲学，学于哲学家约翰·杜威。1917 年夏回国担任北大教授。时任北大代理教务长。

② 根据此信内容，写作时间应为 1919 年 10 月 1 日。

修身讲义[1]

（一）[2] 圣贤豪杰之特质

为人第一要立志。立志为善人不为恶人，立志为圣贤豪杰不为庸俗人，立志为君子不为小人，乃修身之第一要义也。然欲为圣贤豪杰，必先知其异于寻常人者在于何处。圣贤豪杰自有其所以为圣贤豪杰之特质，以余所见则有五焉。

第一曰远大。所见小则所志小，所志小则所学小，所思小，

① 《修身讲义》为民国初年铅印本，原书藏湖南省图书馆。此书封面为手写隶书"修身讲义"四字，署名为"长沙杨怀中演讲"，正文第一页在"修身讲义"标题下，署手写体"长沙杨怀中撰述"。全书共分九个部分。第一部分为"圣贤豪杰之特质"，第二部分为"卫生"，第三部分为"规则的生活"，第四部分为"戒骄"。这四个部分都是杨氏自己所编写。第五部分为"张子《正蒙》"，为杨氏所选编的张载《正蒙》中的有关论述及王夫之的一些注释。第六部分为杨氏所选编吕新吾《呻吟语》中的一些论述。第七部分为杨氏 1903 年发表在《游学译编》上部分《达化斋日记》。第八部分为《论语类钞》，除收入 1914 年宏文图书社出版之《论语类钞》的全部内容外，增加了"圣门下手工夫"和"圣贤气象"两个篇章。第九部分为摘录"蔡振（元培）《中学修身教科书》"第一章"修己"中的部分内容，包括"体育""自制""勇敢""修德""交友"等五个方面。至于此书之整体印刷时间，只要了解了这些著作中杨氏自己著作完成的时间，即大体上可知。据杨氏在其1915 年4 月26 日日记记载，"昨日编《论语类钞》'圣贤气象'完，拟从此为止，不再编矣"。这说明，《修身讲义》的整体付印不可能早于此时。又杨氏在"规则的生活"中提到"余于二十三年前在城南书院读书"，因为杨氏在城南书院读书的时间是 1893 年上半年，再加 23 年即为 1916 年，所以《修身讲义》的整体付印时间，最迟不会晚于此年。但是，我们又必须注意，此书并没有统一编页码，因此各部分的写作和印刷时间可能并不统一。例如何叔衡在杨昌济逝世时所写的挽词中说"我曾在长沙，听讲过'圣贤豪杰之特质'"，考虑到何氏于 1914 年 7 月就已经从一师讲习科毕业，因此《圣贤豪杰之特质》这一部分至少在 1914 年上半年即已经写出。

② 这个顺序号是编者所加，为了方便读者查阅。

所为小，所成小，斯为小人矣。所见大则所志大，所志大则所学大，所思大，所为大，所成大，斯为大人矣。万恶皆起于见小，常人思想营谋惟在一身一家之利益，自私自利而不恤其他，良由所见太小，所认为我者范围太狭也。殊不知仁者以天地万物为一体，宇宙内事皆吾性分内事。生民之疾痛疴痒，皆与吾心息息相关。吾所处之国家若濒于危亡，则吾心忧之不能或停。吾所处之社会若满以痛苦，则吾心悯之不能自已。是以圣贤豪杰之立心，必以天下为量。张子曰："为天地立心，为生民立道，为往圣继绝学，为万世开太平。"[①] 人心具有如此远大之志，始克奋发有为，高瞻远瞩，立百年长久之计，而不为小小利害所动。现在学绝道丧，良由海内少真能立志之人，吾辈不可不以此自勉也。

第二曰超旷。子曰："吾未见刚者。"或对曰："申枨。"曰："枨也欲，焉得刚？"常人总不免为情欲之奴隶，故精神萎靡思想卑陋。圣贤之心纯乎义理，利禄不足以动其心，故超然独立，泰然自得，其超旷之襟怀有使人穆然意远者。东汉士气极盛，光武之故人严子陵[②] 抗节不屈，示天下以气节之可贵，使人感发兴起，遂成为一代之风俗。孟子曰"辅世长民莫于（如）德"，其信然矣。宋代义理之学大明，其始亦由范文正[③] 诸人倡之。范文正树立卓然，使天下知有廉耻。读其《严子陵祠堂记》，可以觇其志向之所存。凡观人之法，先观其胸次何如，必须灵

① 张子：指张载（1020—1077），陕西人，北宋理学家。此语见中华书局1978年版《张载集·张载语录中》，原文为"为天地立志，为生民立道，为去圣继绝学，为万世开太平"。
② 严子陵：即严光（前39—41），又名遵，字子陵。会稽余姚（今浙江余姚市）人。与东汉光武帝刘秀同学。刘秀即位后，多次延聘严光，但他隐姓埋名，退居富春山，拒不出仕。
③ 范文正：指范仲淹（989—1052），字希文。祖籍邠州，后移居苏州吴县。北宋时期著名政治家、军事家、文学家、教育家。在《严先生祠堂记》中，范氏认为严子陵的气节可以"使贪夫廉，懦夫立，是大有功于名教也"。

府洞然，不参杂以丝毫之利欲，始为真真能立品之人。先儒云："为学须先打破货利关。"吕新吾云："官吏不要钱，男儿不做贼，女子不失身，才有了一分人。"[①]学莫先于义利之辨。此吾辈所当深省也。

第三曰笃实。前条言为学须明于义利之辨，此条则言为学须明于诚伪之辨也。前条所以救好利之弊，此条则所以救好名之失也。程子曰："欲当大任，须是笃实。"笃实者何？不欺之谓也。西人以诳语为大戒，人若犯之，则为乡党所不齿，即小孩亦知此为大可耻之事。吾在英国泥北淀时，与某视学员往还颇密，熟知其家事。其幼女偶作诳语，不特为其母所诃，即较彼稍大之姊亦引为深耻，谓不料其妹乃作出如此下贱之事也。其妹自此以后再不敢说谎。西人社会之监督严重如此，殊不可及；吾国寻常人似全不以说谎为可耻，道德程度远不及西人，良可愧也。立身以不妄语为本，言无虚伪，乃立诚之大者。语云：三代以下，士惟恐不好名。人有因好名而为善者，固不甚可嘉，然较胜于小人之为恶而无忌惮者。郭筠轩以好名与好利判世运之隆污[②]，即此意也。然圣贤豪杰则并不好名，但求自全其天性，自尽其职分，便觉泰然自得，仰不愧而俯不怍，初不求人之知也。君子人不知而不愠，盖其所求者在于自己良心之满足，而不在于他人之称誉。若有好名之心而勉强为善，其立心已自不诚，决不能常久为之，终必有露破绽之一日。此君子之所羞为也。子曰："色厉而内荏，譬诸小人，其犹穿窬之盗也与？"欺

---

① 吕新吾：名吕坤（1536—1618），字叔简，号新吾，河南商丘宁陵人。所引语见《修身格言》。

② 郭筠轩：即郭嵩焘（1818—1891），号筠仙，亦作筠轩。郭氏在《致曾沅浦（国荃）》的一封信中说："自汉、唐迄今，政教人心，交相为胜，吾总其要曰：名利。西汉务利，东汉务名；唐人务利，宋人务名；元人务利，明人务名。二者不偏废也，要各有其专胜。"（《郭嵩焘诗文集》，岳麓书社，1984，第183页）

人而得令名，即与窃盗无异。此处须勘得分明，丝毫不容放过。明于义利之辨者，不义之财虽一文不可妄取；明于诚伪之辨者，虚伪之言虽一语不可出口。必于此斩钉截铁，处处著力，乃始克养成纯粹之品性。士君子守身当如白璧，一堕地便成粉碎。曾子曰“战战兢兢，如临深渊，如履薄冰”，此之谓也。人非圣贤，孰能无过，在于能改过而已。过而能改，即还我本来真面目，仍可以坦然自白于天下。寻常之人每不肯认错，明知自己不是，必力为遮瞒，强为辩护，此不足以保己之威严，徒足以招人之鄙笑而已。所谓“小人闲居为不善，无所不至，见君子以（而）后厌然，掩其不善而著其善。人之视己，如见其肺肝然，则何益矣”。[1]君子有过则赤体承当，毫无掩饰，其磊落光明之气象，使人肃然起敬。盖君子之心如青天白日，无在不与人以共见。阳刚者百善之源，阴柔者万恶之薮，修己者不可不于此加之意也。

第四曰精勤。凡人之能成德，能成学，能成事业者，无不自刻苦中得来，未有不勤而能有所立者。虽奸雄小人亦不能无此一段精神，不然便做奸雄亦做不成。孔子发奋忘食，读《易》韦编三绝，是何等精神。周公思兼三王以施四事，其有不合者，仰而思之，夜以继日，幸而得之，坐以待旦。古圣贤作事急起直追，一日千里，此其德业之所以伟大也。陶侃运甓以习勤劳。尝云：“大禹惜寸阴，吾辈当惜分阴。”末世扶危救难之英雄，以心力劳苦为第一义。其为人也多暇日者，其过人不远矣。孔子常教人以“执事敬”，敬事者豪杰成功之本也。今人对于职务恒以轻心掉之，苟且塞责，惟以敷衍为能事。此由于无责任心，正坐未曾立志耳。程子曰：“克勤小物最难。”寻常人多有官气，每不屑经理细务。殊不知大事小事皆吾人之所宜注意。为学不

① 语出《礼记·大学》。

可厌人事，人事不责人做更责谁做？陶桓公[①]克勤小物，竹头木屑皆收其用，此精勤之效也。修己之道在于力行，读书时遇一善事，便当反求诸己，问自己有此善行否？如其为己所未有，即当见之躬行。读书时遇一恶事，便当反求诸己，问自己有此过失否？如其有此过失，即宜速行改去。力行者须是坐言起行，不可等待。子路“人告之以有过则喜”，“子路有闻，未之能行，唯恐有闻”，其勇于为善若此，真不愧为百世之师。余常教人以“断”字，欲做何事即刻便做，一往直前，毫不等待。常人悠悠忽忽，因因循循，非无偶然发生善念之时，而未能即刻见之施行。及时过境迁，此善念遂消归于无何有之乡矣。积善良之行为而成善良之习惯，积善良之习惯而成善良之品性。故品性之成由于为善，今日为一善，明日为一善，积久则习与性成，而成可久可大之德业。故余又常教人以一“积”字。此皆与精勤之义相关，故并论之于此。

第五曰仁厚。道德者行于人与人之间者也。时无论古今，地无论中外，莫不以“克己爱人”四字为道德之精髓。孔子以仁立教，佛教曰慈悲，耶教曰博爱，信条虽有殊异，大指正复相同。观人者须观其性情如何，存心忠厚者始可与共事，存心刻薄者不可与为友。现在人心险诈，争权攘利倾挤排陷无所不至，乖戾之气充塞海内，非民国前途之福也。欲挽回风气，当勉为敦厚，力戒偷薄，积诚感动，庶有感发而兴起者。《礼》曰：“太上贵德，其次务施报。”[②]人有德于我，我必报之。忘恩者薄情，此一义也。子曰：“所求乎朋友，先施之，未能也。”[③]爱人者，人恒爱之；敬人者，人恒敬之。吾不待人之爱我而先以爱施之，

① 陶桓公：即陶侃（259—334），字士行（一作士衡），原籍东晋鄱阳郡（今江西波阳县东北）人，后迁居庐江郡寻阳县（今江西九江），东晋时期名将。

② 见《礼记·曲礼》。

③ 见《礼记·中庸》第十三章。

苟非性情暴戾之人，必有为吾爱所感动者。此一义也。《诗》云：“兄及弟矣，式相好矣，无相犹矣。”张子曰：“相犹，相似也。”无以兄弟之不报而辍其施以相称也。吾施爱于人而人不报，不可灰心，仍施吾爱如初可也。我施爱于人我之厚也，人之不报乃人之过，吾惟悯之而已矣。岂遂以是而损吾爱哉？施而责报，则吾爱为不诚，非仁人所忍为也。此又一义也。博施济众尧舜犹病，真能爱人者，不必其有博施济众之功也，但能于宗族乡党亲戚朋友之间，勤勤恳恳，患难相助，有无相通，过失相规，德业相劝，便是有良心人。扩而充之，则仁覆天下，泽流后世可也。子曰：“不爱其亲而爱他人者，谓之悖德。不敬其亲而敬他人者，谓之悖礼。”[①] 孝友睦姻任恤之风，乃社会之元气。今人侈言爱国而家庭之际不免凉薄之行，朋友之间时有弃子之悲，爱力衰微，社会组织因而不固，非细故也。

（二）卫生

余自十四五岁时，读石成金《传家宝》[②] 中之长寿谱，即知卫生之重要，尝订一小本，手抄关于卫生之格言，题其面曰：“保有用身法。”自是而后，凡遇书中有言及卫生者，辄留心观之，如身世准绳。吕新吾《呻吟语》，曾逖生《求阙斋日记》，皆载有保养身体之法，癸巳、甲午[③] 之间，去今二十年前，余曾以用功过度，忧郁致疾，彼时甚为恐惧，深虑从此成疾，不

---

① 见《孝经·圣治章第九》。

② 石成金（1659—1747？），字天基，号惺斋，扬州人。其所著《传家宝》是清代善书的精粹之作，涉及内容广泛，如社会趣闻、民间风俗、农医历数、传统经典等，思想上不仅倾向于敦伦重孝、劝恶扬善等，还包含丰富的教育理念。

③ 癸巳、甲午：此分别指 1893 年、1894 年。

永其生也，遂加意摄养。自誓三年以内不看过于用心之书，后果转弱为强。在东西洋留学十年，毫无病患，盖注意卫生之效也。余天性淡泊，本无甚强之嗜欲。世人之所以自伤其生者，往往因嗜欲太强，不能自制之故。余固有天幸，未敢以此自矜。余之所以卫生者，盖有数事：

一则节劳也。余因用功过度，遂以致疾，前既言之矣，病后遂痛戒之。凡作一事，必视吾精力能任否；精力所不能任者置之，决不为力量所不及之事。凡不甚关紧要之事，他人或顾恤情面勉强为之，余则以卫生为重，毅然决然不稍迁就。尝自念曰：吾身所关甚重，岂可以小小之事耗费吾精神。见友人用功过度者，必力劝之。然友人往往不能用吾言，遂以致疾而死，良可叹也。余尝谓友人曰：学问者所以养吾身也，若吾身不存，虽有学问何益？因勉学而伤生，可谓不知本末轻重者矣。然友人卒不能用吾言。余尝叹曰：自家性命须要自家保护，非他人所能为力，盖痛吾友之不知自卫其生也。曾涤生之所以自课者曰：节欲、节劳、节饮食。三者诚养生之要事也。

余卫生之要诀，其二曰忘忧。余曾以忧郁致疾，前既言之矣，既而自念曰：《论语》有云“仁者不忧”，又曰“仁者静”“仁者寿”。今欲得寿之功效，不可无静与不忧之工夫，遂做静坐工夫。于静坐之时，深思遣忧之法，遂得一结论曰：使人苦、使人乐者境遇也，我心能自作主不为境遇所动，则可以有乐而无苦。于是立定主见，无论处如何境遇，我必不改其乐。偶有忧念之发生，必猛力排去之，不使其扰我之心神。凡人精神愉快，则身体之机能活泼；精神沉郁，则身体之机能缓慢，故“养生以少恼怒为本”[1]，诚见到（道）之言也。余又有一友人，既不能节劳，又不能忘忧，每日读书，每晚不成眠，犹不自休，感触时事，愤世疾俗，遂发脑炎而死。“人之云亡，邦国殄瘁”[2]，良可痛也。余曾写日记曰：欲救国先自救，欲救人先救人心。若自家无安心立命处，更何能救国也。盖痛吾友之愤世疾俗而不能自安其心也。余读《论语》多言乐者，如孔子在陈绝粮，子畏于匡，又如桓魋欲杀孔子，皆不以动其心。文天祥在狱作《正气歌》，言“嗟哉沮洳场，为我安乐国”。圣贤于患难死生之际，不改其常度，盖由养心有素也。

又余之身体所以能保其常态者，在于睡眠之以时。此余关于卫生之第三要诀也。凡人于日间运动身体各部之时，于身体之组织必有所消耗，其用余者则为老废物堆积于身体之中，于是身体觉其不快，如此之现象谓之疲劳。人睡眠之时，身体毫不运动，无所消耗而堆积于体中之老废物，遂得以此时由出汗之细管排出于体外，久睡之后醒时觉身体愉快，以此故也。人终日勤动，全赖睡眠以恢复其体力。大约成人每晚须睡八点钟始为满足，小孩则须睡眠之时间更多，如初生之婴儿几于无刻不睡。若睡眠不足，则体力必亏。日本人大约每晚十点钟时睡眠，英国人稍迟，大约十一点钟时睡眠。因英国人早起较日本人为晏故也。日本学校每朝八点钟开学，英国学校每朝九点钟或九点半钟开学。眠起有定时，此立身之要义，亦居家之要义也。今人贪图逸乐，酒食征逐，流荡忘返，俾昼作夜，岂徒大伤风化，亦复自损精神。曾逖生在北京时，其自课有一条云：夜不出门，

---

① 曾国藩的“八本”之一：“吾教子弟不离八本……八者曰：读古书以训诂为本，作诗文以声调为本，养亲以得欢心为本，养生以少恼怒为本，立身以不妄语为本，治家以不晏起为本，居官以不要钱为本，行军以不扰民为本。”（《曾国藩全集·家书一》，岳麓书社，1985，第662页。）

② 见《诗经·瞻卬》。

盖不欲蹈冶遊之恶习也。

余关于卫生之第四要诀，则常运动与常行深呼吸也。热与力相伴，此物理学之所示也。人身之内亦有燃烧之现象，身体活动力所由生也。物之燃烧须有空气中之酸素[①]，身体内之燃烧亦然，此吾人所以有呼吸新鲜空气之必要也。吾人吸入酸素而呼出炭素，故若严闭窗户，人居其中数时以后，必致空气中之酸素全被吸入，而所存之空气多含炭素，其不利于卫生实甚。人有因煤气灯机关未闭，煤气放满一室，遂致中毒而死者。西人以放煤气于室而寝于其中为自杀之一法，可知启窗户之为必要矣。运动必于户外新鲜空气中行之，运动则血脉流通，呼吸速而强，多吸入空气中之酸素，而身体之活力遂增，此卫生最要之事。西人多好为户外运动，如庭球、野球、蹴球、划船、游泳等事，皆可以锻炼身体。美国市俄高工厂甚多，空气甚坏，法宜多发生肺病，而事实反之，则以其地居民多好户外运动，故有防御肺病之效也。中国人不好为户外运动，而偏好下棋打牌各种户内之游戏，此国民文弱之所由来也。余近阅日本医学博士北里柴三郎《肺之健康法》，始知常行深呼吸，为防肺病之第一良法，今请为诸君言之。日本人之所谓肺病，即中国人之所谓痨病，内伤病也。其病证（症）之最显著者为咳嗽、吐痰、发烧、吐血、盗汗等。而其致病之由，则为一种结核菌侵入肺部滋生发达，遂破坏肺之组织而有吐血、吐痰等症。此种结核菌由有肺病之人自痰中吐出，仍可以传染他人，乃至为危险之事也。此种结核菌虽干不死，若痰中带有结核菌，吐之于地上，干后随灰尘飞扬空中，或为他人吸入，则由鼻入肺，此人遂受肺疾之传染矣。故痰不可吐之于地，必吐之于痰盂之中。当换

---

① 酸素：日语，中文“氧气”的意思。

痰盂之时，又必以开水及洗濯曹达消毒，始可放心。中国人随地吐痰者因不知其危险也。此种结核菌惟强热、日光、空气三者可以杀之，常行深呼吸所以杀肺中之结核菌也。人平时呼吸，肺中空气不能全换，而结核菌喜藏于肺尖，为空气所不到之地，故无由除之。惟行深呼吸则肺中悉满以空气，结核菌无处可逃，遂被除去。故常行深呼吸，乃防肺病之良法也。每日早起至门外空气流通处行字（之），至久不过十五分钟便可了事。

此事无论男女老幼均当行之，此乃养生至要之事也。

关于卫生之第五要义，则注意清洁是也。血脉流通为身体健康之一要件，而欲使血脉流通，有三注（意）焉：第一则常行体操及各种之运动也；第二则用热水洗浴身体也；第三则按摩也。按摩之法，可施之于老人，非少壮（之）所急。欲求血脉之流通，除常行运动之外，莫如勤于沐浴。日本人最爱洁净，浴身甚勤。方其与俄人战也，军事卫生甚为进步，军人死于病者甚少。盖其军人虽在战地，亦勤于沐浴，此其所以获病者少也。西洋人亦勤于浴体，大约每星期一次。此外，更有每日早起用冷水洗浴者。盖体中之老废物时时刻刻从汗管排出，若不勤于洗涤，则皮肤丛垢，汗管窒塞，老废物堆积体中，不能自由运出，而身体觉其不快矣。余闻中国北方如直隶等处，居民沐浴甚稀，身体不洁。湖南人虽在夏时勤于浴体，而在冬时往往数月不浴。推原其故，盖由浴盆太小，不足容多量之热水，故冬时浴体往往畏寒。此则利用厚生之道有所未周，所宜急行改良者也。宜特制稍大之浴盆，冬时洗浴多注热水，以浸满全身为度，则自无畏寒之患矣。为此当多费火力及人力，然为数无几，事关健康，不可吝也。今人多于他处用钱如泥沙，独于此等处吝之，亦可谓轻重倒置者矣。家中宜扫除洁净。西洋人之地板每日用湿布抹之。余观省城人家地板，灰尘厚积，殊不雅观，而安之若素，盖习惯于不洁而不觉其苦也。余家正房及书室地板，每星期用水洗涤一次，亦不过稍费人工，非甚高难行之事。窃愿以一家为之倡，养成社会爱洁之习惯，此亦改良社会者所宜极力提倡之一端也。东西洋各国于厕所亦力求洁净。湖南人居家于此事太不注意，往往污秽狼藉，不堪入目，而相率安之，亦因居民无爱洁之美习也。中国人街道之不洁，为西洋人所轻蔑，此实于国家之名誉有关。文明野蛮于其街道之洁与不洁可以知之。省城街道不洁，人行其中秽气扑鼻，夏时多生疫疠，实由于此，而未闻有改良之者。固由警官未能尽职，亦因居民习于垢秽，不求洁除之方也。

此五者乃关于卫生至要之事，此外可注意者甚多，兹不遍举。

（三）规则的生活

余前言人之宜勤，今则言勤字下手之方也。人之精力有限，每日固不可无读书之时、治事之时，亦不可无休息之时、游戏之时、运动之时。真能勤者不必其刻无暇晷也，在于每日有一定之课程，逐日做去，不使间断，铢积寸累，自然日计不足，月计有余。昔曾涤生教其弟每日看书二十页，而督以每日必看不许间断。谓走路之日在饭店亦可看，考试之日出场后亦可看。此吾国人所谓有恒，而日本人所谓为规则的生活也。曾涤生又教其弟以一专字，其自立课程亦云“一书不完不看他书”，谓东翻西阅所得甚少。世人多无恒心，往往厌故喜新，贪多务博，而百无一成，皆不专不恒之弊也。昔达尔文颇懒，每日仅以二点钟思索哲理，积数十年之功，遂创进化论，与大影响于世界。专恒之效其大如此，可以兴矣。余留学日本之时，先在弘（宏）文学院习普通科学，毕业后乃考入东京高等师范学校，试验之前仅作二月余预备功夫。余用分段致功之法，温习算术一星期、代数一星期、几何二星期，其他如地理、历史、物理、化学、生理、动物、植物各一星期。一星期中又分作六日，星期日无课。如历史教科书百八十叶，则每日温三十叶，每日又分作四点钟，看书五十分钟后仍休息十分钟，均于午前为之。午后则休息或往公园游览，以恢复其脑力。余用此法得于不久时期之内，遍习各种科学，试验之时，成绩尚好，盖能守规则之效也。有一友人体弱多病，余教以此法，彼每日读书二点钟，而以其余日专为休息游览之用，学问大进，中心喜悦，而身体无亏，诚修学之善法也。

美国人富兰克令自课以十三德[①]，今条列于下：

第一　节制　食毋过饱，饮毋至醉。

第二　沉默　非有益于他人及自己者勿言。

第三　规律　使汝所有之物各得其所，使汝所务之业各依其时。

第四　决心　宜决心成就汝所应为之事，宜成就汝决心之事无误。

第五　俭约　非有益于他人及汝者，决勿妄费。

第六　勤勉　勿失时间，常从事有益之业务，去一切无益之行动。

第七　至诚　勿用有害之虚伪，思虑宜率真，言行宜一致。

---

① 富兰克令自课十三德：今译为富兰克林自律十三条。

第八　正义　勿为害恶，勿怠义务。

第九　中庸　勿驰于极端，论人宜宽，恕毋多怒。

第十　清洁　宜留意身体衣服居宅之清洁。

第十一　平静　勿为日常琐事及普通或不可避之事惑乱。

第十二　洁行

第十三　谦逊　效基督及苏格拉底。

富兰克令以此十三德自课，每日以之自省，如有违犯则记过。以十三星期为一期，每年分四期，较其过之增减，而以自考其自治，可谓严矣。其日课表尤示吾人以为规则的生活之模范。朝自问：本日余宜为如何之善行乎？午前五点钟、六点钟、七点钟起床、盥漱、祈祷，审思本日应为之事，勉学、朝食。八时、九时、十时、十一时劳作，十二时、午后一时读书，会计之调查，昼食。午后二时、三时、四时、五时劳作。夕自问：本日余已为如何之善行乎？六时、七时、八时、九时整理器物、音乐，或游戏，或谈话，当日之检查。十时、十一时、十二时，午前一时、二时、三时、四时睡眠。观此课程表，可以知规律之意义矣。使汝所务之业各依其时，此之谓也。使汝所有之物各得其所，亦为规则的生活至要之条件也。中国士人往往有懒散之弊，桌上书籍乱堆，至无秩序，由于无整齐严肃之精神，无整理之习惯也。其实，使所有之物各得其所，并非难事。迁居一室之时，将所有书籍、器具先排列于一定之地方，以后每用一物用完后即刻还之于故处，每看一书看完后即刻还之于故处，则自然永久不乱矣。夫即刻还之于故处，不过一举手之劳，此有何难，而人多不肯为之，则由于幼时未受此等教育，及长而懒散之习惯已成，虽有友朋之忠告而不能生效也。

妇女之治家尤不可不知此义。男子每日出外营生，家内之清洁与整齐，乃妇人之专责。余家伯叔母多治家严整，柜中衣物均有常处，用时一索即得，不用翻寻。开柜之时秩序整然，令人肃然起敬。余于二十三年前在城南书院读书，即自课以“整洁”二字，其条目云：正其衣冠，整书拂床，涤砚扫地。桌上笔墨砚皆有常处，用完即还原处。书亦然。每日扫地一次。一人在学堂读书，事物甚简，力求整洁，较之居家更易。

余前言敬事与克勤小物，已大略及此，今复详言之，盖修身切要之图也。程子作字时甚敬，曰非是要字好，只此是学。凡事不可苟且，一有苟且便于严整之精神有伤，不可不戒也。凡真做功夫人，无不自立课程者。自立规则而力行之，乃能养成善良之习惯。凡自立规则不可太多，又不可太难，太多太难则必难于永久遵守。又经过岁时之后，从前所立之规则亦可重行改定。因时势推移，有改定之必要也。但课程既立，必行之稍久，不可朝立暮改，致不能养成有恒之习惯。王船山最恶无恒之人，而以有恒为圣贤之特质。于其所著《诗广传》“罔念克绍章”、《尚书引义》“惟狂克念作圣章”、《周易外传》“继之者善也章”，皆发明继续有恒之义，博大精深，读之使人兴起。

（四）戒骄

人须小心谨慎，庶能有成功而不致失败，骄则未有不败者也。孟子言：“出则无敌国外患者，国恒亡。”谓生于忧患，死于安乐。盖有敌国外患，则惧而不敢不力图自强，而安乐则骄惰之气中之也。家道之盛衰，常有循环之象，贫贱生勤俭，勤俭生富贵，富贵生骄奢，骄奢复生贫贱。世禄之家鲜克由礼，纨袴子弟恃其祖父遗传之财产，懒于读书，不求自立，贪图逸乐，用钱如泥沙，及其家业尽空，无术可以糊口，其困穷较生于寒素之家者数倍。故积财富以传子孙，非长久之计也。汉疏广[①]曰：“贤而多财则损其志，愚而多财则益其过。多财何害？惟其恃富而骄，故为败家之本也。”曾涤生家书言，仕宦之家仅能过一代二代；以小本贸易起家者可保至三代、四代；而耕读孝友之家，则可保至五代、六代，或更为久远。盖仕宦之家易中骄奢之弊也。曾涤生深知骄之足以致败，故以“求阙”名斋，谓日中则昃，月盈则阙。禄位权势不可求满，满则阙随之矣。求阙者，常退守其阙，而不求满盈，则永无衰退。未盈时之阙与既盈后之阙，其气象大不相同。盖一则上升之势，一则下降之势也。

孙子[②]曰：“两军相遇，哀者胜矣。”言骄兵之必败也。人生处世有失意之时，有得意之时，失意之时宜处之泰然，力求自强，不可灰心；得意之时，宜加倍谨慎，持盈保泰，不可萌骄矜之心。吾观当世伟人，亦往往以得意而骄，终于失败，故

---

① 疏广（？—前45）：西汉人，字仲翁。东海兰陵（今山东省枣庄市峄城区）人。自幼好学。早年家居教授，从游弟子甚众。后征为博士、太中大夫、太子太傅。与其侄疏受（太子少傅）俱受宣帝器重，数获赏赐，朝廷上下咸以为荣。后在身为太子太傅、获有令名的情况下，与侄子疏受共同辞官回家，为世人所称赞。退休后，将财产分与乡里，防子弟因富而骄。

② 孙子，应为老子。《道德经》第六十九章有“抗兵相若，哀者胜”。

知学道养心为治世安民之本，隐居求志之功不可少也。王船山谓项羽能胜而不能败，李存勖能败而不能胜。人之度量固有涯，功成名立而骄气乘之，亦志量之不广有以致之也。惟圣贤忧勤惕厉意念深远，虽有震世之功名，而歉然不自足，则永无骄时，亦永无败时。语云：器小易盈，此言最足发人深省。为学在于虚心，当知学问无穷，一己之聪明才力有限，常自视欿然，则进步不可限量。若少有所得而自足，则成就甚小，终无足观。

曾子曰："以能问于不能，以多问于寡，有若无，实若虚，犯而不校，昔者吾友尝从事于斯矣。"马氏以为颜渊[①]。颜渊之言志曰："愿毋伐善，毋施劳。"以富贵骄人者固不善，以学问骄人者害亦不细。真有道德者其待人必谦逊，决不骄慢。爱人敬人，乃道德之精髓，以其所长傲人，即反于爱人敬人之原则，此君子之所羞为也。孟子曰："以善服人者未有能服人者也，以善养人而后能服天下。"以善服人者，即以道德骄人之意。君子无众寡，无小大，无敢慢，泰而不骄，圣贤气象固有以异于常人。治国之道在于用贤，骄则贤士不乐为之用，亦政治得失之林也。子贡悦与不若己者处，孔子非之。人须常与胜己者处，时时觉得己不若人，便有长进。若与不如己者处，则自以为贤，反致道德堕落而不自觉。末世难得胜己者与之为友，则须尚友古人，时时与圣贤豪杰比较，则可以感发兴起，而不致倒退。故读书亦厉志之一法。今人全不读书，故无奋兴之气象。此亦与戒骄之义相关，故并论之于此。

---

① 马氏以为颜渊：此句为朱熹《论语集注》中语。马氏指马融（79—166），有《论语注》。

（五）张子《正蒙》

张子名载，学者称为横渠先生，北宋大儒，关中人也。宋代义理之学极盛，后世以周、程、张、朱为五子，或以其所居之地称之为关、闽、濂、洛。横渠乃其中之一人也。《船山遗书》中有《张子正蒙注》九卷，今择其极精要者，发挥而光大之，于以开发思想，激厉志气，大有益也。[①]

太虚无形，气之本体；其聚其散，变化之客形尔。至静无感，性之渊源；有识有知，物交之客感尔。客感客形与无感无形，惟尽性者一之。

天地之气，虽聚散、攻取百途，然其为理也，顺而不妄。气之为物，散入无形，适得吾体，聚为有象，不失吾常。太虚不能无气，气不能不聚而为万物，万物不能不散而为太虚。循是出入，是皆不得已而然也。然则圣人尽道其间，兼体而不累者，存神其至矣。彼语寂灭者，往而不返；徇生执有者，物而不化。二者虽有间矣，以言乎失道则均焉。

船山曰："此章乃一篇之大指。贞生死以尽人道，乃张子之绝学，发前圣之蕴，以辟佛、老而正人心者也。朱子以其言既聚而散，散而复聚，讥其为大轮回，而愚以为朱子之说反近于释氏灭尽之言，而与圣人之言异。孔子曰：'未知生，焉知死。'则生之散而为死，死之可复聚为生，其理一辙，明矣。《易》曰：'精气为物，游魂为变。'游魂者，魂之散而游于虚也，为变，

① 以下文字据岳麓书社出版之《船山全书》第12册《张子正蒙注》作了校订。楷体字为张载语，宋体字为船山语。

则还以生变化，明矣。又曰：‘屈伸相感而利生焉。’伸之感而屈，生而死也；屈之感而伸，非既屈者因感而可复生乎？又曰：‘形而上者谓之道，形而下者谓之器。’形而上，即所谓清通而不可象者也。器有成毁，而不可象者寓于器以起用，未尝成，亦不可毁，器敝而道未尝息也。以天运物象言之，春夏为生、为来、为伸，秋冬为杀、为往、为屈，而秋冬生气潜藏于地中，枝叶槁而根本固荣，则非秋冬之一消灭而更无余也。车薪之火，一烈已尽，而为焰、为烟、为烬，木者仍归木，水者仍归水，土者仍归土，特希微而人不见尔。一甑之炊，湿热之气，蓬蓬勃勃，必有所归，若奁盖严密，则郁而不散。汞见火则飞，不知何往，而究归于地。有形者且然，况其细缊而不可象者乎！未尝有辛勤岁月之积，一旦悉化为乌有，明矣。故曰往来，曰屈伸，曰聚散，曰幽明，而不曰生灭。生灭者，释氏之陋说也。倘如散尽无余之说，则此太极浑沦之内，何处为其翕受消归之府乎？又云造化日新而不用其故，则此太虚之内，亦何从得此无尽之储，以终古趋于灭而不匮邪？且以人事言之，君子修身俟命，所以事天；全而生之，全而归之，所以事亲。使一死而消散无余，则谚所谓伯夷、盗跖同归一邱者，又何恤而不逞志纵欲，不亡以待尽乎！惟存神以尽性，则与太虚通为一体，生不失其常，死可适得其体，而妖孽、灾眚、奸回、浊乱之气不留滞于两间，斯尧、舜、周、孔之所以万年，而《诗》云‘文王在上，於昭于天’，为圣人与天合德之极致。圣贤大公至正之道异于异端之邪说者以此，则谓张子之言非明睿所照者，愚不敢知也。”

聚亦吾体，散亦吾体。知死之不亡者，可与言性矣。

气与志，天与人，有交胜之理。圣人在上而下民咨，气壹之动志也；凤凰仪，志壹之动气也。

天体物不遗，犹仁体事无不在也。“礼仪三百，威仪三千”，无一物而非仁也。“昊天曰明，及尔出王；昊天曰旦，及尔游衍。”无一物之不体也。

鬼神常不死，故诚不可掩；人有是心，在隐微必乘间而见。故君子虽处幽独，防亦不懈。

船山曰：“非畏其著见，畏其实有之而不能遏也。一念之邪不审，虽或制之不发，而神气既为之累，见于事为，不觉而成乎非僻，不自测其所从来而不可遏抑。盖神气者，始终相贯，无遽生遽灭之理势，念之于数十年之前，而形之也忽成于一旦，故防之也不可不早，不得谓此念忘而后遂无忧，如释氏心忘罪灭之说也。”

大则不骄，化则不吝。

船山曰：“成物皆成己之事，而后骄心永释；因物顺应而己不劳，而后吝心不生：此广大高明之极也。学者欲至于大，当勿以小有得而骄；欲几于化，当勿以私有得而吝。若颜子之勿伐善、勿施劳，竭才以思企及，则得矣。”

精义入神，豫之至也。

天能为性，人谋为能。大人尽性，不以天能为能而以人谋为能，故曰：“天地设位，圣人成能。”

天良能本吾良能，顾为有我所丧尔。（张子自注：明天人之本无二。）

船山曰："孟子言良知良能，而张子重言良能。盖天地以神化运行为德，非但恃其空晶之体，圣人以尽伦成物为道，抑非但恃其虚灵之悟，故知虽良而能不逮，犹之乎弗知。近世王氏之学[1]舍能而孤言知，宜其疾入于异端也。"

湛一，气之本；攻取，气之欲。口腹于饮食，鼻舌于臭味，皆攻取之性也。知德者属厌而已，不以嗜欲累其心，不以小害大、以末丧本焉尔。形而后有气质之性，善反之则天地之性存焉，故气质之性君子有弗性者焉。

纤恶必除，善斯成性矣。察恶未尽，虽善必粗矣。

和乐，道之端乎！和则可大，乐则可久。天地之性，久大而已矣。

不诚不庄，可谓之尽性穷理乎？性之德也，未尝伪且慢，故知不免乎伪慢者，未尝知其性也。

船山曰："释氏以天理为幻妄，则不诚；庄生以逍遥为天游，则不庄；皆自谓穷理尽性，所以贼道。性受于天理之实然，何伪之有？虽居静而函万化以不息，何慢之有？若王介甫[2]之杂机朽，苏子瞻[3]之好骄乐，皆自言知性，所知者释氏、庄生之所谓性也，恍忽无实而徜徉自废之浮气也。居处恭，执事敬，与人忠，乃以体性之诚；心恒存而性显，则不待推求而知之真矣。"

勉而后诚庄，非性也。不勉而诚庄，所谓"不言而信，不怒而威"者与！

---

① 王氏之学：指王阳明的心学。

② 王介甫：指王安石（1021—1086），字介甫。北宋政治家。

③ 苏子瞻：指苏轼（1037—1101），字子瞻，号东坡居士。眉州眉山（今四川省眉山市）人。北宋文学家。

船山曰：“《中庸》所言勉强者，学问思辨笃行之功，固不容已于勉强；而诚庄乃静存之事，勉强则居之不安而涉于人为之偏。且勉强之功，亦非和乐则终不能勉；养蒙之道，通于圣功，苟非其本心之乐为，强之而不能以终日。故学者在先定其情，而教者导之以顺。古人为教，先以勺、象，其此意与！”

大其心，则能体天下之物，物有未体，则心为有外。世人之心，止于闻见之狭；圣人尽性，不以见闻梏其心。其视天下，无一物非我。孟子谓尽心则知性知天以此。天大无外，故有外之心，不足以合天心。见闻之知，乃物交而知，非德性所知；德性所知，不萌于见闻。

人谓己有知，由耳目有受也；人之有受，由内外之合也。知合内外于耳目之外，则其知也过人远矣。

体物体身，道之本也；身而体道，其为人也大矣。道能物身，故大；不能物身而累于身，则藐乎其卑矣。

以我视物，则我大；以道（视）〔体〕物我，则道大。故君子之大也大于道，大于我者，容不免狂而已。

高明不可穷，博厚不可极，则中道不可识，盖颜子之叹也。

极其大而后中可求，止其中而后大可有。

不得已当为而为之，虽杀人皆义也。有心为之，虽善，皆意也。正己而物正，大人也；正己而正物，犹不免有意之累也。有意为善，利之也，假之也；无意为善，性之也，由之也。有意在善，且为未尽，况有意于未善邪！仲尼绝四，自始学至成德，竭两端之教也。

君子于天下，达善达不善，无物我之私。循理者共悦之，不循理者共改之。改之者，过虽在人如在己，不忘自讼；共悦者，善虽在己，盖取诸人而为，必以与人焉。善以天下，不善以天下，是谓达善达不善。

恶不仁，故不善未尝不知；徒好仁而不恶不仁，则习不察，行不著。是故徒善未必尽义，徒是未必尽仁；好仁而恶不仁，然后尽仁义之道。

责己者当知天下国家无皆非之理，故学至于不尤人，学之至也。

以能问不能，以多问寡，私淑艾以教人，隐而未见之仁也。

以责人之心责己则尽道，所谓“君子之道四，丘未能一焉”者也；以爱己之心爱人则尽仁，所谓“施诸己而不愿，亦勿施于人”者也。

以众人望人则易从，所谓“以人治人改而止”者也；此君子所以责己、责人、爱人之三术也。

道远人则不仁。

爱人然后能保其身（张子自注：寡助则亲戚畔之），能保其身则不择地而安；不择地而安，盖所达者大矣；大达于天，则成性成身矣。

志大则才大、事业大，故曰“可大”，又曰“富有”；志久则气久、德性久，故曰“可久”，又曰“日新”。

“君子无所争”，彼伸则我屈，知也。彼屈则吾不伸而自伸矣。又何争！

“恭敬、撙节、退让以明礼”，仁之至也，爱道之极也。

船山曰：“不崇己以替天下，仁爱之心至矣。”

己不勉明，则人无从倡，道无从弘，教无从成矣。

船山曰：“既明其理，尤详其事，君子之所以耄而好学，有余善以及天下后世也。”

“稽众舍己”，尧也；“与人为善”，舜也；“闻善言则拜”，禹也；“用人惟己，改过不吝”，汤也；“不闻亦式，不谏亦入”，文王也。

船山曰：“‘惟己’，当作‘惟其贤’。”

“象忧亦忧，象喜亦喜”，所过者化也，与人为善也，隐恶也，所觉者先也。

“好问”，“好察迩言”，“隐恶扬善”，“与人为善”，“象忧亦忧，象喜亦喜”，皆行其所无事也，过化也，不藏怒也，不宿怨也。

（六）吕新吾《呻吟语》[①]

所贵乎刚者，贵其能胜己也，非以其能胜人也。子路不胜其好勇之气，是为“勇”字所降伏，终不成个刚者。圣门称刚者谁？吾以为恂恂之颜子，其次鲁钝之曾子而已。

读书能使人寡过，不独明理。此心日与道俱，邪念自不得而乘之。

明体全为适用。明也者，明其所适也。不能适用，何贵明体？然未有明体而不适用者。树有根，自然千枝万叶；水有源，自然千流万派。是故日用动静是小体用，幼学壮行是大体用。有种讲学人不能施于有政，始知所明不是适用之体。

万金之贾，货虽不售不忧；贩夫闭门数日，则愁苦不任矣。凡不见知而愠，不见是而闷，皆中浅狭而养不厚者也。

自家好处〔要〕掩藏几分，这是涵蓄以养量。别人不好处

① 《呻吟语》，中华书局，2018年。

要掩藏几分，这是浑厚以养德。

宁耐是思事第一法，安详是处事第一法，谦退是保身第一法，涵容是处人第一法，置富贵、贫贱、死生、常变于度外，是养心第一法。

平居时，有心讱言还容易，何也？有意收敛故耳。只是当喜怒爱憎时发当其可，无一厌人语，才见涵养。

“暮夜无知”，此小人百恶之总根也。人之罪莫大于欺；欺者，利其无知也。大奸大盗，皆自无知之念充之天下。若不畏有知，则良心已死矣。

日横恣而无制，皆此二字[①]为之。西晋仇礼法而乐豪放，病本正在此。甚么降伏得此二字？曰“勤慎”。

日日行不怕千万里；常常做不怕千万事。

贫不足羞，可羞是贫而无志。贱不足恶，可恶是贱而无能。老不足叹，可叹是老而虚生。死不足悲，可悲是死而无补。

休诿罪于气化，一切责之人事；休过望于世间，一切求之我身。

清议酷于律令，清议之人酷于治狱之吏。律令所冤，赖清议以明之，虽死犹生也。清议所冤，万古无反案矣。是以君子不轻议人，惧冤之也，惟此事得罪于天甚重，报必及之。

先众人而为，后众人而言。

彰死友之过，此是第一不仁。生而攻之也，望其能改。彼及闻之也，尚能自辩；死而彰之，夫何为者？虽实过也，吾为掩之。

辨学术，谈治理，直须穷到至处，让人不得。盖道理古今之道理，政事国家之政事，务须求是乃已。我两人皆置之度外，

---

① 这句话之前，原书还有一句：懒散二字，立身之贼也。千德万业，日怠废而无成；千罪万恶。

非求伸我也，非求胜人也。何让人之有，只是平心易气，为辩家第一法。才声高色厉，便是没涵养。

在邪人前发正论，不问有心无心，此是不磨之恨。见贪者谈廉道，已不堪闻。又说某官如何廉，益难堪；又说某官贪，愈益难堪。况又劝“汝当廉”，况又责汝如何贪，彼何以当之。或曰：“当如何？”曰：“位在，则进退在我，行法可也。位不在，而情意相关，密讽可也。若与我无干涉，则钳口而已。《礼》入门而问讳，此亦当讳者。”

余少时，曾泄当密之语，先君责之。对曰：“已戒闻者，使勿泄矣。”先君曰：“子不能必子之口，而能必人之口乎？且戒人与戒己孰难，小子慎之！”

天下事最不可先必而豫道之。已定矣，临事还有变更，况未定者乎？故宁有不知之名，无贻失言之悔。

常看得自家未必是，他人未必非，便有长进。再看得他人皆有可取，吾身只是过多，更是长进。

学者事事要自责，慎无责人。人不可我意，自是我无量。我不可人意，自是我无能。时时自反，才德无不进之理。

只一个耐烦心，天下何事不得了？天下何人不能处？

一贵达还家，门户不如做官时，悄然不乐。曰：“世态炎凉如是，人何以堪？”余曰：“君自炎凉，非独世态之过也。平常淡素是我本来事，热闹纷华是我倘来事。君留恋富贵以为当然，厌恶贫贱以为遭际，何炎凉如之！”

世间好底分数休占多了。我这里消受几何，其余分数任世间人占去。

仕途上只应酬，无益人事，工夫占了八分，更有甚精力时候修正经职业。我尝自喜行三种方便：不面谒人，省其疲于应接；不轻寄书，省其困于裁答；不乞求人看顾，省得〔其〕难于区处。

不见可欲时，人人都是君子；一见可欲，不是滑了脚跟，便是摆动念头。老子曰：“不见可欲，使心不乱。”此是闭目塞耳之学，一入耳目来，便了不得。今欲与诸君在见可欲上做工夫，淫声美色满前，但如鉴照物，见在妍媸，不侵镜光；过去妍媸，不留镜里，何嫌于坐怀？何事于闭门？推之可怖可惊、可怒可惑、可忧可恨之事，无不皆然。到此才是工夫，才见手段。把持则为贤者，两忘则为圣人。

直友难得，而吾又拒以讳过之声色；佞人不少，而吾又接以喜谀之意态。呜呼！欲不日入于恶也，难矣！

精明也要十分，只须藏在浑厚里作用。古今得祸，精明〔人〕十居其九，未有浑厚而得祸者。今之人惟恐精明不至，乃所以为愚也。

体解神昏，志消意沮，天下事不是这般人干底。攘臂抵掌，矢志奋心，天下事也不是这般人干底；干天下事者，智深勇沉，神闲气定。有所不言，言必当，有所不为，为必成。不自好而露才，不轻试以侥功，此真才也，世鲜识之。近世惟前二种人，乃互相讥，识者胥笑之。

正直人植纲常，扶世道；忠厚人养和平，培根本。然而激天下之祸者，正直之过；养天下之祸者，忠厚之过也。

大事难事看担当，逆境顺境看襟度，临喜临怒看涵养，群行群止看识见。

“忍”“激”二字，是祸福关。

凡有横逆之来，先思所以取之之故，即思所以处之之法，不可便动气。两个动气，一对小人，一般受祸。

无才无学，士之羞也；有才有学，士之忧也。夫才学非有之难，而降伏之难。君子贵才学以成身也，非以矜己也；以济世也，非以夸人也。故才学如剑，当可试之时一试，不则藏诸室。

或问："傲为凶德，则谦为吉德矣？"曰："谦真是吉，然谦不中礼，所损亦多。在上者为非礼之谦，则乱名分、紊纪纲，久之法令不行。在下者为非礼之谦，则取贱辱、丧气节，久之廉耻扫地。君子接人未尝不谨饬，持身未尝不正大。"

处天下事，前面常长出一分，此之谓豫；后面常余出一分，此之谓裕。如此则事无不济而心有余乐。若尽煞分数做去，必有后悔处。人亦然，施在我，有余之恩则可以广德；留在人，不尽之情则可以全好。

事必要其所终，虑必防其所至。若见眼前快意便了，此最无识。故君子不认眼前之喜怒为喜怒。

将事而能弭，遇事而能救，既事而能挽，此之谓达权，此之谓才。未事而知其来，始事而要其终，定事而知其变，此之谓长虑，此之谓识。

不以外至者为荣辱，极有受用处，然须是里面分数足始得。今人见人敬慢辄有喜愠心，皆外重者也。此迷不破，胸中冰炭一生。

两君子无争，相让故也。一君子一小人无争，有容故也。争者，两小人也。

见前面之千里，不若见背后之一寸。故达观非难，而反观为难。

富以能施为德，贫以无求为德。贵以下人为德，贱以忘势为德。

处毁誉要有识有量，今之学者尽有向上底，见世所誉而趋之，见世所毁而避之，只是识不定。闻誉我而喜，闻毁我而怒，只是量不广。真善恶在我，毁誉与我无分毫相干。

今之人只是将"好名"二字坐君子罪，不知名自是好不将去。分人以财者实费财，教人以善者实劳心。臣死忠、子死孝、妇死节者实杀身。一介不取者，实无所得。试着渠将这好名儿好一好，肯不肯？即使真正好名，所为却是道理。彼不好名者，舜乎？跖乎？果舜也，真加于好名一等矣；果跖耶，是不好美名而好恶名也。愚悲世之人以好名沮君子，而君子亦畏好名之讥而自沮，吾道之大害也，故不得不辨。

有问密语者，嘱曰："望以实心相告。"余笑曰："吾内有不可瞒之本心，上有不可欺之天日。在本人有不可掩之是非，在通国有不容泯之公论。一有不实，自负四愆矣，何暇以貌言诳门下哉？"

尝见一论人者云："渠只把天下事认真做，安得不败？"余闻之甚惊，窃意天下事尽认真做去还做得不像，若只在假借面目上做工夫，成甚道理？天下事只认真做了，更有甚说？何事不成？方今人病痛，正患在不肯认真做，所以大纲常、正道理无人扶持武子[①]之愚，所谓认真也与？

天下无难处之事，只消得两个"如之何"；天下无难处之人，只消得三个"必自反"。[②]

做天下好事，既度德量力，又审势择人。"专欲难成，众怒难犯"，此八字者，不独妄动邪为者宜慎，虽以至公无私之心行正大光明之事，亦须调剂人情，发明事理，俾大家信从，然后动有成，事可久。

世间事各有恰好处，慎一分者得一分，忽一分者失一分。

---

① 武子：指宁武子。《论语·公冶长》："子曰：'宁武子，邦有道，则知；邦无道，则愚。'"

② 两个"如之何"：见《论语·卫灵公第十五》："子曰：不曰'如之何，如之何'者，吾末如之何也已矣。"朱熹注云："'如之何如之何'者，熟思而审处之辞也。不如是而妄行，虽圣人亦无如之何矣。"三个"必自反"：见《孟子·离娄下》："有人于此，其待我以横逆，则君子必自反也，我必不仁也，必无礼也，此物奚宜至哉？其自反而仁矣，自反而有礼矣，其横逆由是也，君子必自反也，我必不忠。自反而忠矣，其横逆由是也，君子曰：'此亦妄人也已矣。'"

全慎全得，全忽全失。小事多忽，忽小则失大；易事多忽，忽易则失难。存心君子自得之体验中耳。

事到手，且莫急，便要缓缓想；想得时，切莫缓，便要急急行。

善用威者不轻怒，善用恩者不妄施。

天下事只怕认不真，故依违观望，看人言为行止。认得真时，则有不敢从之君亲，更那管一国非之，天下非之。若作事先怕人议论，做到中间，一被谤诽，悄然中止，这不止无定力，且是无定见。民各有心，岂得人人识见与我相同？民心至愚，岂得人人意思与我相信？是以作事君子，要见事后功业，休恤事前议论，事成后众论自息。即万一不成，而我所为者合下便是当为也。论不得成败。

情有可通，莫于旧有者过裁抑，以生寡恩之怨。事在得已，莫于旧有者妄增设，以开多事之门。若理当革、时当兴、合于事势人情，则非所拘矣。

事有可以义起者，不必泥守旧例。有可以独断者，不必观望众人。若旧例当，众人是，莫非胸中道理而彼先得之者也。方喜旧例代吾劳，方喜众见印吾是，何可别生意见以作聪明哉？此继人之后者之所当知也。

君子与人共事，当公人己而不私。苟事之成，不必功之出自我也；不幸而败，不必咎之归诸人也。

善者不必福，恶者不必祸，君子稔知之也，宁祸而不肯为恶。忠直者穷，谀佞者通，君子稔知之也，宁穷而不肯为佞。非但知理有当然，亦其心有所不容已也。

殃咎之来，未有不始于快心者，故君子得意而忧，逢喜而惧。

率真者无心过，殊多躁言轻举之失；慎密者无口过，不免厚貌深情之病。心事如青天白日，言动如履薄临深，其庶几乎。

官吏不要钱，男儿不做贼，女子不失身，才有了一分人。连这个也犯了，再休说别个。

才为不善，怕污了名儿，此是徇外心。才为不善，怕污了身子，此是为己心。

人不自爱，则无所不为；过于自爱，则一无可为。〔自爱者〕先占名，实利于天下国家而迹不足以白其心则不为；〔自爱者〕先占利，有利于天下国家而有损于富贵利达则不为。富贵利达而有累于身家妻子则不为。天下事待其名利两全而后为之，则所为者无几矣。

余参政东藩日，与年友张督粮临碧在座。余以朱判封，笔浓字大，临碧曰："可惜！可惜！"余擎笔举手曰："年兄此一念，天下受其福矣。"判笔一字，所费丝毫朱耳，积日积岁，省费不知几万倍，充用朱之心，万事皆然。天下各衙门积日积岁，省费又不知几万倍。且心不侈然自放，足以养德；财不侈然浪费，足以养福。不但天物不宜暴殄，民膏不宜慢弃而已。夫事有重于费者，过费不为奢；省有不废事者，过省不为吝。余在抚院日，不俭于纸而戒示吏书片纸皆使有用。比见富贵家子弟用财货如泥沙，长余之惠既不及人者，有用之物皆弃于地，胸中无不忍一念，口中无可惜二字。人或劝之，则曰："所值几何？"余尝号为沟壑之鬼，而彼方侈然自快，以为大手段不小家势。痛哉！儿曹志之。

任难任之事，要有力而无气。处难处之人，要有知而无言。

万弊都有个由来，只救枝叶，成得甚事？

接人要和中有介，处事要精中有果，认理要正中有通。

祸莫大于不仇人而有仇人之辞色，耻莫大于不恩人而诈恩人之状态。

肯替别人想，是第一等学问。

（七）达化斋日记[①]

（八）论语类钞

立志

性道微言

儒家态度

处事格言[②]

圣门下手工夫

子曰："君子不重则不威，学则不固。主忠信。无友不如己者。过则勿惮改。"

《礼记》曰："足容重。"凡步履安重者乃载福之相，举止轻佻者薄福之相。《诗·豳风》言，周公当主少国疑之际，而"赤舄几几"，真善于形容圣人之风度。斗伯比言："莫敖必败，举趾高，心不固矣。"[③]此则败亡之征也。曾涤生训其子以步履安徐，可谓深明此理。不轻言，不轻笑，不轻举动，皆重字切实下手处。

---

① 这部分《达化斋日记》，原载1903年5月出版的《游学译编》第八册，见《杨昌济集》（一）第15—22页；又见《杨昌济辑》第348—352页。

② 以上四个部分的内容，见《杨昌济集》（一）第249—281页；又见《杨昌济辑》第69—91页。

③ 斗伯比：春秋时期楚国令尹。莫敖，春秋时楚武王之子屈瑕的字。趾：足。不固：不专一、浮动。句意：莫敖必定失败，走路时把脚抬得很高，说明他心意浮动。

孟子言“持其志，无暴其气”，此言不厚重则所学亦不坚固，皆内外交相养之意。

哀公问：“弟子孰为好学？”孔子对曰：“有颜回者好学，不迁怒，不贰过，不幸短命死矣。今也则亡，未闻好学者也。”

朱子曰：“迁，移也。贰，复也。怒于甲者不移于乙，过于前者不复于后。颜子克己之功至如此。可谓真好学矣。”

船山曰[①]：“朱子既云‘不迁怒、贰过，是颜子好学之符验’，又云不是‘工夫未到，而迁怒贰过只且听之’。……盖不迁怒者，因怒而见其不迁也；不贰过者，因过而见其不贰也。若无怒、无过时，岂便一无所学？且舍本以治末，则欲得不迁而反迁，欲得不贰而又贰矣。故曰‘却不是只学此二事。不迁不贰，是其成效’。然无怒无过时，既有学在，则方怒方过时，岂反不学？此扼要处放松了，更不得力。故又曰‘但克己工夫未到时，也须照管’。总原要看出颜子心地纯粹谨严无间断处，故两说相异，其实一揆。《易》云‘有不善未尝不知’，此是克己上的符验；‘知之未尝复行’，是当有过时工夫。可见亦效亦功，并行不废。以此推之，则不迁怒亦是两层该括作一句说。若是无故妄怒于所不当怒者，则不复论其迁不迁矣。怒待迁而后见其不可，则其以不迁言者，必其当怒者也。怒但不迁而即无害于怒，效也；于怒而不迁焉，功也；则亦功、效双显之语也。……而《集注》云颜子‘克己之功，至于如此’八字，下得十成妥稳，更无渗漏。其言‘至于如此’，则验也；而其曰‘功’者，则又以见夫虽不专于二者为学，而二者固有功焉，则不可言效至如此而必

① 以下所引“船山曰”，其标点、节引情况，均据岳麓书社出版之《船山全书》第六册《读四书大全说·论语》校订。

言功也。”

必从自己身心上真用工夫，乃可谓之好学。此乃圣门为学大义。可知记诵辞章，只为末务，即经世之学，亦当以修身为本。有治事治物之学，有治国治人之学，有治身治心之学，三者均不可少，而第三项尤为切要。

孙夏峰[①]以喜怒哀乐中节，视听言动合礼，子臣弟友尽分，三者为用力之地。治心之道，莫要于以理御情，而情之难制者，惟怒为甚。怒于室者色于市，非真有涵养工夫难于不迁怒也。

人恒过然后能改，人于某事未有经验之时，易于有过。及错过一番，创巨痛深，乃谨记在心，以后不敢再犯。此修士之常也。然常人必征于色发于声而后喻，颜子则方过而旋知之，由其心静而明，故能有警即觉。既已觉之，则如洪炉点雪，消融无迹，由其心之有力也。子贡言颜子闻一以知十，予谓颜子之不贰过也，亦必有闻一知十之功。偶犯一过旋加克治，此后乃并此类之过亦少矣。常人不能不贰过，再犯三犯，或至屡犯。要当勇猛改之。《易》曰“频复厉”。陆象山曰：“过不在频复而在频失。”既已频失，惟有频复之一法。总期最后归于无过而已。若以频复频失而遂灰心，必终流为小人之归，不亦哀乎！有人奏军事，原稿云“屡战屡北”，他人易之曰“屡北屡战”。故虽败而未蒙深谴。吾人克己之功，一如克敌，不可不期得最后之胜利也。

颜渊问仁。子曰：“克己复礼为仁。一日克己复礼，天下归仁焉。为仁由己，而由人乎哉？”颜渊曰：“请问其目。”子曰：“非礼勿视，非礼勿听，非礼勿言，非礼勿动。”颜渊曰：“回虽不敏，请事斯语矣。”

---

① 孙夏峰：名奇逢（1584—1675），字启泰，直隶容城（今河北）人。清初著名理学家。

朱子曰："仁者，本心之全德。克，胜也。己，谓身之私欲也。复，反也。礼者，天理之节文也。为仁者，所以全其心之德也。……归，犹与也。"

船山曰："'克'字有力，夫人而知之矣，乃不知'复'字之亦有力也。《集注》言'复，反也'，反犹'拨乱反正'之反，庆源[1]谓'犹归也'，非是。……谓克己、复礼，工夫相为互成而无待改辙，则可；即谓己不克则礼不复，故复礼者必资克己，亦犹之可也；若云克己便能复礼，克己之外，无别复礼之功，则悖道甚矣。可云不克己则礼不可复，亦可云不复礼则己不可克。若漫不知复礼之功，只猛着一股气力，求己克之，则何者为己，何者为非己，直是不得分明。"

又曰："但于'天下归仁'见效之速，不可于'一日克己复礼'言速。……经云'一日克己复礼'，非云'一日己克礼复'。克己复礼，如何得有倒断！所以尧、舜、文王、孔子终无自谓心花顿开，大事了毕之一日。因以言其动物之可必，故为之词曰'一日'耳。乃'天下归仁'，亦且不是图他一番赞叹便休；特在本原上做工夫，便终身也只依此做去，别无他法，故可归功于一日。若'天下归仁'之尽境，则亦必其'克己复礼'之功无有止息，而施为次第，时措咸宜，然后天理流行，人心各得也。"

又曰："非礼而视听，非礼而言动，未便是人欲。故朱子曰'自是而流，则为人欲'。夫子此说，与'放郑声，远佞人'一意。圣学极顶处，只是愈精愈严，不恃自家见得透，立得定，便无事去也。"

陆象山曰：今世论学者，本末先后一时颠倒错乱，曾不知

---

① 庆源：指辅广，字汉卿，号潜庵。祖籍赵州庆源。父亲名逵。宋高宗南渡时，隶杨沂中麾下，累立战功。辅广专攻周敦颐和二程学说，先后师事吕祖谦和朱熹，深为朱熹所重。

详细处，未可遽责于人。如非礼勿视听言动，颜子已知道，夫子乃语之以此。今先以此责人，正是躐等。视听言动勿非礼，不可于这上面看颜子，须看“请事斯语”，直是承当得过。

近世道学家教人，多偏于消极的方面，说某事不可为，某事不可为，往往拘谨，而欠发强刚毅之气。吾人当重积极的方面，说某事当为，某事当为，正既勤则邪自息矣。船山于此章言克己之后更要复礼，乃宣示此义者。他处又云：“‘不骄矣，而未能泰者有之’，南轩真做工夫人，方解为此语。若只在不骄上用功，则且流入巽懦拘葸去。不骄是遏欲之效，泰是存理之效。须先在存理边致功，教笃实光辉，而于私欲起时加以克治，则不骄也而实能泰，泰矣而抑又不骄也。”又云：“兴利之先于除害，必矣。今人粗心，说‘害不除，利不可兴’者，都是一往之气。天下大器，自非褊衷所能任。想来，圣贤开治平之业，与为学一致。为学而先遏欲，做得十分上紧，浅之只得个‘克、伐、怨、欲不行’，深之则流入于寂灭。为治而先革弊，到头只是哄闹一场，引身而退。盖正气未昌，与邪战而恒见不敌也。……医家有谷气昌之说，正合此理。”

“克己复礼为仁”六字，十分坚实，意已尽矣。又曰：复礼，天下归仁焉。为仁由己，而由人乎哉。即我欲仁斯仁至矣。当仁不让于师之意，极力鼓舞督责，非颜子不能当此语，非夫子不能为此言。陆象山谓此三节乃三鞭也，真道得出。颜渊请问其目，其勇往可惊。目，条件也，浑沦一个克己复礼，不知从何下手。有条件则有可下手处，真做工夫人，单得一浑沦之语，不肯罢休，必直穷其条件，有条件者精，无条件者粗。余尝教人留意数字，凡有数事并列者，必某事之条件也。逐处留意，则万事万物各从其类，条件分明。孔子集大成亦不过始终条理而已，非礼勿视，非礼勿听，非礼勿言，非礼勿动，所谓把截四路头，札硬塞打死仗，非至明不能察其几，非至健不能致其决。常人多望而却走，颜子独慨然承当。魄力绝伦，千载之下犹使人感发而兴起也。

余尝写日记曰：横尽虚空，山河大地，一无可恃，而可恃惟我。竖尽来劫，前古后今，一无可据，而可据惟目前。为仁由己，而由人乎哉？即可恃惟我之意。一日克己复礼，天下归仁焉，此一日字与可据惟目前之义相发。

叶水心[①]曰：克复为仁，举全体以告颜渊也。孔子未尝以全体示人，非吝之也，未有能受之者也。颜渊曷为能受之，能问其目故也，全体因目而后明。

仲弓问仁。子曰："出门如见大宾，使民如承大祭。己所不欲，勿施于人。在邦无怨，在家无怨。"仲弓曰："雍虽不敏，请事斯语矣。"

朱子曰：敬以持己，恕以及物，则私意无所容，而心德全矣。内外无怨，亦以其效言之，使以自考也。

又曰：克己复礼，乾道也；主敬行恕，坤道也。颜、冉之学，其高下浅深，于此可见。

陆象山曰：颜子为人最有精神，然用力甚难。仲弓精神不及颜子，然用力却易。

或问："出门使民之时，如此可也；未出门使民之时，如之何？"程子曰："此俨若思时也。有诸中而后见于外，观其出门使民之时，其敬如此，则前乎此者敬可知矣。非因出门使民然后有此敬也。"

船山曰："言'出门'则统乎未出门，言'使民'则该乎

① 叶水心：即叶适（1150—1223），字正则，人称水心先生。温州永嘉（今浙江温州）人。南宋思想家。

使民之外，此与‘无众寡，无小大’一意。出门原不可作动说。动者必有所加于天下，但一出门，何所加于天下而可云动哉！……《曲礼》云‘无不敬，俨若思’，自分动静。而‘出门如见大宾’，则自非‘无不敬’之所摄，正所谓‘俨若思’者是已。必不获已，自宜以出门属静，使民属动，不可于出门、使民之外，别立一静也。或者所问，程子所答，俱似未当。双峰[①]云：‘平时固是敬谨，出门、使民时尤加敬谨。’出门、使民之外，何者更为平日？圣人是拣极易忽者言之，以见心法之密。见宾、承祭，方是常情加谨之地。出门之外，有大廷广众、顺逆不一之境，推致于‘虽之夷狄’；使民之上，有入事父兄、出事公卿，无限待敬待爱之人。则此所举者，极乎境之静、事之微而言也。谨微慎独，该括广大，何平日之不在内乎？”

按己所不欲，勿施于人，泰西人谓为金规，诚伦理学上之大原则，施之四海而皆准者也。有谓中国人己所不欲勿施于人，泰西人则己之所欲必施之于人，亦颇有味。如西人之传教，是己之所欲必施于人也。究之己之所欲，非必为人之所欲。不如己所不欲勿施于人为万全无弊也。己欲立而立人，己欲达而达人，颇与己之所欲必施之于人之意相近。勿施者义也，施者仁也。

司马牛问仁。子曰：“仁者，其言也讱。”曰：“其言也讱，斯谓之仁已乎？”子曰：“为之难，言之得无讱乎？”

朱子曰：讱，忍也，难也。盖心常存，故事不苟。事不苟，故其言自有不得而易者。非强闭之而不出也。

船山曰：“‘心常存’是根本，‘事不苟’是事实。繇心存，

---

① 双峰：即饶鲁（1193—1264），字伯舆，号双峰，饶州余干（今江西万年）人。南宋著名理学家。

故见事之不苟；乃繇不苟于事，则此不苟之心便为心存。到成德地位，但此心存而常醒，则事自不苟，言自不易。若求仁之功，则且以事不苟为当务。圣人从‘为之难’说起，即从此入，不容别问存心。盖凡天下不仁之事皆容易，而仁则必难。所以然者，仁是心德，其他皆耳目之欲。耳目轻交于物，不思而即通，引之而速去，所以尽他曲折艰深，到底容易。若心官之德，‘思则得之，不思则不得’，已自不能疾获；又须挽著耳目之用，可以得意驰骋处，都教把住，则且目失视，耳失听，口失言，四肢失其利动，而心亦疲于思，只此极难。所以尽古今大聪明、大决断、大疾速的人，到此都不得滋味。若其为此，方见其难，而诚‘为之难’也，则岂非仁者终身用力之实际哉！夫子曰‘用力于仁’，又曰‘先难’，意俱如是。故知‘为之难’三字，是本根茎干一齐说出语。而朱子所云‘存心’，自不若圣言之深切也。初入门人，谨言以存心，是溯末反本事。成德之后，心无不存，而为自难、言自讱，是自然气象。若仁者之实功，则云‘为之难’足矣，加以存心，则又是捷径法矣。”

樊迟问仁。子曰：“居处恭，执事敬，与人忠。虽之夷狄，不可弃也。”

程子曰：“此是彻上彻下语。圣人初无二语也，充之则睟面盎背，推而达之则笃恭而天下平矣。”

子路问君子。子曰：“修己以敬。”曰：“如斯而已乎？”曰：“修己以安人。”曰：“如斯而已乎？”曰：“修己以安百姓。修己以安百姓，尧、舜其犹病诸。”

程子曰："君子修己以安百姓，笃恭而天下平、惟上下一于恭敬，则天地自位，万物自育，气无不和，而四灵毕至矣。此体信达顺之道，聪明睿智皆由是出，以此事天飨帝。"

子张问行。子曰："言忠信，行笃敬，虽蛮貊之邦，行矣。言不忠信，行不笃敬，虽州里，行乎哉？立则见其参于前也，在舆则见其倚于衡也，夫然后行。"子张书诸绅。

程子曰："学要鞭辟近里，著己而已。博学而笃志，切问而近思；言忠信，行笃敬；立则见其参于前，在舆则见其倚于衡，只此是学。质美者明得尽，渣滓便浑化，却与天地同体。其次惟庄敬以持养之，及其至则一也。"

船山云："朱子既云'常若有见'，又云'不成是有一块物事，光辉辉在那里'。既无物可见，则'常若有见'者又何见耶？……忠信笃敬者，合乎人与事以生者也，是己与天下相为贯通之几也。故忠信笃敬无体，而言行有体，即未言而有其可言之体，未行而有其可行之体，故言行之体无间断。夫未言而有言之体，未行而有行之体者，言行之体隐而人与事之受吾言行之体者不隐也。无体者不可见，而有体者可见。体隐者有时不见，而不隐者无时而不可见。今夫或立，或在舆，未有言而未有行，然而盈吾目者，皆人与事之待吾言行者也。君子之欲忠信笃敬者，既不忘于心，而效于天下之动以为之则，故必有人焉，必有事焉，寓于目者无不有以察其理。苟有人也，苟有事也，则必有其必尽之实，必有其不可渝之故，必有其相恤而不容薄、相警而不容肆之情。理取之目前，而皆忠信笃敬用之所行，则皆忠信笃敬体之所著。斯所谓无须臾之离而'其则不远'者也。常若见之，而后吾之欲忠信、欲笃敬者，益以警觉其心而无可息矣。取精多而用物弘，则以言而忠信，以行而笃敬，道以豫而不穷矣。此《集注》‘念念不忘’‘常若有见’之二义，相须而始尽也。”

孔子曰：“君子有九思：视思明，听思聪，色思温，貌思恭，言思忠，事思敬，疑思问，忿思难，见得思义。”

程子曰：“九思各专其一。”

船山曰：“《朱子语录》极有参差处，……其答问者，有云‘视不为恶色所蔽为明，听不为奸人所欺为聪’，乃他处又以‘主一’言思明思聪，此二说便早自乖张。……天下尽有不贪恶色、不惑奸言而不聪不明者。且尽有未尝见恶色，未尝闻奸言而不聪不明者。其不聪不明者，唯不思故也。岂有壅蔽之者哉？……此二语是君子警昏策惰以尽耳目之才，乃复性语也，存理语也，而非遏欲语也。遏欲之功在辨，存理之功在思。远恶色，拒奸言，辨之事也，非思也。夫人之从事于学，各因其所近以为从入之功。有先遏欲以存理者，则不为恶色奸言所蔽，乃可进而思明与聪。其先存理以遏欲者，则唯思明而明，思聪而聪，而后恶色奸言不得而欺蔽之。内以尽其形色之性，则视听必复其聪明，外以察夫事物之几，则于声色不得苟用其视听。……故思明思聪，不在去蔽，而但在主一。去蔽者，遏欲者也，辨之明也。主一者，存理者也，思之慎也。”

又云：“南轩所云‘养之于未发之前’者，亦属支离。唯喜怒哀乐为有未发，视听色貌无未发也。……喜怒哀乐，亦因视听色貌言事而显。当其发，则视听色貌言事皆为喜怒哀乐用。乃喜怒哀乐一去一留于此六者之间，而六者不随喜怒哀乐为去留。当其为喜怒哀乐之时，则聪明温恭忠敬，要以成发皆中节之和；而当夫喜怒哀乐之已去与其未来，则聪明温恭忠敬之思之不忘者，即所谓于未发时存中也。故此云‘思明’‘思聪’‘思温’‘思恭’者，兼乎动静，动以中节，而静以笃恭。就本文中原有未发存养之功，何更得头上安头，而别求未发哉？……先儒言静存之功，统以主敬。‘思明’‘思聪’‘思温’‘思恭’，正主敬之谓也。……思则敬，不思则肆。敬肆之分，思不思而已矣。视听色貌，即源即流，无久无暂。倘以此为流且暂，而别求一可久之源，非愚之所敢知也。”

子夏曰：“博学而笃志，切问而近思，仁在其中矣。”

朱子曰：“四者皆学问思辨之事耳，未及乎力行而为仁也。然从事于此，则心不外驰，而所存自熟，故曰仁在其中矣。”

程子曰：“博学而笃志，切问而近思，何以言仁在其中矣？学者要思得之。了此，便是彻上彻下之道。”

船山曰：“《集注》‘则心不外驰而所存自熟’是两截语，勉斋[①]、潜室[②]俱作一句读下，其误不小。《集注》吃紧在一‘所’字。所存者，固有所存也，与元稿云‘事皆有益’，意亦无殊。特以言‘事’不如言‘所存’之该乎事理，言‘有益’不如言‘熟’之有得者深耳。……勉斋、潜室似说‘心不外驰’则‘存之自熟’，毫厘之差，千里之谬矣。……云‘所存’者，即存仁也，存仁之显诸事理者也，存夫所学所志所问所思之择乎仁而有得者也。……故曰‘仁在其中’。子夏此语，极是平实朴满，

① 勉斋：即黄榦（1152—1221），字直卿，南宋闽县（今福州洪山镇）人。朱熹高足。朱熹弥留时，把所著之书，全部托给黄榦，并立遗嘱曰：“吾道之托在此，吾无憾矣！”

② 潜室：即陈埴，字器之，浙江永嘉人。嘉定进士，官至通直郎。少师叶适，后从朱熹学。曾主管明道书院。

见得仁处，……其言十全警切，可谓体用俱彰。乃诸子不察，犹且立一存心为主，而以学、问、志、思为宾，则是学、问、志、思之外，别有仁焉，而不在其中矣。”

自司马牛问仁章至此，但钞程朱船山之说，而愚未有所发明。今总括诸章，而附著鄙见于此。

子罕言仁，然高足弟子则皆以求仁为事。仁字最难识，必汇集《论语》中言仁各章而研究之，始能有所领悟。此所钞尚不全，然已可得其大要矣。今且从上钞各章，求为仁下手之地：于颜渊问仁章，则以视听言动为下手处；于仲弓问仁章，则以出门使民施于人为下手处；于司马牛问仁章，则以言为下手处；于樊迟问仁章，则以居处执事与人为下手处；子夏则又以博学笃志切问近思为下手处。至行仁之范围，则由在家而在邦，而天下而夷狄，无适而用力之地也。修己以敬，其条目则为九思，视听色貌言事疑忿见得，皆吾人之下手处也。吾人诚能于上举各事切实力行，便是圣贤路上人。到得人欲净尽，天理流行，随处充满，无少欠阙，则德成矣。

程朱皆教人以一敬字，上所钞不过举其切要者，学者宜就其语录细看。近人欲以心理学上之注意二字代此敬字，亦颇有味。整齐严肃，是敬之人头处；主一无适，是敬之无间断处；惺惺不昧，是敬之现成处；提撕唤醒，是敬之接续处；礼日庄强日强。程子曰：聪明睿知，皆由此出。敬则全副精神，不敬则精神衰弱，吾辈所当知也。

王船山《读四书大全说》，苦心剖析，其间有突过程朱处。余钞十数条于此以示例。学者当取其全书细观之。总以上所钞者，可以见船山学说之大致，则谓不可于出门使民之外别立一静，于司马牛问仁章，则谓圣人从为之难说起，即从此入不容别问存心；于君子有九思章，则曰本文中原有未发存养之功，不得头上安头，而别求未发；于博学而笃志章，谓不当立一存心为主，而以学问志思为宾。于此数条可发见一大原则，总之以全副精神集注于现在之力行，不得于此外别求安身立命之处而已。船山于儒释异同辨之甚明，谓儒者于此壁立万仞，乃为圣人之徒。此船山之特色，故特表而出之。

圣贤气象①

子曰："吾十有五而志于学，三十而立，四十而不惑，五十而知天命，六十而耳顺，七十而从心所欲，不逾矩。"

朱子曰："圣人生知安行，固无积累之渐，然其心未尝自谓已至此也。是其日用之间，必有独觉其进而人不及知者。故因其近似以自名，欲学者以是为则而自勉，非心实自圣而姑为是退托也。"

为人第一要立志。孔子十五而志于学，所以为圣人。《集注》以古者十五而入大学为言，明十五乃可以志于大学之道之年也。考人类生理、心理之发达，十五乃渐将成人之期，虽圣人亦循此常轨也。昔程明道十三四岁时，便锐然欲学圣人，亦略近于此。孟子四十而动心，正与不惑相似。

圣人论事多计算年数，余于子夏为莒父宰章曾广举其例矣。如云如有王者必世而后仁，古人以三十年为一世，又曰善人为邦，百年亦可以胜残去杀矣。此乃彼处所未举之例。即如此章，亦计算年数。但此为叙述已往之事，而前所云，则皆预算将来

---

① 杨昌济在1915年4月26日日记中记："昨日编《论语类钞》'圣贤气象'完。拟从此为止，不再编矣。"见《杨昌济集》（一）第650页。

之事也。《学记》曰“比年入学，中年考校。一年视离经辨志，三年视敬业乐群，五年视博习亲师，七年视论学取友，谓之小成。九年知类通达，强立而不反，谓之大成”，亦以年数为程限也。但《学记》所云前后不过九年，而夫子所言，自十五至七十，盖首尾五十五年。圣人自强不息，纯亦不已，使百世之下，闻者莫不兴起也。

程伊川曰：“吾受气甚薄，三十而浸盛，四十五十而后完。今生七十二年矣，校其筋骨，于盛年无损也。”此虽专言身体之状态，然与其德性之进步，有密接之关系。

子曰：“可与共学，未可与适道；可与适道，未可与立；可与立，未可与权。”

可与立已不易，可与权尤不易。不惑而知命，则可与权矣。《学记》所云，知类通达，强立而不反，亦用此立字。朱子终之前夕，精舍诸生入问疾，告之曰：误诸友远来，然道理只是如此。但相倡率下坚苦工夫，牢固著足方有进步处，亦教人以能立也。鸣呼，立岂易言哉？

近世伦理学家，言修身进德没齿无卒业之期，如孔子之从心所欲不逾矩，盖卒业于道德者也。人始由不道德而进于道德，复由道德而进于超道德，从心所欲不逾矩，盖超道德矣。

余常劝青年立一终身大规模。如云由二十至三十作何事，由三十至四十作何事。以下准此。通盘筹算，循序渐进，而不懈于半途，则可大可久。古人云：“十年读书，十年养气。”又云：“早知穷达有命，悔不十年读书。”人生有几个十年。鸣呼，可不勉哉！

船山云：六十而耳顺，则于土皆安，七十而从心所欲，不逾矩，则于我皆真。

陆稼书《松阳讲义》[1]云："立是于道理大纲上守得定，便是富贵不能淫，贫贱不能移，威武不能屈的气象。不惑是于事物几微处，皆信得真。如漆雕开云'吾斯之未能信'，正是未到不惑地位也。知天命又是于这道理上见其所以当然之故。……耳顺有二样，闻一善言，见一善行，若决江河。此是声之善者。一入便通，诐淫邪遁知其蔽陷离穷，此是声之恶者。一入便通。只是天理烂熟耳。从心所欲不逾矩，便是无意必固我境界。……只是一个熟耳。耳顺是理会得熟，从心是运用得熟。又云，不惑是知其当然，知天命是知其所以然。"

叶公问孔子于子路，子路不对。子曰："女奚不曰：'其为人也，发愤忘食，乐以忘忧，不知老之将至云尔。'"

朱子曰："未得，则发愤而忘食；已得，则乐之而忘忧。以是二者俛焉日有孳孳，而不知年数之不足，但自言其好学之笃耳。然深味之，则见其全体至极，纯亦不已之妙，有非圣人不能及者。盖凡夫子之自言类如此，学者宜致思焉。"

船山曰："天无究竟地位。今日之化，无缺无滞者，为已得。明日之化，方来未兆者，为其未得。观天之必有未得，则圣人之必有未得，不足为疑矣。大纲说来，夫子'十五志学'一章，以自显其渐进之功。若密而求之，则夫子之益得其未得者，日日新而不已，岂一有成型，而终身不舍乎？朱子云'直做到底'，'底'字亦无究竟处。有所究竟则执一，执一则贼道。"

子曰："吾尝终日不食，终夜不寝，以思。"子在齐闻韶，三月不知肉味。曰："不图为乐之至于斯也。"与此章所言发愤

① 陆稼书：即陆陇其（1630—1692），浙江平湖人，清代理学家。《松阳讲义》为陆氏的理学著作。全书凡十二卷，是其官灵寿知县时与诸生讲论《四书》而作。

忘食，皆可想见夫子全副精神从事学问之气象。余尝谓圣贤胸怀坦荡，无世俗一切病痛。如此章所谓食，所谓忧，所谓老之将至。世人往往为所牵挂，遂使胸襟不能脱洒。语云：“诸病皆可医，惟俗不可医。”不能忘去此等，正是未能免俗耳。程子云：“不学便老而衰。”圣人之学与年俱进，则虽老而不衰，且日臻纯熟。近日卫生家亦以自觉其老为大戒，人不日进则日退。老而衰者志不能帅气，甚可悲也。

子曰：“莫我知也夫！”子贡曰：“何为其莫知子也？”子曰：“不怨天，不尤人，下学而上达。知我者其天乎！”

朱子曰：不得于天而不怨天，不合于人而不尤人，但知下学而自然上达。此但自言其反己自修，循序渐进耳，无以甚异于人而致其知也。然深味其语意，则见其中自有人不及知而天独知之之妙。盖在孔门，惟子贡之智几足以及此，故语以人发之，惜乎其犹有所未达也！

船山曰：“只下学处有圣功在，到上达却用力不得。故朱子云‘下学而不能上达者，只缘下学得不是当’。此说最分明。乃朱子抑有‘忽然上达’之语，则愚所未安。若立个时节因缘，作迷悟关头，则已入释氏窠臼。朱子于《大学补传》，亦云‘一旦豁然贯通焉’，‘一旦’二字亦下得骤。想朱子生平，或有此一日，要未可以为据也。孟子曰‘是集义所生者’，一‘生’字较精切不妄。循循者日生而已，豁然贯通，固不可为期也。曰‘一旦’，则自知其期矣。自知为贯通之‘一旦’，恐此‘一旦’者，未即合辙。‘下学而上达’，一‘而’字说得顺易从容。云‘一旦’，云‘忽然’，则有极难极速之意，且如悬之解，而不谓之达矣。

'忽然上达'，既与下学打作两片，上达以后，便可一切无事，正释氏'砖子敲门，门忽开而砖无用'之旨。释氏以顿灭为悟，故其教有然者，圣人'反己自修'而'与天为为一'，步步是实，盈科而进，岂其然哉！故曰天积众阳以自刚，天之不已，圣人之纯也。'发愤忘食，乐以忘忧，不知老之将至'，圣人之上达，不得一旦忽然也，明矣。"

又曰："朱子'也不须拣'一语，包括甚富。下文说'不是拣大底理会'，则亦偏指一端之不须拣者也。学者之病，急于大而忘其小者固多，乃亦有于下见下，而不于上见下者，则亦未足以尽下学之量。如'坐如尸，立如齐'，此中便有'无不敬，俨若思'全副道理，达上'圣敬日跻'去，乃早便须知得。然则人之所见为极难极大者，亦不撇下，待之他日，而且就其易知易得者埋头做去也。即此是下学，即此是'先难'。以其但为下学，若不足以上达，却须与一倍体认，到浃洽融贯处，即此是'先难'工夫。朱子抑云'撞著便与理会'一语，极好。有始有卒，不可分为两截也，何拣之有？"

子禽问于子贡曰："夫子至于是邦也，必闻其政。求之与？抑与之与？"子贡曰："夫子温、良、恭、俭、让以得之。夫子之求之也，其诸异乎人之求之与？"

二

朱子曰：圣人过化存神之妙，未易窥测，然即此而观，则其德盛礼恭而不愿乎外，亦可见矣。学者所当潜心而勉学也。

子之燕居，申申如也，夭夭如也。

程子曰：“此弟子善形容圣人处也，为申申字说不尽，故更著夭夭字。今人燕居之时，不怠惰放肆，必太严厉。严厉时著此四字不得，怠惰放肆时亦著此四字不得。惟圣人便自有中和之气。”

子温而厉，威而不猛，恭而安。

朱子曰：人之德性本无不备，而气质所赋，鲜有不偏，惟圣人全体浑然，阴阳合德，故其中和之气见于容貌之间者如此。门人熟察而详记之，亦可见其用心之密矣。

颜渊、季路侍。子曰：“盍各言尔志？”子路曰：“愿车马衣轻裘与朋友共敝之而无憾。”颜渊曰：“愿无伐善，无施劳。”子路曰：“愿闻子之志。”子曰：“老者安之，朋友信之，少者怀之。”

程子曰：先观二子之言，后观圣人之言，分明天地气象。凡看《论语》，非但欲理会文字，须要识得圣贤气象。

闵子侍侧，訚訚如也；子路，行行如也；冉有、子贡，侃侃如也。子乐。

子与人歌而善，必使反之，而后和之。

朱子曰：反，复也。必使复歌者，欲得其详而取其善也。而后和之者，喜得其详而与其善也。此见圣人气象从容，诚意恳至，而其谦逊审密，不掩人善又如此。盖一事之微，而众善之集，有不可胜既者焉，读者宜详味之。

子食于有丧者之侧，未尝饱也。子于是日哭，则不歌。

子见齐衰者、冕衣裳者与瞽者，见之，虽少，必作，过之，必趋。

范氏[①]曰：圣人之心，哀有丧，尊有爵，矜不成人。其作与趋，盖有不期然而然者。

师冕见，及阶，子曰："阶也。"及席，子曰："席也。"皆坐，子告之曰："某在斯，某在斯。"师冕出，子张问曰："与师言之道与？"子曰："然，固相师之道也。"

范氏曰：圣人不侮鳏寡，不虐无告，可见于此。推之天下，无一物不得其所矣。

以上数章，皆可以想见圣人之气象。因此等处在于潜心玩味，故不著论说。此外更有多处，足以见夫子之风度者。如颜渊死四章，与子畏于匡，可见两人师弟之情。观夫子不以门人厚葬颜渊为然，不肯以己之车为颜渊之椁。又观子华使于齐，原思为之宰二章，皆可见圣人用财之道，与取与之节。夫子疏食饮水，曲肱而枕之，乐在其中。此处境之道也。于匡人，于桓魋，于公伯寮，皆不以动其心。此处患难之道也。夫子之于阳货，亦大有可法者。朱子曰："阳货之欲见孔子，虽其善意，然不过欲使助己为乱耳。故孔子不见者，义也。其往拜者，礼也。必时其亡而往者，欲其称也。遇诸涂而不避者，不终绝也。随问而对者，理之直也。对而不辩者，言之孙而亦无所诎也。"若欲观孔子之家事，则于公冶长、南容，可见圣人择胥之法。于诗礼之教，二南之训，可见圣人教子之法。于乘桴浮海之观，

① 范氏：指范祖禹（1041—1098），字淳甫，一字梦得，成都华阳人。北宋著名史学家、文学家、诗人。

与子欲居九夷，又可想见夫子高逝远举，传道异域之壮志。一部《论语》，细心读之，无在不可以见盛德之形容焉。子曰：“甚矣吾衰也久矣吾不复梦见周公！”此圣人梦境之可征者。子曰“凤凰不至，河不出图，吾已矣夫”，则居然有宗教家灵异之思想。虽颇近于迷信乎，亦圣人思想不凡之一证也。故附著之。唐玄宗诗曰：“叹凤嗟身否，伤麟怨道穷。”即谓此也。

子绝四：毋意，毋必，毋固，毋我。

朱子曰：意，私意也。必，期必也。固，执滞也。我，私己也。四者相为终始，起于意，遂于必，留于固，而成于我也。盖意必常在事前，固我常在事后，至于我又生意，则物欲牵引，循环不穷矣。

（九）录蔡振《中学修身教科书》[1]修己论

体育

凡道德以修己为本，而修己之道，又以体育为本。

忠孝，人伦之大道也，非康健之身，无以行之。人之事父母也，服劳奉养，惟力是视，羸弱而不能供职，虽有孝思奚益？况其以疾病贻父母忧乎？其于国也亦然。国民之义务，莫大于兵役，非强有力者，应征而不及格，临阵而不能战，其何能忠？且非特忠孝也。一切道德，殆皆非羸弱之人所能实行者。苟欲实践道德，宣力国家，以尽人生之天职，其必自体育始矣。

且体育与智育之关系，尤为密切。西哲有言：康强之精神，必寓于康强之身体。不我欺也。苟非狂易，未有学焉而不能知，习焉而不能熟者。其能否成立，视体魄如何耳。世尝有抱非常之才，且亦富于春秋，徒以体魄孱弱，力不逮志，奄然与凡庸伍者，甚至或盛年废学，或中道夭逝，尤可悲焉。

夫人之一身，本不容以自私。盖人未有能遗世而独立者。无父母则无我身，子女之天职，与生俱来。其他兄弟夫妇朋友之间，亦各以其相对之地位，而各有应尽之本务。而吾身之康强与否，即关于本务之尽否。故人之一身，对于家族若社会若国家，皆有善自摄卫之责。使傲然曰：我身之不康强，我自受之，于人无与焉。斯则大谬不然者也。

---

① 《中学修身教科书》五册，蔡元培著，上海商务印书馆出版，前两册1907年12月初版，后三册1908年3月初版。前两册出版时未署名，到后三册才署名“蔡振”。作者在此书例言里讲：“本书悉本我国古圣贤道德之原理，旁及东西伦理学大家之说，斟酌取舍，以求适合于今日之社会。”杨昌济在编写《修身讲义》时，选其第一章“修己”中的第二节“体育”、第五节“自制”、第六节“勇敢”、第八节“修德”、第九节“交友”作为《修身讲义》的第九部分。

人之幼也，卫生之道，宜受命于父兄。及十三四岁，则当躬自注意矣。请述其概：一曰节其饮食；二曰洁其体肤及衣服；三曰时其运动；四曰时其寝息；五曰快其精神。

少壮之人，所以损其身体者，率由于饮食之无节。虽当身体长育之时，饮食之量，本不能以老人为例，然过量之忌则一也。使于饱食以后，尚歆于旨味而恣食之，则其损于身体，所不待言。且既知饮食过量之为害，而一时为食欲所迫，不及自制，且致养成不能节欲之习惯，其害尤大，不可以不慎也。

少年每喜于闲暇之时，杂食果饵，以致减损其定时之餐饭，是亦一弊习。医家谓成人之胃病，率基于是，是乌可以不戒欤？

酒与烟，皆害多而利少。饮酒渐醉，则精神为之惑乱，而不能自节。能慎之于始而不饮，则无虑矣。吸烟多始于游戏，及其习惯，则成癖而不能废。故少年尤当戒之。烟含毒性，卷烟一枚，其所含毒分，足以毙雀二十尾。其毒性之剧如此，吸者之受害可知矣。

凡人之习惯，恒得以他习惯代之。饮食之过量，亦一习惯耳。以节制食欲之法矫之，而渐成习惯，则旧习不难尽去也。

清洁为卫生之第一义，而自清洁其体肤始。世未有体肤既洁，而甘服垢污之衣者。体肤衣服洁矣，则房室庭园，自不能任其芜秽，由是集清洁之家而为村落为市邑，则不徒足以保人身之康强，而一切传染病，亦以免焉。

且身体衣服之清洁，不徒益以卫生而已，又足以优美其仪容，而养成善良之习惯，其裨益于精神者，亦复不浅。盖身体之不洁，如蒙秽然，以是接人，亦不敬之一端。而好洁之人，动作率有秩序，用意亦复缜密，习与性成，则有以助勤勉精明之美德。借形体以范精神，亦缮性之良法也。

运动亦卫生之要义也。所以助肠胃之消化，促血液之循环，而爽朗其精神者也。凡终日静坐偃卧而怠于运动者，身心辄为之不快，驯致食欲渐减，血色渐衰，而元气亦因以消耗。是故终日劳心之人，尤不可以不运动。运动之时间，虽若靡费，而转为勤勉者所不可吝，此亦犹劳作者之不能无休息也。

凡人精神抑郁之时，触物感事，无一当意，大为学业进步之阻力。此虽半由于性癖，而身体机关之不调和，亦足以致之。时而游散山野，呼吸新空气，则身心忽为之一快，而精进之力顿增。当春夏假期，游历国中名胜之区，此最有益于精神者也。

是故运动者，所以助身体机关之作用，而为勉力学业之预备，非所以恣意而纵情也。故运动如饮食然，亦不可以无节。而学校青年，于蹴鞠竞渡之属，投其所好，则不惜注全力以赴之，因而毁伤身体，或酿成疾病者，盖亦有之，此则失运动之本意矣。

凡劳动者，皆不可以无休息。睡眠，休息之大者也，宜无失时，而少壮尤甚。世或有勤学太过，夜以继日者，是不可不戒也。睡眠不足，则身体为之衰弱，而驯致疾病，即幸免于是，而其事亦无足取。何则？睡眠不足者，精力既疲，即使终日研求，其所得或尚不及起居有时者之半，徒自苦耳。惟睡眠过度，则亦足以酿惰弱之习，是亦不可不知者。

精神者，人身之主动力也。精神不快，则眠食不适，而血气为之枯竭，形容为之憔悴，驯以成疾，是亦卫生之大忌也。夫顺逆无常，哀乐迭生，诚人生之常事，然吾人务当开豁其胸襟，清明其神志，即有不如意事，亦当随机顺应，而不使留滞于意识之中，则足以涵养精神，而使之无害于康强矣。

康强身体之道，大略如是。夫吾人之所以斤斤于是者，岂欲私吾身哉？诚以吾身者，因对于家族若社会若国家，而有当尽之义务者也。乃昧者，或以情欲之感，睚眦之忿，自杀其身，罪莫大焉。彼或以一切罪恶，得因自杀而消灭，是亦以私情没公义者。惟志士仁人，杀身成仁，则诚人生之本务，平日所以爱惜吾身者，正为此耳。彼或以衣食不给，且自问无益于世，乃以一死自谢，此则情有可悯，而其薄志弱行，亦可鄙也。人生至此，要当百折不挠，排艰阻而为之，精神一到，何事不成？见险而止者，非夫也。

自制

自制者，节制情欲之谓也。情欲本非恶名，且高尚之志操，伟大之事业，亦多有发源于此者。然情欲如骏马然，有善走之力，而不能自择其所向，使不加控御，而任其奔逸，则不免陷于沟壑，撞于岩墙，甚或以是而丧其生焉。情欲亦然，苟不以明清之理性，与坚定之意志节制之，其害有不可胜言者。不特一人而已。苟举国民而为情欲之奴隶，则夫政体之改良，学艺之进步，皆不可得而期，而国家之前途，不可问矣。此自制之所以为要也。

自制之目有三：节体欲，一也；制欲望，二也；抑热情，三也。

饥渴之欲，使人知以时饮食，而荣〔营〕养其身体。其于保全生命，振作气力，所关甚大。然耽于厚味而不知餍饫，则不特妨害身体，且将汩没其性灵，昏惰其志气，以酿成放佚奢侈之习。况如沉湎于酒，荒淫于色，贻害尤大，皆不可不以自制之力预禁之。

欲望者，尚名誉，求财产，赴快乐之类是也。人无欲望，即生涯甚觉无谓。故欲望之不能无，与体欲同，而其过度之害亦如之。

豹死留皮，人死留名，尚名誉者，人之美德也。然急于闻达，而不顾其他，则流弊所至，非骄则谄。骄者，务扬己而抑人，则必强不知以为知，訑訑然拒人于千里之外，徒使智日昏，学日退，而虚名终不可以久假。即使学识果已绝人，充其骄矜之气，或且凌父兄而傲长上，悖亦甚矣。谄者，务屈身以徇俗，则且为无非无刺之行，以雷同于污世。虽足窃一时之名，而不免为识者所窃笑，是皆不能自制之咎也。

小之一身独立之幸福，大之国家富强之基础，无不有借于财产。财产之增殖，诚人生所不可忽也。然世人徒知增殖财产，而不知所以用之之道，则虽藏镪百万，徒为守钱虏耳。而矫之者，又或靡费金钱，以纵耳目之欲，是皆非中庸之道也。盖财产之所以可贵，为其有利己利人之用耳。使徒事蓄积，而不知所以用之，则无益于己，亦无裨于人，与赤贫者何异？且积而不用者，其于亲戚之穷乏，故旧之饥寒，皆将坐视而不救，不特爱怜之情浸薄，而且廉耻之心无存。当与而不与，必且不当取而取，私买窃贼之赃，重取债家之息，凡丧心害理之事，皆将行之无忌，而驯致不齿于人类。此鄙吝之弊，诚不可不戒也。顾知鄙吝之当戒矣，而矫枉过正，义取而悖与，寡得而多费，则且有丧产破家之祸。既不能自保其独立之品位，而于忠孝慈善之德，虽欲不放弃而不能，成效无存，百行俱废，此奢侈之弊，亦不必逊于鄙吝也。二者实皆欲望过度之所致，折二者之衷，而中庸之道出焉，谓之节俭。

节俭者，自奉有节之谓也。人之处世也，既有贵贱上下之别，则所以持其品位而全其本务者，固各有其度，不可以执一而律之，要在适如其地位境遇之所宜，而不逾其度耳。饮食不必多，足以果腹而已；舆服不必善，足以备礼而已，绍述祖业，勤勉不怠，以其所得，撙节而用之，则家有余财，而可以恤他人之不幸，为善如此，不亦乐乎？且节俭者必寡欲，寡欲则不为物役，然后可以养德性，而完人道矣。

家人皆节俭，则一家齐；国人皆节俭，则一国安。盖人人以节俭之故，而资产丰裕，则各安其堵，敬其业，爱国之念，油然而生。否则奢侈之风弥漫，人人滥费无节，将救贫之不暇，而遑恤国家。且国家以人民为分子，亦安有人民皆穷，而国家不疲茶者。自古国家，以人民之节俭兴，而以其奢侈败者，何可胜数！如罗马之类是已。

爱快乐，忌苦痛，人之情也；人之行事，半为其所驱迫，起居动作，衣服饮食，盖鲜不由此者。凡人情可以徐练，而不可以骤禁。昔之宗教家，常有背快乐而就刻苦者，适足以戕贼心情，而非必有裨于道德。人苟善享快乐，适得其宜，亦乌可厚非者。其活泼精神，鼓舞志气，乃足为勤勉之助。惟荡者流而不返，遂至放弃百事，斯则不可不戒耳。

快乐之适度，言之非艰，而行之维艰，惟时时注意，勿使太甚，则庶几无大过矣。古人有言：欢乐极兮哀情多。世间不快之事，莫甚于欲望之过度者。当此之时，不特无活泼精神、振作志气之力，而且足以招疲劳，增疏懒，甚且悖德非礼之行，由此而起焉。世之堕品行而冒刑辟者，每由于快乐之太过，可不慎欤！

人，感情之动物也，遇一事物，而有至剧之感动，则情为之移，不遑顾虑，至忍掷对己对人一切之本务，而务达其目的，是谓热情。热情既现，苟非息心静气，以求其是非利害之所在，而有以节制之，则纵心以往，恒不免陷身于罪戾，此亦非热情之罪，而不善用者之责也。利用热情，而统制之以道理，则犹利用蒸汽，而承受以精巧之机关，其势力之强大，莫能御之。

热情之种类多矣，而以忿怒为最烈。盛怒而欲泄，则死且不避，与病狂无异。是以忿怒者之行事，其贻害身家而悔恨不及者，常十之八九焉。

忿怒亦非恶德，受侮辱于人，而不敢与之校，是怯弱之行，而正义之士所耻也。当怒而怒，亦君子所有事。然而逞忿一朝，不顾亲戚，不恕故旧，辜恩谊，背理性以酿暴乱之举，而贻终身之祸者，世多有之。宜及少时养成忍耐之力，即或怒不可忍，亦必先平心而察之，如是则自无失当之忿怒，而诟詈斗殴之举，庶乎免矣。

忍耐者，交际之要道也。人心之不同如其面，苟于不合吾意者而辄怒之，则必至父子不亲，夫妇反目，兄弟相阋，而朋友亦有凶终隙末之失，非自取其咎乎？故对人之道，可以情恕者恕之，可以理遣者遣之。孔子曰：躬自厚而薄责于人。即所以养成忍耐之美德者也。

忿怒之次曰傲慢，曰嫉妒，亦不可不戒也。傲慢者，挟己之长，而务以凌人；嫉妒者，见己之短，而转以尤人，此皆非实事求是之道也。夫盛德高才，诚于中则形于外。虽其人抑然不自满，而接其威仪者，畏之象之，自不容已。若乃不循其本，而摹拟剽窃以自炫，则可以欺一时，而不能持久，其凌蔑他人，适以自暴其鄙劣耳。至若他人之才识闻望，有过于我，我爱之重之，察我所不如者而企及之可也。不此之务，而重以嫉妒，于我何益？其愚可笑，其心尤可鄙也。

情欲之不可不制，大略如是。顾制之之道，当如何乎？情欲之盛也，往往非理义之力所能支，非利害之说所能破，而惟有以情制情之一策焉。

以情制情之道奈何？当忿怒之时，则品弄丝竹以和之；当抑郁之时，则登临山水以解之，于是心旷神怡，爽然若失，回忆忿怒抑郁之态，且自觉其无谓焉。

情欲之炽也，如燎原之火，不可向迩，而移时则自衰，此其常态也。故自制之道，在养成忍耐之习惯。当情欲炽盛之时，忍耐力之强弱，常为人生祸福之所系，所争在顷刻间耳。昔有某氏者，性卞急，方盛怒时，恒将有非礼之言动，几不能自持，则口占数名，自一至百，以抑制之，其用意至善，可以为法也。

勇敢

勇敢者，所以使人耐艰难者也。人生学业，无一可以轻易得之者。当艰难之境而不屈不沮，必达而后已，则勇敢之效也。

所谓勇敢者，非体力之谓也。如以体力，则牛马且胜于人。人之勇敢，必其含智德之原质者，恒于其完本务彰真理之时见之。曾子曰：自反而缩，虽千万人，吾往矣。是则勇敢之本义也。

求之历史，自昔社会人文之进步，得力于勇敢者为多，盖其事或为豪强所把持，或为流俗所习惯，非排万难而力支之，则不能有为。故当其冲者，非不屈权势之道德家，则必不徇嬖幸之爱国家，非不阿世论之思想家，则必不溺私欲之事业家。其人率皆发强刚毅，不戁不竦。其所见为善为真者，虽遇何等艰难，决不为之气沮。不观希腊哲人苏格拉底乎？彼所持哲理，举世非之而不顾，被异端左道之名而不惜，至仰毒以死而不改其操，至今伟之。又不观意大利硕学百里诺及加里沙[①]乎？百氏痛斥当代伪学，遂被焚死。其就戮也，从容顾法吏曰：公等今论余以死，余知公等之恐怖，盖有甚于余者。加氏始倡地动

① 百里诺：今译布鲁诺。加里沙：今译伽利略。

说，当时教会怒其戾教旨，下之狱，而加氏不为之屈。是皆学者所传为美谈者也。若而人者，非特学识过人，其殉于所信而百折不回。诚有足多者，虽其身穷死于缧绁之中，而声名洋溢，传之百世而不衰，岂与夫屈节回志，忽理义而徇流俗者，同日而语哉？

人之生也，有顺境，即不能无逆境。逆境之中，跋前疐后，进退维谷，非以勇敢之气持之，无由转祸而为福，变险而为夷也。且勇敢亦非待逆境而始著，当平和无事之时，亦能表见而有余。如壹于职业，安于本分，不诱惑于外界之非违，皆是也。

人之染恶德而招祸害者，恒由于不果断。知其当为也，而不敢为；知其不可不为也，而亦不敢为，诱于名利而丧其是非之心，皆不能果断之咎也。至乃虚炫才学，矫饰德行，以欺世而凌人，则又由其无安于本分之勇，而入此歧途耳。

勇敢之最著者为独立。独立者，自尽其职而不倚赖于人是也。人之立于地也，恃己之足，其立于世也亦然。以己之心思虑之，以己之意志行之，以己之资力营养之，必如是而后为独立，亦必如是而后得谓之人也。夫独立，非离群索居之谓。人之生也，集而为家族，为社会，为国家，乌能不互相扶持，互相挹注，以共图团体之幸福。而要其交互关系之中，自一人之方面言之，各尽其对于团体之责任，不失其为独立也。独立亦非矫情立异之谓。不问其事之曲直利害，而一切拂人之性以为快，是顽冥耳。与夫不问曲直利害，而一切徇人意以为之者奚择焉。惟不存成见，而以其良知为衡，理义所在，虽刍荛之言，犹虚己而纳之，否则虽王公之命令，贤哲之绪论，亦拒之而不惮，是之谓真独立。独立之要有三：一曰自存；二曰自信；三曰自决。

生计者，万事之基本也。人苟非独立而生存，则其他皆无足道。自力不足，庇他人而糊口者，其卑屈固无足言；至若窥人鼻息，而以其一颦一笑为忧喜，信人之所信而不敢疑，好人之所好而不敢忤，是亦一赘物耳，是皆不能自存故也。

人于一事，既见其理之所以然而信之，则虽事变万状，苟其所以然之理如故，则吾之所信亦如故，是谓自信。在昔旷世大儒，所以发明真理者，固由其学识宏远，要亦其自信之笃，不为权力所移，不为俗论所动，故历久而其理大明耳。

凡人当判决事理之时，而俯仰随人，不敢自主，此亦无独立心之现象也。夫智见所不及，非不可咨询于师友，惟临事迟疑，随人作计，则鄙劣之尤焉。

要之，无独立心之人，恒不知自重。既不自重，则亦不知重人，此其所以损品位而伤德义者大矣。苟合全国之人而悉无独立心，乃冀其国家之独立而巩固，得乎？

勇敢而协于义，谓之义勇。暴虎冯河，盗贼犹且能之，此血气之勇，何足选也。无适无莫，义之与比，毁誉不足以淆之，死生不足以胁之，则义勇之谓也。

义勇之中，以贡于国家者为最大。人之处斯国也，其生命，其财产，其名誉，能不为人所侵毁。而仰事俯畜，各适其适者，无一非国家之赐，且亦非仅吾一人之关系，实承之于祖先，而又将传之于子孙，以至无穷者也。故国家之急难，视一人之急难，不啻倍蓰而已。于是时也，吾即舍吾之生命财产，及其一切以殉之，苟利国家，非所惜也，是国民之义务也。使其人学识虽高，名位虽崇，而国家有事之时，首鼠两端，不敢有为，则大节既亏，万事瓦裂，腾笑当时，遗羞后世，深可惧也。是以平日必持炼意志，养成见义勇为之习惯，则能尽国民之责任，而无负于国家矣。

然使义与非义，非其知识所能别，则虽有尚义之志，而所行辄与之相畔，是则学问不足，而知识未进也。故人不可以不修学。

修德

人之所以异于禽兽者，以其有德性耳。当为而为之之谓德，为诸德之源；而使吾人以行德为乐者之谓德性。体力也，知能也，皆实行道德者之所资。然使不率之以德性，则犹有精兵而不以良将将之，于是刚强之体力，适以资横暴；卓越之知能，或以助奸恶，岂不惜欤？

德性之基本，一言以蔽之曰：循良知。一举一动，循良知所指，而不挟一毫私意于其间，则庶乎无大过，而可以为有德之人矣。今略举德性之概要如下：

德性之中，最普及于行为者，曰信义。信义者，实事求是，而不以利害生死之关系枉其道也。社会百事，无不由信义而成立。苟蔑弃信义之人，遍于国中，则一国之名教风纪，扫地尽矣。孔子曰：言忠信，行笃敬，虽蛮貊之邦行矣。言信义之可尚也。人苟以信义接人，毫无自私自利之见，而推赤心于腹中，虽暴戾之徒，不敢忤焉。否则不顾理义，务挟诈术以遇人，则虽温厚笃实者，亦往往报我以无礼。西方之谚曰：正直者，上乘之机略。此之谓也。世尝有牢笼人心之伪君子，率不过取售一时，及一旦败露，则人亦不与之齿矣。

入信义之门，在不妄语而无爽约。少年癖嗜新奇，往往背事理真相，而构造虚伪之言，冀以耸人耳目。行之既久，则虽非戏谑谈笑之时，而不知不觉，动参妄语，其言遂不能取信于他人。盖其言真伪相半，是否之间，甚难判别，诚不如不信之为愈也。故妄语不可以不戒。

凡失信于发言之时者为妄语，而失信于发言以后为爽约。二者皆丧失信用之道也。有约而不践，则与之约者，必致靡费时间，贻误事机，而大受其累。故其事苟至再至三，则人将相戒不敢与共事矣。如是，则虽置身人世，而枯寂无聊，直与独栖沙漠无异，非自苦之尤乎？顾世亦有本无爽约之心，而迫于意外之事，使之不得不如是者。如与友人有游散之约，而猝遇父兄罹疾，此其轻重缓急之间，不言可喻，苟舍父兄之急，而局局于小信，则反为悖德，诚不能弃此而就彼。然后起之事，苟非促促无须臾暇者，亦当通信于所约之友，而告以其故，斯则虽不践言，未为罪也。又有既经要约，旋悟其事之非理，而不便遂行者，亦以解约为是。此其爽约之罪，乃原因于始事之不慎。故立约之初，必确见其事理之不谬，而自审材力之所能及，而后决定焉。《中庸》曰：言顾行，行顾言此之谓也。

言为心声，而人之处世，要不能称心而谈，无所顾忌，苟不问何地何时，与夫相对者之为何人，而辄以己意喋喋言之，则不免取厌于人。且或炫己之长，揭人之短，则于己既为失德，于人亦适以招怨。至乃讦人阴私，称人旧恶，使听者无地自容，则言出而祸随者，比比见之。人亦何苦逞一时之快，而自取其咎乎？

交际之道，莫要于恭俭。恭俭者，不放肆，不僭滥之谓也。人间积不相能之故，恒起于一时之恶感，应对酬酢之间，往往有以傲慢之容色，轻薄之辞气，而激成凶隙者。在施者未必有意以此侮人，而要其平日不恭不俭之习惯，有以致之。欲矫其弊，必循恭俭，事尊长，交朋友，所不待言。而于始相见者，尤当注意。即其人过失昭著而不受尽言，亦不宜以意气相临，第和色以谕之，婉言以导之，赤心以感动之，如是而不从者鲜矣。不然，则倨傲偃蹇，君子以为不可与言，而小人以为鄙己，蓄怨积愤，鲜不藉端而开衅者，是不可以不慎也。

不观事父母者乎，婉容愉色以奉朝夕，虽食不重肉，衣不重帛，父母乐之；或其色不愉，容不婉，虽锦衣玉食，未足以悦父母也。交际之道亦然，苟容貌辞令，不失恭俭之旨，则其他虽简，而人不以为忤，否则即铺张扬厉，亦无效耳。

名位愈高，则不恭不俭之态易萌，而及其开罪于人也，得祸亦尤烈。故恭俭者，即所以长保其声名富贵之道也。

恭俭与卑屈异。卑屈之可鄙，与恭俭之可尚，适相反焉。盖独立自主之心，为人生所须臾不可离者。屈志枉道以迎合人，附合雷同，阉然媚世，是皆卑屈，非恭俭也。谦逊者，恭俭之一端，而要其人格之所系，则未有可以受屈于人者。宜让而让，宜守而守，则恭俭者所有事也。

礼仪，所以表恭俭也。而恭俭则不仅在声色笑貌之间，诚意积于中，而德辉发于外，不可以伪为也。且礼仪与国俗及时世为推移，其意虽同，而其迹或大异，是亦不可不知也。

恭俭之要，在能容人，人心不同，苟以异己而辄排之，则非合群之道矣。且人非圣人，谁能无过？过而不改，乃成罪恶。逆耳之言，尤当平心而察之，是亦恭俭之效也。

交友

人情喜群居而恶离索，故内则有家室，而外则有朋友。朋友者，所以为人损痛苦而益欢乐者也。虽至快之事，苟不得同志者共赏之，则其趣有限；当抑郁无聊之际，得一良友慰其寂寞，而同其忧戚，则胸襟豁然，前后殆若两人。至于远游羁旅之时，兄弟戚族，不遑我顾，则所需于朋友者尤切焉。

朋友者，能救吾之过失者也。凡人不能无偏见，而意气用事，则往往不遑自返，斯时得直谅之友，忠告而善导之，则有憬然自悟其非者，其受益孰大焉。

朋友又能成人之善而济其患。人之营业，鲜有能以独力成之者，方今交通利便，学艺日新，通功易事之道愈密，欲兴一业，尤不能不合众志以成之。则所需于朋友之助力者，自因之而益广。至于猝遇疾病，或值变故，所以慰藉而保护之者，自亲戚家人而外，非朋友其谁望耶？

朋友之有益于我也如是。西哲以朋友为在外之我，洵至言哉。人而无友，则虽身在社会之中，而胸中之岑寂无聊，曾何异于独居沙漠耶？

古人有言，不知其人，观其所与。朋友之关系如此，则择交不可以不慎也。凡朋友相识之始，或以乡贯职业，互有关系；或以德行才器，素相钦慕，本不必同出一途。而所以订交者，要不为一时得失之见，而以久要不渝为本旨。若乃任性滥交，不顾其后，无端而为胶漆，无端而为冰炭，则是以交谊为儿戏耳。若而人者，终其身不能得朋友之益矣。

既订交矣，则不可以不守信义。信义者，朋友之第一本务也。苟无信义，则猜忌之见，无端而生，凶终隙末之事，率起于是。惟信义之交，则无自而离间之也。

朋友有过，宜以诚意从容而言之，即不见从，或且以非理加我，则亦姑恕宥之，而徐俟其悔悟。世有历数友人过失，不少假借，或因而愤争者，是非所以全友谊也。而听言之时，则虽受切直之言，或非人所能堪，而亦当温容倾听，审思其理之所在，盖不问其言之得当与否，而其情要可感也。若乃自讳其过而忌直言，则又何异于讳疾而忌医耶？

夫朋友有成美之益，既如前述，则相为友者，不可以不实行其义。有如农工实业，非集巨资合群策不能成立者，宜各尽其能力之所及，协而图之。及其行也，互持契约，各守权限，无相诈也，无相诿也，则彼此各享其利矣。非特实业也，学问亦然。方今文化大开，各科学术，无不理论精微，范围博大，有非一人之精力所能周者。且分科至繁，而其间乃互有至密之关系。若专修一科，而不及其他，则孤陋而无藉，合各科而兼习焉，则又泛滥而无所归宿，是以能集同志之友，分门治之，互相讨论，各以其所长相补助，则学业始可抵于大成矣。

虽然，此皆共安乐之事也，可与共安乐，而不可与共患难，非朋友也。朋友之道，在扶困济危，虽自掷其财产名誉而不顾。否则如柳子厚所言，平日相征逐、相慕悦，誓不相背负；及一旦临小利害若毛发、辄去之若浼者。人生又何贵有朋友耶？

朋友如有悖逆之征，则宜尽力谏阻，不可以交谊而曲徇之。又如职司所在，公尔忘私，亦不得以朋友之请谒若关系，而有所假借。申友谊而屈公权，是国家之罪人也。朋友之交，私德也；国家之务，公德也。二者不能并存，则不能不屈私德以从公德。此则国民所当服膺者也。

杨昌济粹语[①]

① 多年以来，网上就流行着一种“杨昌济粹语”，本人以此为基础，补充了一些内容，编成一种新的“杨昌济粹语”，并分为三类：哲学粹语、修身粹语、教育粹语。为方便读者查找，在每条粹语之后注明了它的出处，凡注明页码者为湖南教育出版社2008年出版之《杨昌济集》（一、二），出自他篇者，则只注篇名。

人不闻道，是谓虚生

——哲学粹语

天然事物之常，所当默识心通者也。常人每遇祸福，莫测其由，往往委之于命，不知事事物物，皆有一定之理，无有所谓偶然者。绳束万物之理，有大例焉，通其大例而执之，则可以应无穷之变而不为所困，岂非生人之大乐乎！子曰：“朝闻道夕死可矣。”人不闻道，是谓虚生，夫进不足以乐，则退必至于忧。不能通天人之际，究古今之变，以审己之所以自处，则必不能以自存。

（第 19 页）

有天地自然之理，有人所立之义，人当深察夫天地自然之理，不可以人所立之义自囿也。虽圣人亦有所不知不能，圣人亦人耳，谓其所知所能高出于人人则有之，谓其能尽知天下万世之理，必无之事也。

（第 19 页）

欲理解宇宙之现象，不可不用科学的研究，欲体认宇宙之本体，不可不赖哲学的思考。

（第 269 页）

上下四方曰宇，往古来今曰宙。深思熟察，参变知常，而审其所以自处，乃能不为世所颠倒，而卓然有以自立。

（第 20 页）

古人有古人之中，今人有今人之中，不能参万岁而一成纯，而以一时之中为中，势必以小害大矣。故学者必以吾心为主，用吾心之灵，以通天地、通古今而取其中。不是古而非今，亦不是今而非古；不损人而益己，亦不损己而益人；不逆天而任人，亦不废人而任天。《中庸》曰："中立而不倚。"又曰："立天下之大本，夫焉有所倚。"呜呼，尽之矣！

（第 20 页）

哲学者，社会进化之原动力也。一时代有一时代之哲学思想，欲改造现在之时代为较为进步之时代，必先改造其哲学思想。吾国近来[①]之变革虽甚为急激，而为国民之根本思想者，其实尚未有何等之变化。正如海面波涛汹涌，而海中之水依然平静。欲唤起国民之自觉，不得不有待于哲学之昌明。

（第 74 页）

近日德国之兴，论者谓不能专归功于君相，而实赖康德、菲希特等大哲学家，以其高洁伟大之思想灌输全国，遂至有如斯之盛大。贤者之有益于人国也，大抵如斯。有志者可以奋然而起矣。

（第 235 页）

① 此文写于 1914 年，即辛亥革命三年之后。

学社以船山为名，即当讲船山之学。船山一生卓绝之处，在于主张民族主义，以汉族之受制于外来之民族为深耻极痛。此是船山之大节，吾辈所当知也。今者五族一家，船山所谓狭义之民族主义不复如前日之重要，然所谓外来民族如英、法、俄、德、美、日者，其压迫之甚非仅如汉族前日之所经验，故吾辈不得以五族一家，遂无须乎民族主义也。……余前在日本东京高等师范学校听其西洋历史讲义，谓中国人与罗马人同，惟宝爱其文化，虽外人入主其国，苟不伤其文化，即亦安之。私心揣测，谓日人不怀好意，颇有继满洲人入主中国之思想，此吾国人所当深念也。

（第 512 页）

余研究学理十有余年，殊难极其广大，及读谭浏阳[①]《仁学》，乃有豁然贯通之象。其序言网罗重重，与虚空而无极，人初须冲决利禄之罗网，次须冲决伦常之罗网，次须冲决天之罗网，终须冲决佛教之罗网。心力迈进，一向无前；我心随之，猝增力千万倍。开篇言以太能显出宇宙之全体：自身而家，自家而国，自国而地球，自地球而太阳，自太阳而昴星，自昴星以及无限之世界，皆互相维系，终古如斯，无非以太之力。吾由此而知吾向所抱持之宇宙观念，不免太狭隘也。

（第 639—640 页）

从事教育者，不可不知二大主义。何谓二大主义？一曰贵我，一曰通今。西人有恒言曰：人人有应得之权利，人人有应尽之义务。斯言也，实颠扑不破之真理，放之四海而皆准者也。

---

① 即谭嗣同。

一人有一人之性质，一事有一事之因果，譬之耳目手足，各有所明，饥饱寒暖，当体自喻，以局外之人，而论局中之事，必不合矣。……我有耳目，我物我格，我有心思，我理我穷，我之所见为是者，则断然以为是，虽一国非之，所不顾也；我之所见为非者，则断然以为非，虽一国是之，所不顾也。无所顾望，无所恐怖，为天下之所不敢为，言天下之所不敢言，夫然后足以当大任，支危局，立于剧激烈竞争之世界，而卓然有以自立。人而无独立之精神，是之谓奴隶。任教育者，而不能养成国民独立之精神，是之谓奴隶教育。以教育为己任者，安可不知此意也！

（《教育泛论》①）

知贵我，则知通今矣。于天地之间而有我，天下皆宾而我则主也，天下皆轻而我则重也，天下之人皆不可恃而我则可恃，天下之理皆不可信而吾心之理则必可信。吾尽吾之力而已矣，吾行吾所是而已矣，事变万端，美名百途，岂能一身而兼任哉？道并行不悖，言各有所当，岂能一一而求合哉？独断独行，独往独来，我动而天下不得不动，我静而天下不得不静，天下皆动而我独静，天下皆静而我独动，有泰山乔岳之气象，有旋乾转坤之手段。佛说："恒河沙界，惟我独尊。"此自由独立之真谛，建诸天地而不悖者也。于万世之中而有我之一生，于百年之中而有现在之一日。横尽虚空，山河大地，一无可恃，而可恃惟我；竖尽来劫，过去未来，一无可据，而可据惟目前。昨日之所谓是，今日之所谓非，不得执昨日之是以为今日之是也；是也今日之所谓是，明日之所谓非，不得执今日之是以为明日之是也。情

① 《教育泛论》原发表于1903年出版之《游学译编》第九册，后收入《杨昌济辑》见民主与建设出版社2016年版，第149—152页。

随地而变，理随境而移，要在以吾心之明，时时判断之，时时更变之，而后能应于天下之大势，而日日进步。是故言学问者，必以研究目前之人事，为真正之学问；言教育者，必以研究目前之人事，为真正之教育。

（《教育泛论》）

中国有一极谬之学说，足以致亡种之祸者，则法古是也。人有恒言曰："人心不古。"一若古人之圣智，为今人所万不能及者，古世之风俗，为今世所万不能及者，此至迂极谬之见也。窒塞国民之思想，遏绝世界之生机，则皆由于"贵我""通今"二大主义不明之故也。夫世界者进化者也，宗教也，学术也，社会也，国家也，无一不循进化之公理，以奔于无极之长途。由古世进化而有今世，由今世进化而有来世；今既胜于古矣，后又胜于今矣。古人有古人之时势，斯有古人之理法，至今日而时势变矣，时势变，则理法从之而变。今人有今人之时势，至后日而时势又变矣，时势变则理法又从之而变。生乎今之世，反古之道如此者，灾及其身者也。大《易》之言曰："穷则变，变则通，通则久。"处文明灿烂之世界，犹欲袭用蒙昧之旧俗，是非颠倒，孰有过于是者乎！今日东西各国，无不力图进步，而吾国之人，方傲然自大，欲抱守古来之学说，以与新开之世运竞争，逆天而行，自取亡灭，其愚谬诚可哀也。不将古来迂谬之学说，摧陷而廓清之，则新世界之文明无自而入。

（《教育泛论》）

自觉与实行乃一活动之二方面也。自其现于精神之知觉言之，谓之自觉；自其现于体魄之运动言之，谓之实行，即知即行，知行合一，必如是而后可谓之自觉。思想自由必继之以言论自由，言论自由必继之以行动自由，无言论与行动之自由，则思想之自由尚不得云完全也。知则必行，不行则为徒知，言则必行，不行则为空言；自觉与活动乃不可相离者也。无活动则无自觉，故实行尚焉。博学、深思、力行，三者不可偏废。博学、深思皆所以指导力行也，而力行尤要。力行为目的，而博学、深思为方法。博学而不行，何贵于学？深思而不行，何贵于思？能力行，则博学、深思皆为力行之用，不能力行，则博学、深思亦徒劳而已矣。且博学与深思亦力行之一事也。非真能力行者，学必不能博，思必不能深，故学者尤不可不置重于实行也。

（第 246—247 页）

吾生平得力有二：一在力行，一在深思。力行者，体魄界之事也；深思者，灵魂界之事也。学思之功，不可偏废，而思为尤要。思者作圣之功也，圣无不通，无不通由于通微，通微由于思。汉学[①]通显，宋学[②]通微；顾亭林通显，王船山通微。通显者博物之功也，通微者深思之功也。深则能研万事微茫之几，博则能应天下之万变而不穷于用。

（第 18—19 页）

为生徒讲教育学史，至培根之倡实验派哲学，与笛卡儿之倡推理派哲学，因言朱晦庵（熹）之学近似培根，王阳明之学近似笛卡儿；一则求理于事物，一则求理于吾心。子曰：“学而不思则罔，思而不学则殆。”学则有实验之意，思则有推理之意。又《大学》八条目中之格物致知，亦可作如是观。格物则实验之事也，致知则推理之事也。王船山《读四书大全说》，辨格物

① 汉学，为清代学术的一派，以其继承西汉古文经学，即考据学而得名。
② 宋学，为清代学术的一派，以其继承宋代的程朱理学而得名。

致知之义甚详。船山时时辟象山、阳明，而其所论致知之功夫，乃与陆、王之说合，亦当注意之事也。

（第 488 页）

好知不好学，其蔽也荡。思而不学则殆。穷大失居。[1]此三言可以箴贵知不贵行之病。

（第 598 页）

近世汉学家言，薄虚悟而尚实证。夫其尚实证是也，然但求实证于古而不求实证于今，但求实证于文字而不求实证于事物，又岂得谓实哉？

（第 558—559 页）

培根以前之学问，多研究社会问题。培根乃一转其方向，使学者之心力，专用之于研究自然现象，乃启近世科学之门径，其有功于人类者不小。有治身治心之学，伦理学是也；有治人之学，政治学是也；有治物之学，理化、博物诸科是也。吾国前此学问，于治身治心治人之学，未始无所研究，独缺于治物之学，此物质文明所以不能发达也。

（第 488—489 页）

凡办一事，须以全副精力注之，始能有成功而不至失败。人之精力有限，故任事不可过多。任事过多，则神散而力分，

---

① “好知不好学，其蔽也荡”，语出《论语·阳货》。“思而不学则殆”，语出《论语·为政》。“穷大失居”，语出《周易·序卦》，原文是：“穷大者必失其居。”意谓居大位者骄奢无度，必覆灭而失所居。

必至事事均办不好。故吾人处世，宜选事做，择吾精力之所能任者为之，精力所不能者，则置之不为，如此则事多成功，失之者鲜矣。

（第 279 页）

凡事有近因，有远因，常人惟知近因，而不知远因，故事变往往起于不测，仓皇失措，而不知所以应之之术。智者知事之近因，并知其远因，于根本上求救济，故能先事预防，不至有一旦猝然不可知之患。欲得善果，当造善因；欲避恶果，当除恶因。

（第 281 页）

昨日为生徒讲远虑，言社会人事原因结果之关系，非深思无由知之。吾人论一事，当求此事之原因，而此原因又有其原因，如此逆推而上，乃至最初之原因。吾人能从最初之原因着手，则事易成而力可省。又吾人行一事，当豫思此事当生如何之结果，此结果已得之后吾又何以继之？如下棋然，必思吾动此子于此地位，敌手将如何应之？彼应我之后，我又如何应法？如此顺推而下，可至数子，乃至十数子。大凡下棋亦如用兵，多算胜少算，能多算几子者恒胜。此可以喻处事之道也。下棋又有二事可以为处事之喻者：一则先后着不可误，一则要着必力争是也。如下象棋然，得力之子不可移动，往往一动而局势遂输。人之处世亦有要地不可不争者，存心君子自得之体验中耳。

（第 648 页）

宗教之起，源于恐怖，心理学已详言之。盖野蛮人畏天之风霆雷雨，故有仪式以承奉之，所以求其福佑也。及世界进化，人知法天，则报本反始之义，圣人不废，以万物本乎天，人本乎祖，故事死如事生，事亡如事存，非以求福佑也，实爱情之迫而有不容已者焉。此于家庭教育有关，似无破之之必要。西人笑吾国祭祀祖先以为愚，余亦承认之，因人类皆不免于愚也，安知崇拜耶稣非愚之甚者耶？

（第 639 页）

吾国人不惑于风水之说者鲜矣，虽朱子（熹）犹惑焉。近世如魏默深（源）、曾涤生（国藩）、郭筠轩（嵩焘）、刘霞仙（蓉），皆有此迷信。船山独卓然不惑，力排五行、术数之说，此其所以为卓绝也。观其论京房、崔浩、邵康节（雍）、蔡西山（元定），皆力持正论，可以知其识有独到矣。

（第 514 页）

竞争者进步之母也。非惟与同时之名师胜友相竞争，且进而与古人先哲相竞争。竞争不已，而进步随焉。惟竞争之起在于刺激，如吾人久未读书，不晤良友，则不免悠忽，一亲书卷，或与良友相会，则精神为之一振，刺激为之也。故子贡问为仁，而夫子教以事贤友仁。古人千里求师，亦此意也。

（第 641 页）

余本服膺孔子之道，然既不欲为专宗孔子、罢黜百家之愚，复不欲为攘斥佛老、驳击耶回之隘。余本自宋学入门，而亦认汉学家考据之功；余本自程朱入门，而亦认陆王卓绝之识。此则吾对于各派所取之态度，可为海内人士正告者。子思曰：“万物并育而不相害，道并行而不相悖。”庄子曰：“鱼相忘于江湖，人相忘于道术。”陆象山曰：“各尊所闻，各行所知。”穆勒·约翰曰：“言论自由，真理乃出。”吾愿承学之士各抒心得，以破思想界之沉寂，期于万派争流，终归大海。

（第 77 页）

夫一国有一国之民族精神，犹一人有一人之个性也。一国之文明，不能全体移植于他国。国家为一有机体，犹人身之为一有机体也，非如机械然，可以拆御之而更装置之也，拆御之则死矣。善治病者，必察病人身体之状态；善治国者，必审国家特异之情形。吾人求学海外，欲归国而致之于用，不可不就吾国之情形深加研究，何者当因，何者当革，何者宜取，何者宜舍，了然于心，确有把握，而后可以适合本国之情形，而善应宇宙之大势。故吾愿留学生之归国者，于继续其专门研究之外，更能于国内之事情有所考察。

（第 73 页）

有宋道学其能别开生面，为我国学术界辟一新纪元者，实缘讲合印度哲学之故。今欧学东渐，谁则能如宋贤融铸之，而确立一新学派者？

（第 1199 页）

凡大纲节目处，当崭然自立
——修身粹语

为人第一要立志。立志为善人不为恶人，立志为圣贤豪杰不为庸俗人，立志为君子不为小人，乃修身之第一要义也。然欲为圣贤豪杰，必先知其异于寻常人者在于何处？圣贤豪杰自有其所以为圣贤豪杰之特质，以余所见则有五焉。第一曰远大。所见小则所志小，所志小则所学小，所思小，所为小，所成小，斯为小人矣。所见大则所志大，所志大则所学大，所思大，所为大，所成大，斯为大人矣。……第二曰超旷。常人总不免为情欲之奴隶，故精神萎靡思想卑陋。圣贤之心纯乎义理，利禄不足以动其心，故超然独立，泰然自得，其超旷之襟怀有使人穆然意远者。……先儒云："为学须先打破货利关。"吕新吾云："官吏不要钱，男儿不做贼，女子不失身，才有了一分人。"[①] 学莫先于义利之辨。此吾辈所当深省也。第三曰笃实。前条言为学须明于义利之辨，此条则言为学须明于诚伪之辨也。前条所以救好利之弊，此条则所以救好名之失也。然圣贤豪杰则并不好名，但求自全其天性，自尽其职分，便觉泰然自得，仰不愧而俯不

① 吕新吾：名吕坤（1536—1618），字叔简，号新吾，河南商丘宁陵人。所引语见《修身格言》。

怍，初不求人之知也。君子人不知而不愠，盖其所求者在于自己良心之满足，而不在于他人之称誉。若有好名之心而勉强为善，其立心已自不诚，决不能常久为之，终必有露破绽之一日。此君子之所羞为也。第四曰精勤。凡人之能成德，能成学，能成事业者，无不自刻苦中得来，未有不勤而能有所立者。虽奸雄小人亦不能无此一段精神，不然便做奸雄亦做不成。孔子发奋忘食，读《易》韦编三绝，是何等精神。周公思兼三王以施四事，其有不合者，仰而思之，夜以继日，幸而得之，坐以待旦。古圣贤作事急起直追，一日千里，此其德业之所以伟大也。第五曰仁厚。道德者行于人与人之间者也。时无论古今，地无论中外，莫不以"克己爱人"四字为道德之精髓。孔子以仁立教，佛教曰慈悲，耶教曰博爱，信条虽有殊异，大指正复相同。观人者须观其性情如何，存心忠厚者始可与共事，存心刻薄者不可与为友。现在人心险诈，争权攘利倾挤排陷无所不至，乖戾之气充塞海内，非民国前途之福也。欲挽回风气，当勉为敦厚，力戒偷薄，积诚感动，庶有感发而兴起者。

（《修身讲义》）

凡大纲节目处，当崭然自立。若小节无关紧要者，但须从众，立异则招嫉。

（第1页）

人须先大节分明，再求细密。如见利思义，见危授命，久要不忘平生之言[①]，皆大节也。能行此三句，亦可以为成人，

---

① "见利思义，见危授命，久要不忘平生之言"，语出《论语·宪问》第12章，原文如下："子路问'成人'。子曰：'若臧武仲之知，公绰之不欲，卞庄子之勇，冉求之艺，文之以礼乐，亦可以为成人矣。'曰：'今之成人者，何必然？''见利思义，见危授命，久要不忘平生之言，亦可以为成人矣。'"

可不勉哉！

（第 653 页）

道德教育，在于锻炼意志。人有强固之意志，始能实现高尚之理想，养成善良之习惯，造就纯正之品性。意志之强者，对于己身，则能抑制情欲之横恣；对于社会，则能抵抗权势之压迫。道德者，克己之连续。人生者，不断之竞争。有不可夺之志，则为无不成矣。

（第 252 页）

人须小心谨慎，庶能有成功而不致失败，骄则未有不败者也。孟子言："出则无敌国外患者，国恒亡。"谓生于忧患，死于安乐。盖有敌国外患，则惧而不敢不力图自强，而安乐则骄惰之气中之也。家道之盛衰，常有循环之象，贫贱生勤俭，勤俭生富贵，富贵生骄奢，骄奢复生贫贱。世禄之家鲜克由礼，纨袴子弟恃其祖父遗传之财产，懒于读书，不求自立，贪图逸乐，用钱如泥沙，及其家业尽空，无术可以糊口，其困穷较生于寒素之家者数倍。故积财富以传子孙，非长久之计也。汉疏广曰："贤而多财则损其志，愚而多财则益其过。多财何害？惟其恃富而骄，故为败家之本也。"曾涤生（国藩）家书言，仕宦之家仅能过一代二代；以小本贸易起家者可保至三代、四代；而耕读孝友之家，则可保至五代、六代，或更为久远。盖仕宦之家易中骄奢之弊也。曾涤生深知骄之足以致败，故以"求阙"名斋，谓日中则昃，月盈则阙。禄位权势不可求满，满则阙随之矣。求阙者，常退守其阙，而不求满盈，则永无衰退。未盈时之阙与既盈后之阙，其气象大不相同。盖一则上升之势，一则下降之势也。

（《修身讲义》）

按己所不欲，勿施于人，泰西人谓为金规，诚伦理学上之大原则，施之四海而皆准者也。有谓中国人己所不欲勿施于人，泰西人则己之所欲必施之于人，亦颇有味。如西人之传教，是己之所欲必施于人也。究之己之所欲，非必为人之所欲。不如己所不欲勿施于人为万全无弊也。己欲立而立人，己欲达而达人，颇与己之所欲必施之于人之意相近。勿施者义也，施者仁也。

（《修身讲义》）

有财以分人，有力以助人，固仁爱之实事，然犹不若有道以教人之所及者远也。盖分财助力，虽与人以物质的幸福，以道教人，则与人以精神的幸福也。孟子亦曰："分人以财谓之惠，教人以善谓之忠。"王船山曰："天地既命我为人，寸心未死，亦必于饥不可得而食，寒不可得而衣者留吾意焉。"亦言人宜求精神的幸福，不当徒求物质的幸福也。

（第 653 页）

人摆脱俗缘不尽，安能入道？读《庄子》"绝云气，负青天"数句可悟。

（第 1 页）

近闻人言，今日民国唯有一我，除我外别无他物。盖言今日唯有自私自利之可言，他可不必顾也。此诚代表社会心理之言，可哀可惧！人惟自私自利而无爱社会爱国家之心，则率兽食人，人将相食。此种议论，生心害政，真有烈于洪水猛兽者。

（第 490 页）

近世教育学者之说曰，人属于一社会，则当为其社会谋利益。若己身之利益与社会之利益有冲突之时，则当以己身之利益为社会之牺牲。虽然牺牲己之利益可也，牺牲己之主义不可也。不肯抛弃自己之主义，即“匹夫不可夺志”之说也。吾国伦理学说，最重个人之独立。观历史之所载，经训之所传，莫不以守死善道为个人第一之义务。

（第 253 页）

毒蛇螫手，壮士断腕，非不爱腕，非去腕不足以全一身也。彼仁人者，以天下万世为身，而以其一身一家为腕，惟其爱天下万世之诚也，是以不敢爱其身家，身虽死，天下万世固生，仁人之心安矣。

（第 256 页）

君子当积诚立行，以回易世俗之耳目，而转移其风气，不当随俗苟且，临深为高，而自怠其学行。

（第 2 页）

人之立身最要一诚字。诚者，物之终始，不诚无物。人能存诚，乃是真人物，乃是真学问。诚之一字，金石所不能破，天地所不能违也。心能存诚，则现于言语无巧饰之辞，现于行为无矫诈之事。至诚而不动者，未之有也，不诚未有能动者也。物质不灭，势力不灭，独患无诚耳。阳气发处，金石亦透，精神一到，何事不成！吾辈相尚以诚，始能感动人人，使皆相尚以诚。转移风气，在乎一二人之心而已。

（第 247—248 页）

待人处事，一当出以至诚，然后得圣贤之正，而行之邦家无怨。彼以权术自矜者，自以为可以愚人，人早已窥其隐矣。况以诈应诈，而权术且日出而不穷也，岂可恃以为能耶？

（第 2 页）

惟淡中之交为可恃。至诚动物，亦以渐也。一见语合，不能必其终。

（第 4 页）

侈口议论，大言欺人，乃一大可耻事，徒令旁观者生嫉，有识者暗笑耳。

（第 1 页）

人心之动，因言以宣，但能守默，主静工夫得其大半。巧语悦人，自扰其身，闲言送日，亦搅汝神，所宜切戒。

（第 3 页）

念念仁厚，言言信实，事事妥当，人人爱敬。

（第 7 页）

如天之虚，如地之定，如日之明，如夜之静。

（第 7 页）

大怒动气，多言伤气，妄想耗气。

（第 5 页）

临事让三分，而把住自己之七分，不把住则不能自立，且纵不义。偏于厚，亦君子之过也。至于人之言虽有百千，不闻可也；人之计虽有百千，不知可也。

（第 5 页）

生平议论多而成功少，思虑多而行事少，虚悟多而实证少，创始多而善终少，皆不勇不毅之故也。宜脚踏实地，坚忍刻苦。

（第 7 页）

凡天意主张者置之，人力可及者为之；凡他人之事置之，己分之事为之；凡过去、未来之事置之，现在之事为之；凡精力所不任者置之，精力所能任者为之；凡学问所未到者置之，学问所已到者为之。其置之者虽大缺陷不以为忧，其为之者虽纤悉亦必自尽，所以辨清界限、省除忧烦也。心能不忧，则精神可养，学问可充，已往之事可以挽回，未来之事可以预备，人可以格，天可以回。故不忧者仁者之成功，而长戚戚者乃小人之所以自困也。

（第 10—11 页）

养生有四要：一曰慈。处处存恻隐之心，满腔子都是生意。天地不可一日无和气，人生不可一日无喜神。二曰俭。视听言动，饮食衣服，思虑诵读，一切皆从俭约，使精神之用常有余地。惩忿窒欲，皆俭之事也。三曰乐。世俗烦恼之事，件件看破，都没要紧，此心若同太虚，烦恼何处著脚？至于进德修业，固不可无刻苦恨悔意思，然勿令拘迫，拘迫则难久。圣贤学问，入手在敬，敬而不息，便有乐意。四曰敬。精神昏惰，邪僻贼吾之衷，由于不能以志帅气。要知忧勤惕厉，正是卫生之法，读《无逸》篇[①]，可以悟矣。

（第 3 页）

图自强，须从极小事立一格，力求有恒，行一事纯熟后，再课一事。仍立课程，并日记功过，三年之后，德性可成。

（第 4 页）

吾辈通病，在于不恒。然恒之云者，非必死守一书，弃绝百氏，读上句如无下句之云也。贵攒零合整，融化贯串。古人书文，为类百千，而各有其相通之处。故治诗不必专读诗，得诗之意，所见无非诗者；读史不必专读史，得史之意，所见无非史者。谓不可兼治数书者，一方之见也。恒之云者，判数年之功，治指定之数书，一句之中，不容有一书之阙；一月之中，必须有数十条通透之识；一年之中，或抄或作，必须有一二卷之成书。十年之中，必须小成；三十年之中，必须大成。如是以终身焉，则恒之谓也。

（第 6 页）

吾无过人者，惟于“坚忍”二字颇为著力，常欲以久制胜，他人以数年为之者，吾以数十年为之，不患其不有所成就也。程子曰：“参也竟以鲁得之。”曾子鲁钝，而卒为圣学之宗，坚

① 《无逸》为《尚书》之一篇，它集中表达了禁止荒淫的思想。无逸，不要贪图安逸。文章开宗明义，提出：“君子所其无逸。先知稼穑之艰难……”

忍之效也。余尝谓天才高者，其成就或反不如天才较低者之大，要视其坚忍之力何如耳。

（第 251 页）

实行之中含有二义，一贵坚忍，一贵勇敢。勇敢与坚忍，其实一德也。勇于创始，忍以要终，要本于意志之力。人生斯世，无在而不须苦战奋斗。不能苦战奋斗者，无生存之希望者也，故勇敢尚焉。夫循常蹈故，固可以从容为之，无事乎勇也。至于公理与权势相冲突之时，义理与嗜欲相斗争之时，则勇敢之作用著焉。力伸公理而不屈于权势，勉循义理而不能动于嗜欲，非大勇者不能。至于廓清旧说，发挥新义，尤有资于勇敢。能言人之所不敢言，能行人之所不敢行，此乃圣贤豪杰之所以异于庸众也。非常之原，黎民所惧，及其既成，天下晏如。彼圣贤豪杰有超世之识，盖世之气，见之真而守之固，能为天下之原动力，而不待人之后兴。

（第 247 页）

好斗麻雀牌，乃中国人一大弊习，流俗滔滔，贤者不免，甚可叹也。余去岁在北京时，曾谓一友人曰："中国人如能戒麻雀牌，则中国尚可救。"闻者或不信吾言。不知此习不除，终无涤荡振刷气象一新之日。余观西洋社会亦有斗牌之游戏，惟不赌财物，故但觉其可乐而无弊害。不赌财物之游戏，如中国人之围棋、象棋，西洋人之斗牌，余亦不反对之。惟赌钱系犯罪之行为，则期期以为不可。

（第 82—83 页）

借书不还，乃士人之通病。此事似小，实有关于道德甚大。

余有友人借他人书共二本，复为他人转借，失去一本，久不能还。去岁在北京玻璃厂购得一部，板本纸张，悉如其所借者，乃以还之，已经过十年矣。自谓平日守硁硁之节，幸不以此事坏之。余前在宗祠，有一族长年八十，还《水浒传》，云已借去二三十年。前辈作事周匝有终始，良可效法。

（第 83 页）

吾人不可不知仕非为贫之义。官吏者，非谋生之职业也。吾人苟对于国家确有一种政见，欲得有事权以伸其行道济时之志，则可投身于政界。服官者，义务也，非权利也。能行其道，则服官为宣力于国家；不能行其道，而尸位素餐，则服官不过为私人谋生之具。夫谋生之道多端，何必服官哉？

（第 126 页）

欲求“为之者疾”[①]，则首重惜时。荷兰人之谚曰：“时者金也。”人之生利，必需劳力，未有安坐而能获者。以劳力施于事物，又必需一定之时间，始能收其所期之效。故计功者不可无劳力与时间之二要素。劳力大而时间短与劳力小而时间久者，其效相等，此力学之所明示也。吾人治事，恒患力微，全赖积多数之时间以完成远大之事业。大禹惜寸阴，陶侃惜分阴，此历史上之美谈，以之处今日之时势，尤为对证之药。……盖商业利在乘机，一有违误，则损失不可胜计。故东西各国成功之人，莫不以急起直追，一日千里，为趋事赴功之秘诀。

（第 130—131 页）

① 语出《大学》：“生之者众，食之者寡，为之者疾，用之者舒。”意思是说从事生产的人多，消费的人少，生产的速度快，消费的速度缓慢。

中国人之习俗，大悖乎“为之者疾”之义者，又在于不守时间。……西人最重守时，如与人约某时往晤，必如期前往，不差分秒。有违误者，则主人他出，不复坐候，将虚此一往返，而不能达其面晤之目的。且如此行为，甚为西人之所贱视，视之与不守约束、发虚伪之语者同科。……中国之人全无守时之观念，凡有约会，任意迟延，每次必使如期而至者，坐候一二小时，实为苦事。事之坐废者，不知凡几。此真吾国最大之积弊，不可不急行改良者也。

（第 133 页）

凡事有可于今日为之者，即宜今日为之，断不可留待明日，有因一日之迟而误事机者矣。且明日又有明日当为之事，今以今日当为之事留待明日，是先夺去明日一分之日力，而明日当为之事必有不能即办者矣。如此逐日积压，事愈多而心愈纷，如欠债然，将终身无有肃清之一日。常人动叹事忙，而不知由其平日之不勤有以致之。若案无留牍，判决如流，则虽处军务倥偬之中，仍能好整以暇。

（第 131 页）

大事按时急了，小事应时反故，则事物无留滞。

（第 4 页）

禁欲主义以理性抑压感情，决不为欲望若快乐之所动，此乃极反于人性之自然者也。快乐有高尚者，亦有劣下者。后者固当排斥，前者则毫无当排斥之理。此主义乃排斥一切之快乐，不遗余力，岂非徒失之峻严，而不适于实际耶？人惟为快乐所左右固为不可，然知快乐要为人生所不可少者。若自人生除去快乐，则其淡如水矣。所谓不动心者，固不可望之于一般世人。且感情欲望者，行为之原动力也，无之则行为不能成立。苟欲抑压之、殄灭之，是使行为不可能也。且不独行为不可能而已，自己亦遂全灭，自己既灭，则其所尊重不措之理性，亦不得不同归于灭。此岂非甚大之矛盾耶！

（第 140 页）

予历年日记多载功课……以记载功课为久远之规，而有所克治，有所发明，随日附见，行之不懈，逮乎没齿，则一生学问之甘苦疾徐抑可想而见焉。盖亦持志之一助与！

（第 478 页）

读书如耕种，钞书如收获，日记如舂煮。日记乃造观念之联合之功夫，以新观念引起旧观念，合无数旧观念与新观念而成一团，则事理明白而便于记忆。

（第 560—561 页）

余读狄仁杰与段秀实传而深有感焉。两公皆直道而行，毫不委曲者也。唐世亦非有道之世，乃皆能行得去，则俗所云“社会太坏不得不委曲求全”者，亦只因自己无本领之故，非果势有不得已也。曾文正谓己常守一“硬字诀”，吾视狄、段二公，皆能守“硬字诀”者也。

（第 552 页）

余尝教人以有胜于无，动胜于静，乃是为太无作为之人而立论。其实有为固不易，有不为亦不易。社会时时要求我作事，欲拒斥其不合为者，非有十分之果断与定力不能。

（第 634 页）

人生在世，安能禁人之讥笑？闻人讥笑而发怒含怨，则自寻烦恼，心境不能平安。大凡人讥笑我，原欲使我不快，我若发怒含怨，是适中其计矣。总之，若为人之讥笑而不快，便已大大吃亏。智者闻人讥笑若不闻焉，则我无所损而彼为枉费气力，是损失反在彼也。

（第 636 页）

是非审之于己，毁誉听之于人，扫除许多葛藤。

（第 9 页）

吾人当记人之恩而忘人之怨，记人之善而忘人之恶。常人之情，恩九而怨一，则记一而忘九，不平孰甚焉。记人之恩，则吾心常满以善感情；忘人之怨，则吾心不留一恶感情。生意盎然，慈祥恺悌，不独品性宜如是，即卫生之道亦莫尚焉。记人之善则吾自将模仿之，忘人之恶则吾自不至模仿之。凡观念皆有发为运动之倾向，其有时不发为运动者，有反对之观念制止之也。孟子言“生于其心，害于其政”，正言此事。吾人宜保存善观念而不使恶观念存留于意识之中，吾之意识中惟有善观念，则发为运动无有不善矣。

（第 649 页）

近世伦理学家，言修身进德没齿无卒业之期，如孔子之从心所欲不逾矩，盖卒业于道德者也。人始由不道德而进于道德，复由道德而进于超道德，从心所欲不逾矩，盖超道德矣。

（《修身讲义》）

教育者神圣之天职
——教育粹语

教育者，寂寞之事业，而实为神圣之天职，扶危定倾，端赖乎此，有志者固不以彼而易此也。

（第 42 页）

从政治上求变，变之自上者也；从教育上求变，变之自下者也。变之自上者效速而易迁，变之自下者效迟而可久。高以下为基，吾宁自教育始矣。

（第 42 页）

欲养成国民，不可不注意于学校教育；欲改良风俗，不可不注意于社会教育。学校教育所以充足国民之实力，社会教育所以鼓舞世界之动机。学校教育主于严整平实，社会教育主于活泼高尚。就形式而论，则学校教育者主也，社会教育者辅也。就精神而论，则社会教育者始之有组织学校教育之原动力，继之有监督学校教育之持续力，终之有改良学校教育之猛进力。专恃学校教育而无社会教育不足以立国，至易明之理也。学校教育变之自上，社会教育变之自下；变之自上，不可恃者也，变之自下，可恃者也。大地 [抵] 各国变法，皆从民起，不从社会教育下手，而欲倚赖官力以兴学校教育者，至难之事也。中国二千年来，无学校之教育，惟恃仁人君子，以其学术行谊旌式国人，维持世道；社会教育之有效，自古已然矣。今当民族竞争之世，国家主义既为必不可避之公理，自应趋重学校教育，以图国民之统一，而要不能不以社会教育为其先驱。

（《教育泛论》）

以前科举时代，南北合闱[①]，湖南士子，惮泛重湖，赴试者少，获隽亦难。有一年仅有一人中试，当时巡抚特加宠异，赠以"一鹗横秋"之匾，风气闭塞，人才寥落，可想而知。及南北分闱，湘省士风，云兴雷奋，咸同以还，人才辈出，为各省所难能，古来所未有，此分闱之效也。自是以来，薪尽火传，绵延不绝。近岁革新运动，湘人靡役不从，舍身殉国，前仆后继，固由山国之人气质刚劲，实亦学风所播，志士朋兴。夫支持国势，原不限于一地之人，然人才所集，大势所趋，亦未始无偏重之处。德国之普鲁士实为中枢，日本之鹿儿岛多生俊杰，中国有湘，略与之同。

（第 233 页）

教育当养成于必要之时牺牲自己利益之精神，又不可不养成有确信、有主张之人，不可不养成有公共心之个人主义之人。此于个人、于社会皆为有益。

（第 307 页）

① "南北合闱"，指湖南、湖北乡试（举人考试）合在武昌举行。雍正元年（1723），湖南、湖北乡试分闱，即分别在武昌和长沙举行。

自来论教育者，往往分为智育、德育、体育之三部。

（第 369 页）

（教育）有三方法焉：第一教授，第二训练，第三养护。教授以授与智识、发达心身之能力为目的；训练以教育者直接与感化于被教育者，正其方向，作善良之品性为目的；养护以保护身体而发达之为目的。

（第 319 页）

由今思之，读书、算术、修身，无论在如何之时代均为教科之材料。此何故乎？乃因此三教科于日用生活甚为必要之故也。人若无发表自己之思想与理解他人之思想之能力，则不能与人交际。为社会之生活，不知算术则日常之计算亦不能为之。不自修身之教授得知处事接物之道，则亦不能为社会之生活。此三科为人生所必要，故无论如何之时代，均为教科之材料。

（第 327 页）

文化进步，科学发达，……今日于上述学科外，历史、地理、物理、化学、博物，又为学校之教科。此等教科皆与以智识为目的，故谓之智识的教科。

（第 328 页）

言语科之目的，在养成理解他人之思想与发表自己之思想之能力为目的。他人之思想恒以会话与文章发表之，己之思想亦然。言语科之所求，则在于发表之正确而优美，能与人以甚深之印象。

（第 328 页）

凡人不可无历史、地理之知识。历史者，合古今为一连续；地理者，合世界为一全体。上下五千年，纵横九万里，必具知其大略，而后胸中有一全体之组织，有所谓世界观、人生观，有所谓大我。

（第 47 页）

于历史科不可不授以本国及外国之历史的事实，并历史的事实之原因、结果，因使得社会之变迁与国家成立发达之概念，兼养国民的思想。此外，又宜述伟人之事迹，使生徒注意伟人之性行，以涵养其德性。

（第 337 页）

训练以教育者直接与感化于被教育者，作善良之品性为目的。……训练上于意志活动之方向中，最宜注意者，莫如养成社会的精神（公共心）。……又有献身于社会之行为，……夫所谓献身之行为，非必尽属杀身成仁，亦非必限制个人之活动。恒有某事既可以强大自己之活动，又可以裨益社会国家者，如学者专心厥业，教育家热心造就人才，即其实例。盖自直接言之，不过自己之活动而已，而其结果则及于社会国家。其他从事各种业务者，苟能热心勤勉，其结果莫不如是。故曰献身社会，非必杀身成仁，亦非必限制个人之活动也。但或遇两者互相矛盾之时，不可不择其一，则宜捐弃一身之利害关系，以牺牲于社会为心耳。若夫为自私自利，而害及于他人，灾及于社会，则训练上所深戒也。

（第 353—354 页）

能移子弟性情使笃厚，是第一等教法，教之本也。

（第 5 页）

关于道德之实行，有以优美之文章书之者可以为材料，使生徒读之，自然发生道德之感情。古来圣贤之书，于养成道德之情操有大效力，以道德之实行为作文之材料，自有大影响。

（第 335 页）

命令者，当被教育者未为要求之时，以教育者之心使之发动之作用也。禁止者，以教育者之心，停止被教育者之发动之作用也。……施行此手段之时所宜注意者如下：一、发命令之时，宜先自被教育者身心之状态与教育目的之诸方面，深加考察，非确认为正当且可得实行者，不可发之。于禁止亦然。二、命令禁止所用言语之意义，不可不明了，且其所命令不可为抽象的，必为具体的。三、命令禁止之言语不可冗长，必简短而强劲。四、命令禁止不可不前后一贯。五、命令禁止不可峻刻，或以之为教育者自便之计，必不可不出于教育者恳切之好意。六、命令禁止一时不可太多，多则难于实行，且生由命令禁止为器械的活动之恶习惯，故虽极幼少之儿童，亦以少为贵，既发者则必督令实行。

（第 361 页）

赏罚亦训育上之一手段也。……赏之目的，在以之为某行为之良结果与以快感，使发永续此种行为之意志；罚之目的，在以之为某行为之恶结果与以苦痛，使生不再为同种之行为之意志。……施行赏罚之际，当注意之要项：一、赏罚为教育之非常手段，宜多用之于他手段所不及之时。二、行赏罚之时，教师不可不极公平诚实，不可因愤怒而罚之，不可因爱憎而赏之。从教育神圣之业者，固不至有如斯之事，或有于不知不识之间被制于私情，不可不戒也。三、赏罚务必适当其行为。若赏无功、罚无过或过其度，纵令非教师之故意，其招怨恨，损威严也。又赏罚宜近似行为自然之结果，如罚怠惰以课事，即其例也。四、赏罚不徒以生徒之行为之现于外部者定之，又当考察其内心之意志，且不可不注意生徒之个性，而各从其宜。五、赏罚不可不有道德的性质。如罚务必不以肉体上之苦痛为目的，宜与影响于其名誉心与其良心。赏则不宜用物品，即与以物品，亦宜不择满足其肉体的嗜欲者，务择可满足其智、情、意者。又对于名誉心而与以影响之罚，不可伤其名誉心，一旦毁损此心，则教育愈难奏效。又多与物品，往往长卑鄙之心，诚大可注意之事也。

（第 361—363 页）

训育手段中最强势而有效者示例也。……示例中最有力者，教育者之行为也。教育者常自被教育者说善之当行、恶之当避，故被教育者信教育者之必实行其言，而期其言行之一致。教育者之行为若不违其言，其影响于被教育者必甚大。盖在他之手段虽亦教善之当行，恶之当避，尚未示以如何而遂之之道。至是则具体的示其方法与善行，既可以坚平日所怀之信仰，复可使彼之模仿性敏活发动于不知不识之间，其受教育者之感化多矣。若教育者言虽庄正而行为卑劣，则彼等知教育者前言之不足贵，同时减对于教育者敬畏之念，即使见诈伪之不足深恶，彼等遂渐至模仿之，以言与行为全然别物而全不知耻。此教育事业所以深有关于教育者之品性也。

（第 366—367 页）

体操以调和的发达全身为目的，故身体之各部，如头、目、腰、手、足之类均须一一运动，周而复始，使全身之筋肉均有活动之机会，此体操及于身体之影响一也。体操又有整齐姿势之效，希腊雅典之体操，以优美其身体为主。如进行直立之姿势，曾习体操者较之未曾习体操者，实有优劣之殊。又如中国多曲背之人，较之欧、美、日本人耸然直立者，觉有衰靡雄健之别，此亦与体操有关系。威严容貌乃精神之表现，亦大可注意者。教授体操之时，又当就于个人身体之缺点，注意矫正。此体操及于身体之影响二也。体操又有使感觉锐敏，举动敏捷之效。凡竞争之运动，皆体操科之所有事，欲得胜于此等竞争者，则感觉不可不锐敏，举动不可不敏捷。此体操及于身体之影响三也。既使之强壮，又使之优美，又使之敏捷，三者毕备，体育之目的可谓已达矣。

（第 370 页）

学校教育最足以伤儿童之身体者，为钟点太多，负担过重。小学校之儿童正当身体发育之时，其脑力易感疲劳，固不可使记诵过多，坐听太久；即中学以上之生徒，功课亦不可过于繁重，至使身体积亏而不自觉。此事斯宾塞尔于其《教育论》曾痛切言之，以为学校之课程过重，学生之身体暗亏，数十百年之后，英国国民将蒙不可回复之恶影响，诚可谓救时之伟论。愚观现在之英国学校教育，于此一节亦有特异之点。德国、日本之学校，每星期仅有一日之休息，而英国之学校则每星期竟有二日之休息，且每日之钟点亦不甚多，其教育之成绩固不因是而减也。盖学生成绩能力之测定，不以钟点之多少，而以教材实质之善否、教授方法之合否、注意力集中与否、精力之充足与否为断。钟点不过多，则教者与受教者精力充足，注意集中，一时可得二时之效。至于教材实质之优美与教授方法之得宜，全在教者精神有余，豫备有素，是皆不可望之钟点过多之人。吾国学校总有钟点过多之弊，长此不变，于将来国民之体力所关甚巨，不可不加深察也。

（第 373 页）

余尝谓中国学校之大弊有二：一在钟点过多，一在饮食不洁。饮食不洁之弊，其改良之责任在校长。至欲改钟点过多之弊，则有关于法制之事，是则不能不望于教育当局者矣。

（第 91 页）

苏格兰小学校星期六、日无课，星期五日下午，乃一星期中〔儿童〕在学校之最后时间，儿童必乐于毕事归家，不可以课外讲授苦之也。

（第 697 页）

教授之方式（约言之曰教式）大别为二种：其一惟教师活动，或讲演，或说明，被教育者惟取受动的态度，以收纳知识，通例谓之注入的教式。其二教师自问答法，使被教育者活动，使被教育者发明关于某事项之知识，通例谓之开发的教式。人有排斥注入的教式而以开发的教式为万能者，此谬见也。有因教科之种类须用注入的教式者，即同一教科之中，亦有因教材之种类须用注入的教式者。且使被教育者已有经验，固可以开发其知识；若彼等尚无何等之知识，则开发将何所施耶？实质的知识，宜用注入的教式授之，若欲自此更发明精练之知识，则不可不俟之于开发的教式。……此两种教式，各有其相当之价值，固无优劣之殊。但现在学校所用之教式，多偏于注入的，与其偏于注入的，不如偏于开发的，其弊害较少也。

（第 349—350 页）

余以前授课，多用讲演式，近日乃欲试用问答式。此次修身科临时试验，拟纯用问答，亦改良教授法之一事也。

（第 588 页）

论为师之法：……教义理之学，以自修为主，使目前有观感奋兴之益，日后有流风余韵之思，而下手处则在解《四书集注》，必指点亲切处示之，浸灌滋润以培其本。弟子目前之过恶，又必严加约束，使不敢犯，则德行渐纯矣。教经济[①]之学，则以解《鉴》[②]为主，指点目前之人情世故为佐。教词章之学，则以讲求训诂为佐，而熟读以悟行气之妙为主。

（第 468 页）

教育者宜注意个性。……昔孔子应人之气质而施教育，此其门下之所以多人才也。

（第 359—360 页）

大凡游历外国，非通其语言之难，而通其学问之难，仅熟

① 此处“经济”，指经世济用。
② 《鉴》指《资治通鉴》。

于西人之语言文字，非必可语于西人之学。同一居留外国也，学有素养者，其所视察必有独到之处，其所考究必非敷浅之事。观国之识，在于夙储。吾愿深通中学之人，联袂西游，以宏远识。

（第 73 页）

学问非必悉求之于他国也。吾国有固有之文明，经、史、子、集义蕴闳深，正如遍地宝藏，万年采掘而曾无尽时，前此之所以未能大放光明者，尚未谙取之之法耳。今以新时代之眼光，研究吾国之旧学，其所发明，盖有非前代之人所能梦见者。吾人处此万国交通之时代，亲睹东西洋两大文明之接触，将来浑融化合，其产生之结果，盖非吾人今日所能预知。吾人处此千载难逢之机会，对于世界人类之前途，当努力为一大贡献。……吾之所望者，在吾国人能输入西洋之文明以自益，后输出吾国之文明以益天下，既广求世界之智识，复继承吾国先民自古遗传之学说，发挥而光大之。此诚莫大之事业，非合多数人之聪明才力累世为之，莫能竟其功也。

（第 76 页）

杨昌济年谱①

① 此年谱最初是曹典球先生在20世纪50年代编的一个年表。据上海辞书出版社2014年出版的《舒新城日记》记载：1957年4月20日，"曹典球来信催抄杨怀中（杨昌济）师《西洋伦理学史》及《伦理学之根本问题》内容。将其序文（伦理学史并有胡适跋语）、目录抄出，并说明民国八、九年由北京大学出版部初再版的情形及两书字数，共写四张寄曹"。1957年12月3日，"上午去中华，得曹典球致我与□□信，请代找杨怀中师之《达化斋日记》，在一九二一年《时事新报·学灯》中找着"。曹先生编这个年表，大概也就是在此期间。1981年笔者在写《杨昌济的生平及思想》时，以此表为基础，经过修订和增补，编成《杨昌济年谱》附于该书之后。这次撰写《杨昌济评传》时，又根据新掌握之资料，将年谱加以增补，附此书之后。

1871 年（清同治十年，一岁）

农历四月十九日（公历 5 月 12 日），杨昌济诞生于长沙县清泰乡板仓冲下屋杨家（今长沙县开慧镇开慧村）。杨家原居长沙县金井的蒲塘村，18 世纪末，在杨昌济高祖父时迁移至此（其时杨氏的另一支迁至长沙高桥，即杨毓麟的先祖）。

杨昌济，字华生，1903 年留学日本前改名怀中。父亲杨书祥（字书樵），读过不少古书，但积学不第，长期在乡下教私塾。母亲向氏，出身于理学世家，住平江石洞。杨昌济有一个兄长叫杨昌运，字革生；有一个姐姐；有一个弟弟叫杨昌恺，字瑞生，过继给叔父为子。杨昌济排行第三。

1877 年（清光绪三年，七岁）

入蒙馆，随父亲杨书祥读经史。

1879 年（清光绪五年，九岁）

正月（农历），母亲向氏“以瘀厥逝”。杨昌济继续随父亲读书，重点读儒家经典、宋明理学及曾国藩著作。

1884 年（清光绪十年，十四岁）

十一月（农历），父亲因肺病逝世。

1889 年（清光绪十五年，十九岁）

应长沙县学试，补邑庠生，为学政张亨嘉赏识。张取士不重八股，重通经史，留心经世之学，为清末湖南倡新学的第一人。与向振熙结婚，向是杨母之内侄女。

1890 年（清光绪十六年，二十岁）

应“乡试”，考举人不第，在家乡开始教私塾。

1891 年（清光绪十七年，二十一岁）

在家乡教私塾，同时继续准备举业，潜心研究宋明理学。现存《达化斋日记》从这年记起，其内容大多记述其排除各种杂念专心读书的心得及个人思想修养、待人接物等方面的经验体会，如说：“凡大纲节目处，当崭然自立。若小节无关紧要者，但须从众，立异则招嫉。阅历方知。”

1892 年（清光绪十八年，二十二岁）

上半年，在家乡教私塾，后到长沙教私塾。写《壬辰九月杂感》，诗中有“别家抱微疾，无语卧思兄；百里劳车马，三旬意不平”之句。在长沙期间，曾赴城南书院看望同族青年杨毓麟（笃生），二人下棋饮酒，相得甚欢。这年还写过一首题为《咏印儿》的诗，说明在此以前生过一个女儿（名杨琼）。

1893 年（清光绪十九年，二十三岁）

为了参加本年秋考，入城南书院学习。秋，再次参加“乡试”，考举人不第。在试场作《续渔洋论诗绝句》八首。“乡试”后，与张静斋游南岳，作《杂感》诗八首。

1894 年（清光绪二十年，二十四岁）

在家乡教私塾。

7 月，中日甲午战争爆发。杨昌济对战事十分关心，见清兵一败涂地，而清朝当局还一味妥协，非常着急。冬天，写《杂感》诗八首，抒发自己对时局的忧虑。同时，对清政府仍然存在幻想："朝鲜方坐失，海国尚多机。边岛烽烟急，中原羽檄飞。内州防窃发，朝议或从违。体弱难支局，遥空祷帝扉。"此时还阅读了一些西方空想社会主义著作，萌生世界大同的幻想："五洲大会合，此语信奇哉！世岂无斯局，天终产异才。战机方未已，元运暂难回。待到千年后，洪荒一再开。"

1895 年（清光绪二十一年，二十五岁）

在家乡教私塾，继续注意中日关系的进展。对丧权辱国的中日《马关条约》的签订，痛心疾首，深感清政府的腐败无能。热烈拥护康有为等人在"公车上书"中提出的变法主张，并开始研究变法理论，阅读有关新学方面的书籍。

1896 年（清光绪二十二年，二十六岁）

在家乡附近的巷子山陈家教书。授徒之余，刻苦研读古代儒家典籍及王夫之的《张子正蒙注》等书，但因时局紧张心情不能平静，感叹"毫无辛卯岁（1891）义理悦心之味，足以见嗜欲之纷心，而至道之难闻也"。

1897年（清光绪二十三年，二十七岁）

仍在乡下教私塾、自学。湖南变法运动在积极酝酿中。4月，出版《湘学报》；10月，成立时务学堂。

1898年（清光绪二十四年，二十八岁）

维新变法运动进入高潮。这年，杨昌济在岳麓书院读书。其好友杨毓麟热心变法，任时务学堂教习。

2月21日，南学会成立，不久杨昌济入会。他经常出席南学会的讲演会，听谭嗣同等人的演说。

3月20日，在南学会第五次讲演会上，杨昌济问谭嗣同："愚观《泰西新史揽要》专发明民主之益，即湘省士林中亦多有言民主为五大洲公共之理，至当不易，牢不可破者。"可是现在有四种说法，都认为民主不适合中国情况，我不知道他们为什么要这样说，请高明有以教我。谭氏对其提问评价很高："于圣贤微言大义晦盲否塞之秋，独能发如此奇伟精深之问，此岂秦汉以下之学者胸中所能有哉？兹事体大余亦何敢论断。总之，汉民为主，如何可以救民，即以如何为是，则头头是道，众说皆通矣。"这个对话刊于4月7日出版之《湘报》第二十八号。

4月3日，在南学会第七次讲演会上，杨昌济向陈宝箴提问：岳麓书院肄业生李永樾关于在湘江沿岸一些形势险要的地方设立炮台的建议有可采否？这个对话载于4月23日出版之《湘报》第四十二号。

5月13日，《湘报》第五十九号"不缠足会续题名"：杨昌济，字华生，长沙人。

6月26日，《湘报》第九十五号"本日南学会课题"：

《论湖南遵旨设立商务局宜先振兴农工之学》，杨昌济按题作文一篇，被评为第三名，并刊载在9月23日出版之《湘报》第一百五十三号。文章指出："西人之立国也以商，其困我也亦以商，我而不大兴商学以与之力争，将何以自立于强大之间乎？"

7月8日，《湘报》第一百〇六号"南学会捐资续题名"：杨昌济，字华生，长沙县人，捐钱一千文。

9月21日，变法失败，谭嗣同等"六君子"被杀，杨昌济退隐家乡。

这年，曾作《原教》一篇（今不存），谓饮食男女，人之大欲存焉，争夺相杀，谓之人患。男女之别益严，则争夺相杀之患益少。

这年，长兄杨昌运考上秀才。长子杨开智八月二十五日（农历）出生。

1899年（清光绪二十五年，二十九岁）

在家隐居授徒，继续研究经世之学，"严立课程，力戒涉猎，强记故实，务别去取"。每天都有常课，"余之自课，凡有六焉：日记一也，《皇朝经世文编》二也，《御批通鉴辑览》三也，《宋论》四也，闱墨五也，英文六也"。

1900年（清光绪二十六年，三十岁）

唐才常等人领导的"自立军"起义失败，唐是杨昌济所钦佩的人物之一。这年，继续隐居乡间授徒、自学。长女杨琼不幸夭亡。

1901 年（清光绪二十七年，三十一岁）

继续隐居乡间授徒、自学。在此期间总结戊戌变法经验教训：“法之变有二：有变之自上者，有变之自下者。变之自上者，效速而易迁；变之自下者，效迟而可久。今者上稍稍变矣，然而不可恃也，非不可恃也，吾不在其位，则吾为无权。夫天下惟己为可恃，此尽己分、立人道者所恃之主义也。居下位之人，自当以变之自下为己任。何以变之？则舍竭力学问、竭力教化无他道矣。”

11 月 6 日（农历九月二十六日）女杨开慧出生。

1902 年（清光绪二十八年，三十二岁）

继续隐居乡间授徒、自学。参加赴日留学考试，获官费留日资格，回乡作出国前的准备。

1903 年（清光绪二十九年，三十三岁）

3 月 3 日，与陈天华、石醉六、李倜君等三十六人一道，从长沙乘船赴日本。启程前，将其名之字“华生”改为“怀中”，表示身在异邦，不忘中土。

3 月 8 日，船泊岳阳，登岳阳楼，写《岳阳楼诗》一首，抒发自己离国怀乡之情：“大地龙争日，英雄虎踞时。苍凉万里感，浩荡百年思。日月自光耀，江山孰主持？登楼一凭眺，此意竟谁知？”

3 月 21 日，从上海乘“博爱丸”海船赴日本。

3 月 27 日，抵东京。

4 月初，入东京宏文学院普通科。

同月，为抗议帝俄企图永久霸占东三省，国内发起拒俄运动；东京中国留学生也集会抗议，并组织“拒俄义勇队”，不久改名“军国民教育会”。杨昌济参加了留学生抗议集会，但以自己“志在求学”“非破坏才”为理由，没有参加“拒俄义勇队”。不久，捐款 10 元为军国民教育会经费。

5 月 15 日，在湖南留日学生刊物《游学译编》第八册发表《达化斋日记》一篇，表达自己“从下至上”进行改良的主张。

6 月 15 日，在《游学译编》第九册发表《教育泛论》，认为“从事教育者，不可不知二大主义。何谓二大主义？一曰贵我，一曰通今”。明确主张个性解放和改造国民性。

1904 年（清光绪三十年，三十四岁）

继续在宏文学院普通科学习。

1905 年（清光绪三十一年，三十五岁）

在宏文学院普通科学习。在此前后，与杨度、周大烈、方表等人组织“中国学会”，该会活动时间不长。

十一月，日本政府文部省颁布取缔留日学生的“规则”，激起留日学生强烈愤慨。杨昌济的同学、革命志士陈天华，于 12 月 8 日在日本大森湾蹈海自杀。杨昌济对陈的死很悲痛，哭之甚哀。

1906 年（清光绪三十二年，三十六岁）

上半年，在宏文学院普通科读书。与同学章毓兰、王廷幹、黄际遇、戴翰香、徐寿田、钱应清、陈衡恪、张楚材等将宏文学院教材《地文学》从日文翻译为中文出版。

下半年，他因品学兼优，为校长嘉纳治五郎赏识，所以在弘文毕业后，即通过考试升入嘉纳主持的东京高等师范学校文科英文部，修业期限为四年。

1907 年（清光绪三十三年，三十七岁）

在东京高等师范学校文科英文部肄业。

是年，清政府任蒯光典为欧洲游学生总监，杨昌济的密友杨毓麟任蒯的秘书，总监办事处设英国。

1908 年（清光绪三十四年，三十八岁）

在东京高等师范学校肄业。是年，杨毓麟和当时正在英国苏格兰阿伯丁大学读书的章士钊，向蒯光典介绍杨昌济的人品学问，蒯便调杨昌济去英国深造。

1909 年（清宣统元年，三十九岁）

上半年，离开日本东京高等师范学校，准备前往英国。赴英国前曾回湘探亲。于当年三月底（公历 5 月中）抵伦敦。在杨毓麟、章士钊帮助下，通过考试，进入苏格兰的阿伯丁大学文科，学制三年。第一学年选择了英语和逻辑学。

上半年，蒯光典因留学生风潮去职，杨毓麟辞去秘书职务。

10 月，杨毓麟进入阿伯丁大学专习英文。

1910年（清宣统二年，四十岁）

在阿伯丁大学文科学习。第二学年选择的是伦理哲学、教育学。同时注意研究英国教育状况、国民生活习俗。

暑假，与杨毓麟游览歪得湖一带盛景，流连数日，作《瀑布》《河岸》等诗。

1911年（清宣统三年，四十一岁）

在阿伯丁大学文科学习，第三学年选择的是国际公法、宪法与历史、政治经济学、法理学。

4月，“广州起义”失败，革命者牺牲很大。杨昌济、杨毓麟闻之痛极。

8月5日，杨毓麟感国事日非，加之脑疾复发，在英国利物浦蹈海而死。吴稚晖以同盟会欧洲支部负责人的身份主持了杨毓麟的葬礼，事后杨昌济代表杨氏亲属写信向吴稚晖表示感谢。促成留欧学生监督钱文选将杨毓麟丧葬费用报销。并与杨毓麟之兄杨德麟商定，将杨毓麟的遗体埋在利物浦。他还写了《蹈海烈士杨君守仁事略》，以志纪念。又将其手中所保存之杨毓麟所写的诗汇交章士钊，后来与纪念文章一起在1914年出版的《甲寅》第一卷第三、四期发表。

10月10日，武昌起义爆发后，在致吴稚晖信中，欢呼“义旗猝建，风卷云驰，全国响应，何快如之”。武昌起义爆发之后，国际舆论议论纷纷，有同情者，有反对者，也有持中立态度者，于是便与章士钊商量，选择那些比较倾向革命的外国舆论翻译寄至于右任主持的《民立报》刊登。《民立报》上当时所刊来自英国洍北淀（阿伯丁）特电，即杨、章所寄。其中最早的一条是1911年10月16日。其标题为《欧洲关于中国变乱之要电》

二则。其一云："英国报界大声欢迎武昌革命党宣告共和政体，赞成黄兴为总统。"送别章士钊回国。

1912年（民国元年，四十二岁）

上半年，在阿伯丁大学文科毕业，得文科硕士学位。夏天，与在日本东京高等师范学校读书的老同学、时在英国伦敦大学留学的陶履恭（孟和）同游巴黎。接着，往德国考察10个月，中途曾往瑞士一游。

1913年（民国二年，四十三岁）

春天，结束对德国的考察归国。回到湖南后，湖南督军谭延闿请他当省教育司司长，辞不就，出任湖南高等师范学校教授，教伦理学、心理学、教育学，同时兼任湖南第四师范学校修身和心理学教员。

7、8月间，孙中山、黄兴发动反对袁世凯的"二次革命"失败。湖南财政司司长杨德麟（杨毓麟之兄）反袁甚力。10月，袁世凯派汤芗铭为湖南查办使，汤一到任，即将杨德麟等逮捕枪决。杨昌济曾为营救杨德麟四处奔走，对袁、汤屠杀革命党人无比愤慨。

8月31日、9月30日，在《湖南教育杂志》第14、15期发表《记英国之教育情形》，介绍英国中、小学义务教育情况，认为中国不但要注重学校教育，还要发展社会教育，多设各种夜校，普遍提高成年人的文化水平。

10月31日，在《湖南教育杂志》第16期发表《教育与政治》《教育上当注意之点》。前文论教育对政治的巨大影响，认为"欲救国家之危亡，舍从事国民教育，别无他法”；后文强调学校要使学生懂得学习的目的，养成讲究卫生的习惯，掌握必要的生产技能。

11 月 30 日，在《湖南教育杂志》第 17 期发表《余归国后对于教育之所感》(分三期刊载，续文登该刊 1914 年第 3、4 期)，根据他在国外考察情况，对我国学校教育发表一系列意见。

1914 年（民国三年，四十四岁）

在湖南高师讲学，上半年兼任第一师范学校修身、教育学两科教员，下半年只教修身课。

年初，与黎锦熙、徐特立、方维夏、曾运乾、陈天倪等在长沙创办宏文图书社，社内成立编译部，主要任务是编辑“共和国中小学各科教科书”和“翻译东西著述”。

5 月 12 日，至第一女子师范学校参观其成绩展览会，读向俊贤（警予）日记，认为“颇有抱负”，“可谓女教育界中之人才”。

夏天，所著《论语类钞》由宏文图书社出版。

6 月 14 日，参加船山学社成立会暨开讲仪式。

6 月 24 日日记称：学社以船山为名，即当讲船山之学。船山一生卓绝之处，在于主张民族主义，以汉族之受制于外来之民族为深耻极痛。此是船山之大节，吾辈所当知也。今者五族一家，船山所谓狭义之民族主义不复如前日之重要，然所谓外来民族如英、法、俄、德、美、日者，其压迫之甚非仅如汉族前日之所经验，故吾辈不得以五族一家，遂无须乎民族主义也。

7 月 5 日日记记：长沙县公署委其为湖南第一联合中学校董，辞之。

8 月 8 日，作《外祖母黄宜人行述》，文称“自省粗有知识，实本于家庭之教育，祖父之遗传，外大母之余泽，不独荣其本枝，且有以及于其所出，可不念哉！吾考吾母之世系，上溯至鲁斋公，又以见君子之泽，源远而流长也”。

8月31日，在《湖南教育杂志》第8期发表《论教育上之养护》，痛切指出，学校饭菜不洁，钟点过多，学生负担过重之弊。该文系杨昌济所编《教育学讲义》之一篇。

10月，与黎锦熙等出版《公言》杂志。在《公言》一卷一期发表《劝学篇》，预言新文化运动即将到来；主张向西方学习，但反对全盘欧化；反对门户之见，主张言论自由，兼收并蓄。对未来的新文化运动提出了一系列带指导性的意见。

10月21日至22日日记所拟修身问题表明，其所编《修身讲义》基本完成。

11月，在《公言》一卷二期发表《余改良社会之意见》，对许多陈规陋习进行了批评。《公言》因汤芗铭的压力，只出了3期就停刊。

11月2日至3日日记所记教育学问题表明，其所编之《教育学讲义》已经基本完成。

这一年因创办宏文图书社和黎锦熙等人同住在浏阳门正街李氏芋园。冬天，组织了一个哲学研究小组，其成员除杨昌济、黎锦熙外，还有一师学生毛泽东、陈昌、萧子昇、熊光楚、蔡和森、萧三等人。每逢星期六或星期日，这些学生都要到李氏芋园来讨论有关哲学的问题。哲学研究小组主要是介绍读物、讨论读书心得。杨昌济推荐给小组的读物是西洋哲学、伦理学以及宋元明哲学（理学）。黎锦熙推荐给小组的读物是英国人著的社会学研究。这个哲学小组的活动，最终促使了新民学会的成立。

本年，杭州《教育周报》的《国外纪事》栏在第31、32、

33 期转载杨昌济《记英国之教育情形》。

1915 年（民国四年，四十五岁）

在湖南高师讲学，上半年兼一师修身课。

3 月 12 日日记记译《心理学附录》，表明其《心理学讲义》已经基本编完。

4 月，编《儿童侦探》（失传），译斯宾塞《感情论》、威斯达马克《结婚论》。一师学生毛泽东等发起驱逐校长张干的运动，张干要开除毛泽东等人的学籍，杨昌济与徐特立等教员出面，要求张收回成命。

4 月 5 日日记记：毛生泽东言，其所居之地为湘潭与湘乡连界之地，仅隔一山，而两地之语言各异。其地在高山之中，聚族而居，人多务农，易于致富，富则往湘乡买田。风俗纯朴，烟赌甚稀。渠之父先亦务农，现业转贩。其弟亦务农。其外家为湘乡人，亦农家也。而资质俊秀若此，殊为难得。余因以农家多出异材，引曾涤生、梁任公之例以勉之。毛生曾务农二年，民国反正时又曾当兵半年，亦有趣味之履历也。

4 月 26 日，将《论语类钞》最后一篇“圣贤气象”编完。

5 月，续译《结婚论》，译心理学。

5 月 27 日，至第一师范学校，为国事而讲演，以不死、求己、猛进、坚忍八字勉诸生。

6 月 10 日，在《甲寅》杂志一卷六号发表《宗教论》和《改良家族制度札记》两文。

7 月 5 日，全家搬至河西岳麓山下，主要讲湖南高师讲席。

8 月，开始翻译日本人吉田静致所著之《西洋伦理学史》。

9 月，陈独秀主办的《新青年》出版。杨昌济自己爱读《新青年》，还购买若干本分送毛泽东、蔡和森等学生。

下半年辞去一师兼任课程。

1916年（民国五年，四十六岁）

上半年，任湖南高师教授，兼第一中学修身教员。下半年，又兼一师修身、教育学教员。

2、3、4月，所译《各种伦理主义之略述及概评》一文，在《东方杂志》13卷2、3、4期连载。该文介绍了西方伦理学史上各种流派，并予以较系统的评价。

11月，所译《哲学上各种理论之略述》一文，在长沙出版的《民声》杂志1卷1、2、3号上发表，该文系统地介绍了西方哲学史上各种流派，并给予评价。杨氏逝世后，李石岑又将该文发表在1920年上海出版的《民铎》杂志第2卷第2、3、4期上，内容较《民声》稍多一些。

12月，在《新青年》杂志2卷4、5两期发表《治生篇》，批评封建社会“食之者众，生之者寡”的现象，为社会言“治生之方”，特别反对把当官作为谋生的职业。

1917年（民国六年，四十七岁）

上半年，仍任湖南高师教授，兼任一师修身、教育学教员。向《新青年》推荐发表毛泽东（“二十八画生”）的《体育之研究》。

北洋政府决定调整全国高等师范布局，将湖南、湖北、江西三省划为一个学区，指定1913年成立的武昌高师作为该学区的唯一高等师范学校，撤销湖南高师，杨昌济坚决反对。他还特地写信给当时北洋政府教育总长、留日同学范源濂，力争保留湖南高师，同时请范源濂解决学校钟点过多、学生负担过重的问题。

维持湖南高师之事既已不行，移武昌高师于长沙岳麓之说亦难成为事实，杨昌济提出就高师校址改办湖南大学的主张。

4月，杨昌济偕高师校长刘宗向、教务长杨树达、教授朱剑凡、教员易培基及明德学校校长胡元倓等联名上书谭延闿，呈请将“岳麓校址改办省立大学，先设预科，以宏教育”。呈文由杨昌济撰写，他在文中指出：“大学为文化之中枢，人材之渊薮，欲开发地方之实力，非如此固不可也。”“湖南之昌，中国之兴，将于此举卜之也矣。”

杨昌济创办湖南大学的主张，引起湖南有识之士的共鸣。5月8日，《大公报》发表主编张平子撰写的《论设立省立大学之必要》社论，指出：“岳麓自宋以来，即为吾国文化重地，以后代有增益，作育人才，于斯独盛。……此诚宜设立大学，以轶前徽续往绪者也。”

5月25日，谭延闿批准杨昌济等人的呈文，同意将高师旧址改办湖南大学，先办预科，并指示：“未开办大学预科以前，暂借与工业专门学校作为讲授学科地点。”

7月13日，杨昌济、刘宗向、易培基等发起人召集省会教育界及省议会人士开筹备会，商议三项办法：“（1）经费精密预算，先开设预科四班（内分文理两科），只年须洋二万元；（2）校址即就旧高等师范划一部分为之，余则借与高等工业；（3）进行方法：开办无论迟速，均拟要求省公署即委筹备员以资进行。”并推举贝允昕、李况松、武绍程等人与发起人一同与政府交涉，以祈湖大从速成立。

8月4日，谭延闿批准杨昌济等呈请设立大学筹备处并划定工业专校借用地段的报告。8月7日，谭延闿又委派省视学员向玉楷、朱焌会同高师校长刘宗向清查高师校具，划定高师校址及文庙一带，如半学斋、尊经阁等处房屋为校具保管处，委派高师毕业生甘融、刘之定等保管校具。

9月22日，谭延闿任命杨昌济、孔昭绶、胡元倓、易培基等四人为湖大筹备处筹备员，他在委任令中赞许杨昌济等人“学识宏通，经验优裕，堪胜筹备大学之任”，勉励他们将“开办大学以前一切应行筹备事宜，妥为规画，随时呈报备核”。

10月间，杨昌济向谭延闿呈请拨定湖大常年经费。由于当时湖南“库空如洗，金融奇窘，加以军旅繁兴，水灾四告，解欵顿减，约计本年度所收入之数不及预算定额之大半，其亟待支出者殊难以数计”，谭延闿“对于大学经费之筹拨，仰屋嗟叹”，只有“咨请停不急之务，以备军费矣”，并承诺“如军事早日告终，财力稍纾，此等根本要图，即该员等不行声请，本兼署省长亦当力为筹划，期于有成”。

下半年，任湖南商专教务主任，兼修身课教员，同时任一师修身课教员，教材为泡尔生所著《伦理学原理》。

1918年（民国七年，四十八岁）

上半年，任一师修身课教员。

4月14日，新民学会成立，学会章程鲜明地反映出杨昌济的思想影响；《新民学会会务报告》指出，学会产生的原因之一，就是“诸人大都系杨怀中先生的学生，与闻杨怀中先生的绪论，作成一种奋斗的和向上的人生观，新民学会乃从此产生了”。

张敬尧统治湖南后，政局愈加动荡，肆意克扣挪用教育经费，纵容军队强占学校房舍，湖南教育事业备受摧残，湖大筹备工作也举步维艰。7月，杨昌济于极度失望之中，接受了蔡元培校长之请，受聘北京大学伦理学教授，举家北上。

去京前，将前所写关于创办湖南省立大学的呈文改写成论文《论湖南创设省立大学之必要》。

下半年，任北京大学教授，教哲学系必修课“伦理学”，选修课“伦理学史”。

赴法勤工俭学进入高潮，蔡和森、萧子昇、毛泽东等先后来到北京。杨昌济介绍萧子昇任李石曾秘书，介绍毛泽东进北大图书馆工作，并协助湖南赴法留学生筹措经费。

7月26日下午，集会于华法教育会，除蔡元培、李石曾、彭志云外，湖南则有胡元倓、杨昌济、王毅、王文豹，湖南经理借款干事会遂雏形于此时。会上磋商赴法学生预备学校分校之办法（是时分长辛店、保定、天津三处），借款经理之手续，各先生均出席演说，历三点钟始散。会后，湖南胡、杨、王、王四干事又在熊希龄公馆会议，成立湖南华法教育分会（一在长沙，一驻北京）及商讨学生借款保证之办法。

8月29日，李石曾又邀集侨工局局长张孤与杨昌济等湖南各干事，在华法教育会为初之接洽，借款额遂扩充至70余名。

9月，在《新青年》5卷3号发表译著《结婚论》。

11月2日，与黎锦熙、胡元倓、王文豹至北京大学赴湖南留法预备科学生欢迎会，先照相后演说。

11月，所译《西洋伦理学史》上卷和《伦理学之根本问题》上卷，由北京大学出版部出版。

1919年（民国八年，四十九岁）

上半年，任北京大学教授，教“伦理学”和“伦理学史”。所译《西洋伦理学史》下卷和《伦理学之根本问题》下卷，由北京大学出版部出版。

1月，在《国民》杂志1卷1期发表《告学生》一文，强调学贵力行，号召学生“能言人之所不敢言，能行人之所不敢行”。

4月开始生病。暑假，赴北京西山休养。

9月28日、29日出版之《北京大学日刊》第493号、494号连载“本校布告·教务处布告”：“哲学系教员杨华生先生因病请假，所任伦理学及伦理学史二科，自本星期暂停讲授。”

11月17日、18日《北京大学日刊》第488期、489期，连载“本校布告·教务处布告”：“哲学系教授杨昌济先生刻已病愈，自西山回京，定于本星期起来校授课。”

入冬，生病，初为胃病，继而浮肿。

12月初，进入北京德国医院。毛泽东第二次到北京。杨在病中写信给章士钊，向他推荐毛泽东和蔡和森，说：“二子海内人才，前程远大。君不言救国则已，救国必先重二子。”

1920年（民国九年，五十岁）

1月17日上午5时，逝世于北京德国医院。

1月22日，杨开智、杨开慧在《北京大学日刊》刊登《杨怀中教授逝世讣告》。

同日，蔡元培、范源濂、杨度、章士钊、黎锦熙、毛泽东等二十九人，在《北京大学日刊》就杨昌济逝世发表《启事》，赞扬杨昌济“操行纯洁，笃志嗜学”，“雍容讲坛，寒暑相继，勤恳不倦，学生景从”。启事最后希望同人集资以抚恤其遗族。

1月24日，蔡元培、马寅初、胡适、陶履恭等在《北京大学日刊》发表《启事》，号召北大教职员工及学生为杨昌济筹集赙金。

1月25日，杨昌济在京生前好友、学生、亲属在法源寺举行追悼会。

1 月 28 日，《北京大学日刊》发表李肖聃文章：《本校故教授杨怀中先生事迹》，对杨昌济的一生作了很高评价。称其“在长沙五年，弟子著录以千百计，尤心赏毛泽东、蔡林彬（和森）”。

2 月 4 日，北京大学评议会决定，赠送杨昌济两月俸金，以抚恤其遗族。

本月，杨昌济的灵柩由其子女杨开智、杨开慧和学生毛泽东、陈绍休护送回板仓故里安葬（毛泽东到武汉后，因事他去）。

2、3 月间，湖南《大公报》就杨昌济逝世发表许多纪念诗文、消息、启事；《湖南教育月刊》也发表了纪念文章。

3 月 22 日，杨昌济在湘生前好友刘宗向、曹典球、易培基、舒新城、李肖聃等一百余人，在长沙兴汉门衡粹女校开会追悼杨昌济。